POLNISCHE OSTSEEKÜSTE

Zwischen Oder und Frischem Haff

Kerstin und André Micklitza

TRESCHER VERLAG

8., vollkommen überarbeitete Auflage 2016

Trescher Verlag
Reinhardtstr. 9
10117 Berlin
www.trescher-verlag.de

ISBN 978-3-89794-335-3

Herausgegeben von Bernd Schwenkros und
Detlev von Oppeln

Reihenentwurf und Gesamtgestaltung:
Bernd Chill
Gestaltung, Satz, Bildbearbeitung:
Lothar Steffens, Ulla Nickl
Lektorat: Hinnerk Dreppenstedt
Stadtpläne und Karten: Johann Maria Just,
Martin Kapp, Bernd Chill
Druck: Druckhaus Köthen

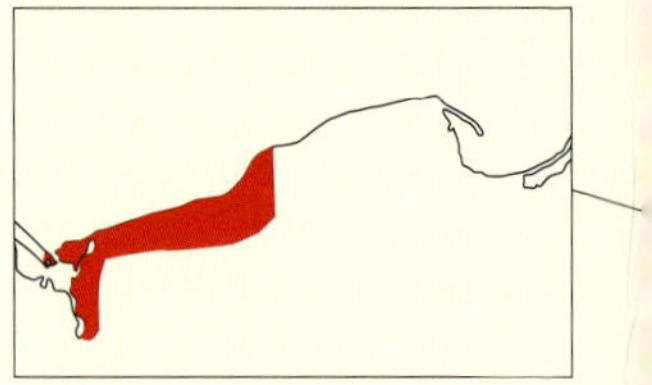

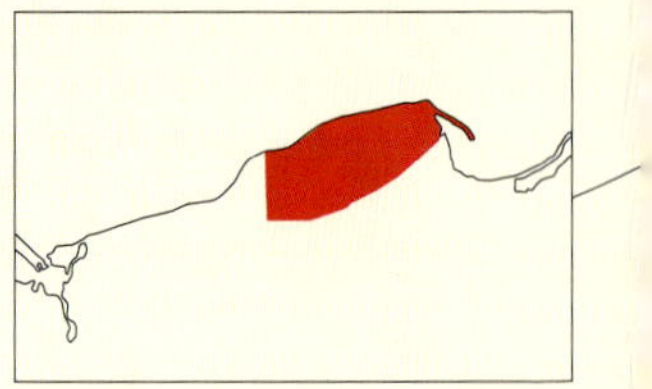

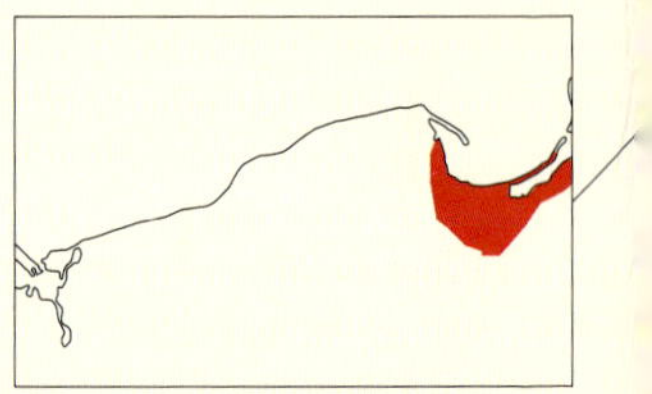

Gedruckt auf chlorfrei gebleichtem Papier

Printed in Germany

Alle Angaben in diesem Reiseführer wurden sorgfältig recherchiert und überprüft. Dennoch können Entwicklungen vor Ort dazu führen, dass einzelne Informationen nicht mehr aktuell sind. Gerne nehmen wir dazu Ihre Hinweise und Anregungen entgegen. Bitte schreiben Sie an **post@trescher-verlag.de.**

LAND UND LEUTE

ZWISCHEN SZCZECIN UND SŁUPSK

ZWISCHEN SLOWINZISCHEM NATIONALPARK
UND DER HALBINSEL HELA

GDAŃSK UND UMGEBUNG

SPRACHFÜHRER

REISETIPPS VON A BIS Z

ANHANG

Z-30
MIZ-31

1864

Ustka 6,9 km
Wytowno 0,5 km
Machowinko 3km
R10

HOSPES SALVE

EXTRAS

Der Leuchtturm in Ustka

Vorwort

Die polnische Ostseeküste ist ein beliebtes Urlaubsziel, auch viele Deutsche verbringen hier gern ihre Ferien. Die Gäste werden von herrlichen Stränden mit feinem Sand und sauberem Wasser angezogen, den Städten mit reicher Kunst- und Kulturgeschichte und günstigen Preisen: Sie sind für deutsche Touristen immer noch etwas niedriger als daheim. Und nicht zuletzt wegen der Offenheit und Herzlichkeit seiner Bewohner ist Polen ein unkompliziertes Reiseland.

Von der Insel Usedom an der deutschen Grenze bis an die russische Exklave Kaliningrad im Osten zeigt die Ostsee viele Gesichter: Steilküsten, breite Strände, nahe Binnenseen mit Moor- und Schilfgürtel sowie hoch auftürmende Wanderdünen. Die wertvollsten Landschaften werden in zwei Nationalparks und mehreren Naturschutzgebieten bewahrt. Dazwischen liegen traditionsreiche Hafenstädte und Seebäder – viele davon mit bewundernswürdiger Architektur. So erinnern die Plätze in Stettin an einige Sternplätze von Paris, die modernistische Bauepoche der Zwischenkriegszeit ist so wie in Gdynia weltweit nur selten zu finden, und die originalgetreue, nach 1945 in langwieriger Arbeit erbaute Kopie der Danziger Altstadt ist beinahe ein Weltwunder für sich.

Wenn das Strandwetter sich eintrüben sollte, finden Kulturinteressierte genügend lohnende Ausflugsziele und Museen in der näheren Umgebung.. Östlich von Danzig verwandelten niederländische Kolonisten das Weichsel-Nogat-Delta in ein Holland im Miniformat, die Backsteinarchitektur erinnert im Ermland noch mancherorts an die Zeiten der Rittermönche des Deutschen Ordens. Südlich der Ostsee haben eiszeitliche Gletscher ganze Arbeit geleistet: Über die Tiefebene ragen die malerischen Hügel der Kaschubischen Schweiz, und in tausenden Mulden sammelte sich das Wasser zur Pommerschen Seenplatte.

Die slawischen Ureinwohner nannten ihre Heimat ›Po morje‹, Land am Meer. So entstand der Name Pommern. Die west- und hinterpommersche Ostseeküste gehörte bis zum Ende des Zweiten Weltkrieges zu Deutschland. Der sogenannte Polnische Korridor von der Danziger Bucht bis südlich von Poznań (Posen) wurde bereits nach dem Ersten Weltkrieg vom Mutterland abgetrennt. Innerhalb des Korridors lag seitdem die Freistadt Danzig, die unter Aufsicht des Völkerbundes stand. Die nordöstliche Ostseeküste gehörte zu Ostpreußen.

In den vergangenen Jahren hat ein regelrechter Bauboom eingesetzt. Inzwischen stehen in allen Seebädern auch luxuriöse Hotels, moderne Pensionen und Apartmentanlagen, aber auch ansprechende Ferienhaussiedlungen – für jeden Geldbeutel findet sich das entsprechende Domizil.

Wer nach Polen reist, sollte offen sein für kleine Abenteuer: Die dortige Lebensweise hält sie, aus deutschem Blickwinkel gesehen, immer wieder parat. Wer das Anderssein und Andersmachen gelassen nimmt, wird angenehme Tage bei freundlichen Nachbarn und hierzulande schon fast vergessene Traumlandschaften erleben.

Hinweise zur Benutzung

Bei einer Beschreibung ehemals zu Deutschland gehörender Gebiete stellt sich immer wieder die Frage, mit welchem Namen man Städte, Straßen und Regionen bezeichnen soll. Einerseits haben die Orte heute polnische Namen, andererseits sind diese für viele Reisende oft geradezu zungenbrecherisch, so dass es bequemer wäre, den alten deutschen Namen zu verwenden. Sicherlich ist dies auch eine Generationsfrage, denn viele junge Leute kennen die ehemaligen deutschen Bezeichnungen nicht mehr.
Damit sich jedermann zurechtfinden kann, werden in diesem Buch die Orte mit ihrem heutigen Namen bezeichnet und bei der ersten Erwähnung der ehemalige deutsche Name beigefügt. Bei einigen geografischen Begriffen wie Seen, Flüssen, Bergen und Hügeln wird der besseren Lesbarkeit wegen meist der deutsche Name zuerst benannt, der polnische dahinter. Bei Hauptsehenswürdigkeiten oder bei historischen Beschreibungen wird der deutsche Name beibehalten, der entsprechende polnische bei der erstmaligen Erwähnung mit genannt.

Dieser Reiseführer beschreibt die polnische Ostseeküste von West nach Ost, jeweils ausgehend von den größeren Orten. Informationen zu Touristenbüros, Verkehrsverbindungen, Restaurants, Unterkunfts- und Sportmöglichkeiten sowie kulturellen Einrichtungen befinden sich in den Informationskästen am Ende der einzelnen Kapitel. Die Unterkunftspreise variieren stark, abhängig von der Saison, außerdem steigen sie erfahrungsgemäß jedes Jahr. Deshalb werden die Herbergen, bezogen auf den Preis für das Doppelzimmer, in drei Kategorien eingeteilt: (€) bis 50 Euro, (€€) über 50 bis 100 Euro, (€€€) über 100 Euro.
Die Stadtpläne und Regionalkarten dienen zur ersten Orientierung und weisen alle Orte, Sehenswürdigkeiten und touristischen Einrichtungen nach, die im Text Erwähnung finden; daher ist in der Regel kein zusätzliches Material vonnöten. Besonders bei längerem Aufenthalt ist es jedoch ratsam, Wanderkarten und ausführliche Stadtpläne, die in den genannten Informationsbüros erhältlich sind, hinzuzuziehen.

Zeichenlegende

- Allgemeine Informationen, Tourismusbüros
- Hinweise für Autofahrer
- Bahnverbindungen
- Busverbindungen
- Dampferfahrten, Fähren
- Taxistände, Taxizentralen
- Flugverbindungen, Rundflüge
- Unterkünfte
- Zelt- und Campingplätze
- Lokale
- Cafés
- Bars, Jazzclubs
- Hallenbäder, Spas, Thermen
- Museen, Galerien, sonstige Sehenswürdigkeiten
- Feste, Festivals, Theater und Konzerthallen
- Zoos, Botanische Gärten u.ä.
- Hinweise für Fahrradfahrer
- Golfplätze
- Kanuverleih
- Hinweise für Surfer, Surfbrettverleih
- Tauchmöglichkeiten, Tauchschulen
- Bademöglichkeiten
- Hinweise für Wanderer, allgemeine Sportmöglichkeiten
- Einkaufsmöglichkeiten

	Darłowo	Elbląg	Frombork	Gdańsk	Hel	Kołobrzeg	Koszalin	Lębork	Mielno	Międzyzdroje	Rewal	Sopot	Szczecin	Świnoujście
Darłowo		247	285	188	202	80	39	104	43	182	127	171	198	194
Elbląg	247		42	62	160	350	263	144	276	407	352	72	378	418
Frombork	283	42		98	198	342	300	182	314	445	390	110	416	456
Gdańsk	188	62	98		100	228	187	85	200	331	275	12	346	342
Hel	202	160	198	100		259	218	99	230	362	306	84	377	373
Kołobrzeg	80	305	342	228	259		42	162	40	93	47	229	135	115
Koszalin	39	263	300	187	218	42		121	13	144	89	188	160	155
Lębork	104	144	182	85	99	162	121		133	264	209	69	280	275
Mielno	43	276	314	200	230	40	13	133		130	85	200	167	163
Międzyzdroje	182	407	445	331	362	93	144	264	130		46	333	95	16
Rewal	127	352	390	275	306	47	89	209	85	46		276	109	62
Sopot	171	72	110	12	84	229	188	69	200	333	276		348	343
Szczecin	198	378	416	346	377	135	160	280	167	95	109	348		107
Świnoujście	194	418	456	342	373	115	155	275	162	16	62	343	107	

Das Wichtigste in Kürze

Informationen vor Reiseantritt

Das Polnische Fremdenverkehrsamt in Berlin hält umfangreiches Informationsmaterial für Interessenten bereit. Die wichtigsten Reiseinfos sind kurz und knapp auf der Internetseite des Amtes zu finden, darüber hinaus viele Anregungen für Unternehmungen über das ganze Jahr. Auf Anfrage verschickt das Polnische Fremdenverkehrsamt touristische Broschüren zu unterschiedlichen Themen. Sie können diese unter www.polen.travel/de/broschuren bestellen bzw. als pdf-Datei herunterladen.

Polnisches Fremdenverkehrsamt, Hohenzollerndamm 151, 14199 Berlin, Tel. 030/210092-0, www.polen.travel/de.

Wetterprognosen für alle Orte an der polnischen Ostseeküste mit drei-, sieben- und vierzehntägiger Vorausschau: http://pogoda.onet.pl.

Einreise

Seit einigen Jahren stehen die Grenzen zwischen Deutschland und Polen offen. Die Ostseeurlauber können die neu gewonnene Freiheit insbesondere am Strand zwischen Ahlbeck und Świnoujście auskosten, wo über 60 Jahre ein Zaun die beiden Badeorte trennte. Bundespolizei und Zoll sind beiderseits von Oder und Neiße im 30-Kilometer-Radius in mobilen Trupps unterwegs und nehmen hier nur noch Verdächtige genauer unter die Lupe. Der ›normale‹ Reisende wird davon nichts mehr mitbekommen, dennoch sollte man seinen Personalausweis dabei haben, um sich legitimieren zu können. In den meisten Hotels und Pensionen wird der Ausweis auch an der Rezeption verlangt. Seit 2012 benötigt der mitreisende Nachwuchs unter 16 Jahren einen Kinderausweis oder einen Kinder-Reisepass.

Geldwechsel

Zum Bartausch steht vielerorts eine Wechselstube (kantor) zur Verfügung. Den besten Tageskurs ohne Umtauschgebühren erhält man mit der Postbank Sparcard (10 Auslandsabhebungen pro Jahr sind kostenfrei) am Geldautomaten, aber nur bei Abrechnung in Złoty; kostenlos auch mit der Visa-Karte von comdirekt, bei der Sparkasse sind zwei Barabhebungen/Jahr mit der MasterCard frei. Die Auswahl ›Euro-Abrechnung‹ ignorieren, sonst erhebt die Bank Extragebühren. Für 1 Euro bekommt man vor Ort derzeit (Januar 2016) rund 4,2 Złoty (Abkürzung Zł). Der Kurs schwankt immer etwas.

Verständigung

Wer kein Wort Polnisch versteht, ist in Polen noch lange nicht verloren. Viele ältere, aber auch manche jüngere Polen sprechen sehr gut Deutsch. Manche Leute verstehen zwar Deutsch, sprechen es aber nicht: Sie gucken regelmäßig deutsche Fernsehprogramme. Auch englische Sprachkenntnisse sind verbreitet. Dennoch sind die Polen hoch erfreut, wenn man sie zumindest mit einigen polnischen Grußworten, Floskeln, Redewendungen oder einzelnen Vokabeln überrascht (s. dazu den Sprachführer im Anhang ab S. 260).

In den größeren Hotels gibt es an der Rezeption immer eine(n) Mitarbeiter(in), der zumindestens des Englischen mächtig ist – oft auch des Deutschen. Viele Urlaubsbroschüren und -prospekte sind auch in deutscher Version erhältlich. Die Beschriftungen in den meisten Museen sind zumeist auch in englischer Sprache abgefasst – Deutsch ist die Ausnahme.

Reisehöhepunkte an der polnischen Ostseeküste

Der Ostseeküstenradweg R 10 Dieser 500 Kilometer lange Radweg führt von Ahlbeck über Świnoujście (Swinemünde) bis Gdańsk (Danzig) – meist auf Feld- und Wiesenwegen, alten Bahndämmen, Land- und Hauptstraßen. Ausgebaute Radwege sind bislang aber Stückwerk. Nur auf der Halbinsel Hela sind 40 Kilometer neu gebaut, östlich von Kołobrzeg (Kolberg) ca. 5 Kilometer. Die Anreise aus Richtung Berlin/Rostock erfolgt mit der DB bis Züssow, hier in die Usedomer Bäderbahn (UBB) umsteigen und bis Świnoujście fahren. Rückreise: Mehrmals täglich verkehren von Elbląg bzw. Gdańsk Intercityzüge (TLK) nach Szczecin, von hier tgl. mehrere Regionalexpresszüge mit Umsteigen in Pasewalk sowie Regionalbahnen mit Umsteigen in Angermünde, meist mit schnellem Anschlusszug Richtung Berlin. Tgl. fährt ein EC von Gdańsk nach Berlin.

Der Strand in Świnoujście Nahe der deutschen Grenze, bei Świnoujście, breitet sich der breiteste Strand Polens aus. Wegen der günstigen Meeresströmungen wächst die Idylle jedes Jahr ein Stückchen. Außergewöhnlich viele Sonnenstunden und ein flaches Brandungsufer lassen das Seebad auch für einen Familienurlaub zum Favoriten werden (→ S. 64).

Der Wolliner Nationalpark Die wilde Kliffküste, an einigen Stellen fast hundert Meter hoch, ist ständig in Bewegung. Der Besucher spürt die Naturkräfte beim Betrachten herabgestürzter Erdmassen und ausgewachsener Bäume. Im Sommer spenden die großen Eichen- und Buchenwälder angenehmen Schatten. Den wissen dann auch die eingehegten zotteligen Wisente im Reservat zu schätzen (→ S. 78).

Kołobrzeg Luxuriöse Wellnesshotels, traditionsreiche Kurhäuser und fachkundige Behandlungen locken auch viele Deutsche, bisher meist nur Pensionäre, in Polens größten Badeort. Die jodhaltige Meeresluft und der sehr breite feinsandige Strand sind Trümpfe, die immer mehr Touristen in die Kurstadt Kołobrzeg ziehen (→ S. 95).

Der Slowinzische Nationalpark Die vom Wind aufgetürmten Wanderdünen sind die größte Attraktion: Eine wahrhaftige Wüste nahe dem Ostseestrand. In den naturnahen Wäldern finden viele seltene Pflanzen und Tiere ihren Lebensraum (→ S. 138).

Die Wunderorgel von Oliwa Der Klang aus über 100 Registern und knapp 8000 Pfeifen machte die Dalitz-Wulf-Rokoko-Orgel im Dom von Oliwa, die in den Jahren 1763 bis 1793 errichtet wurde, weltberühmt. Als deren Erbauer Johann Wulf die Orgel zur Probe spielte, war er vom Ergebnis so überwältigt, dass er einen Herzanfall erlitt und verstarb (→ S. 198).

Die Altstadt von Gdańsk Das Auferstehungswunder an der Ostsee lässt die Herzen der Besucher höher schlagen. Bei Kriegsende fast vollständig zerstört und detailgetreu wiederaufgebaut, weht wieder ein Hauch der Hansezeit durch Gassen und über Plätze. Ziehen Sie sich schick an und speisen Sie nach einem Bummel im legendären Haus ›Zum Lachs‹ (→ S. 202).

Die Marienburg An der Nogat, nicht allzuweit von Danzig entfernt, thront die riesige backsteinerne Marienburg (Malbork) und erzählt Geschichte aus der Zeit der Ordensritter. In ausgewählten Sommernächten verzaubert die Nachtshow ›Licht und Klang‹ ihre Besucher (→ S. 235).

Die Ostseeküste ist bei polnischen Urlaubern schon lange das beliebteste Ferienziel. Aber auch immer mehr deutsche Reisende finden den Weg zu den Naturschönheiten und Baudenkmälern des östlichen Nachbarn.

Am Strand von Międzyzdroje

LAND UND LEUTE

Bei jedem Wetter lockt das Meer

Die Ostsee

Die Ostsee gehört mit einer Fläche von 385 000 Quadratkilometern zu den kleinen und mit einer durchschnittlichen Tiefe von nur 52 Metern auch zu den seichten Meeren der Welt. So wie wir sie heute kennen, entstand die Ostsee erst während der letzten Nacheiszeit. Von der Nordsee wird sie durch die Jütische Halbinsel sowie die Inseln Fünen und Seeland getrennt. Ihre nur schmalen Verbindungen zur Nordsee – der Große und der Kleine Belt sowie der Öresund –, lassen bei hohem Süßwasserüberschuss der Ostsee nur einen geringen Gegenstrom salzreichen Wassers zu. Der Salzgehalt der Ostsee wird dadurch immer geringer.

Die anhaltend hohen Schadstoffeinleitungen stellen das größte Problem dar. Durch den Bau neuer Kläranlagen in Polen und dem Baltikum hat sich die Situation an vielen Küstenabschnitten aber in den vergangenen Jahren deutlich gebessert. Besorgniserregend sind die nach wie vor ungeklärten Abwässer aus der Großstadt Kaliningrad; einige Gebiete der Ostsee sind bereits biologisch tot.

Die polnische Ostseeküste erstreckt sich von Świnoujście (Swinemünde) im Westen bis zur Frischen Nehrung (Mierzeja Wiślana) im Osten auf einer Länge von 524 Kilometern. Durch Wind, Brandung, Meeresströmungen und Flussablagerungen entstanden verschiedene Küstenformen: im Westen die Boddenküste, zwischen Oder und Weichsel die Ausgleichsküste, bei Szczecin die Haffküste und bei Gdańsk die Haff- und Nehrungsküste. An die oft flachen Ufer schließen sich breite Dünen an, auf denen zumeist Kiefernwälder wachsen.

An Buchten wandert der Sand durch die Wasserkräfte noch ein Stückchen weiter und bildet einen ins Meer vorspringenden Haken. Wellen biegen ihn nach innen. So entstand beispielsweise die Putziger Nehrung (Halbinsel Hela/Hel). Erreicht ein solcher Haken das Festland, entsteht eine Nehrung wie die Frische Nehrung mit dahinter liegendem Haff.

Die größten Dünen liegen an der polnischen Ostseeküste im Nationalpark bei Łeba und am Frischen Haff, wo sie eine Höhe bis über 40 Meter erreichen. Steilküsten sind relativ selten: Mit 95 Metern sind die Kliffs der Insel Wollin die höchsten. Weitere Steilküsten entstanden um Niechorze (Horst) und am nördlichsten Punkt Polens, am Kap von Rozewie (Rixhöft) bei Jastrzębia Góra (Habichtsberg) westlich von Władysławowo (Großendorf).

Flüsse und Seen

Der längste polnische Fluss ist die Weichsel (Wisła), die nach 1047 Kilometern östlich von Gdańsk die Ostsee erreicht. Der Strom bildet hier ein Delta aus, das Weichselwerder. Es ist eingedeicht und entwässert und liegt teilweise unter dem Meeresspiegel.

Die Oder (Odra) erweitert sich nach etwa 700 Kilometern bei Szczecin zum Dammschen See (Jezioro Dąbie), bevor sie in das Haff entwässert. Es besitzt drei Mündungsarme in die Ostsee: die Dievenow (Dziwna) und Swine (Świna) in Polen und die Peene in Deutschland. Dazwischen liegen die Inseln Usedom und Wollin.

Die küstennahen Landschaften werden zumeist von Flüssen entwässert, die selten 100 Kilometer Länge erreichen. Sie münden in die Ostsee, wie die Persante (Parsęta) und die Stolpe (Słupia), oder sammeln sich in küstennahen Seen. Die Leba (Łeba) fließt in den Lebasee (Jezioro Łebsko) und die Lupow (Lupawa) in den Gardersee (Jezioro Gardno). In das Frische Haff entwässern kleinere Flüsse wie Nogat und Passarge (Pasłeka).

Blick auf den Lebasee

Die meisten Seen in Nordpolen sind eiszeitlichen Ursprungs. Die häufigste Form sind schmale Rinnenseen. Die langgestreckten und tiefen Seen sind häufig wie eine Kette aneinander gereiht. Die größten Gewässer nahe der Ostsee sind der Lebasee (Jezioro Łebsko) mit 70 Quadratkilometern, der Gardersee (Jezioro Gardno) mit 25 Quadratkilometern und der Jamunder See (Jezioro Jamno) mit 22 Quadratkilometern. Alle drei sind durch das Abschnüren von Ostseebuchten entstanden. Ihre Wassertiefe beträgt lediglich zwischen zwei und vier Meter, der Lebasee (Jezioro Łebsko) ist bis zu sechs Meter tief. Es sind Brackwasserseen mit unterirdisch eindringendem Ostseewasser. Der Salzgehalt wird durch Flüsse und Niederschläge auf ein mittleres Niveau verdünnt.

An einem warmen Sommertag auf der Halbinsel Hel

Klima und Reisezeit

Das Wetter an der polnischen Ostseeküste ist unbeständig. Ozeanische Luftmassen aus dem Westen treten am häufigsten auf. Aber auch kontinentale aus dem Osten, polare und arktische aus dem Norden und sogar tropische aus dem Süden kommende Luftmassen sind für das Wetter an der Ostseeküste verantwortlich.

Im Frühjahr und Herbst wehen die Winde meist aus südlichen Richtungen und sind dadurch relativ niederschlagsarm. Der Frühling ist oft heiter, aber oft mit einer kurzen Kälteperiode im Mai. Im Sommer und Frühherbst bringt Wind aus westlichen und nördlichen Richtungen viel Regen mit. Im Durchschnitt regnet es im Juli und August an 13 bis 15 Tagen. Oft folgt aber nach kurzen kräftigen Schauern auch wieder Sonnenschein. Häufig wird der Regen von Gewittern begleitet. Während die Lufttemperaturen im Sommer im Durchschnitt oft um 30 Grad Celsius liegen, erwärmt sich die Ostsee kaum einmal auf mehr als 20 Grad. Sonnig, trocken und schön ist es im Herbst. Der Winter beginnt neblig und regnerisch, dann zeigt das Thermometer Temperaturen unter dem Gefrierpunkt, und es fällt Schnee.

Die Jahresmitteltemperaturen liegen in Szczecin, Koszalin und Gdańsk bei 8 Grad, im Juli im Mittel bei 17 bis 18 Grad. Über 15 Grad werden zwischen Szczecin und Koszalin an 80 bis 100 Tagen, zwischen Koszalin und Gdańsk an 60 bis 80 Tagen gemessen. An der Ostsee werden bis zu 75 Frosttage gezählt, östlich von Gdańsk sogar 75 bis 95.

Auch in den Sommermonaten sollten eine Regenjacke und ein warmer Pullover im Reisegepäck nicht fehlen; vor allem wenn man zu längeren Wanderungen aufbricht, sollte man auf Witterungsumschläge gefasst sein. Ausreichender Sonnenschutz versteht sich von allein.

Der Klimawandel macht sich inzwischen auch an der Ostsee bemerkbar. Auf langjährige Gewissheiten und Erfahrungen kann man sich nicht mehr unbedingt verlassen. Die Winter können seit einigen Jahren relativ mild sein. So ist die Ostsee 2007/08 erstmalig nicht zugefroren, wie es die Aufzeichnungen seit dem Jahr 1720 belegen. Der Frühling fällt öfters aus, und die Sommer beginnen wie 2007 mitunter bereits Anfang April. Werden ausgeprägte Hitzewellen wie 2003 und 2006 im Binnenland von vielen Leuten als unerträglich empfunden, so ist es an der unmittelbaren Küste noch angenehm, da zumeist eine frische Brise weht, die für Abkühlung sorgt. Die Wassertemperaturen steigen im Hochsommer auf angenehme 20 bis 25 Grad, die Ostsee mausert sich somit zunehmend zu einer ernsten Konkurrenz für den Mittelmeerraum. Stabiles Hochdruckwetter im September und Oktober schenkt in der Nachsaison mitunter ein Strandvergnügen, das Reisende eigentlich im Juli/August erwartet hätten.

Nach langjährigen Erfahrungen sind die Monate Mai/Juni sowie auch September/Oktober ideal, um die Ostseeküste ohne Massentourismus zu erleben. Das Wasser kann im Juni bereits recht angenehm sein, und auch Anfang September stehen die Chancen dafür nicht schlecht. In manchen Jahren sind selbst noch im Oktober Sonnenbäder am Strand möglich. Allerdings sind viele kleine und mittelgroße Ostseebäder bereits ab Mitte September fast völlig verwaist – das betrifft insbesondere den typischen ›Budenzauber‹ der Hochsaison, der in der kalten Jahreszeit fast vollkommen zum Erliegen kommt. Das wiederum dürfte ruhe- und erholungsbedürftigen Gästen gefallen. Die Übernachtungspreise betragen in der Vor- und Nachsaison, verglichen mit den Monaten Juli/August sowie über Weihnachten und den Jahreswechsel, nur noch etwa die Hälfte

Entfernungen von Deutschland an die polnische Ostseeküste

Von	nach Międzyzdroje (Misdroy)	nach Kołobrzeg (Kolberg)	nach Gdańsk (Danzig)
Berlin	232 km	274 km	500 km
Dresden	432 km	475 km	726 km
Erfurt	564 km	606 km	860 km
Frankfurt/Main	812 km	854 km	1109 km
Hamburg	502 km	544 km	781 km
Köln	823 km	866 km	1129 km
Leipzig	446 km	490 km	749 km
München	848 km	890 km	1143 km
Rostock	313 km	355 km	616 km
Stuttgart	897 km	939 km	1191 km

Wisentgehege im Wolliner Nationalpark

Tier- und Pflanzenwelt

An der polnischen Ostsee gibt es zwei Nationalparks, außerdem viele Naturschutzgebiete und Reservate. Im Vogelschutzgebiet Kasiborska Kępa im Swinedelta hat sich eine seltene Salz- und Süßwasservegetation entwickelt, die 140 Vogelarten eine Heimat bietet. Im Vogelreservat Katy Rybackie (Kahlberg-Liep) auf der Frischen Nehrung leben Graureiher-, Kranich- und Kormorankolonien. Im Wolliner Nationalpark genießen Seeadler strengen Schutz, und im Slowinzischen Nationalpark (Słowiński Park Narodowy) brüten 250 Vogelarten, darunter Seeadler, Silbermöwe, Großschnabelschwalbe, Martinsvogel, Schwarzstorch, Horneule, Uhu, Kranich, Eisvogel und viele Entenarten. In den Küstenwäldern leben Füchse und Dachse, im Nordosten auch Elche, Biber und Fischotter. Robben lassen sich selten am Strand blicken.

Angler schwärmen vom Fischreichtum in den Flüssen und Seen. Sie fangen Aal, Brasse, Quappe, Zander, Karpfen und Regenbogenforelle und an der Küste Dorsch, Hering und Heilbutt. Die Quappe, auch Aalquappe genannt, ist in der polnischen Ostsee weit verbreitet. Sie teilt sich einerseits in reißenden Bächen das Revier mit der Forelle, besiedelt andererseits aber auch das Haff.

Im Einflussbereich der Überflutungszonen sind salzliebende Gesellschaften vertreten: salzige Strandwiesen und Salzröhrichte. Für die küstennahen Dünen sind Strandhafer und Strandroggen charakteristisch. Mancherorts findet man auch Salzmiere, Pestwurz und Stranddistel. Die sich anschließenden Weißdünen sind pflanzenarm, es gedeihen hauptsächlich den Flugsand bindende Gräser und Seggen wie der Strandhafer. In feuchten Mulden zwischen den Dünen wachsen mitunter Sonnentau, geflecktes Knabenkraut und Moorbärlapp. Die Graudünen werden von anspruchslosen Kiefernwäldern bedeckt. Hier sind Heidekraut, Blau-, Krähen-, Molte- und Preiselbeere, weiße Waldhyazinthe und Königsfarn verbreitet. In Küstennähe befinden sich einige atlantische Hochmoore. Hier sind Glockenheide und Sumpfporst charakteristisch. In den Niederungsmooren wächst der Gagelstrauch. In den Bereichen der Urstromtäler haben sich Eiche, Kiefer und Hainbuche durchgesetzt; auch die schwedische Mehlbeere ist vielerorts anzutreffen.

Der Bernstein

Bernstein war hierzulande zuletzt Ende der 1960er Jahre groß in Mode. Erstmals schmückten sich damit nachweislich schon Steinzeitmenschen, Archäologen fanden Bernstein-Grabbeigaben in weit von der Küste entfernten Fürstengräbern. Aus heutiger Sicht ist es erstaunlich, dass die Entstehung des Bernsteins viele Jahrtausende unklar blieb. Viele Sagen rankten sich um das magische Gestein. Ihnen zufolge handelt es sich bei Bernstein um geronnenen Schaum des Meeres, Tränen der Götter oder Schweißtropfen der Sonne. Der im römischen Auftrag tätige Forschungsreisende Pytheas löste das Rätsel während einer Expedition in Nordeuropa um 325 v. Chr.

Der harzige Geruch, zumal beim Verbrennen, gibt über die Herkunft des Bernsteins Auskunft: Es ist versteinertes Baumharz von einst reich harzenden Nadelbäumen. In der Fachwelt heißt die Art Pinus succinifera, übersetzt ›Bernstein liefernde Kiefer‹. Es wird vermutet, dass der einstige Waldboden stark durchnässt war. Das Harz, das in Wasser und Erde gelangte, war sodann vielerlei chemischen und physikalischen Prozessen ausgesetzt. Diese Metamorphose härtete es und verwandelte es in Bernstein.

Echter Ostsee-Bernstein weist ein Alter von 40 bis 65 Millionen Jahren auf. Er enthält 3 bis 8 Prozent Bernsteinsäure und unterscheidet sich so von rund 100 bisher untersuchten anderen fossilen Harzen, die auf der Welt vorkommen. In die Harzklümpchen sind manchmal kleine Tiere und Pflanzen eingeschlossen, die über Jahrtausende konserviert wurden. Man nennt diese Einschlüsse auch Inklusen. Darunter fällt alles, was kein Harz ist, so auch Luft- und Wasserbläschen und Pyrit. Eine solche Sammlung ist ein faszinierendes Archiv: Es ermöglicht authentische Einblicke in die Flora und Fauna des Ostsee-Bernsteinwaldes. Die Fundstücke mit einer ernormen Vielfalt an Inklusen sind ein Beweis für starke Klimawechsel in diesem Teil Europas.

Über die Jahrtausende kam Bernstein immer wieder periodisch in Mode. Es entwickelten sich Fernhandelsstraßen, auf denen der Bernstein bis nach Afrika gelangte. Der berühmte Bernsteinweg stand nach einer Chronik des Herodes unter dem ›Schutz der Götter‹. Die mittelalterliche Bernsteinhauptstraße nahm im norditalienischen Aquileia ihren Lauf. Die Händler mussten zunächst die Alpen bezwingen, dann führte ihr Weg durch das Donautal und später den Glatzer Kessel oder die Mährische Pforte über Oppeln nach Danzig. Bezahlt wurde der Bernstein mit Kostbarkeiten des Südens, unter anderem Elfenbein. Die Kreuzritter

Zeitlos schöner Schmuck von der Ostsee

erklärten das edle Gut zum Eigentum des Ordens: Wer unrechtmäßig Bernstein besaß oder eigenmächtig damit handelte, dem drohte sogar die Todesstrafe.

In unserer heutigen Schulmedizin ist Bernstein als Naturheilmittel nahezu unbekannt. In Polen hat man das alte Heilkundewissen dagegen noch nicht vergessen. Naturkosmetika werden mit Bernsteinsubstanzen angereichert, so Cremes, Seifen und Shampoos. Im Mittelalter galt das versteinerte Harz als Allheilmittel mit harmonisierenden Kräften. Überliefert sind folgende Anwendungsarten: Bernsteinöl, gewonnen durch Trockendestillation, hilft bei schlecht heilenden Wunden und ist ein Massageöl. Bernsteinpulver kann innerlich mit Honig vermischt eingenommen, und in Cremes eingerührt, äußerlich aufgetragen werden; es wirkt desinfizierend. Bernsteinschnaps oder -tinktur bereitet man mittels Wodkaaufguss. Der Alkohol entzieht dem Bernstein beständig ätherische und harzige Substanzen – angeblich ist der Trunk gut gegen Magen-Darm-Beschwerden. Bei Rheuma sollen äußerliche Umschläge helfen. Für die innere Reinigung trinkt man Bernsteinwasser; dazu werden zuvor von der Sonne bestrahlte kleine Bruchstücke über Nacht in ein Glas Wasser getaucht.

Bernstein, das ›Gold der Ostsee‹, entwickelt sich in der Gegenwart wieder zum geschätzten Rohstoff in der Schmuckindustrie. Heute stammen etwa 90 Prozent allen gehandelten Bernsteins in den EU-Ländern aus Südamerika. Das ist jedoch im eigentlichen Sinne kein Bernstein, sondern ›nur‹ rund 20 000 Jahre altes Baumharz. Die besten Qualitäten kommen von der Bernsteinküste, die im Westen bis Danzig und im Osten bis zum Ende der Kurischen Nehrung liegt. In Polen werden, abhängig von Wassertemperatur, Strömung und Art der Wellen, pro Jahr etwa 15 bis 20 Tonnen ›gefischt‹. Der große Bernsteintagebau auf russischem Territorium wurde 2005 geschlossen. Man schätzt, dass hier dennoch etwa 60 Tonnen pro Jahr ›schwarz‹ gegraben werden und über dunkle Kanäle auf den Markt gelangen. Die russische Regierung bewahrt einen Bernsteinschatz von höchster Qualität als Staatsreserve auf.

Echter Bernstein schwimmt in Salzwasser immer oben. Aufklärung, ob es sich um ein Steinchen, eine kleine Glasscherbe oder wahrhaftig um Bernstein handelt, gibt der ›Bisstest‹; also vorsichtig (!) mit den Zähnen prüfen. Bernstein ist weich und ähnelt Plastik, Steine und Glas dagegen sind äußerst hart. Die größten Chancen für viele und schöne Funde ergeben sich an feinsandigen Stränden nach Herbst- und Frühlingsstürmen. Oft gibt es wie beim Pilzesuchen besonders ergiebige Plätze, häufig da, wo die Wellen am Ufer reichhaltige Spülsäume aus Pflanzen, Muscheln und Holzresten bilden.

Im Jahr 1477 gründete sich in Danzig die erste Zunft der Bernsteinhandwerker, die Blütezeit währte vom 16. bis zum 18. Jahrhundert. Die qualitativ hochwertigen Danziger Kunstwerke galten bei Königen, Sultanen, Päpsten und Zaren als begehrte diplomatische Präsente. Heute ist Danzig die unangefochtene Bernsteinhauptstadt der Welt. Etwa 2000 Händler und Kunsthandwerker aus Danzig und Umgebung verkaufen Bernstein, etwa 8000 Menschen sind in der Bernsteinindustrie insgesamt beschäftigt. Den Besuchern Polens bieten sich günstige Kaufgelegenheiten, Laien sollten sich aber in einem Fachgeschäft beraten lassen.

Jedes Jahr im März findet hier die weltgrößte Bernsteinmesse ›Amberif‹ statt. Infos im Netz: www.mtgsa.pl und www.amber.com.pl.

Niederländischer Manierismus am Danziger Zeughaus

Architektur

An der polnischen Ostseeküste und in ihrem Hinterland sind herausragende Architekturdenkmäler zu besichtigen. Die Danziger Marienkirche und die Marienburg am Fluss Nogat sind Weltrekordhalter: Die eine die größte Backsteinkirche, die andere die größte Backsteinfestung der Welt. Die ältesten baulichen Zeugnisse sind, wie vielerorts in Mitteleuropa, die Sakralbauten, die größte Vielfalt an unterschiedlichen Baustilen findet sich in den Großstädten Szczecin und Gdańsk.

In Lubin am Oderhaff sind die Relikte eines Burgwalls aus der Epoche der Lausitzer Kultur (400–700 Jahre v. Chr.) aufgefunden worden. Zu den frühesten erhaltenen Kunstwerken pommerscher Baukunst zählen die aus Kalkstein gearbeiteten Kapitelle des ehemaligen Klosters Kolbatz (heute Kołbacz). Deren Formgebung datiert auf der Übergangsphase vom romanischen zum gotischen Stil – heute sind die filigranen Steinmetzarbeiten im Nationalmuseum Szczecin zu bewundern.

Die älteste erhaltene Fachwerkkirche Pommerns steht in Objazda (früher Wobesde), einem Dörfchen südlich von Rowy; sie stammt von 1606. Fast 300 Jahre älter ist die Danziger Marienkirche. An ihr arbeitete man von 1342 bis 1502, nach dem Zweiten Weltkrieg musste allerdings vieles instandgesetzt werden. Das Danziger Wiederauferstehungswunder der 1950er und 1960er Jahre ist eine Schatzkiste für Architekturfreunde. Man bekommt viele gotische Fassaden, aber vor allem vom niederländischen Manierismus geprägtes Mauerwerk zu Gesicht. Die Künstlerfamilien van den Blocke und de Vries sowie der Architekt Antony van Obbergen waren aus ihrer Heimat durch die flandrische Renaissance stark beeinflusst worden und schufen an der Mottlau eine individuelle Kunstrichtung, den sogenannten ›Danziger Stil‹. Sicher: Vieles ist nach den unglaublichen Zerstörungen im Winter 1945 nur als Kopie zu bestaunen – aber diese Sisyphusarbeit gelang fachmännisch perfekt.

Meisterhafte Backsteingotik manifestierte sich in vielen Kathedralen, so in Kamień Pomorski, Koszalin, Kołobrzeg, Elbląg und Frombork. Der Turm der St.-Johannes-Kirche von Stargard in Pommern (heute Stargard Szczeciński) soll sogar die Erbauer des Moskauer Kremls für eine ebenbürtige Gestalt inspiriert haben.

Stettin und Paris rühmen sich einer Gemeinsamkeit: Beide Städte sind im 19. Jahrhundert zu weiten Teilen nach den Ideen und Konzepten von Baron Haussmann gewachsen. Kennzeichen dafür sind die breiten, sternförmig verlaufenden Straßenzüge. Die Hakenterrasse nahe dem Oderufer, zwischen 1902 und 1921 errichtet, ist in ihrer Monumentalität im Ostseeraum nach wie vor unerreicht.

Wer sich für die Architektur der Moderne interessiert, kommt an einem Besuch von Gdynia nicht vorbei. Hier ließen polnische Architekten in den 1920er und 1930er Jahren ihrer Kreativität freien Lauf. Merkmale dieser Bauform sind abgerundete und scharfe Formen, die oft an Aufbauten, Kommandobrücken, Masten oder gar Schiffsrümpfe erinnern.

Als herausragende Architektur unserer Tage fallen die Kaschubische Philharmonie in Wejherowo, der moderne Anbau an die Mariä-Himmelfahrt-Kirche in Władysławowo, das ›berauschte Haus‹ in Sopot oder die Sea Towers in Gdynia ins Auge.

Wirtschaft und Gesellschaft

Gdańsk war Ausgangspunkt einer Bewegung, die das ganze Land und später sogar den gesamten Ostblock veränderte, denn hier stand die Wiege der ersten unabhängigen Gewerkschaft Polens. Am 14. August 1980 wurde auf der Leninwerft eine Arbeiterin entlassen. Sie hatte sich an einem Proteststreik gegen erhöhte Fleischpreise beteiligt. Daraufhin traten alle 17 000 Beschäftigten in einen Ausstand, der sich rasch auf die gesamte polnische Küste ausdehnte. Aus dem überbetrieblichen Streikkomitee, das neben einer Rücknahme der Preiserhöhungen auch Gewerkschaftsfreiheit, Streikrecht und die Abschaffung der Zensur verlangte, ging die landesweit organisierte Gewerkschaft Solidarność (Solidarität) hervor. Zu ihrem Vorsitzenden wählten die Mitglieder Lech Wałęsa, Elektriker der Leninwerft in Gdańsk. Die Gewerkschaft trug entscheidend dazu bei, das kommunistische System zu überwinden, und Lech Wałęsa hatte zwischen 1990 und 1995 das Amt des Staatspräsidenten inne.

Die Werftindustrie in Gdańsk befand sich Mitte der 1990er Jahre in der Krise. Die Produktion wurde jahrzehntelang staatlich subventioniert, und auch nach der politischen Wende steckte man viel Geld in den Schiffbau – vergeblich, die hier gebauten Schiffe waren zu teuer. Aus dem innerpolnischen Konkurrenzkampf ging letztlich die Werft in Szczecin als Gewinnerin hervor, heute die größte Werft in Europa.

Die Bemühungen Polens um eine Aufnahme in die Europäische Union ließ die Wirtschaftspolitiker lange Zeit eine liberale Importpolitik auf dem Agrarsektor betreiben, für EU-Agrarprodukte wurden kaum Importbarrieren aufgestellt. Das Entgegenkommen Polens wurde trotz Absichtserklärungen erst im Jahr 2000 mit dem Wegfall zahlreicher Einfuhrzölle seitens der EU belohnt. Bis dahin hatten bereits viele heimische Landwirte aufgegeben, andere Lebensmittelhersteller waren bankrott. Die Landwirtschaft wird nach wie vor sehr arbeitsintensiv betrieben und ist wenig effizient. Die meisten pommerschen Bauern bearbeiten Parzellen, die nur fünf Hektar groß sind. Vom ökologischen Standpunkt gesehen ist das vorteilhaft, denn die westlichen Agrarkatastrophen wie BSE, Maul- und Klauenseuche oder EHEC waren in Polen bislang kein Problem. Die Kleinbauern halten nur wenige Kühe und Schweine, diese dafür artgerecht. Für teure westliche Kraftfuttermischungen, Antibiotika und Pestizide fehlte bislang zudem das Geld. Diese Tatsache erweist sich als ein Segen und hat sich auch nach dem EU-Beitritt noch nicht grundlegend verändert. Auch während der europäischen Schulden- und Finanzkrise konnte Polen ein solides Wirtschaftswachstum vorweisen: 2012 waren es 1,9 Prozent, 2013 1,7 Prozent und 2014 3,4 Prozent.

Das deutsch-polnische Verhältnis

Allen offiziellen Verlautbarungen zum Trotz ist das deutsch-polnische Verhältnis noch weit vom herzlichen und ungezwungenen Umgang entfernt, wie es etwa dem Verhältnis zwischen Deutschland und Frankreich eigen ist. Polen ist hierzulade auch nach dem EU-Beitritt größtenteils eine Terra incognita geblieben: geografisch zwar nahe, aber gedanklich noch weit entfernt. So wird das Land zumeist fälschlicherweise Osteuropa zugeordnet. Das ehemals deutsche Pommern, West- und Ostpreußen lagen nie in Osteuropa; ebenso wie Tschechien, die Slowakei oder Ungarn ist Polen ein mitteleuropäisches Land.

Justyna Speier, Tochter eines deutsch-polnischen Ehepaars, formulierte in einem Gespräch mit dem Nachrichtenmagazin ›Der Spiegel‹: »Polen – das ist für Westler ein zahnloses Muttchen, das den klapprigen Handwagen über ‘ne schmutzige Dorfstraße zieht.« Und Steffen Möller, der einzige deutsche Fernsehstar in Polen, sagte zutreffend in einem Interview mit dem Berliner ›Tagesspiegel‹: »Das Land hat das schlechteste Image in Europa … Ich merke das an meinen deutschen Freunden, die mal kommen. Sie sind total überrascht, wie lebendig und modern dieses Land ist.«

Zwar wird von offizieller Seite stets die Bedeutung einer guten deutsch-polnischen Nachbarschaft betont, diese Sonntagsreden müssen aber auch mit Inhalten gefüllt werden. Die Brüder Kaczyński, 2005 an die Macht gekommen, wurden nicht nur in den Medien mit offener Antipathie bedacht, und die meisten Deutschen in der Grenzregion betrachten ihren östlichen Nachbarn noch immer mit Vorbehalten, Skepsis und zunehmend auch als

In Polen unvergessen: der Kniefall Willy Brandts 1970

Konkurrenten in einer größer gewordenen EU. Die Polen hingegen haben die alte tiefsitzende Angst vor den Deutschen fast gänzlich verloren, treten selbstbewusst auf, nutzen die neuen Möglichkeiten und sehen ihrer Zukunft meist hoffnungsvoll entgegen.

Polen ist einer der neuen ›Tigerstaaten‹. In Polen sucht man in vielen Branchen händeringend nach Fachkräften, denn seit 2004 haben rund zwei Millionen Polen ihrer Heimat zumindest zeitweise den Rücken gekehrt. Seit dem EU-Beitritt waren die hochmotivierten Arbeitskräfte zwar nicht in Deutschland, dafür aber in Großbritannien und Irland willkommen. Aber seit der Staatsschuldenkrise in der Eurozone und Rezession haben dort viele eine ungewisse Zukunft, einige kehrten wieder heim. Seit Mitte 2011 können Polen ohne Einschränkungen auch in Deutschland arbeiten.

Kurze Geschichte Polens

Polens Vergangenheit ist äußerst verworren und von ständigen Auseinandersetzungen mit seinen Nachbarn gekennzeichnet. Wer das heutige Polen verstehen möchte, darf sich deshalb nicht scheuen, einen genaueren Blick auf dessen Geschichte zu werfen. Wir können die einschlägige Fachliteratur zu diesem Thema nicht ersetzen, sondern hier nur einen ersten Überblick vermitteln.

Auftakt (963–1500)

Erste Relikte menschlichen Daseins auf heute polnischem Territorium datieren aus der Mittelsteinzeit (8000–5500 v. Chr.). Im Jahr 963 vereinigten sich westslawische Stämme zwischen Warthe und Weichsel. Unter ihnen waren die Polonen, die dem späteren Staat den Namen gaben. Im Jahr 966 fand die Taufe Herzogs Mieszko I. statt, heute gilt dieser Akt als die Geburt Polens. Sein Reich umfasste ein Gebiet zwischen Ostsee und Sudeten sowie zwischen Oder und Weichsel. Nach anfänglichem Misstrauen verbündeten sich der polnische Herrscher Mieszko I. und der deutsche Kaiser Otto III., um Rebellionen in ihren jeweiligen Machtbereichen gemeinsam zu bekämpfen. Aus dem Jahr 997 stammt die erste schriftliche Erwähnung von Danzig als ›Gyddanzyc‹, niedergeschrieben in der Biografie des heiligen Adalbert.

Um 1000 gründete Bolesław Chrobry (›der Tapfere‹), Sohn von Mieszko I., das Erzbistum Gniezno (Gnesen). 1024 ließ er sich zum ersten polnischen König krönen. Polen wurde damit ein unabhängiger Staat. Nach anfänglicher deutsch-polnischer Kooperation litt das Verhältnis wegen fortgesetzter polnischer Expansion. Als folgenschwerer Faupax erwies sich die Weigerung von König Mieszko II., auf die Huldigung des neuen Papstes zu verzichten – Waffengänge brachen aus, Polen verlor die sächsische Ostmark und der Heilige Vater in Rom entzog Mieszko II. den Königstitel.

Die Erbfolgeregelung bewirkte einen Zerfall des polnischen Reiches, weil mehrere Familien um den Machtanspruch stritten. Ab dem Ende des 12. Jahrhunderts erlebte das Land große Einwanderungswellen, so auch von deutschen Kaufleuten, Bauern und Handwerkern. Im Jahr 1225 bat der masowische Herzog Konrad den Deutschen Orden um militärische Hilfe bei der Unterwerfung der heidnischen Pruzzen. Nach dem erfolgreichen Militäreinsatz blieben die Rittermönche im eroberten Territorium und begannen mit dem Aufbau eines eigenen Staates, was ständige Konflikte mit Polen zur Folge hatte. Von der Urbevölkerung übernahmen die Kreuzritter den Namen für ihren multiethnischen Deutschordensstaat: Preußen. In dieser Zeit wuchsen auch einige Orte an der Küste. 1227 erhielt Danzig die Stadtrechte, Stettin 20 Jahre später. 1075 hatte Chronist Adam von Bremen über Wollin geschrieben: »Es ist tatsächlich die größte unter allen Städten Europas.« Das westpommersche Städtchen Wollin war angeblich das sagenumwobene Vineta.

Die Herrschaft König Kasimirs III. begann 1333. Er einigte die polnischen Herzogtümer, Polen verdoppelte seine Fläche – so erwarb Kasimir zwischen 1340 und 1366 Ostgalizien – und wurde so zum Vielvölkerstaat. Als Kasimir 1370 ohne Nachkommen starb, erlosch die Dynastie der Piasten auf den polnischen Thron. 1386 heiratete der Großfürst von Litauen, Władysław Jagiełło, die erst elfjährige polnische Thronerbin Jadwiga. Dieses Ereignis war der Auftakt für die Herrschaft der Jagiellonen und das Bündnis mit Litauen. 1410, in der Schlacht bei Grunwald (Tannenberg), siegte das vereinigte polnisch-litauische Heer über den Deutschen Orden. Der geschwächte Deutsche Orden musste 1466 die Oberhoheit Polens anerkennen.

Blüte und Niedergang (1500–1918)

Um den Zusammenhalt seines Vielvölkerreiches bewahren zu können, musste der polnische König zugunsten des Adels auf Machtbefugnisse verzichten. Im Jahr 1505 wurde ein polnischer Reichstag ins Leben gerufen. Er erhielt den Namen Sejm, den er bis heute trägt. 1506 bestieg Zygmunt I. (der Ältere) den Thron; die Herrschaft der letzten Jagiellonen erwies sich als kulturelle Blüteepoche, die als Goldenes Zeitalter in die polnische Geschichte einging. 1569 handelte Zygmunt II. August eine Personalunion mit Litauen mit ihm als Regenten, gemeinsamer Hauptstadt und Reichstag aus. Krakau verlor den Titel als Hauptstadt, fortan war Warschau die Metropole. Im liberalen Polen konnte der Astronom Nikolaus Kopernikus seine revolutionären Ideen verbreiten, die das geozentrische Weltbild aus den Angeln heben sollten. Im 16. und 17. Jahrhundert war Danzig mit etwa 90 000 Einwohnern die größte Stadt Polens.

Im Jahr 1683 siegte ein vereinigtes deutsch-polnisches Heer bei Wien über die Türken, König Jan III. Sobieski ging dabei als ›Retter des Vaterlandes‹ in die Geschichte ein. Gleichzeitig beschleunigte sich aber der Niedergang des polnischen Staates. Nach dem Aussterben der Jagiellonendynastie verhökerte man den polnischen Königstitel an den solventesten Interessenten, und so kamen die Regenten fortan aus Skandinavien, dem Habsburgerreich, aus Frankreich, Sachsen und Ungarn.

Von 1697 bis 1763 residierte die Dynastie der Kurfürsten von Sachsen, unter ihnen August der Starke, im Land. Diese Epoche war von politischen Wirren und wirtschaftlichem Niedergang gekennzeichnet. Polen geriet mehr und mehr unter den Druck Russlands und beteiligte sich, angestachelt durch König August den Starken, am Nordischen Krieg (1700–1721) und kämpfte gegen Schwe-

Stanisław August Poniatowski, 1764 bis 1795 König von Polen

den. Stanisław August Poniatowski, der letzte polnische König, mühte sich ab 1764 vergeblich, seinen Staat zu retten. Politischer Zwist gab Russland den gewollten Anlass zur Intervention. 1772 kam es zur Ersten Teilung Polens. Der politisch ohnmächtige Staat verlor an Russland, Preußen und Österreich etwa 30 Prozent seines Territoriums.

Im Jahr 1791 wurde die erste polnische Verfassung verabschiedet. Sie sah eine konstitutionelle Monarchie und die Verantwortung der Regierung gegenüber dem Parlament vor. Diese Verfassung galt europaweit als die fortschrittlichste ihrer Zeit. 1793 fand die Zweite Teilung Polens statt. Preußen und Russland fügen ihren Staaten erneut polnische Gebiete ein; das ohnmächtige Polen war bis auf einen kleinen Rest dezimiert. Mit der Dritten Teilung im Jahr 1795 war Polen vollständig okkupiert und blieb bis 1918 von der politischen Landkarte verschwunden.

Im Jahr 1815, während des Wiener Kongresses, einigten sich die europäischen Machthaber darauf, ›Kongresspolen‹ zu schaffen: Dieses neue Königreich Polen konnte durch die festgelegte Personalunion mit Russland nur bedingt selbstständig handeln. Warschau wurde zur Hauptstadt des Rumpfstaates erklärt. Zwar erlebte das Land in den Jahren von 1815 bis etwa 1830 einen wirtschaftlichen Aufschwung, doch die nationale Unfreiheit rief einen wachsenden Widerstand gegen die russische Vormundschaft hervor. Der Freiheitswillen gipfelte schließlich im Jahr 1830 im sogenannten Novemberaufstand. Er wurde jedoch niedergeschlagen, und nach dem Einmarsch russischer Truppen bestimmten Diktatur und Terror fortan den politischen Alltag.

Während der Revolution von 1848 kam es zu Aufständen im preußisch besetzten Gebiet um Posen sowie in Galizien, 1863 zum Januaraufstand in Polen und Litauen – alles blieb erfolglos. Die Bauern ergaben sich ihrem Schicksal, nur der Adel widersetzte sich weiter der russischen Vorherrschaft. 1868 ordnete ein Dekret des Zaren die Umbenennung Polens in ›Weichselland‹ an.

Krieg, Frieden, Krieg (1918–1945)

Nach Beginn des Ersten Weltkrieges beteiligten sich polnische Regimenter unter Führung von Marschall Józef Piłsudski an den Kämpfen gegen Russland. Im Jahr 1915 eroberten deutsch-österreichische Truppen das Gebiet von Russisch-Polen. Am 11. November 1918 erlangte Polen, nachdem es 123 Jahre unter Fremdherrschaft gestanden hatte, seine Unabhängigkeit zurück. An der Spitze des Staates stand der populäre Piłsudski. Teile Westpreußens und Großpolens wurden gemäß den Bestimmungen des Versailler Vertrages vom Deutschen Reich abgetrennt und Polen angegliedert. 1920 unterstellte man Danzig und Umgebung als ›Freie Stadt‹ der Kontrolle des Völkerbundes. 1921 wurde Polen mit dem Vertrag von Riga ein großes Gebiet der ehemaligen polnisch-litauischen Union zuerkannt. Die Weltwirtschaftskrise, die Armut auf dem Lande und der hohe Bevölkerungsanteil nationaler Minderheiten – sie machten rund 20 Prozent der Gesamtbevölkerung aus – führten zu Spannungen und sozialen Unruhen. Eine Bevölkerungsexplosion, verbunden mit Hungersnöten, trieb zwischen 1919 und 1938 etwa zwei Millionen Polen ins Ausland.

Józef Piłsudski (Mitte), der dominierende Politiker der Zwischenkriegszeit

Im Jahr 1932 schloss Polen mit der UdSSR, 1934 mit Deutschland einen Nichtangriffspakt ab. Bedroht von seinen aggressiv auftretenden Nachbarn Deutschland und Sowjetunion, verbündete sich Polen im Jahr 1939 mit Frankreich und Großbritannien; der Vertrag garantierte die gegenseitige Hilfe im Fall eines Angriffs. Deutschland und die UdSSR besiegelten im August 1939 ebenfalls einen Nichtangriffspakt. Im geheimen Zusatzprotokoll wurde bereits die Aufteilung Polens zwischen beiden Staaten festgeschrieben.

Am 1. September 1939 begann der deutsche Angriff auf Polen und damit der Zweite Weltkrieg. Den blutigen Auftakt bildete der Beschuss der Westerplatte bei Danzig durch den deutschen Panzerkreuzer ›Schleswig-Holstein‹. Am 17. September 1939 marschierte die Rote Armee gemäß den Bestimmungen des geheimen Zusatzprotokolls in Ostpolen ein. Frankreich und Großbritannien erklärten Deutschland zwar am 3. September 1939 formell den Krieg, kamen trotz Beistandsverträgen den Polen aber nicht zu Hilfe.

Polen verlor während des Krieges die Hälfte des Volksvermögens und 25 Prozent der Bevölkerung. Die deutschen Besatzer degradierten polnische Bürger zu rechtlosen ›Schutzangehörigen des Deutschen Reiches‹, verfolgten und töteten die polnische Intelligenz. Ab Dezember 1939 wurden alle jüdischen Bürger in Ghettos zusammengepfercht. Unzählige deportierten die Nazis anschließend zur Zwangsarbeit in die Konzentrationslager, vor allem Kinder, Frauen und Alte schickte man gleich nach ihrer Ankunft ins Gas. Etwa eine Million Polen waren zur Sklavenarbeit in deutschen Fabriken gezwungen.

Im April/Mai 1943 blickte die ganze Welt nach Warschau: Der todesmutige militärische Aufstand der jüdischen Bevölkerung im Ghetto wurde blutig niedergeschlagen. Ein Jahr später erhob sich die Warschauer Bevölkerung gegen die Besatzer. Die deutschen Truppen schlugen den Aufstand nieder und machten die Stadt sodann dem Erdboden gleich; die Rote Armee marschierte in einen Trümmerhaufen ein.

Im Frühjahr 1945 fielen durch alliierte Bombenangriffe und die Kämpfe um die ›Festung Danzig‹ sowie Brandstiftungen durch die Rote Armee etwa 90 Prozent der historischen Altstadt in Trümmer. Viele Städte an der Küste, unter anderem Kolberg und Swinemünde, erlitten in den Kämpfen ebenfalls schwere Zerstörungen. Nach der deutschen Kapitulation (8. Mai 1945) beklagte man in Polen etwa sechs Millionen Tote.

In den Konferenzen von Jalta (Februar 1945) und Potsdam (Juli/August 1945) legten die Alliierten die neuen Grenzen Polens fest: Das Land verlor große Gebiete im Osten, dagegen verschob sich die deutsch-polnische Grenze westwärts bis an die Oder-Neiße-Grenze. Von den rund zwölf Millionen deutschen Bewohnern der Ostgebiete waren etwa fünf Millionen während des Kriegs westwärts geflohen, über einer Million Rückkehrwilligen versagte man nach Kriegsende die Heimkehr. Im Sommer 1945 zählte die deutsche Bevölkerung im neuen Polen noch etwa 5,5 Millionen Menschen, die bis Ende der 1940er Jahre großteils ausgesiedelt wurden. Etwa eine Million verblieb in den ehemaligen Ostgebieten des Deutschen Reiches.

Die Volksrepublik Polen (1946–1989)

Bürgerliche Kräfte konnten sich nach dem Krieg nur vorübergehend an der neuen Regierung beteiligen. Die polnische Exilregierung verblieb auch nach dem Krieg in London, hatte aber faktisch keinen Einfluss mehr auf die Geschehnisse in der Heimat. Nach anfänglichen Symphathien für die kommunistische Partei (PPK) sanken die Mitgliedzahlen wieder.

Am 4. Februar 1947 wählte der verfassungsgebende Sejm Bolesław Bierut zum polnischen Staatspräsidenten. In der Folge zerschlugen die Kommunisten, die mehr und mehr in die Abhängigkeit von Russland gerieten, die Opposition durch Terror und Verhaftungen. 1948 schlosen sich Kommunisten und Sozialisten zur Polnischen Vereinigten Arbeiterpartei (PVAP) zusammen. Die Stalinisten gewannen dabei immer mehr die Oberhand. Missernten und Mangelwirtschaft führten in den Folgejahren zu wachsendem Unmut in der Bevölkerung. Im Juni 1956 erschütterte eine Streikbewegung das Land, in deren Folge Władysław Gomułka an die Macht gelangte. Er sprach sich für einen selbständigen nationalen Weg zum Aufbau des Sozialismus aus.

Am 7. Dezember 1970 unterzeichneten Polen und die Bundesrepublik Deutschland einen Grundlagenvertrag. Artikel 1 beinhaltete die Anerkennung und Unverletzlichkeit der Oder-Neisse-Grenze; dieses Abkommen brachte Bundeskanzler Willy Brandt und seiner Regierung scharfe Kritik seitens der Opposition ein. Ein entsprechendes Abkommen, den sogenannten Görlitzer Vertrag, hatten Polen und die DDR bereits 1950 abgeschlossen.

Im Dezember 1970 begann wegen angekündigter Preiserhöhungen ein Streik auf der Danziger Werft, im Verlauf dieser Auseinandersetzungen fanden 45 Arbeiter den Tod. Nach der Eskalation der Gewalt weitete sich der Streik zum Aufstand gegen die verhasste Regierung aus. Nach der Niederschlagung musste Gomułka zurücktreten, neuer Staatschef wurde Edward Gierek. 1976 brodelte es erneut in Polen, wieder mussten Demonstranten ihr Aufbegehren mit dem Leben bezahlen. Es bildete sich aber ein Komitee, das sich gegen Repressalien

Tadeusz Mazowiecki, der erste Ministerpräsident des nachsozialistischen Polen

und für die Achtung der Menschen- und Bürgerrechte einsetzte. Die katholische Kirche stellte sich hinter die Opposition. Ende der 1970er Jahre entstanden unter anderem auch in der Region Danzig Gründungskomitees freier Gewerkschaften, die auch eigene Zeitungen herausgaben.

Im Jahr 1978 wählte man den Erzbischof von Krakau, Karol Wojtyła, zum Papst. Johannes Paul II., wie er sich nannte, wurde wegen seiner kompromisslosen Haltung gegenüber dem kommunistischen System zu einer Identifikationsfigur vieler Polen und zu einem Symbol des polnischen Widerstands.

Nach machtvollen Streiks – Auslöser der Streikwelle waren deutliche Preiserhöhungen für Lebensmittel – erzwangen die Danziger Werftarbeiter im September 1980 die Zulassung der Solidarność (Solidarität), der ersten freien Gewerkschaft im Ostblock. Als 1981 die innenpolitische Lage zu eskalieren drohte, verhing der neue Ministerpräsident Wojcech Jaruzelski das Kriegsrecht. Er begründete dies mit einem ansonsten drohenden Einmarsch von Truppen des Warschauer Pakts. 1983 erhielt Lech Wałęsa, Vorsitzender der nun verbotenen Solidarność, den Friedensnobelpreis. 1986 gab es eine Amnestie für politische Gefangene, und 1989 sah sich die Regierung veranlasst, das Verbot der Gewerkschaft Solidarność aufzuheben und halbfreie Wahlen anzuberaumen. Tadeusz Mazowiecki, führender Vertreter der Opposition, ging daraus als Wahlsieger hervor und wurde neuer Ministerpräsident. Polen heißt seitdem Republik Polen.

Das neue Polen (von 1990 bis heute)

Im Dezember 1990 gewann Lech Wałęsa die erstmals abgehaltenen Präsidentschaftswahlen. 1991 lösten sich das Militärbündnis auf der Basis des Warschauer Vertrages sowie der RGW (Rat für gegenseitige Wirtschaftshilfe) auf. Deutschland und Polen schlossen einen Freundschaftsvertrag, die ersten freien Wahlen fanden 1991 statt. Die Wirtschaft, rasch privatisiert, entwickelte sich nach Anlaufschwierigkeiten sehr erfolgreich. 1995 wurde der Postkommunist Alexander Kwaśniewski zum neuen Präsidenten gewählt. Seit Mitte der 1990er Jahre ist Polen der größte Handelspartner Deutschlands im Osten.

Im Juni 1994 bereitete Polen dem amerikanischen Präsidenten Bill Clinton im Juli einen begeisterten Empfang. Clintons zentrale Botschaft lautetde »Poland is coming home« – Polen kehrt in die Familie der freien Völker zurück. 1999 wurde Polen vollwertiges Mitglied der NATO. Im Zuge einer Gebietsre-

Bauboom: Jahr für Jahr entstehen neue Hotelbauten an der Ostseeküste

form ist Polen in 16 neue Woiwodschaften gegliedert worden. Bei den Parlamentswahlen im Jahr 2001 verlor die Solidarność die Regierungsbeteiligung. Seit 2004 wurde Polen im Zuge der großen EU-Osterweiterung vollwertiges Mitglied der Europäischen Union.

Im Jahr 2005 gewann der nationalkonservative Lech Kaczyński die Wahl gegen seinen Herausforderer Donald Tusk. Der neue Präsident gehörte der ›Partei für Recht und Gerechtigkeit‹ (PiS) an. Sein Zwillingsbruder Jarosław Kaczyński wurde wenige Wochen später neuer Ministerpräsident. Bei vorgezogenen Neuwahlen im Oktober 2007 – das Parlament hatte sich einen Monat zuvor wegen innerpolitischer Querelen und Skandale aufgelöst – gewann die Bürgerplattform (PO) unter Führung des liberal-konservativen Donald Tusk, der zum polnischen Premier ernannt wurde. Ende 2008 erfüllte Polen die Auflagen des Schengen-Abkommens: Seither entfallen die Grenzkontrollen zu Deutschland, Tschechien und der Slowakei.

Im Dezember 2010 kamen Ministerpräsident Jarosław Kaczyński zusammen mit seiner Frau und einem Großteil der Regierungsmitglieder bei einem Flugzeugabsturz nahe Smolensk ums Leben. Bronisław Komorowski folgte Kaczyński im Amt nach.

Seit dem 1. Mai 2011 ist es polnischen Arbeiternehmern ohne Beschränkung erlaubt, in Deutschland zu arbeiten. Bei den Wahlen zum Sejm gewann die Bürgerplattform (PO) unter Führung des liberal-konservativen Donald Tusk. Dieser wurde Ende 2014 zum Präsidenten des Europäischen Rates nach Brüssel berufen. Bei der Präsidentschaftswahl im Mai 2015 siegte Andrzej Duda von der EU-kritischen Partei Recht und Gerechtigkeit (PiS), im Oktober 2015 bei der Wahl zum neuen Sejm triumphierte PiS ebenfalls. Die neue Ministerpräsidentin heißt Beata Szydlo. Zusammen mit ihrem Ziehvater und Parteivorsitzenden Jarosław Kaczyński will sie das Land umbauen, offenbar nach dem Vorbild Ungarns.

Tourismus

Schon zu deutscher Zeit war der Bäder- und Kurbetrieb an der Küste prächtig entwickelt. Wie überall in den sozialistischen Staaten setzte nach dem Zweiten Weltkrieg der große Verfall ein: Die herrlichen alten Hotels, Pensionen und Villen wurden verstaatlicht und als Betriebsferienheime genutzt. Die Instandhaltung der Gebäude beschränkte sich zumeist auf wenige Reparaturen, die Substanz verfiel zusehends. In einigen Seebädern entstanden während des Sozialismus große Hotels in Plattenbauweise, die bis heute an diese Zeit erinnern.

Erst nach der politischen Wende zeigte sich die Bedeutung des Tourismus als Wirtschaftsfaktor. Man setzt seitdem ebenso auf einheimische wie auf ausländische Gäste. Die Hoffnungen sind heute umso größer, weil die Ostseeküste wenig industrialisiert ist. Außer in Szczecin und der Dreistadt (Gdańsk, Gdynia und Sopot) gibt es kaum nennenswerte Industrieanlagen und damit auch kaum Umweltschäden; auch Badeverbote gehören der Vergangenheit an. Für die Tourismusbranche bestehen also gute Voraussetzungen. In den Seebädern wuchsen in den letzten Jahren viele schicke Hotels und Apartments – letztere auch zum Verkauf an eine zahlungskräftige Klientel aus dem Ausland –, die vorhandenen historischen Bauten werden liebevoll rekonstruiert, und frühere Ferienheime bekommen Zimmer mit modernem Standard. Private Häuslebauer planen großzügig, so dass an der unmittelbaren Küste in fast jedem Haus eine Ferienwohnung oder ein Apartment vermietet wird. Mittlerweile kann die polnische Ostseeküste also mit einer gut ausgebauten touristischen Infrastruktur punkten.

Die Stadtväter von Szczecin werben alljährlich im Mai mit einer Tourismusmesse für die Vorzüge der polnischen Ostseeküste. Auch auf den großen deutschen Reisemessen – so auf der Internationalen Tourismusbörse in Berlin – präsentieren sich die polnischen Tourismuszentren mit attraktiven Reise- und Erholungsangeboten.

Die Ostseeküste mit Kindern

Reiche Auswahl für Strandburgenbauer

Viele Eltern wissen aus eigener Kindheitserfahrung: Der schönste Abenteuerspielplatz an der Ostsee ist der Strand. Auch im Computer- und Smartphonezeitalter hat der übergroße ›Sandkasten‹ nichts von seiner Faszination verloren. Ein idealer Wasserspielplatz zum Sandburgenbauen, Sandkuchenbacken, zum fast vollständigen Einbuddeln von Spielgefährten, zum Sammeln von interessantem Strandgut, von leuchtendem Bernstein, hübschen Muscheln oder Steinen. Am begehrtesten sind hier die seltenen ›Hühnergötter‹, Steinchen mit einem Loch. Mit einem Lederband kann man sie als Glückbringer stolz über der Brust tragen oder später daheim an einer Schnur aufgefädelt im Kinderzimmer präsentieren. Flache Steine lassen Vati oder Mutti gekonnt mehrfach über die Wasseroberfläche hopsen – das wollen die Kinder auch erlernen und können sich ausprobieren. Auf jeden Fall suchen sie ausdauernd die dafür geeigneten Steinchen am Strand.

Dem Zeitgeschmack folgend, sind in der Hochsaison an vielen Stränden große Wasserrutschen, luftgefüllte große Springburgen oder Trampolins installiert. Falls das Wetter nicht mitspielt, finden sich auch abseits des Ostseestrandes zahlreiche Attraktionen für kleine und größere Kinder. Dazu eine kleine Auswahl:

Oceanarium in **Międzyzdroje**, Promenada Gwiazd 4 (gegenüber dem Hotel ›Amber Baltic‹), www.oceanarium.com.pl (→ S. 75).
Großer Kinderspielplatz in **Międzyzdroje**, an der ›Promenade der Stars‹ nahe dem Hotel ›Amber Baltic‹ (→ S. 75).
Klettergarten in **Kołobrzeg** am Sanatorium ›Chalkonzyn‹, www.parklinowy.kolobrzeg.pl.
Aquapark in **Jarosławiec** (nordöstlich von Kołobrzeg), www.aquapark.info.pl (→ S. 120).
Großer Abenteuerspielplatz im Schlosspark in Wejherowo (→ S. 169)
Oceanarium Władysławowo, ul. Żwirowa, www.oceanpark.pl.
Aquarium Gdynia, al. Jana Pawła II 1, www.akwarium.gdynia.pl (→ S. 190).
Saurierpark (Park Dinozaurów – Dino Park w Malborku) mitsamt **Hochseilgarten** (Jumpy park) in **Malbork**, ul. Toruńska 61, www.dinopark.malbork.pl (→ S. 240).
Sea Park mit Ozeanarium und Seehundbecken in **Sarbsk** (8 km östlich von Łeba), www.seapark.pl.

Die Küche der Ostseeküste

Eine klassische Küche der polnischen Ostseeküste existiert nicht. Nach 1945 brachten die Neusiedler ihre Rezepte aus der alten Heimat mit, vor allem aus den ostpolnischen Gebieten. Unbedingt probieren sollte man die altpolnische Saure Mehlsuppe (żur), die Piroggen mit Fleischfüllung (Pierogi z mięsem) und die schmackhaften Wildgerichte. Fisch bildet einen wesentlichen Bestandteil der regionalen Küche. Auch die wild wachsenden Beeren und Pilze werden auf den Tisch gebracht. Wie die meisten Regionalküchen ist auch die der pommerschen Ostseeküste ursprünglich, aber nicht ohne Raffinesse. Sie genießt daher einen guten Ruf.

Als Vorbereitung für kulinarische Ostseeträume sind zwei Bücher zu empfehlen: ›Backstein, Seebad, Kranichflüge. Sehnsuchtstage an der Ostsee‹ von Kristine von Soden (Verlag Picus Lesereisen) und ›Ostsee. Das Meer in unserer Mitte‹ von Christoph Neidhart (Marebuchverlag). Die folgenden regionaltypischen Rezepte sollen einen kleinen Vorgeschmack vermitteln.

Geräucherter Fisch wird überall an der Küste angeboten

Rezepte

Hering nach Danziger Art

Zutaten: ½ kg Salzheringe, ½ l Milch, 3 große Äpfel, 1 Zitrone, 1/5 Liter Weißwein, 2 Eigelb, Salz, Zucker, Muskat.
Zubereitung: Die gesäuberten, ausgenommenen und gewässerten Heringe in der Milch einweichen. Die geschälten und entkernten Äpfel grob raspeln und mit dem Saft der Zitrone beträufeln. Den Weißwein aufkochen und teelöffelweise das mit den Gewürzen vermischte Eigelb zugeben, dabei gut rühren. Die Äpfel beigeben und abschmecken. Die Heringe zu Rollen formen, auf eine Platte legen und mit der Weißweinsauce begießen.

Danziger Suppe

Zutaten: 1 ½ l Wasser, 300 g Hühnerfleisch, 2 Bund Suppengrün, 1/4 l Milch, 50 g Muschel- oder Hörnchennudeln, 50 g Erbsen, 50 g grüne Bohnen, Salz, Pfeffer, Dill, Piment, Lorbeerblätter und Suppenwürze zum Abschmecken.
Zubereitung: Das Hühnerfleisch waschen und im gesalzenen Wasser kochen. Das Suppengrün putzen und kleinschneiden, mit den anderen Gewürzen zum fast garen Fleisch geben. Das Fleisch von den Knochen lösen und in Streifen schneiden. Erbsen, Bohnen, das zerkleinerte Fleisch und zum Schluss die Nudeln in die Fleischbrühe geben und alles gar kochen. Den Dill zufügen und abschmecken.

Hausmachernudeln mit Krebsen

Zutaten für den Nudelteig: 350 g Mehl, 2 Eier, 2 EL Wasser, Salz.
Übrige Zutaten: 250 g frische Champignons, 2 EL Butter oder Margarine, 150 g Krebsschwänze, 150 ml Sahne, Salz und Pfeffer zum Abschmecken, Margarine und Paniermehl für die Form.
Zubereitung der Nudeln: Das Mehl auf ein Brett sieben und eine Delle hineindrücken. In die Vertiefung die Eier und das Wasser geben und mit dem Mehl verkneten, bis ein harter Teig entsteht. Den Teig sodann dünn ausrollen und zum Trocknen stehen lassen. Dann mit Mehl zu einer Rolle wickeln, dünne Scheiben abschneiden. Die Nudeln in siedendes Salzwasser geben, gar kochen, in einem Sieb abgießen, mit heißem Wasser spülen und abtropfen lassen.
Zubereitung der Füllung: Die Pilze putzen, waschen, in Scheiben schneiden und braten. Mit den Nudeln und den Krebsschwänzen vermischen. Die Mischung in eine feuerfeste, gefettete und mit dem Paniermehl eingestreute Auflaufform geben, mit der Sahne übergießen und überbacken.

Matrosenbigos

Zutaten: ½ kg Sauerkraut, Schmalz, 2 Zwiebeln, 1 EL Mehl, 150 g Wiener Würstchen, ¼ kg Schweinefleisch ohne Knochen, 3 Paprikaschoten, 1 kleine Dose Tomatenmark, 150 g Champignons, Salz, Pfeffer, Paprikapulver, Suppenwürze, Majoran und Curry zum Abschmecken.
Zubereitung: Das Sauerkraut ausdrücken, zerkleinern. Siedendes Wasser zugeben und mit dem Schmalz aufkochen, bei geringer Wärmezufuhr eine Dreiviertelstunde lang dünsten. Das gewürfelte Fleisch anbraten und würzen, mit Wasser beträu-

feln und ebenfalls weich dünsten. Die Zwiebeln, Paprika und Champignons putzen, waschen, würfeln, anbraten und nach Hälfte der Garzeit zum Fleisch geben. Schmalz erhitzen, Mehl zugeben und mit dem Kraut, der Fleisch-Gemüse-Mischung, dem Tomatenmark und den in Scheiben geschnittenen Würstchen noch einige Minuten gar dünsten und abschmecken.

Paprikafrischkost nach Stettiner Art
Zutaten: 3 Paprikaschoten, 2 EL Öl, 1 unbehandelte Apfelsine, 1 unbehandelte Zitrone, Salz, Honig, Ingwer und Zitronensaft zum Abschmecken, 2–3 EL Tomatenmark.
Zubereitung: Die Apfelsine und Zitrone waschen, überbrühen, schälen und würfeln, dabei sorgfältig die Kerne entfernen. Die Paprikaschoten waschen, entkernen und in Streifen schneiden. Mit der Apfelsine, Zitrone und dem Öl mischen, mit dem Honig, Tomatenmark, Ingwer, Salz und Zitronensaft abschmecken.

Mixgetränke an der Ostseeküste

Matrosen brachten schon immer exotische Speisen und Gewürze als Mitbringsel in die Heimathäfen. Davon angeregt, entwickelten die Küstenbewohner einen Hang zu ausgefallenen Getränkekreationen. Hier einige Beispiele:

Kaffee nach Zopotter Art
Zutaten: 50 g feingemahlener Bohnenkaffee, 800 ml Wasser, Zimt, Gewürznelken, Zucker.
Zubereitung: Den Kaffee mit etwas Zucker, Zimt und den Gewürznelken vermischen, in einem Topf mit siedendem Wasser übergießen und eine Zeitlang auf dem Herd stehen lassen. So lange erhitzen, bis der Kaffee dreimal nach oben steigt – aber nicht kochen! –, anschließend durchseihen. Eine Kanne heiß ausspülen, den Kaffee einfüllen, den Zucker getrennt servieren.

Cocktail Elbinger Turm
Zutaten: 5 cl Rum, 10 cl Kräuterschnaps, 2 cl Zitronenlikör, 2 cl Orangensaft, 5 cl Zitronensaft, 3–4 Rosinen.
Zubereitung: Den Rum, Kräuterschnaps, Zitronenlikör, Orangensaft und Zitronensaft sowie Eiswürfel in einen Mixbecher geben und gut durchschütteln. In flache Gläser geben, die Rosinen und Eiswürfel dazugeben, sofort servieren.

Cocktail Nordlicht
Zutaten: 15 cl Kirschlikör, 5 cl Wermut, 2 cl Rum, 5 cl Schwarzer Johannisbeersaft.
Zubereitung: Den Kirschlikör, Wermut, Rum und Johannisbeersaft mit Eiswürfeln in einen Mixbecher geben und kräftig mischen. In Gläser geben und gleich auftischen.

Altstettiner Cocktail
Zutaten: ½ Flasche Sekt, 10 cl Weinbrand, 10 cl Bananenlikör, 5 cl Zitronensaft.
Zubereitung: Alle Zutaten vermischen und gut kühlen. In Sektschalen füllen, Eiswürfel zugeben und gleich servieren.

Den westlichen Abschnitt der polnischen Küste prägen weitläufige Wälder und wilde Steilufer im Nationalpark Wollin sowie phantastische Sandstrände bei Kołobrzeg, in Szczecin findet sich historische Architektur. Auch im Hinterland gibt es einige Naturschönheiten und bauliche Schätze zu entdecken.

An der Steilküste bei Międzyzdroje

ZWISCHEN SZCZECIN UND SŁUPSK

Ostsee
(Morze Bałtyckie)
Pommersche Bucht
(Zatoka Pomorska)
Stettiner Haff
Zalew Szczeciński
POLEN
DEUTSCHLAND
Łazy
Słupsk
Sianów
Koszalin
Manowo
Mielno
Mścice
Milenko
Gąski
Tymień
Dobrzyca
Rusowo
Wrzosowo
Ustronie Morskie
Kołobrzeg
Gościno
Karlino
Białogard
Strzekęcino
Bobolice
Tychowo
Tychówko
Polczyn Zdrój
Szczecinek
Drawsko
Czaplinek
Złocieniec
Drawsko Pomorskie
Sławoborze
Świdwin
Łobez
Węgorzyno
Ińsko
Rymań
Dębica
Grzybowo
Nieżyn
Dźwirzyno
Kłodkowo
Kiełpino
Wicimice
Starogard
Płoty
Wyszogóra
Żabowo
Nowogard
Dobra
Chociwel
Mrzeżyno
Trzebiatów
Pogorzelica
Niechorze
Rewal
Trzęsacz
Cerwica
Gryfice
Mechowc
Golczewo
Błotno
Olchowo
Jenikowo
Stargard Szcz.
Pyrzyce
Pobierowo
Dziwnówek
Kamień Pomorski
Moracz
Goleniów
Maszewo
Dziwnów
Międzywodzie
Kołczewo
Międzyzdroje
Łądzin
Parłówko
Przybiernów
Miękowo
Wolin
Lubin
Karsibór
Świnoujście
Heringsdorf
Bansin
Ahlbeck
Zirchow
Nowe Warpno
Trzebież
Police
Dobieszczyn
Szczecin
Lubieszyn
Przecław
Kołbaskowo
Zdroje
Płonia
Uckermünde
Löcknitz
Trogelow
Pasewalk
Berlin
Prenzlau
Zinnowitz
Wolgast
Greifswald
Lassan
Usedom
Anklam
Ducherow
Rostock, Lübeck
6
11
E 28
167
163
172
20
152
151
162
102
109
106
107
3
E 65
95
142
A6
114
A11
A20
111
110
197
198
0
10
20 km
Zwischen Świnoujście und Mielno

Szczecin

Szczecin (Stettin) ist mit seinen vielen Parks, Gärten und Alleen die grünste Stadt Polens. Ein wenig erinnert die alte Neustadt um die Plätze Grunwaldzki und Odrodzenia auch an Paris: Dort wurden die Straßen breit und sternenförmig angelegt, was die Stettiner Städteplaner zum Ende des 19. Jahrhunderts inspirierte. Viele prunkvolle Bauten fielen jedoch während der Luftangriffe 1944 und beim Kampf um die Festung Stettin im Frühjahr 1945 in Trümmer. Die Wunden sind noch längst nicht geheilt, und viele nach dem Krieg eilig errichtete Bauten stören im alten Stadtbild. Mit viel Liebe zum Detail entstanden unterhalb vom Schloss an der Oder in den vergangenen Jahren neue Häuser. Sie wurden auf den freigelegten Fundamenten der Altstadt errichtet und sind dem alten Baustil nachempfunden.

Am Heumarkt

Geschichte

Stettin wuchs aus einem slawischen Fischerdorf. Bereits im 9. Jahrhundert war die Siedlung ein Zentrum des Ostseehandels. Polens erster Herrscher, Mieszko I., schloss die Burg an der Oder 967 seinem Machtbereich an. 1243 wurde Stettin mit Stadtrechten ausgestattet. Der Beitritt zum Städtebund der Hanse 1278 beschleunigte den Aufstieg zu einem wohlhabenden internationalen Handelszentrum.

Um 1295 war Stettin Zentrum eines gleichnamigen Herzogtums. 1478 vereinigte Bogusław X. das Herzogtum Pommern mit seinem Machtbereich. Zuvor hatte er bereits die Herzogtümer Stolp-Schlawe (1474), Stettin (1477) und Wolgast (1478) vereinnahmt. In Stettin residierten die pommerschen Greifenherzöge bis 1637, als der letzte Herzog ohne Nachkommen starb.

Im Jahr 1630 nahmen die Schweden die Stadt ein und bauten sie in den nächsten Jahrzehnten zu einer starken Festung aus. Im Westfälischen Frieden (1648) wurde Stettin von den europäischen Mächten als schwedischer Besitz anerkannt. 1720 verkaufte die schwedische Königin Ulrike Eleonore ihren Besitz für zwei Millionen Taler an Preußen.

Die preußische Herrschaft wurde nur von einer siebenjährigen französischen Eroberung unterbrochen: 1806 lieferte der Kommandant der Festung Stettin seine Stadt einem nicht einmal tausend Mann starken französischen Trupp kampflos aus, denn er sah nach dem Zusammenbruch des preußischen Heeres bei Jena keine Chance, die Festung zu halten. Die Franzosen hingegen zeigten sich sieben Jahre später sehr viel weniger nachgiebig. Nachdem Napoleons Truppen in Russland schon vernichtend geschlagen worden waren, verteidigten seine Soldaten noch über zehn Monate die belagerte Stadt. Der Kampf endete erst am 5. Dezember 1813.

Der wirtschaftliche Aufschwung mit Hafenneubauten, Lagern und Fabriken sprengte die alten Stadtgrenzen mehrfach. Durch die günstige Lage an der Oder und mit dem Ostseehafen Swinemünde durch Schifffahrt und Eisenbahn verbunden, wuchs Stettin zum Ein- und Ausfuhrhafen für Berlin. 1914 wurde der Berlin-Stettiner-Großschiffahrtsweg eröffnet.

Vor Ausbruch des Zweiten Weltkrieges war Stettin mit einer Fläche von über 460 Quadratkilometern die drittgrößte Stadt des Deutschen Reiches. Heute nimmt Szczecin mit seinen weit verstreuten Stadtteilen gut 300 Quadratkilometer ein und steht damit nach Warschau und Breslau wiederum auf dem dritten Rang. Die Stadt hat heute 420 000 Einwohner.

Im Zweiten Weltkrieg wurde der Hafen fast völlig zerstört, etwa 70 Prozent aller Gebäude lagen in Trümmern. Die Stadt hat sich nach dem Krieg mit mehreren Hochschulen, Kulturinstituten und Theatern zum kulturellen Zentrum der Region entwickelt. Auf der größten europäischen Werft (Stocznia Szczecińska AG) werden inzwischen Schiffe für Kunden in aller Welt gebaut. Die beiden Werften Gryfia und Parnica haben sich auf komplette Schiffsmodernisierungen spezialisiert. Nach dem Niedergang der Werftindustrie in Gdańsk setzte hier der Aufschwung ein: Die Werftindustrie beschäftigt allein 10 000 Menschen. Auch die Hochseefischerei mit Verarbeitungsbetrieben ist nach wie vor eine Stütze der lokalen Wirtschaft. Die Arbeitslosigkeit in der Stadt hat sich bei knapp 11 Prozent eingependelt. Der Hafenkomplex Szczecin/Świnoujście ist vor allem auf den Massenumschlag von Kohle und Erz spezialisiert, der etwa 20 Millionen Tonnen pro Jahr erreicht.

▶ Karte S. 44

Ein Stadtrundgang

Ein Stadtrundgang lässt sich mit etwas Kondition gut zu Fuß absolvieren. Anlässlich des 750-jährigen Stadtjubiläums 1993 wurde die sogenannte ›Rote Route‹ eröffnet: Entlang einer rot gezeichneten Linie werden die Besucher zu den wichtigsten Baudenkmälern im Stadtzentrum geleitet. Die folgende Beschreibung orientiert sich an dieser Linie. Auf den Gehwegen fallen rötlich schimmernde Granitplatten auf, die einst als Schiffsballast aus Schweden in die Stadt kamen.

Rund um das Hafentor

Am Hafentorplatz (pl. Brama Portowa) steht das **Hafentor** (Brama Portowa); in deutscher Zeit hieß es Berliner Tor. Es wurde von 1725 bis 1729 aus Pirnaer Sandstein im Barockstil errichtet. Die Pläne für diese Prunkpforte lieferte der Holländer G. C. van Walrave. Über der ehemaligen Durchfahrt sieht man ein Monogramm des preußischen Königs

Das Hafentor

Friedrich Wilhelm I. Eine lateinische Inschrift vermerkt sinngemäß: Der König kaufte die Stadt mit rechtmäßigem Vertrag für einen gebührenden Preis.
Am benachbarten pl. Zwycięstwa, dem früheren Hohenzollernplatz, erhebt sich die **Sankt-Adalbert-Kirche** (Kościół pw. św. Wojciecha), auch als Garnisonskirche bekannt. Sie wurde zwischen 1906 und 1909 erbaut. Das Gemälde des heiligen Adalbert und mehrere Mosaikfenster sind besonders sehenswert.
Der Mittelstreifen des langgezogenen pl. Żołnierza Polskiego wird als Blumenmarkt unter freiem Himmel genutzt. Die Stettiner nennen den Platz deshalb auch Blumenallee, in deutscher Zeit war er als Königsplatz bekannt. Im 15. und 16. Jahrhundert wurden am Königsplatz die sogenannten **Professorenhäuser** errichtet und später klassizistisch verändert. Sie werden auch Marienstiftshäuser genannt, denn früher wohnten hier die am Marienstiftsgymnasium beschäftigten Lehrer. Die Häuser dienten auch als Garnisonskrankenhaus und Zeughaus, heute sind hier wieder Wohnungen eingerichtet. Der Schiffsmast auf dem Grünstreifen erinnert an Kapitän Konstanty Maciejewicz, der die erste Seefahrtsschule Polens aus der Taufe hob. An gleicher Stelle stand bis 1953 das kriegsbeschädigte Stadttheater, das später dem Bau der Schnellstraße weichen musste.
Der klassizistische Palast (Galerie Sztuki/ Klub der 13 Musen) in der ul. Staromłyńska 1 gehört zum **Nationalmuseum**. Hier befinden sich Werke aus der Zeit zwischen 1918 und 1939 sowie zeitgenössische polnische Kunst, und hier werden auch die Eintrittskarten für die ebenfalls zum Nationalmuseum gehörenden Sammlungen im gegenüberliegenden **Barockpalast** – ul. Staromłyńska 27 – verkauft. Das Gebäude entstand nach Plänen von G. C. van Walrave und war Sitz des Pommerschen Landtages. Wertvolle Kapitelle aus Kalkstein wurden aus dem Refektorium des Klosters Kolbatz (Kołbaz) geborgen und sind nun hier zu besichtigen. Viele religiöse Schnitzkunstwerke und Altäre stammen aus pommerschen Kirchen, aus dem einstigen Besitz westpommerscher Herzöge sind Porträts, Silbergegenstände, Siegel und Möbel zu sehen. Der Schmuck sowie Reste der Bekleidung wurden den Sarkophagen entnommen. Die Genealogie der Herzöge zeigt einen weitverzweigten Stammbaum bis zum Ende des 16. Jahrhunderts.
Das **klassizistische Palais** an der Ecke Staromłyńska/Łaziebna gehörte anfangs dem Holländer Christian Velthusen. Seinen Reichtum verdankte er dem Export von Tabak, Holz, Zucker und Essig sowie dem Weinhandel. Später produzierte hier die Firma C. Wolkenhauer Pianos, weshalb das Gebäude auch Wolkenhauerhaus hieß. Die Haupt- und Südfassade zieren insgesamt 20 Köpfe berühmter europäischer Komponisten. Heute hat hier eine Musikfachschule ihren Sitz.
Das benachbarte **Barockpalais Unter dem Globus** wurde von 1723 bis 1726 errichtet. Nach dem ersten Hausherren benannt, wurde das Gebäude auch als Grumbkowpalais bekannt. An der Bauplanung war der Architekt der Berliner und Potsdamer Garnisonskirche, Phillip Gerlach, beteiligt. Attika und Vasen wurden aus Pirnaer Sandstein gefertigt. Von 1757 bis 1763 wohnte Prinz Friedrich Eugen von Württemberg im Palais, 1759 kam hier seine Tochter Sophie Dorothea Luise zur Welt. Sie heiratete den Zaren Paul I., den Sohn der Zarin Katharina der Großen, und wurde als Maria Feodorowna bekannt. An der Spitze des Tympanon tragen zwei Löwen einen Globus. Seit 2010 ist das Gebäude Sitz der Stettiner Akademie der Künste. Mit der Modernisierung entstanden zwei

Galerien, Kammertheater, Wintergarten (Lesesaal) und Kammersaal. Die Haupthalle wird für Konzerte genutzt. Gegenüber steht auf dem ehemaligen Roßmarkt, dem pl. Orła Białego, ein **Barockbrunnen** mit weißem Adler aus dem Jahr 1732. Er zierte den Auslauf der ersten städtischen Wasserleitung. Auf der benachbarten Grünanlage lächelt Flora. Das **Standbild der Blumengöttin** schuf Johann Georg Glume. Im Verlaufe der letzten hundert Jahre wechselte die Plastik sechs Mal ihren Standort, letztmalig im Jahr 2000.

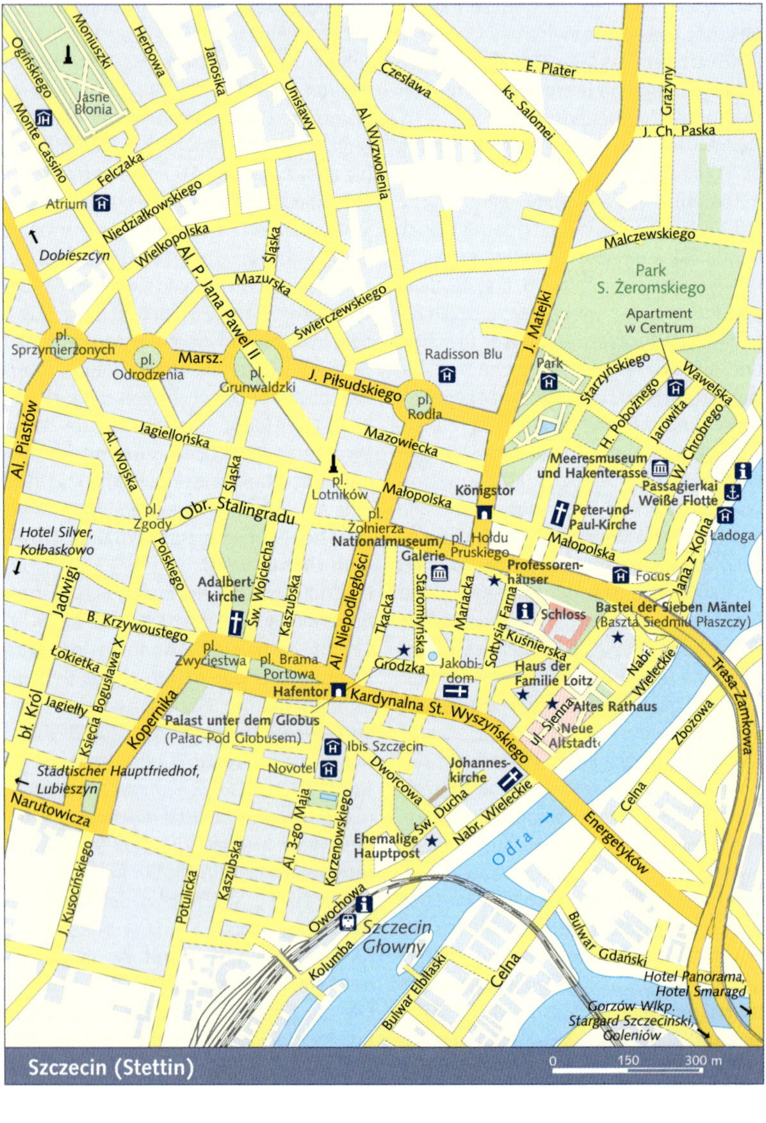

Szczecin (Stettin)

Jakobidom

An der ul. Stefana Wyszyńskiego, der früheren Breiten Straße, erhebt sich der mächtige gotische Jakobidom; er ist von Neubauten umgeben. Der Dom wurde für die deutsche Gemeinde in Stettin errichtet. Der Aufbau währte bis etwa 1300. Als Vorbild diente die Marienkirche in Lübeck. In der Mitte des 16. Jahrhunderts war das Gotteshaus am prächtigsten ausgestattet: Im Jahr 1569 gab es 54 Altäre und 24 ausgeschmückte Kapellen. Die gotische Hallenkirche wurde mehrmals zerstört, so bei der Belagerung 1677 bis auf die Grundmauern. Zur 700-Jahr-Feier reifte der Plan, dem Dom ein spitzes Turmdach aufzusetzen und seine Höhe damit zu verdoppeln. Der erste Versuch schlug fehl, das halbfertige Dach stürzte 1894 herunter. Mit der zweiten Dachkonstruktion besaßen die Stettiner den höchsten Turm Pommerns, er war 119 Meter hoch. Durch alliierte Luftangriffe 1944 wurde der Dom stark beschädigt. Die Verantwortlichen entschlossen sich zum Wiederaufbau in der Gestalt um 1500, ohne die neuzeitliche Beigabe des Spitzturms. Die knapp sechs Tonnen schwere Domglocke aus dem 17. Jahrhundert war über 200 Jahre verschwunden: Man fand sie in der Domruine, eingemauert in der Kirchenwand. Jetzt hängt die Glocke in einem Holzgestell an der Kirchennordseite. Seit 1983 trug der Jakobidom den Status einer Kathedrale, Papst Johannes Paul II. erklärte sie 1992 zur Erzkathedrale.

Das große **Kreuz** vor dem Westeingang erinnert an den Papstbesuch 1987 in Szczecin. Der westliche **Haupteingang** mit drei Pforten ist meist verschlossen. Aufwendige Verzierungen schmücken die Türen. Über der linken Tür liest man ein Gebet in deutscher Sprache aus dem Jahr 1694, die Bauetappen der Kirche sind auf einer Wandplatte neben der mittleren Tür noch gut zu entziffern. Weil häufig nur die Kirchentür auf der Nordseite offen steht, schauen sich nur wenige Besucher die Südfassade des Doms an: Hier blieben im Unterschied zur Nordseite viele schöne Fassadendetails erhalten, und man sieht die benachbarte **Kaplanei** aus dem 15. Jahrhundert.

Das Dominterieur ist wegen vieler Kriegsverluste sehr bescheiden. Ausgestellte Fotografien zeigen das Ausmaß der Zerstörungen in den Jahren 1944/1945. Von der einstigen Barockausstattung blieben nur zwei Kanzelstatuen erhalten, die heute zwei Pfeiler schmücken. Viele der 19 Kapellen sind auch neuzeitlichen Ereignissen gewidmet, so politischen Opfern während der Diktaturen des 20. Jahrhunderts oder dem Gedenken an ertrunkene Seeleute. Am prächtigsten erscheint die Taufkapelle, die erste Kapelle rechts an der Kirchensüdwand: Der Altarschrein bewahrt Reliquien des heiligen Otto auf. Der **Flügelaltar** aus dem Jahr 1505 stammt aus Lübeck. Auffällig leuchten die neuen bunten **Kirchenfenster**. Das Hauptfenster über der Empore ist mit 87 Metern das größte Pommerns. Auch hier vermischen sich Geschichte und Neuzeit: Neben der Muttergottes von Tschenstochau, dem heiligen Otto und Christus sind auch Gäste der Papstmesse von 1987 zu sehen.

Eine Gedenkplatte erinnert an den berühmten Komponisten und Organisten Carl Loewe. Von 1820 bis 1866 lebte er in Stettin und bezauberte sein Publikum. Er erfand die romantische Ballade und vertonte Werke von Goethe, Herder und Mickiewicz. Sein Herz wurde im oberen Teil des Pfeilers nahe der Barockorgel eingemauert, denn auf diesem Instrument spielte er besonders gern.

Der Dom bietet 10 000 Personen Platz und wird häufig für Konzerte genutzt, das Repertoire reicht von Klassik bis hin zu

Die Hakenterrasse mit dem Meeresmuseum

Rockmusik. In der Kirchengalerie befindet sich das **Diözesanmuseum**, auf den neu errichteten **Turm** kann man hinaufsteigen (Mo–Fr 12–18, So 11–18 Uhr).

Vom Jakobidom zur Hakenterrasse

In einem nicht mehr erhaltenen Gebäude in der ehemaligen Großen Domstraße, heute ul. Farna 1, wurde am 21. April 1729 die Tochter des Festungskommandanten von Stettin geboren, Sophie Auguste Friedericke, Prinzessin von Anhalt-Zerbst. 1745 heirate sie den Nachfolger des Zarenthrons, Peter Ulrich von Holstein, dem späteren Zaren Peter III. Nach dessen Tod schrieb sie Weltgeschichte als Zarin Katharina II. (›die Große‹). Für Polen war dies nicht von Vorteil, denn die Zarin war maßgeblich an den drei Teilungen des Landes beteiligt. An der Hauswand des Versicherungsgebäudes PZU sieht man auf einer Hinweistafel auch die Kopie des Fragments der russischsprachigen Gedenktafel aus dem 19. Jahrhundert.

Das **Königstor** (Brama Królewska) erinnert an die Übernahme der Stadt durch die Preußen. Auch hierfür lieferte der Holländer G. C. van Walrave die Bauentwürfe. Die Giebel werden durch Statuen von Mars und Herkules, einem preußischen Adler und vielerlei Zierat geschmückt. Das ›Brama Jazz Café‹ mit Biergarten direkt an der Hauptverkehrsstraße ganz in der Nähe lädt zum Besuch ein.

Ein Stück Richtung Oder, direkt an der Hauptstraße, steht die spätgotische backsteinerne **Kirche Sankt Peter und Paul** (Kościół p. w. św. Piotra i Pawła). An dieser Stelle befindet sich der älteste Standort für ein christliches Gotteshaus in Pommern. Zuvor lag hier eine heidnische Kultstätte: Die Slawen verehrten ihren dreiköpfigen Gott Triglav. Die drei Köpfe verdeutlichten seine Macht über Erde, Himmel und Hölle. 1124 stiftete der polnische Herzog Bolesław Schiefmund ein hölzernes Kirchlein, in dem auch Bischof Otto von Bamberg

▶ Karte S. 44

predigte. Das heutige Erscheinungsbild des Gotteshauses stammt aus dem 18. Jahrhundert. Außen schmücken Terrakottaköpfe die Mauern, es handelt sich um mittelalterliche Porträts Stettiner Bürger. Kurios sind zwei Spendenschlitze im Opferstock. Beide Apostel – ihr verwittertes Abbild ist auf zwei Kalkplatten noch zu erahnen – konkurrierten um die Gunst der Stettiner. Leider ist nicht überliefert, welcher der beiden Heiligen bevorzugt wurde. Die Spendentraufe befindet sich auf der Nordseite, links vom verschlossenen Seiteneingang. Das barocke Deckengemälde (1703) stammt von Ernst Eicher. Ansonsten erscheint die Kirche schlicht: Mit Holz wurde eine Gewölbedecke nachempfunden, an der Seite stehen große Grabtafeln aus dem 17. Jahrhundert.

Gegenüber der St.-Peter-und Paul-Kirche steht eines neues **Denkmal**. Es zeigt einen riesigen Bronzeengel, der auf einem Schiffswrack steht. Damit wird den getöteten Werftarbeitern gedacht, die beim Streik 1970 ums Leben kamen.

Die St.-Peter-und-Paul-Kirche

Neue Dominante in diesem Stadtteil ist die **Stettiner Philharmonie** (Filharmonia im. Mieczysława Karłowicza). Sie ist die modernste in Polen, schon heute Anziehungsort für Architekturliebhaber und wurde mit dem Preis der Europäischen Union für zeitgenössische Architektur ausgezeichnet, dem Mies van der Rohe Award for European Architecture. Die geistigen Väter sind spanische Architekten aus dem Barozzi Veiga Studio in Barcelona. Der markante Komplex erinnert an verschachtelte Patrizierhäuser, der Clou aber ist eine glänzende Aluminiumfassade, die in der Dunkelheit effektvoll beleuchtet wird. Bereits vor dem Zweiten Weltkrieg befand sich an dieser Stelle ein Konzerthaus. Das Gebäude dient auch als Kunstzentrum und Kultureinrichtung.

Die monumentale **Hakenterrasse** (Wały Chrobrego) oberhalb des Oderufers ist 500 Meter lang und der städtische Glanzpunkt deutscher Architektur. Das Ensemble der vier hier stehenden Prachtbauten erhielt seinen Namen nach dem Stettiner Oberbürgermeister Hermann Haken. Die Anlage entstand von 1902 bis 1921 auf dem Areal des abgetragenen Forts Leopold. Heute haben hier die Seefahrtshochschule, das westpommersche Woiwodschaftsamt und das **Meeresmuseum** Quartier bezogen. Bei der Besichtigung des Woiwodschaftsamtes sind drei thematische Routen – Türme, Aussichtsterrasse, Ausstellungsräume und Keller – zugänglich.

Auf der Grünfläche vor dem Museum kämpft Herkules mit dem Zentauren. Die **Plastik** ist ein Werk von Ludwig Manzel aus dem Jahr 1913. Unterhalb der Wälle befindet sich der Kai für Ha-

Der Uhrturm am Schloss

fenrundfahrten sowie für Schiffsausflüge auf die Oder und zum Dammschen See (Jezioro Dąbie), die von Mai bis September angeboten werden.
Unterhalb vom Schloss befindet sich die mittelalterliche **Bastei der sieben Mäntel**. Ihr Name erinnert an einen unredlichen Schneider, der dem König angeblich sieben Mäntel nähen sollte. Er soll mit dem Stoff verschwunden sein, wurde gefasst und hier eingekerkert.
Die Bastei ist der bedeutendste Rest der alten Stadtbefestigung aus dem 14. Jahrhundert. Bis 1723 saßen hier Gefangene ein. Jetzt befinden sich in den Mauern Büroräume, Lichtstudio und eine kleine Galerie.

Schloss

Auf einem Plateau über der Oder erhebt sich das Renaissanceschloss der Herzöge von Pommern. Der letzte pommersche Herzog Boguslaus XIV. verstarb 1637 ohne Nachkommen und war am Ende so arm, dass er nicht standesgemäß bestattet werden konnte. Eine ansprechende Totenfeier fand erst 1654 statt. Die Kosten übernahm der schwedische König, der damalige Herrscher in Stettin. 1995 wurden die sterblichen Überreste des Herzogs nochmals umgebettet, diesmal in den Jakobidom.
Die Burg wurde 1944 völlig zerstört, der Wiederaufbau dauerte von 1958 bis 1982. Die Restauratoren orientierten sich an einem Kupferstich von Matthäus Merian aus dem 17. Jahrhundert. Das Bauwerk ist rechteckig angelegt, besitzt fünf Flügel, zwei Höfe, drei Türme und sehr schöne Renaissanceschmuckgiebel. An der Südfront des Glockenturms schaut der heilige Otto, Apostel von Pommern, als Kopie herab. Die originale Sandsteinplastik stammt aus dem 14. Jahrhundert und befindet sich im Nationalmuseum von Szczecin. Zur **Aussichtsgalerie** des Glockenturms in 34 Meter Höhe führen genau 204 Stufen. Täglich um 12 Uhr ertönt das Turmlied der Marienglocke aus dem 14. Jahrhundert. Der Westflügel wurde in den Jahren 1616 bis 1619 als Heimstatt der Kunstsammlungen der Herzöge erbaut. Im Erdgeschoss findet man heute die **Tourismus- und Kulturinformation**. Durch den Mittelflügel gelangt man in den großen Schlosshof, wo Sitzbänke zum Ausruhen einladen.
Den **Uhrturm** ziert seit 1693 ein ungewöhnlicher Zeitmesser. Die Löwen im oberen Teil sind eine Zutat aus der schwedischen Herrschaftsepoche. Eine kleine vergoldete Kugel zeigt die Mondphasen an. Darunter sieht man einen Hofnarren, der mit der linken Hand die vollen Stunden anschlägt, mit der rechten die Viertelstunden. Ein großes Gesicht mit rollenden Augen prangt im Mittelpunkt des bunt verzierten Stundenzifferblatts. Wo sich einst die Zunge befand, wird heute der Monatstag angegeben. Im unteren Teil halten zwei Greifen das Minutenziffernblatt.
Im **West-, Süd- und Ostflügel** befinden sich die ›Oper auf dem Schloss‹, Hochzeitssaal und Südgalerie, unter dem Ostflügel sind die Grüfte mit sechs Sarkophagen und Grabplatten der Herzöge zu besichtigen. Im prachtvollen **Nordflügel** befindet sich der Herzog-Boguslav-Saal. In der dritten Etage des Gefängnisturms sind an Wänden und Decke polychrome Malereien aus dem 16. Jahrhundert zu sehen, bislang aber nur für angemeldete Gruppen zugänglich. Im Schloss laden ein stilvolles Café und ein Restaurant zum Besuch ein.

Vom Schloss zur Hauptpost

Wer das Schloss zwischen Südflügel und Gefängnisturm verlässt, gelangt auf die **ul. Kuśnierska**, die frühere Pelzergasse, in der drei originale Bürgerhäuser aus dem 18. Jahrhundert erhalten sind. Die Pelzergasse ist die einzige mittelalterliche Straße, die ihren Verlauf bis heute nicht geändert hat. Wenn man Richtung Oder geht, genießt man einen schönen Blick auf die Renaissanceattika. Den **ehemaligen Pferdestall** am Westflügel in der ul. Rycerska schmückt ein sehenswertes Sitznischenportal aus der Renaissance. Das Gebäude ist heute Sitz des Germanistischen Instituts der Universität.

Das prachtvollste Beispiel für bürgerliche Profanbauten ist das nahegelegene **Loitzhaus**, das mit spätgotischem Maßwerk reich verziert ist. Die Fenster im Turm sind schräg, weil sie dem Treppenverlauf folgen. Die Stettiner Bankiersfamilie Loitz ließ das Gebäude Mitte des 16. Jahrhunderts als Stadtpalast errichten. Die Familie scheffelte anfangs ihr Geld mit Salz- und Heringshandel, später eröffnete sie Bankhäuser in Danzig und Lüneburg sowie Handelsniederlassungen in mehreren europäischen Städten. Auch der brandenburgische Kurfürst Joachim II. und der polnische König Siegesmund August liehen sich Geld von der Familie. Nach deren Tod wurden die Schulden nicht zurückgezahlt, und das Geldhaus Loitz stürzte in den Konkurs. Der Familie gelang es nach dem Bankrott 1572, unentdeckt nach Polen zu fliehen. Aber die europäische Wirtschaft bebte für einen Moment. Das Gebäude dient heute als Gymnasium für Bildende Künste.

Das Loitzhaus

▲ Karte S. 44

Das **Alte Rathaus** auf dem Rynek Sienny (Heumarkt) wurde 1944 ein Raub der Flammen und nach dem Krieg im gotischen Stil wieder aufgebaut. Ein herrlicher Ziergiebel aus fünf Pfeilern sowie grün glasierte Ziegel und Zierelemente schmücken den Backsteinbau. Hier spielten sich mitunter dramatische Szenen ab: Im Sommer 1616 beschloss der Stadtrat, die Bierpreise um 30 Prozent zu erhöhen. Daraufhin zog eine aufgebrachte Menge in die Ratsstube, meuchelte ein Mitglied des Stadtrats und mauerte ihn ein. Ob die Bierpreise danach wieder gesenkt wurden, ist nicht überliefert. Heute lädt im Alten Rathaus eine stadtgeschichtliche Sammlung ein. Die Kellergewölbe blieben original erhalten und bilden heute eine stimmungsvolle Kulisse für ein Restaurant, das täglich außer sonntags ab 15 Uhr geöffnet ist. Einen Einblick in ähnliche gotische und barocke Kellerräume gewährt die benachbarte **Galerie Entazis** in der ul. Sienna 11. Die Besitzer sprechen Englisch und freuen sich über Besucher.

Am Alten Rathaus entstanden auf mittelalterlichen Fundamenten geschmackvolle Neubauten, die der **einstigen Altstadt** nachempfunden wurden. Darunter sind auch zwei Bürgerhäuser, deren farbige Fassaden mit reichem Stuck verziert sind. Hier ist auch eine der etwa 100 hübschen Wasserpumpen in der Stadt zu bestaunen. Die gusseisernen Pumpen aus dem Jahr 1856 sind blau angestrichen, einige sollen sogar noch funktionieren. In den engen Gassen um das Alte Rathaus laden kleine Restaurants, Pubs, Cafés mit Freiluftplätzen sowie schöne Innenhöfe ein.

An der Oder steht die gotische **Sankt-Johannes-Kirche** aus dem 14. Jahrhundert, einst das Gotteshaus der Franziskaner, die um 1240 aus Westfalen an die Oder gekommen waren. Im Inneren blieben nur spärliche Wandmalereien aus dem Mittelalter, regenbogenartiges Maßwerk mit verzierten Stützkonsolen, Grabtafeln und eine Barockorgel erhalten. Während der französischen Herrschaft von 1806 bis 1813 nutzte man die Kirche als Lagerhaus und Getreidespeicher. Schließlich wurde sie wegen Baufälligkeit gesperrt und das Kloster gänzlich abgetragen. Erst in den 1930er Jahren begann eine Rekonstruktion, die der Zweite Weltkrieg wieder zunichte machte. Drei Pfeiler ragen noch immer erheblich aus dem Lot. Die Kirche wurde erst unter polnischer Verwaltung neu geweiht. Diesmal gab man der Kirche den Namen Johannes des Evangelisten, weil der ursprünglichen Heilige, nämlich Johannes der Täufer, inzwischen für eine andere Kirche in Stettin vergeben war.

Geht man die ul. Św. Ducha weiter in Richtung Bahnhof entlang, kommt man zur ehemaligen **Hauptpost**, heute Postamt Nr. 2, einem festungsartigen Gebäude im Stil der Neorenaissance. Die Postschalter befinden sich in einer sehenswerten säulengestützten Haupthalle mit einem Glasdach.

Weitere Sehenswürdigkeiten

Nahe dem Nationalmuseum führt die Aleja Jedności zum pl. Grunwaldzki, dem ehemaligen Kaiser-Wilhelm-Platz. 2002

Das Reiterdenkmal für Bartolomeo Colleoni

wurde auf halben Wege dorthin, am pl. Lotników, dem früheren Augustaplatz, ein großes **Reiterdenkmal** zum zweiten Mal aufgestellt. Es zeigt Bartolomeo Colleoni, der in der Republik Venedig zu höchsten militärischen Ehren aufgestiegen war. Der Bildhauer Andreas del Verrocchio ging als Lehrer von Leonardo da Vinci in die Geschichte ein. 1913 erhielt Stettin einen Abguss vom Original aus dem 15. Jahrhundert. Nach 1945 kam es nach Warschau, Lokalpatrioten setzten sich für die Wiederaufstellung in Stettin ein. Der baumbestandene plac Grunwaldzki besitzt eine große Ähnlichkeit mit Pariser Sternplätzen.

Durch die Aleja Jedności, vorbei am Rektorat der Universität aus rotem Backstein mit schöner Fassade, gelangt man zum Sitz der Stadtverwaltung. Dahinter beginnt der **Quistorp-Park** (Jasne Błonia). Der Stettiner Bürger Quistorp hatte einst der Stadt Grund und Boden unter der Bedingung geschenkt, dass er nie bebaut werden dürfe. Auch die heutigen Stadtväter haben sich daran gehalten. Die Grünanlage wirkt sehr gepflegt und wird von mehreren Platanenreihen eingerahmt. Insgesamt sind es über 200 Bäume, die größte Ansammlung dieser Baumart in Polen. Die Statue von Papst Johannes Paul II. soll an die hiesige Messe erinnern. Der heilige Vater wurde 1987 von etwa einer Million Gläubigen begrüßt. Das **Denkmal der Tat der Polen** (1979) besteht aus drei riesigen übereinanderstehenden Adlern. Es soll die drei polnischen Generationen symbolisieren, die mittlerweile in Szczecin heimisch geworden sind.

▲ Karte S. 44

Im Jahr 1900 wurde unweit eines kleinen Soldatenfriedhofs mit Gräbern aus dem deutsch-französischen Krieg (1870/71) südwestlich vom Stadtzentrum mit der Anlage des **Hauptfriedhofs** begonnen. Mit 170 Hektar ist er heute nach Wien und Hamburg der drittgrößte städtische Friedhof in Europa. Mit der Straßenbahnlinie Nr. 8 gelangt man schnell in die frühere Pasewalker Chaussee (ul. Ku Słońcu, Haltestelle: Cmentarz Centralny). Das große neoromanische Haupttor führt in die herrliche Grünanlage und zur Hauptkapelle, die ebenfalls im neoromanischen Stil erbaut wurde. Von hier reicht der Blick über Wasserspiele weit nach Westen. Etwa 150 Baumarten unterstreichen den parkartigen Charakter des Friedhofs.

Der Hochhausturm ›Thermoskanne‹ weist den Weg zum nahen Shoppingparadies **Galaxy**, dem größten Einkaufs- und Unterhaltungszentrum Westpommerns mit rund 190 Geschäften und Multiplexkino.

Im benachbarten Park, gegenüber dem Hotel ›Park‹ und einem großen Spielplatz, steht die moderne orthodoxe **St. Nikolauskirche**, die zwischen 2004 und 2006 entstand. Die Ikonen sind durch eine Glaswand einzusehen.

Seit dem Frühjahr 2007 werden Interessierte durch einen riesigen **Luftschutzbunker** im Hauptbahnhof an Gleis 3 geführt. 1941 wurde im Deutschen Reich das ›Führer-Sofortprogramm‹ aufgelegt: In sechs strategisch wichtigen Großstädten baute man moderne Bunker für die Zivilbevölkerung, zum Schutz vor drohenden Luftangriffen der Alliierten. Das unterirdische Labyrinth auf zwei Ebenen war für etwa 1500 Personen vorgesehen, im August 1944 suchten hier etwa dreimal so viele Menschen Schutz vor den Bomben. Die bis zu drei Meter dicken Betonwände widerstanden auch 500-Kilogramm-Bomben.

Die Umgebung

Ein idealer Startpunkt für eine stadtnahe Spazierstrecke durch die **Uckermünder Heide** (Puszcza Wkrzańska) ist die Endhaltestelle der Straßenbahnhlinien Nr. 1 und 9 am Ufer des Glambecksees (Jezioro Głęboki). Am Forsthaus ›Leśniczówka Biała‹ beginnt an einem Eingangstor der blau markierte Wanderpfad ›Gemeinsamer Wald – Gemeinsames Europa‹ mit deutsch-polnischer Ausschilderung. Auf der Sportwiese (Polana Sportowa) sind zahlreiche Fitnessgeräte zu finden.

Bald ist das **Siebenmühlental** (Dolina Siedmiu Młynów) erreicht. Wie der Name schon sagt, standen hier einst sieben Wassermühlen. Sie überdauerten zwar den Krieg unbeschadet, sind später aber leider verfallen - bis auf die Kaisermühle (Ustronie). Bereits im Mittelalter erbaut, waren die Mühlen bis ins 19. Jahrhundert in Betrieb, danach nutzte man sie gastronomisch. Von den anderen sechs Mühlenstandorten künden heute noch Fundamente und Mühlenweiher. So auch an der ersten Station unseres Weges, der Kuckucksmühle (Zazulin). Die erhaltene Kaisermühle war zu deutscher Zeit ein beliebtes Kaffeehaus mit Konditorei. Es folgen die Relikte der ehemaligen Schmetterlingsmühle (Uroczysko) und Muthgebermühle (Zacisze). Die Pfadfinderwiese (Polana Harcerska) erweist sich als idyllischer Picknickplatz. Hier kann man auf die grün markierte Route durch den Eckeberger Wald (Arkoński les) und weiter durch den Quistorp-Park (Park Kasprowicza) wieder ins Stettiner Stadtgebiet zurückkehren (Gesamtlänge ca. 11 km, 3 Std.).

Eisenbahn und Stadtbus (Linie A) fahren in den Stadtteil Zdroje (ehemals Finkenwalde), der am **Naturpark Buchheide** (Puszcza Bukowa) liegt, wo es viele markierte Wanderwege gibt. Hier kann man ursprüngliche Natur in unmittelbarer Nähe der Großstadt erleben.

Einen Besuch des Jezioro Szmaragdowe (**Hertasee**) mit seiner smaragdgrünen Wasserfarbe sollte man nicht versäumen. Das Gewässer entstand 1925 durch ein Grubenunglück, ein Wassereinbruch überraschte die Arbeiter. Die ehemalige Kreidegrube ›Stern‹ war etwa 20 Meter tief, die heutige fantastische Wasserfärbung wird durch Kalkverbindungen hervorgerufen (vom Stadtrand Zdroje etwa zwei Kilometer entfernt).

i Szczecin und Umgebung

Vorwahl: 091.

Infos auch auf der deutschsprachigen Website www.szczecin.eu/de.

Stettiner Touristenkarte für einen Tag oder drei Tage: Freie Fahrt im ÖPNV, Ermäßigung in Museen. Hinweise zu Veranstaltungen, Restaurants, Pubs, Diskotheken und Einkaufsmöglichkeiten erhält man im Monatsheft ›Echo Szczecina‹, das in vielen Stettiner Lokalitäten gratis ausliegt, www.szczecin.eu sowie www.stettin-erleben.de.

Touristinformationszentrum Szczecin, ul. Jana z Kolna 7 (im Gebäude des Seehafens unterhalb der Hakenterrasse), Tel. 4340440, www.mosrir.szczecin.pl/cit-turystyka/onas, Mo–Fr 9–17, Sa 10–14 Uhr (Juli/Aug. Sa 9–16 Uhr).

Tourist- und Kulturinformationszentrum, ul. Korsarzy 34 (im Schloss der Pommerschen Herzöge), Termin für Schlossführungen: Tel. 4891630, www.zamek.szczecin.pl; tgl. 10–18 Uhr.

Magnolia Centrum Turystyki, ul. Kolumba 1 (am Bahnhof), Tel. 4340801, Stadtführungen, zwölf Themenangebote für individuelle Gruppentouren bis max. acht Personen.

Maritime & Touristic Management, ul. Czorsztynska 14, Tel. 4872389, www.mtm.inet.pl. Stadtführungen, Radtouren, Reiten, Wandern, Jugendreisen, Zimmerreservierung.

Fair Play Travel, ul. Lindego 13, Tel. 601778850 und 509785171, www.fairplaytravel.pl. Stadtführungen auf Deutsch.

Autovermietungen:
Europcar im Novotel Szczecin, Tel. 914346251.
Meet and greet, Slowacka 6, Tel. 696050900.
Alamo car, im Hauptbahnhof (Szczecin-Głowny), Tel. 696050900.

Intercity-Verbindungen in viele polnische Großstädte. Tgl. mehrere Intercityzüge (TLK-Kategorie) in Richtung Gdańsk/Elbląg über Stargard Szczeciński, Koszalin, Słupsk, Lębork und Wejherowo. Regionalzüge verbinden Szczecin direkt mit Kołobrzeg und mit Świnoujście über Międzyzdroje.
Tgl. mehrere Regionalexpresszüge mit Umsteigen in Pasewalk bzw. Regionalbahnen mit Umsteigen in Angermünde, meist mit schnellem Anschluss Richtung Berlin.

Anlegestelle an der ul. Jana z Kolna 7 unterhalb der Hakenterrasse. Fluss- und Hafenrundfahrten mit Odra Queen und Peene Queen von Mai bis Oktober, Dauer eine Stunde, Abfahrt 11, 12.30, 14, 15.30 und 17 Uhr (bei mindestens 20 Teilnehmern). Tel. 4345700, mobil 0605/302128, www.statki.net.pl.
Hafenrundfahrt mit der Viking III, Tel. 4839263, 15. Apr.–20. Juni und 28. Aug.–15. Okt.

Radisson Blu (€€–€€€), pl. Rodła 10, Tel. 3595595, www.radissonblu.com. Die wohl beste und auch teuerste Bleibe, am Wochenende Sonderangebote. Bei den Einwohnern heißt der Komplex wegen seiner eigenartigen Bauform auch ›Thermoskanne‹. Mit Restaurant ›Europa‹ (offene Küche und internationale Gerichte), Restaurant ›Renaissance‹ (norditalienische Küche und Weine), ›Copernicus Piano Bar‹ (Live-Musik) und ›Café 22‹: herrlicher Ausblick auf die Stadt aus der 22. Etage, leckerer Kuchen, Kaffeespezialitäten, beliebter Treffpunkt der Stettiner, täglich 11–23 Uhr geöffnet (Casino 14–4 Uhr), www.cafe22.pl. Der Hotelgolfplatz ›Binowo Park Golf Club‹, eine 18-Loch-Anlage, liegt 20 Kilometer südlich der Stadt. Zahlreiche Programme, zum Beispiel Schloss- und Countryabend, Ausflug zum Pferdegestüt Łobez.
Novotel (€€), al. 3 Maja 31, Tel. 4801400, www.novotel.com. Modernes Komfort-Haus in der Innenstadt mit großen französischen Betten, Fitnesszentrum, Restaurant ›The Garden Brasserie‹.
Atrium (€€), al. Wojska Polskiego 75, Tel. 4243532, www.hotel-atrium.pl. Schickes Hotel mit 30 Zimmern in der Innenstadt mit italienischem Restaurant.
Park (€€–€€€), ul. Plantowa 1, Tel. 4240050, www.parkhotel.szczecin.pl. Schöne alte Villa mit Restaurant im Żeromski-Park zwischen dem Radisson Blu und der Hakenterrasse.
Silver (€€€), Rondo Hermana Hakena, Tel. 4412500, www.silverhotel.pl. Neues Designhotel am Stadtrand.
Focus (€€), ul. Małopolska 23, Tel. 4330500, www.focushotels.pl. Nahe der Hakenterrasse. Einige Zimmer mit Oder- bzw. Schlossblick.
Ibis Szczecin (€), Dworcowa 16, Tel. 4801800, www.ibishotel.com. Nahe Hauptbahnhof und Busbahnhof, direkt am ›Novotel‹. Ruhige Zimmer mit Klimaanlage zum Innenhof, am Wochenende günstigere Preise; Servicegarantie: jedes kleine Problem wird innerhalb von 15 Minuten gelöst. Französisches Restaurant ›L`Estaminet‹, reichhaltiges Frühstück (p.P. 8 Euro).
Ładoga (€€), ul. Jana z Kolna, Tel. 434-5700, www.ladoga.pl. Hotel- und Restaurantschiff unterhalb der Hakenterrasse. Wegen der vorbeiführenden Hauptstraße unbedingt eine Kajüte zur Oderseite hin verlangen, leider werden entsprechende Zusagen nicht immer eingehalten. Am besten selbst eine Kajüte aussuchen, dann ist eine romantische Nacht garantiert.

▶ Karte S. 44

Apartment w centrum (€–€€), Henryka Pobożnego 10/10, Tel. 602644064. Schicke neue Wohnung in ruhiger Lage. Nur drei Minuten Fußweg zur Oder und zur Hakenterrasse. Günstig über booking.com zu buchen.

Panorama (€), ul. Radosna 60, Tel. 466-8888, www.hotel-panorama.com.pl. Modernes Hotel mit 133 Zimmern an der Autobahn nahe dem Naturpark Buchheide auf einem 90 Meter hohen Hügel mit herrlichem Blick auf die Oderniederung, nahe dem Smaragdsee im Stadtteil Podjuchy.

Szmaragd (€), ul. Kopalniana 1, Tel 4608132. Ehemaliges Forsthaus mit beliebtem Ausflugslokal, schön gelegen in der südlichen Vorstadt Zdroje am Hertasee; hier beginnen Wanderwege in die Buchheide; tgl. 11–22 Uhr.

Jugendherberge Cuma (€), ul. Monte Cassino 19a, Tel. 4224761, www.ptsm.home.pl, ganzjährig 6–23 Uhr, am nördlichen Stadtrand unweit des Quistorp-Parks (Jasne Błonia).

Campingplatz Marina PTTK, Szczecin-Dąbie, ul. Przestrzenna 23, Tel. 4601165, www.campingmarina.pl; Ende Apr.–Mitte Okt., auch Ferienhäuser und Taverne, am Südufer des Jezioro Dąbie (Dammscher See) an der Straße nach Stargard Szczeciński/Goleniów gelegen.

Campingplatz Lambada im Stadtteil Płonia, ul. Szosa Stargardzka 45, Tel. 4621033. Zwar weniger komfortabel, aber sehr schön an der Płonia (Pläne) gelegen und daher besonders bei Wassersportlern sehr beliebt, die vom Jezioro Miedwie (Madüsee) kommend nach Szczecin unterwegs sind.

Biała trufla, ul. Opłotki 1, Tel. 884908445, http://biala-trufla.pl. Neu eröffnetes Restaurant in der Altstadt. Feine Gourmet-Menüs, professioneller Service, dennoch ein sehr günstiges Preis-Leistungs-Verhältnis. Gekocht wird vorwiegend mit lokalen Zutaten, auch gute Weinauswahl; Di–So ab 12 Uhr.

Z drugiej strony lustra (Auf der anderen Seite des Spiegels), Marszałka Józefa Piłsudskiego 18/2, Tel. 4888202, www.zdrugiejstronylustra.pl. Modernes farbiges Ambiente. Gelungene Kombination aus französischer Kochkunst und regionaler Küche. Viele einheimische Produkte. Auch vegetarische Gerichte; Mi/Do 13–21, Fr/Sa 13–22, So 13–19 Uhr.

Im Schloss der Pommernherzöge laden zwei Restaurants/Cafés mit netter Atmosphäre ein: Das kleine und geschmackvolle **Na Kuncu Korytarza** (Am Ende des Ganges), Eingang H, etwas versteckt rechts vom Uhrturm, Essen unterm Sternenhimmel, Künstler hinterließen ihre Handschriften an den Wänden, Spezialitäten sind Piroggen, Hering ›Kwaśniewski‹ mit frischem Knoblauch und Pfeffer sowie Kaffee auf Stettiner Art mit Eierlikör; tgl. 11–23 Uhr. Das größere Schlossrestaurant **Zamkowa** befindet sich in den Räumen des Ost- und Nordflügels, Tel. 8123798; Di–So 12–22 Uhr.

Stara Komenda, pl. Batorego 3, Tel. 4234445, www.starakomenda.pl. Die erste Minibrauerei in Stettin, eingerichtet in einer einstigen preußischen Militärkommandantur. Hier wird naturtrübes und nicht pasteurisiertes Bier ausgeschenkt, neben Pils auch Hefeweizen sowie saisonale Spezialbiere; tgl. ab 13 Uhr.

Pannekoekenrestaurant Haga, ul. Sienna 10, Tel. 8121759. Das Pfannkuchenrestaurant nahe dem Alten Rathaus bietet 401 Sorten süße und herzhafte Pfannkuchen sowie Żywiec vom Fass; tgl. 11–23 Uhr.

Restaurant und Pub Christopher Columbus, ul. Wały Chrobrego 1, Tel. 4893401. Holzgebäude in Form des Schiffs Santa Maria an der Südseite der Hakenterrasse, etwas versteckt. 360 Plätze auf zwei Stockwerken, Meeresspezialitäten und altpolnische Küche, Biergarten unter Laubbäumen; tgl. ab 10 Uhr.

Karczma Polska Pod Kogutem, pl. Lotników 3, Tel. 4346873. Polnische Spezialitäten vom Feinsten, gemütlich-rustikale Einrichtung; tgl. ab 11 Uhr.
Rosyjska Ładoga (Russisches Restaurant), ul. Jana z Kolna, www.ladoga.pl. Schiffsrestaurant unterhalb der Hakenterrasse; tgl. 12–23 Uhr.
Wyszak Browar Rodzinny, ul. Mściwoja 8, Tel. 4883481, www.uwyszaka.pl. Beliebte Minibrauerei im Gewölbekeller des Alten Rathauses; tgl. ab 12 Uhr.
Bohema, al. Wojska Polskiego 67, Tel. 4332230, www.bohema.szczecin.pl. Im gemütlichen Wohnzimmerambiente mit pommerscher Küche und leckeren Fischgerichten, gute Weinkarte; Mo–Fr ab 12, Sa/So ab 14 Uhr.
Harnaś, ul. Sienna 7, Tel. 8137655. Im wohl schönsten Haus am Heumarkt mit Terrasse, innen im Stil einer Goralenhütte. Tipp: Goralische Rindsroulade mit Buchweizengrütze; tgl. ab 11 Uhr.
Stary Szczecin, pl. Batorego 2, Tel. 4336230, www.restauracja.szczecin.pl. Stilvolles Ambiente im Erdgeschoss des Hotels ›Victoria‹; tgl. 12–15 und 18–24 Uhr.

Café 22 in der 22. Etage der ›Thermoskanne‹ (s.o.: Hotel Radisson Blu).
Brama Jazz Café, pl. Hołdu Pruskiego 1. Im Königstor mit Freiluftsitzen an der Hauptstraße, Pilsner Urquell vom Fass.
Secesja, aleja Papieża Jana Pawła II 19, Tel. 4344545. Café und Restaurant in einer einstigen Jugendstilwohnung mit Stuckdecken, Bildern, Kronleuchtern und alten Kachelöfen; tgl. 11–23 Uhr, Frühstück ab 9 Uhr nach Bestellung.
Fanaberia, ul. Deptak Bogusława 5. Café und Teestube, klein und gemütlich mit Fachgeschäft; Mo–Sa ab 10, So ab 11 Uhr.
Konditorei und Bäckerei **Asprod**, im Hauptbahnhof. Tipp: Brystolka – unwiderstehliche Cremeschnitte, nicht zu süß.
Popularna, Panienska 20. Café, Bar und Bistro unterhalb vom Schloss; Mo–Fr ab 9, Sa/So ab 11 Uhr.

▶ Karte S. 44

Klub Muzyczny Browar Polski (Musikclub Browar Polski), ul. Dworcowa 20, www.browarpolski.com.pl. Musik-Club, Restaurant und Pub im neogotischen Gebäude der Polnischen Post nahe dem Bahnhof. Beinah tgl. Veranstaltungen mit Live-Musik, Fr/Sa Tanzabend, gute polnische Küche; tgl. 12–3 Uhr.
Rocker Club, ul. Partyzantów 2, www.rockerclub.pl. Oft Live-Musik; Mo/Di 12–5, Fr/Sa 12–4 Uhr.

Nationalmuseum (Galeria Sztuki/Muzeum Narodowe), Staromłyńska 1 und 27, www.muzeum.szczecin.pl; Di–Do und Sa 10–18, Fr und So 10–16 Uhr. Sa freier Eintritt.
Schloss der Pommernherzöge (Museum, Galerie und Glockenturm), www.zamek.szczecin.pl; tgl. außer Do 10–18 Uhr. Glockenturm nur Mai–Sept.
Diözesanmuseum im St. Jakobidom, Wyszyńskiego 19, Di–Sa 9–15 Uhr (nur im Sommer!).
Stadtmuseum (Muzeum Miasta Szczecina), Mściwoja 8, Di–Do und Sa 10–18, Fr und So 10–16 Uhr.
Meeresmuseum (Muzeum Morskie), Wały Chrobrego 3; Di–Do und Sa 10–18, Fr und So 10–16 Uhr. Archälogie, Seefahrt, Freilichtschau kleiner Boote, Ethnographie, afrikanische Kunst, Malerei.
Woiwodschaftsamt, Wały Chrobrego 4, Mo–Fr 8–15 Uhr.
Technik- und Kommunikationsmuseum (Muzeum techniki i Komunikacji), ul. Niemierzyńska 18A, www.muzeumtechniki.eu; Di 10–15 Uhr (freier Eintritt), Mi/Do und So 10–16, Fr/Sa 10–18 Uhr. Oldtimer, Motorräder, Straßenbahnen und kleine Kettenfahrzeuge.
Luftschutzbunker im Hauptbahnhof Stettin, Eintrittskarten in der Agentur Magnolia, ul. K. Kolumba 1/6, www.schron.szczecin.pl.
Starka-Keller, ul. Jagiellońska 63/64, Tel. 914841321; Mo–Fr 9–15 Uhr, auf Vorbestellung auch Sa. Altpolnische Wodkabrennerei mit Verkostungen.

Oper auf dem Schloss (Opera na Zamku), ul. Korsarzy 34, Kartenbestellung unter Tel. 4888333, www.opera.szczecin.pl; Mo–Fr 12–18 Uhr, Sa/So zwei Stunden vor Beginn jeder Aufführung.
Stettiner Philharmonie, ul. Małopolska 48, Tel. 4221252, www.filharmonia.szczecin.pl; Kasse Di–Do 13–18, Fr 13–20 Uhr sowie jeweils 1 Std. vor Beginn. Kartenvorbestellung: kasa@filharmonia.szczecin.pl.
Theater Kana, pl. Piotra i Pawła 4/5, www.kana.art.pl. Anfang Juli findet hier ein internationales Straßenkünstlerfestival statt.
Tall Ship Races, ein Großseglertreffen mit ca. 100 Schiffen, viele davon legen am Hafen an und können besichtigt werden (alle 3–4 Jahre, Infos unter: www.tallships.szczecin.eu).
Stettiner Festival der Alten Musik (Mai), **Ostseetage Sail Szczecin** (Juni).

Einkaufszentrum **Galaxy**, Wyzwolenia 18–20. Größtes Handels-, Einkaufs- und Unterhaltungszentrum der Region Szczecin mit 190 Geschäften; Markengeschäfte Mo–Sa 9–21, So 10–20 Uhr, Geant-Supermarkt Mo–Sa 8–22, So 9–21 Uhr.
Einkaufszentrum **Ster**, ul. Ku Słońcu 67. Am westlichen Stadtrand, 55 Boutiquen, Mo–Fr 9–21, Sa 9–19 Uhr.

Nowe Warpno

An der Südseite des Stettiner Haffs, auf einer Landzunge in malerischer Umgebung, liegt Nowe Warpno (Neuwarp), ein ruhiger, aber sehr reizvoller Flecken. Das Rathaus im Fachwerkstil mit einem Barockturm aus dem 17. Jahrhundert blieb ebenso erhalten wie einige Fachwerkhäuschen. Hier gibt es ausgezeichnete Möglichkeiten für den Wassersport. Südlich von Nowe Warpno erstreckt sich die ausgedehnte **Uckermünder Heide** (Puszcza Wkrzańska). 14 Kilometer östlich von Nowe Warpno, am Südzipfel des Oderhaffs, liegt Trzebież (Ziegenort). Der Ort genießt vor allem unter Seglern einen guten Ruf, denn hier befindet sich das größte Segelsportzentrum Polens.

Goleniów

Das kleine Hansestädtchen Goleniów (Gollnow) liegt 40 Kilometer nordöstlich von Szczecin inmitten der Gollnower Heide an der Ina. An der Schnellstraße Szczecin–Goleniów (E 28) versteckt sich bei Kliniska Wielkie (Christinenberg) auf der rechten Seite ein sehr stilvolles Gasthaus. Folgen Sie dem Hinweisschild ›Karczma Polska Pod Kogutem‹. Hier kommen in angenehmer Atmosphäre altpolnische Speisen auf den Tisch (Tel. 091/4181411, www.karczmahotelkliniska.pl; Mo–Sa 9–21, So 9–20 Uhr).
Goleniów ist für seinen modernen Inlandsflughafen bekannt. Im Stadtzentrum steht die gotische **St. Katharinenkirche** (Kościół św. Katharina). Das **Wolliner Tor** (Brama Wolinska) war seinerzeit mit 35 Metern das höchste Stadttor Pommerns. Auch die **Münz-** und die **Gefängnisbastei** aus dem 14./15. Jahrhundert blieben erhalten. Der Fachwerkspeicher im alten Hafen an der Ina beherbergt das **Naturkundemuseum**.
Zwölf Kilometer östlich von Goleniów steht am Ufer des Progrimsees (Jezioro Lechickie) ein **Palast**. Es ist der ehemalige Sommersitz derer von Flemming, heute das Hotel ›Palac Maciejewo‹, dessen Restaurant mit einer vorzüglichen Küche überrascht. Attraktion des Hotels sind die beiden Zimmer im achteckigen Turm, eines mit wunderschöner Aussicht auf den Progrimsee, das andere mit einem großen runden Bett. Reiten im Gelände sowie Kutschfahrten werden angeboten (Tel. 4181285, http://palacmaciejewo.pl).

Stargard Szczeciński

Stargard Szczeciński (Stargard in Pommern) ist eine der ältesten Städte Pommerns. Herzog Barnim I. von Pommern verlieh dem Ort 1243 das Magdeburger Stadtrecht. Mit der Aufnahme in die Hanse (1361) entwickelte sich Stargard zur Konkurrenz für Stettin. Die Schiffe steuerten den Hafen auf der Ina an, einem rechten Nebenfluss der Oder. 1454 brach zwischen Stettin und Stargard ein blutiger Handelskrieg aus, in dem Stargard unterlag. Als Stettin 1648 vertraglich an die Schweden fiel, nahm Stargard Aufschwung als hinterpommersche Hauptstadt. Aber als 1720 Stettin an Preußen verkauft wurde, versank die Stadt in Provinzialität. Stargard liegt auf dem 15. Meridian östlicher Länge und war maßgebend für das Einführen der Mitteleuropäischen Zeit, weshalb diese anfangs auch Stargarder Zeit hieß; der **Meridianstein** befindet sich am westlichen Stadtrand in der ul. Szczecińska. König Friedrich II. ließ hier erstmals in Pommern Kartoffeln anbauen. Anfang des 20. Jahrhunderts lieferte der Landstrich zwei Drittel der deutschen Saatkartoffeln. Noch immer wird an neuen Sorten geforscht, deshalb besitzt die Stadt ein Kartoffeldenkmal. Heute leben hier 73 000 Einwohner.

In Stargard fallen noch viele kriegsbedingte Baulücken auf. Nach dem Beispiel von Kołobrzeg oder Szczecin soll auch hier eine neue Altstadt entstehen. Von der ehemals über zwei Kilometer langen **Wehrmauer** mit mehreren Toren und Basteien blieben 1000 Meter erhalten. Das doppeltürmige **Mühlentor** (Brama Młyńska) überspannt die Kleine Ihna (Mały Ina). Ein Fallgitter konnte hier die Weiterfahrt ungebetener Gäste verhindern. Dieses Hafenwassertor ist eine Rarität in Europa. In der Nähe steht ein **Speicher** aus dem 16. Jahrhundert.

Während eines Rundgangs lernt man die schlanke **Weißkopfbastei** (Baszta Białogłówska), das **Walltor** (Brama Wałowa), das **Arsenal** (Arsenał), die **Gefängnisbastei** (Baszta Jeńców), die **Weberbastei** (Baszta Tkaczy), eine weitere Bastei mit **Militärmuseum**, das **Pyritzer Tor** (Brama Pyrzycka) mit einem schönen **Renaissancehaus** (Kamienica renesansowa) nebenan und die **Bastei Rotes Meer** (Baszta Morze Czerwone) kennen. Alle weiteren Sehenswürdigkeiten versammeln sich am Markt (Rynek). Die **Marienkirche** (Kościół Mariacki) gilt als das schönste Gotteshaus Pommerns. Die Baupläne lieferte um 1400 Hinrich Brunsberg, der sich dabei von Kirchen in Greifswald, Lübeck und Stralsund inspirieren ließ. Von den ursprünglich vorgesehenen Doppeltürmen wurde nur der 84 Meter hohe Nordturm vollendet. Nach dem Eintritt durch das prächtige Portal überraschen die farbigen Strebepfeiler im Chor. Jede Gewölbedecke in der Kirche wird durch ein anderes kunstvolles Muster geschmückt. Das nahegelegene **Rathaus** fasziniert durch seinen filigranen Stufengiebel im Renaissancestil. Die benachbarte **Stadtwaage** mit Laubengang ist heute Heimstatt eines kleinen Regionalmuseums. Daneben stehen noch zwei schöne **Bürgerhäuser** im Barockstil. Der Turm der **Sankt-Johannes-Kirche** (Kościół święty Jana) ragt noch ein wenig höher empor, nämlich 99 Meter. Er war angeblich das Vorbild für den Bauentwurf einer der Moskauer Kremltürme. Von der Aussichtsgalerie genießt man einen wunderbaren Rundblick über die mittelalterlichen Dächer und auf die Reste der einst mächtigen Stadtbefestigungsanlagen.

An der Straßengabelung Richtung Chociwel/Maszewo am östlichen Stadtrand steht auf der linken Seite im Schatten einer alten Eiche das mit 2,80 Meter größte **Steinkreuz** Pommerns. Es wurde Mitte des 16. Jahrhunderts von einem Herrn Mader als Buße für den Mord an einem

▲ Karte S. 40

Das Rathaus mit dem filigran gearbeiteten Giebel

Verwandten aufgestellt. Am südwestlichen Stadtrand ruhen gefallene Soldaten des Ersten und Zweiten Weltkrieges aus mehreren europäischen Staaten.
Mitunter verkehren zwischen Stargard Szczeciński und Ińsko (Norenberg) Dampfloksonderzüge auf der ältesten pommerschen **Schmalspurbahnstrecke**, die im Jahr 1895 eröffnet wurde.

Rund um Stargard Szczeciński

Etwa 18 Kilometer östlich blieben am Großen See (Jezioro Marianowskie) eine Kirche und Teile des **Zisterzienserinnenklosters Marienfließ** (Marianowo) erhalten. Es wurde von Herzog Barnim I. von Pommern 1248 gegründet und diente nach der Reformation bis zum Ende des Zweiten Weltkriegs als Damenstift. Die stattliche Borcke-Eiche im Klostergarten erhielt ihren Namen nach der Oberin Sydonie von Borcke, die der Hexerei beschuldigt und verbrannt wurde.
Acht Kilometer westlich breitet sich der Madüsee (Jezioro Miedwie) aus. Mit 37 Quadratkilometern ist es der fünftgrößte See des Landes und ein typischer eiszeitlicher Rinnensee. Das sehr saubere Binnengewässer versorgt die Einwohner von Szczecin mit Trinkwasser. Im See leben die Kleinen Maränen, eine schmackhafte Fischart, die hier oft vom Grill verkauft wird. Am Nordufer befinden sich Badestrand und Campingplatz. Das Dorf **Koszewo** (Groß Küssow) am Ostufer besitzt ein stattliches Herrenhaus. Es gehörte Generalfeldmarschall von Paulus, dem Oberbefehlshaber der deutschen Truppen in Stalingrad, der durch diese Schlacht in die Weltgeschichte einging.
Knapp 30 Kilometer südlich von Stargard lohnt auch der Besuch des Städtchens **Pyrzyce** (Pyritz). Früher schmückte es sich mit dem Beinamen ›Pommersches Rothenburg‹. Doch nach den Kriegsverlusten blieb davon wenig erhalten, darunter die alten Stadtmauern mit Bahner Tor (Brama Banska), Stettiner Tor (Brama Szczecińska), fünf Basteien und die imposante Sankt Mauritiuskirche in Backsteingotik. Das Gotteshaus besitzt im Presbyterium modern gestaltete Mosaikfenster.
Im Mai treffen sich in der Stadt alljährlich Folkloregruppen aus der ganzen Welt. Fünf Tage lang wird dann getanzt und musiziert.

i Nowe Warpno, Goleniów, S. Szczeciński

Vorwahl: 091.
Touristinformation, Rynek Staromiejski 4, Tel. 5785466, www.cit.stargard.com.pl.

Grodzki (€), ul. Grodzka 3, Tel. 5772606. Neues Drei-Sterne-Haus am Markt. Im Restaurant wird nach Rezepten aus den 1930er Jahren gekocht.
Mały Młyn (€), ul. Gdańska 5, Tel. 5786555, www.malymlyn.com.pl. In einer historischen Mühle von 1894 am Kanal Młynówka, mit Restaurant und Weinstube.
Dworek Hetmański (€€), Koszewko 20, Tel. 5616109, www.dworekhetmanski.pl. Jagdschloss mit Hotel und exquisitem Restaurant im Dorf Koszewko am Jezioro Miedwie (etwa 10 km südwestlich).
Restaurant Ratuszowa, ul. Kramarska 1, Tel. 5776214, www.ratuszowa.stargard.pl. Nahe Rathaus und Marienkirche.
Pierogarnia Izdebka, ul. S. Czarnieckiego 23A, Tel. 601552058. Sehr gute Piroggen; tgl. 10–19 Uhr.

Zieleniewo mit Ferienhütten, bei Kobylanka, ul. Szczecińska 32, Tel. 5610023. Am Nordufer des Jezioro Miedwie, 8 km westlich von Stargard Szczeciński; Mai–Mitte Sept.

Caffete, ul. Piłsudskiego 24/5.

▶ Karte S. 40

Die Insel Wollin

Die in der Odermündung gelegene Insel Wollin (Wolin) hat die Form eines auf dem Kopf stehenden Dreiecks und umfasst eine Fläche von 265 Quadratkilometern. Ihre vielgestaltige Landschaft ist das Werk von Gletschern der letzten Eiszeit. Sanfte Hügel im Inselinneren, eine pittoreske Steilküste, uralte Buchenwälder und Sandstrände, soweit das Auge reicht, machen Wollin zu einem Paradies für Naturliebhaber. Im Wolliner Nationalpark wird die wertvolle Flora und Fauna bewahrt. Aber auch pulsierende Seebäder wie Świnoujście und Międzyzdroje, als Swinemünde und Misdroj einst die ›Berliner Badewanne‹, genießen wieder einen hervorragenden Ruf. Bei **Wisełka** (Neuendorf), im Nordosten der Insel Wollin, zwölf Kilometer nordöstlich von Międzyzdroje, befindet sich an der Straße (Nr. 102 Richtung Dziwnów) der ›Amber Baltic Golf Club‹ (www.abgc.pl), mit 78 Hektar der größte Naturgolfplatz Europas. Der kleine Erholungsort Wisełka, umgeben von Buchen und Eichen, besitzt noch einige Pensionen im Stil der früheren deutschen Bäderarchitektur mit zum Teil kunstvollen Holzschnitzereien und ist einen reichlichen Kilometer vom feinsandigen Strand entfernt. Im Jahr 1910 wurde auf dem nordöstlich gelegenen Kiekberg (Straznia), nach etwa drei Kilometer auf dem rot markierten Wanderweg ›szlak nadmorski‹ zu erreichen, der Aussichtsturm ›Kiek ut‹ errichtet und Anfang der 1960er Jahre in einen Leuchtturm (Latarnia Kiekut) umfunktioniert. Heute ist er der höchstgelegene Polens, 70 Meter über der Ostsee, die Lichthöhe beträgt 91,5 Meter über dem Meeresspiegel. Leider darf man das vollautomatisch betriebene Leuchtfeuer nicht besichtigen. An Ort und Stelle soll sich ›Stinas Utkiek‹ (Stinas Ausguck) befunden haben. Hier hatte Stina, die Frau an der Seite von Klaus Störtebeker, die Heimkehr der Freibeuter erwartet: Mit einer roten Fahne signalisierte sie ihnen, dass keine Häscher in der Nähe lauerten. Geschichtsinteressierte können auf den Spuren des legendären Wolliner Reiches wandeln, das durch den slawischen Stamm der Wolliner im Frühmittelalter zu einem der reichsten Machtzentren der damals bekannten Welt wurde.

Die lange gemeinsame Geschichte von Usedom und Wollin fand nach 1945 ein jähes Ende, als die deutschstämmigen Bewohner Pommerns die Verbrechen der Nationalsozialisten mit der Vertreibung aus ihrer Heimat bezahlen mussten. Die Kämpfe der letzten Kriegstage richteten vor allem auf Wollin große Schäden an. Aus Deutschland gelangt man am besten von Ahlbeck auf den polnischen Teil der Insel Usedom und weiter auf die Insel Wollin. Strandwanderer können von Ahlbeck nach Świnoujście laufen, Spaziergänger und Radfahrer auf der verlängerten Promenade dorthin gelangen. Von Züssow – an der DB-Hauptstrecke Berlin–Stralsund gelegen – fährt man in rund zwei Stunden mit der Usedomer Bäderbahn (UBB) bis ins Zentrum von Świnoujście.

Wolin

Heute erscheint Wolin (Wollin) als unattraktive und verschlafene Kleinstadt, allerdings mit hübscher Lage an der Mündung der Dziwna (Dievenow) ins Oderhaff. Zum Ende des Zweiten Weltkrieges wurde Wolin fast völlig zerstört. Heute dominieren mehr oder weniger gelungene Neubauten das Stadtbild. Besucher finden hier lediglich eine Pizzeria oder

Die Mühlenbake, das Wahrzeichen von Świnoujście

Imbissstube, aber kein einladendes Restaurant oder Hotel.

Dass Wollin dennoch in vieler Munde ist, liegt wohl an seiner ruhmreichen Geschichte. Bereits ab dem 10. Jahrhundert befand sich hier unter dem Namen Julin, Jumne und Jomsburg eine wichtige Handelsstadt, es gibt sogar Vermutungen, dass sich an dieser Stelle das sagenhafte Vineta befand. Um diesen Ruhm bemühen sich seit den letzten Jahren aber auch deutsche Seebäder auf der Insel Usedom. Der Chronist Adam von Bremen schrieb 1075: »Es ist tatsächlich die größte unter allen Städten Europas. Die Slawen wohnen dort mit Griechen und Barbaren wie auch mit Sachsen, die Stadt sei dicht bebaut gewesen und habe einen großen Hafen.«

Die Handelskontakte reichten bis nach Nowgorod und Bagdad. Der von einigen Familien regierte Ort war die Hauptstadt eines eigenen kleinen Reiches, das im Norden bis zum heutigen Cammin (Kamień Pomorski) und im Süden bis Gollnow (Goleniów) reichte.

Nach Einfällen dänischer Heere im 11. und 12. Jahrhundert sah das ›Byzanz des Nordens‹, wie es oft genannt wurde, jedoch seinem Untergang entgegen. Im Jahr 1140 gründete der Papst in Wollin den ersten Bischofssitz in Pommern. 1277 erhielt Wollin das Lübecker Stadtrecht; neue Siedler und der Beitritt zur Hanse bescherten den Bürgern bescheidenen Wohlstand. Glanz und Gloria der vergangenen Jahrhunderte waren jedoch endgültig vorbei.

Archäologische Forschungsarbeiten begannen bereits Anfang der 1930er Jahre, doch die Sammlungen wurden 1945 zerstört. Grabungen nach dem Zweiten Weltkrieg ermöglichten eine ungefähre Vorstellung von der städtebaulichen Situation im 12. Jahrhundert. So wurden an der Dievenow (Dziwna), am kleinen Jacht-

▲ Karte S. 40

hafen Wiking, viele Relikte der untergegangenen Handelsstadt und hölzerne Hafenanlagen gefunden. Auf dem 21 Meter hohen Galgenberg (Wzgórze Wisielców) am südlichen Stadtrand sind Hügelgräber zu erkennen, und man fand 34 Feuerbegräbnisstätten. Doch noch sind längst nicht alle Rätsel um die Schätze des sagenhaften Vineta gelöst. Prof. Władysław Filipowiak, polnischer Archäologe von Weltruf, urteilt lapidar: »In Wolin gräbt man ein Loch, schickt fünf bis sechs Leute hin und holt was heraus.«
Kürzlich entstand am südlichen Rande des Städtchens, auf der Insel Ostrów, das **Freilichtmuseum Slawen- und Wikingerzentrum** mit schilfgedeckten Holzbauten nach historischem Vorbild.

Sehenswürdigkeiten

Einblicke in die Vergangenheit vermittelt das **Regionalmuseum** neben dem neugotischen **Rathaus**. So erfährt man unter anderem etwas über die archäologischen Funde aus der Bronzezeit und die Hügelgräber aus dem 9. bis 11. Jahrhundert. Besonders wertvoll ist die neun Zentimeter kleine Figur mit einem Abbild des vierköpfigen Swantevit.
Die gotische **Nikolauskirche** wurde 1945 fast völlig zerstört. Jahrzehntelang war das Schicksal der Ruine ungewiss. Erst 2004 konnte der Wiederaufbau, unter anderem auch mit Geldern aus der Stiftung für deutsch-polnische Zusammenarbeit, vollendet werden. Die Innenausstattung wirkt warm und schlicht zugleich: Moderne Glasmalerei, Holzbänke und -decken sowie die geschnitzten Kreuzwegstationen harmonieren mit dem rötlich schimmernden Backstein. Eine kleine Fotoausstellung im Kirchenvorraum dokumentiert Stationen des Wiederaufbaus aus den Jahren 1993 bis 1997.
In der Stadt stehen einige **Holzschnitzplastiken** des Triglav und Svantewit, der legendären drei- und vierköpfigen Götter der heidnischen Westslawen.
Die Wolliner **Niedamira-Werft** ist auf die Reparatur historischer Schiffe spezialisiert, in der Dziwna (Dievenow) wurde das Wrack eines Segel- und Ruderschiffes aus dem Jahr 964 gefunden und rekonstruiert.
Ende Juli wird im nordwestlichen Nachbarort Sułomino (Soldemin) alljährlich das Festival Western Picknick gefeiert (Blues, Folk und Countrymusic, Reiten, Treff der Freunde amerikanischer Motorräder und Autos, Surfen, Segeln). Das Festival wurde kürzlich um eine weitere fünftägige Veranstaltung erweitert. Das Country Camping lädt alle Countryfans zu täglichen Bandauftritten ein, Interessierte können sich unter fachkundiger Anleitung gemeinsam im Square- und Line-Dance üben, oder einfach bei guter Musik entspannen. Die Teilnahme am Country Camping kostet zwischen 10 und 20 Złoty am Tag, Kosten für die Übernachtung auf dem Campingplatz fallen gesondert an, Auto und Zelt kosten 50 Złoty, Kinder und Jugendliche bis 1,40 Meter Körpergröße sind frei. Informationen unter www.western-piknik.pl.

Wolin

Nur wenige Bahnverbindungen zwischen Wolin und der Ostseeküste. Fast stündlich fahren Kleinbusse über Międzyzdroje nach Świnoujście sowie nach Szczecin und Kamień Pomorski, Fahrpläne: www.emilbus.com.pl.

Regionalmuseum Wolin, ul. Zamkowa 24, Tel. 091/3261763; Di–So 9–16 Uhr, Juni–Aug. 9–17 Uhr, bei geschlossener Pforte bitte klingeln.
Slawen- und Wikingerzentrum, www.jomsborg-vineta.com; Apr.–Juni und Sept./Okt. 10–16 Uhr, Juli/Aug. 10–18 Uhr.

Świnoujście

Das Seebad Świnoujście (Swinemünde) mit seinen 40 000 Einwohnern hat internationales Flair: Fähren verbinden das westlichste Seebad Polens mit Trelleborg und Ystad in Schweden sowie der dänischen Hauptstadt Kopenhagen. Zur Anlegestelle am Stadtzentrum schippern Schiffe aus den benachbarten deutschen Badeorten Bansin, Heringsdorf

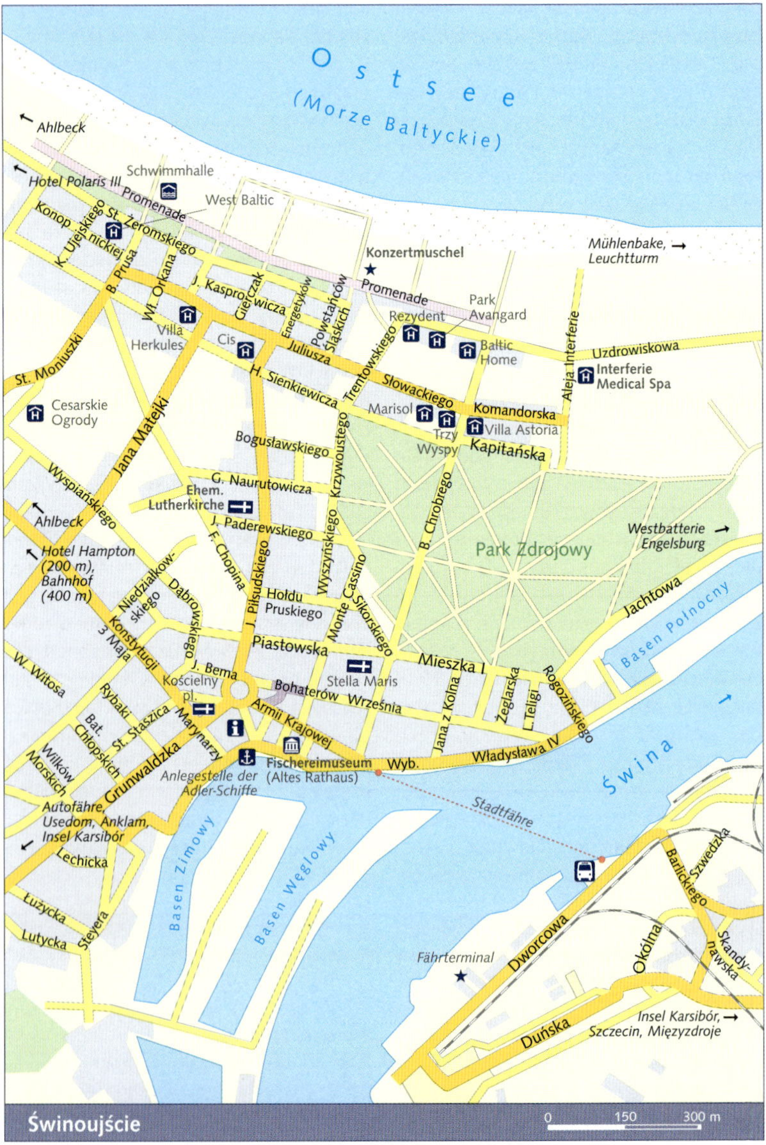

und Ystad

und Ahlbeck. Schicke Boote aus vielen Ostseeanrainerstaaten sowie aus Ueckermünde ankern in den Jachthäfen. Aus dem benachbarten Ahlbeck strömen deutsche Besucher herüber.
Mit der Usedomer Bäderbahn gelangt man von Züssow bis ins Swinemünder Stadtzentrum. Von hier bis zum Strand läuft man nur etwa 20 Minuten. Die Buslinien Nr. 290 und 291 verkehren grenzüberschreitend zwischen Bansin, Heringsdorf, Ahlbeck und Świnoujście. Der Strand mit seinem feinkörnigem Sand ist zwischen 70 und 150 Meter breit und gilt als der schönste an der polnischen Küste. Durch die günstigen Meeresströmungen verbreitert er sich jedes Jahr ein Stückchen, so lag die Küstenlinie vor 200 Jahren noch etwa zwei Kilometer landeinwärts. Hier gibt es keine heftigen und gefährlichen Meeresströmungen, dafür aber ein günstiges Mikroklima mit etwas höheren Wassertemperaturen als anderswo. So ist der Strand in Świnoujście ein sommerliches Kinderparadies.

Geschichte

Ab 1740 wuchs am Dorf Westswine der neue Hafen Swinemünde, weil der Zugang nach Stettin häufig versandete. Zu jener Zeit war der bedeutende Ostseehafen Wolgast noch unter schwedischer Kontrolle, was für Preußen große Handelshemmnisse bedeutete. 1765 mit Stadtrechten ausgestattet, entwickelte sich Swinemünde schnell zum Vorhafen von Stettin und Berlin. Das Flussbett der Swine wurde mehrmals vertieft und trug seit 1880 den Namen ›Kaiserfahrt‹.
Die Tradition als Seebad reicht bis 1824 zurück. Vor allem die Wohlhabenden entdeckten die Vorzüge der hiesigen Badeplätze, daher wurde Swinemünde bald zur ›Badewanne der Berliner‹. Reiche Moorlager und Solequellen sowie die jodhaltige Seeluft bilden die Basis für den Kurbetrieb, der 1829 aufgenommen wurde. Noch heute werden in vielen Hotels und Sanatorien vor allem Atemwegs- und Herzkrankheiten sowie Allergien erfolgreich behandelt.
Die Bombardierung am 12. März 1945 durch die 8. US-Luftflotte, wobei schätzungsweise 20 000 Einwohner und Flüchtlinge ums Leben kamen, sowie die Kämpfe um die Odermündung legten die Stadt zum Ende des Zweiten Weltkrieges in weiten Teilen in Schutt und Asche. Daher zeigt sich das Stadtzentrum heute als ein Sammelsurium aus Alt und Neu.
Im Jahr 2009 erzielte das Gemälde ›Hafen von Swinemünde‹ von Lyonel Feininger auf einer Pariser Auktion knapp sechs Millionen Euro. Feininger liebte die Insel Usedom, 1915 schuf er das Meisterwerk. Die markierte **Feiniger-Tour** führt auch zu den Swinemünder Maler-Stationen (www.papileo.de). 2011 wurde die **Europapromenade** zwischen Swinemünde und Ahlbeck fertiggestellt. Am ehemaligen Grenzstreifen entstand der Grenzplatz mit symbolischem Tor, blauer Grenzlinie, Unterstand und dem Dünenholzsteg zum Aussichtspunkt Pommersche Bucht. Mehrere Solarpilze dienen der Stromerzeugung für die Promenadenbeleuchtung.
Für die nächsten Jahre ist Großes geplant. Bis 2020 entsteht an der neuen östlichen Promenade der ›Ostseepark Mole‹. Das Projekt umfasst zwei Fünf-Sterne-Hotels, Apartementhäuser, ein Konferenzzentrum, einen Aquapark, Geschäfte, Restaurants sowie eine 150 Meter lange Seebrücke.

Ein Stadtrundgang

An der Endhaltestelle der Usedomer Bäderbahn, ›Świnoujście Centrum‹, stehen

Pferdekutschen und Mieträder bereit. Unter der benachbarten Lindenallee entlang der ul. Wojska Polskiego reiht sich neben dem Bürgersteig eine Verkaufsbude an die andere. Hier nimmt auch der polnische Abschnitt des Ostseeküstenradweges R 10 seinen Lauf, der über knapp 500 Kilometer bis nach Gdańsk (Danzig) führt.

Die Swine (Świna) teilt die Stadt, Zentrum und Seebad liegen auf der Insel Usedom. Auf der Insel Wolin am rechten Swineufer befinden sich der internationale Fährhafen, Bahnhof und Busplatz. Beide Stadtteile sind durch eine kostenlose Auto- und Personenfähre verbunden, die alle 20 Minuten pendelt. Auswärtige werden bei starkem Andrang auf den südlich gelegenen Fährübergang Karsibór verwiesen, hier verkehren die Fähren im 30-Minuten-Takt.

Im **Alten Rathaus**, 1805 bis 1809 am Fischerplatz (pl. Rybaka) erbaut, befindet sich heute das **Fischereimuseum**, die Ausstellungstexte sind auch auf deutsch. Im Erdgeschoss sind historische Fischfanggeräte ausgestellt, darunter ein Einbaum aus dem frühen Mittelalter, der bei Wollin ausgegraben wurde. Daneben erhalten Besucher Einblicke in die Flora und Fauna der Weltmeere, darunter sind lebende Korallen, Seesterne und Kugelfische. Größtes Exemplar ist eine Mördermuschel aus dem Pazifik, 150 Zentimeter lang und 200 Kilogramm schwer, sie wurde einst auch als Taufbecken benutzt. Historische und moderne Schiffsmodelle sowie historische Navigationsgeräte sind im ersten Stock zu besichtigen. Im Obergeschoss ist Stadtgeschichtliches von 1806 bis 2006 ausgestellt, neben Urkunden auch historische Swinemünder Ansichten sowie Zeugnisse der früheren Badekultur. Gegenüber vom Museum mündet die Straße Monte Cassino ein, die als **Fußgängerzone** gestaltet wurde.

▶ Karte S. 64

Auf dem pl. Kościelny (Kirchplatz) steht die **König-Christus-Kirche**. Sie stammt aus dem 18. Jahrhundert und wurde 1881 erweitert. Im Juli und August finden Freitagabend ab 19 Uhr Konzerte im Rahmen der Swinemünder Orgeltage statt. Sehenswert sind die gewölbte hölzerne Kassettendecke mit vergoldeten Rosetten und das Votivsegelschiff ›Vergissmeinicht‹ (1814) im Langhaus. Ein Hamburger Kaufmann schenkte es der Kirchgemeinde als Dank für seine glückliche Vermählung mit einer Swinemünder Wirtstochter. Gegenüber der König-Christus-Kirche verbrachte der Schriftsteller Theodor Fontane einige Jahre seiner Kindheit. Dieses Gebäude gibt es heute nicht mehr. Stattdessen steht an der Straßenecke ul. Grunwaldzka/ul. Marynarzy ein Neubaublock mit einer großen Marmortafel und der Aufschrift: ›Hier wohnte von 1827 bis 1832 der bedeutende Schriftsteller und Dichter Theodor Fontane (1819–1898)‹. Fontanes Werke ›Meine Kinderjahre‹ und ›Effi Briest‹ spielen zum Teil in Swinemünde.

Die ul. J. Piłsudskiego führt zur neugotischen **Muttergottes-Seesternkirche** ›Stella Maris‹ (Kościół Matki Bożej Gwiazdy Morza), wenn man vom Zentrum in eine der ersten Straßen, ul. Piastowska, nach rechts abbiegt. Das Gotteshaus überstand beide Weltkriege unbeschadet, im Inneren gefallen die historischen Glasmalereien. Folgt man der ul. J. Piłsudskiego weiter geradeaus, kommt man zum Turm der ehemaligen **Martin-Luther-Kirche**. Der Jugendstilbau wurde 1945 zerstört und in späteren Jahren bis auf die Turmruine abgetragen. Seit dem Jahr 2005 kann man die 222 Stufen auf den rekonstruierten Kirchturm hinaufsteigen.

Der **Kurpark** (Park Zdrojowy) zwischen Altstadt, Swine und Kurviertel entstand ab 1826 nach Plänen des königlichen Gartenbaumeisters Peter Joseph Lenné.

Die jungen Roteichen, Magnolien und Platanen lieferte die Baumschule des Parks Sanssouci in Potsdam. Wegen eines Streits um die Finanzen verließ Lenné kurzerhand die Stadt. In Teilen des Parks stehen deshalb herkömmliche Bäume, mancherorts erscheint der Park auch wie ein natürlicher Bruchwald, in dem es auch an heißen Tagen angenehm kühl bleibt. Ein sternförmiges Wegesystem leitet Besucher in viele Winkel des Kurparks.

Im **Kurviertel** an der Promenade nahe dem Strand blieben viele historische Hotels, Pensionen und Villen erhalten, die meisten entstanden um die Wende vom 19. zum 20. Jahrhundert. Viele sind außen nach altem Vorbild herausgeputzt und innen modernisiert.

Auf der **Promenade** laden viele Sitzbänke zum Verweilen ein. Am westlichen Ende steht die **Schwimmhalle** mit 25-Meter-Bahnen. An der Verlängerung der beiden Strandzugänge F. Nowowieskiego und E. Gierczak entstand ein **Dünensteg** mit Sitzbänken. Von hier aus genießt man das ganze Jahr über einen schönen Blick auf die Pommersche Bucht.

Nach und nach verschwinden die provisorischen Imbissstände und Marktbuden, ihre Stellen nehmen jetzt maritime Pavillons sowie ein schickes Einkaufszentrum ein. Etwa auf Höhe der Promenadenmitte wurde im Jahre 1926 die Swinemünder **Konzertmuschel** in funktionalistischer Architektur eingeweiht. Der Ziegelsteinbau besitzt eine exzellente Akustik, wovon man sich bei den regelmäßig angebotenen sommerlichen Promenadenkonzerten überzeugen kann.

An der östlichen neuen Promenade wuchs ein modernes **neues Kurviertel** anstelle des am Ende des Zweiten Weltkrieges zerstörten. Zum Teil blieben die alten Alleebäume erhalten. Hier besteht jetzt eine große Auswahl an schicken Hotels und Apartmenthäusern, Zahlungskräftige können noch die eine oder andere Eigentumswohnung erwerben. An

Mediterranes Flair im neuen Kurviertel

Am Strand in Świnoujście

der Promenadennordseite reiht sich ein Café und Restaurant an das andere. 2020 soll die Swinemünder Seebrücke fertiggestellt sein. Sie wird das Glanzstück im künftigen ›Ostseepark Mole‹.

Vom Ende der östlichen Promenade bietet sich ein Strandspaziergang zur Mündung der Swine an. Vorbei an der Baustelle ›Ostseepark Mole‹ gelangt man schnell zum Hotel ›Interferie‹, schräg gegenüber führt die Aleja Interferie zum Strand. Die historische **Mole**, ein für die damalige Zeit ingenieurtechnisch herausragendes Bauwerk, wurde 1823 in Betrieb genommen. Die Ostmole ist 1400 Meter lang und damit die längste in Europa. Am Ende des westlichen Wellenbrechers steht das blendendweiße Wahrzeichen der Stadt Świnoujście: Die **Mühlenbake**, Leuchtbake und Navigationszeichen in Gestalt einer Windmühle (Stawa Młyny). Seit 1874 weist sie den Schiffen den Weg nach Swinemünde und weiter ins Stettiner Haff.

Vom Strand führt ein rot markierter, anfangs sandiger Weg nahe dem Swineufer zurück in die Stadt. Hier kommt man an zwei Festungsbauten vorbei. Ab Mitte des 19. Jahrhunderts wurde der Hafen von Swinemünde militärisch gesichert. Die Festung Swinemünde bestand aus vier Forts, von denen noch drei existieren. Die **Westbatterie** (Fort Zachodni), eine kleine Artillerieredoute, wurde von 1848 bis 1850 mehrfach ausgebaut und modernisiert. Im Zweiten Weltkrieg befanden sich hier eine Küstenartillerieschule der Kriegsmarine sowie die Ausbildungsbatterie ›Henningsen‹. Heute werden die Mauern als Museum der Festungsgeschichte genutzt. Nahe dem Jachthafen, etwa 500 Meter weiter flussaufwärts, ist die **Engelsburg** (Fort Anioła) heute auch ein Museum mit Café. Der ungewöhnliche Name entstand, weil das Festungsbauwerk der gleichnamigen Burg der Päpste in Rom ähnelt, dem ehemaligen Hadrians-Mausoleum. Im runden Bollwerk wurden auf drei Stockwerken insgesamt 24 Kanonen positioniert.

Am östlichen Swineufer, in der Vorstadt Chorzelin, steht der höchste **Leuchtturm** (Latarnia Morska) Polens. Das knapp 70 Meter hohe Bauwerk wurde 1857 in Betrieb genommen. Das Leuchtfeuer ist noch 46 Kilometer weit auf der Ostsee zu sehen. 308 Stufen führen hinauf zur Aussichtsgalerie. Der Fußweg zum Leuchtturm um den Handelshafen herum ist nicht zu empfehlen, man leiht sich besser ein Fahrrad.

Nördlich vom Leuchtturm blieb am östlichen Swineufer die **Ostbatterie** (Fort Wschodni) erhalten, heute ein Privatmuseum mit militärgeschichtlichen Ausstellungen. Eine militärische Untergrundstadt findet sich weiter östlich im Küstenwald: Relikte der Batterie Göben (Bateria Vineta) mit achtstöckigem Geschützturm.

Das Fischerdörfchen **Karsibór** (Kaseburg) auf der gleichnamigen Insel ist ein romantischer Flecken, die Umgebung ein Naturparadies. Der evangelische **Friedhof** mit deutschen Gräbern überstand die Wirren der Nachkriegszeit unversehrt und steht seit 2004 unter Denkmalschutz. Das gotische Kirchlein kann im Sommer besichtigt werden, wenn man sich vorher anmeldet.

▶ Karte S. 64

Der Strandkorb – Sommersitz mit Kultcharakter

Längst ist er nicht mehr aus den Seebädern an der Ostseeküste wegzudenken: der Strandkorb. 1882 erfand ihn Korbmachermeister Wilhelm Bartelmann aus Rostock. Ideengeberin war ausgerechnet eine alte Dame: Von rheumatischen Schmerzen heimgesucht, wünschte sie sich einen Strandsitz für ausgiebige Sonnenbäder. Der erste Strandkorb, geflochten aus Weidenruten und Schilfrohr, erweckte eher den Eindruck eines schilfgedeckten Ohrensessels. Er fand aber das rege Interesse der Strandbesucher, und so meldete der Erfinder den Strandkorb zum Patent an. Schon ein Jahr später konnte Wilhelm Bartelmann den ersten kommerziellen Strandkorbverleih eröffnen. Nach und nach entwickelte sich der Rostocker Urtyp zum Sitzmöbel für den Strand, das verschiedene Liegepositionen ermöglicht, vor Sonne, Wind, Regen und aufgewirbeltem Sand schützt, außerdem für seinen Mieter so funktionelle Annehmlichkeiten wie Klapptischchen, Sonnenmarkise und ausziehbare Fußkästen bereithält.

In den Sommern 1889 und 1890 präsentierte man den Strandkorb in vielen deutschen Seebädern, darunter Misdroy, Kolberg und Swinemünde. Nachdem der Gebrauch des Sommersitzes vorgeführt worden war, dauerte es gar nicht lange, bis ein jeder Urlauber an der See den Wunderstuhl aus Korbgeflecht nutzen wollte. Es gehörte einfach zum guten Ton, dass man für die Zeit seines Urlaubs einen Strandkorb bezog.

Bis in die 1920er Jahre saß ausschließlich das Bürgertum noch sehr zugeknöpft darin. Die Sitten änderten sich, als auch die Arbeiter ihren tariflich geregelten Erholungsurlaub am Meer verbrachten. »In den meist prüden Seebädern war es endlich erlaubt, sich im Strandkorb zu sonnen und von dort aus ins Wasser zum Baden zu gehen«, schreibt Moritz Holfelder in ›Das Buch vom Strandkorb‹. Beim Schriftsteller Thomas Mann war der Strandkorb noch aus ganz anderem Grund attraktiv: »Mein Arbeitsplatz, der herrlichste, den ich kenne, liegt einsam. Aber

Auch in Polen beliebt: der Strandkorb

wäre er auch belebter, das isolierende Getöse der Brandung, die schützenden Seitenwände des Strandkorbes, dieses von jung auf vertrauten und eigentümlich bergenden Sitzhäuschens, würden keine Störung aufkommen lassen. Geliebte, unvergleichlich befriedigende und angemessene Situation, welche mein Leben gesetzmässig immer wieder herbeiführt! [...] Einen passenderen Platz gibt es nicht zu meinem Vorhaben.«

Den Malern Max Liebermann und Erich Büttner gelang es trefflich, Strandkörbe auf ihren Bildern zu verewigen, und auch als Filmobjekt taugte er. Die bekannteste Strandkorbszene findet sich gar in einem Hollywoodfilm. In ›Manche mögen's heiß‹ (1959) des amerikanischen Regisseurs Billy Wilder sitzt Tony Curtis als Joe am Strand von San Diego in einem Korbsessel und mimt den Erben einer Millionärsdynastie, um die von Marilyn Monroe verkörperte Sugar zu beeindrucken. Dazu muss man wissen, dass Billy Wilder vor seiner Emigration 1933 begeisterter Hiddensee-Urlauber war.

Der Strandkorb als eine deutsche Erfindung hatte es schwer in Polen, nach 1945 verschwand er an der nun polnischen Ostsee fast vollständig. Sonnenanbeter zwischen Świnoujście und Krynica Morska buddelten große Sandburgen, spannten Sonnenschirme auf oder versteckten sich liebend gerne hinter einem Windschutz aus bunten Stoffbahnen. Letzteres Utensil muss der Ostseeurlauber nicht von zuhause mitbringen: In vielen Hotelzimmern steht der zusammengerollte Windschutz im Kleiderschrank.

In polnischen Seebädern, die etwas auf sich hielten, erlebte der Strandkorb aber ab Ende der 1990er Jahre eine Renaissance. Hier kann man sich nicht nur tage-, sondern auch stundenweise einmieten. Und all jenen, die schon einmal versucht haben, an der windigen See eine Zeitung zu lesen oder sich im wehenden Sand mit Sonnenschutz einzucremen, sei gesagt: »Erst der Strandkorb macht die Zeitung und die Creme mit dem Strand kompatibel« (›Der Strandkorb: Ein Welterfolg aus Mecklenburg-Vorpommern‹).

Am Strand von Świnoujście

Świnoujście

Vorwahl: 091.
Touristeninformation, Plac Słowiański 6/1, Tel. 3224999, www.swinoujscie.pl. Mo–Fr 9–17, Sa 10–14 Uhr.

Die Usedomer Bäderbahn verkehrt von den Kaiserbädern über Ahlbeck bis zur Endhaltestelle nach Świnoujście-Centrum. Der Bahnhof Świnoujście liegt auf der östlichen Seite der Swine nahe der Stadtfähre. Von hier mehrmals tgl. Verbindungen nach Międzyzdroje und weiter nach Szczecin.
Motorzug Świnoujście Express, Stadtrundfahrt 1 Std., Kaiserbäder 4 Std., Haltestelle Promenada, ul. Żeromskiego.

Die Europa-Linie 290/291 pendelt zwischen Swinemünde-Hafen und Bansin, Mai–Anf. Okt. alle 30 Min., sonst im 60-Min.-Takt, Fahrplan: www.ostseebus.de. Der Stadtbus Nr. 10 verkehrt vom Bahnhofsvorplatz Świnoujście am östlichen Swineufer nach Międzyzdroje bis zur Haltestelle am Neptunplatz (pl. Neptuna). Der Stadtbus Nr. 5 fährt zur Insel Karsibór.

Radio Taxi, Tel. 3212222, mobil 609-252525, www.taxiradio.pl.
Max Taxi, Tel. 800232323 und 3211111.
Super Taxi, Tel. 607294818.

Fahrpläne der Fähren nach Ystad, Trelleborg und Kopenhagen: www.polferries.de/fahre sowie www.unityline.pl.
Schiffsfahrten von Ahlbeck, Bansin und Heringsdorf nach Świnoujście und zurück (April–Okt.), Hafenrundfahrt (1:40 Std.), Kaiserfahrt durch den gleichnamigen Kanal (2 Std.).
Reederei Adler, Büro in Bansin, Tel. 038378/477919, Büro in Świnoujście: Tel. 3224288, Fahrpläne: www.adler-schiffe.de. An- und Abfahrt vom Stadthafen Wybrzeże Władysława IV (schräg gegenüber Fischereimuseum).
Fahrten Ueckermünde–Świnoujście: **Oderhaff-Reederei Peters**, Tel. 039771/22426, www.reederei-peters.de.
Die ›Chateaubriand‹ legt tgl. 10.30 und 14.30 Uhr zur Hafenrundfahrt ab.

Interferie Medical Spa (€€–€€€), Tel. 3812500, www.interferie.pl. Neues Vier-Sterne-Hotel mit 308 komfortablen Zimmern, fast alle mit Balkon; Hallenbad, Solebewegungsbecken, Saunalandschaft, mehrere Restaurants. Östlich der neuen Strandpromenade, 300 Meter zum Strand.
Cesarskie Ogrody (€€€), ul. Wyspiańskiego 34A, Tel. 3221023, www.aparthotel-balticspa.pl. Hotel in einem palastartigen Gebäudekomplex von 1909, ruhige Lage am Rande des Kurparks. Schöner Biergarten unter schattigen Bäumen. Ca. 20 Minuten Fußweg zum Strand.
West Baltic Wellness & Spa (€€–€€€), ul. Żeromskiego 22, Tel. 3221023, http://westbaltic-resort.pl. 2015 eröffnetes, schickes Vier-Sterne-Hotel an der Europapromenade. Durch den Dünenwald nur 200 Meter zum Strand.
Park Avangard (€€), ul. Uzdrowiskowa 5, Tel. 3225577, www.parkavangard.pl. Moderne Apartments mit Klimaanlage an der neuen Promenade mit Restaurant. Ab 3. Etage zum Teil mit Meerblick, großer Balkon. Fünf Minuten Fußweg zum Strand. Nervig sind die zwangsweise laut zuschlagenden Türen und die unnütze Tischplatzierung zum Frühstück. Winziges Wasserbecken, Sauna.
Trzy Wyspy (Drei Inseln) (€€€), ul. Słowackiego 1, www.trzywyspy.pl. Drei miteinander verbundene Häuser im neuen Kurviertel an der östlichen Promenade mit 155 Zimmern und Apartments, Restaurant, Spa, Saunen und Salzgrotte. In der oberen Etage des östlichen Gebäu-

des befindet sich die Sky Bar mit Terrasse und Meerblick.
Hampton by Hilton (€€–€€€), ul. Wojska Polskiego 14, Tel. 3229100, www.hampton.com. Neubauhotel nahe der UBB-Endhaltestelle Swinemünde-Centrum.
Rezydent (€€–€€€), ul. Uzdrowiskowa 1, Tel. 3210146, www.hotel-rezydent.pl. Neubau an der Kurpromenade und in Nähe des Kurparks. 50 Zimmer, Swimmingpool, Sauna und Anwendungen im Haus.
Marisol/Aquamarina, Bolesława Chrobrego 40–42, Tel. 3221023, www.marisol.pl. 2015 im neuen Kurviertel eröffnet, ca. 100 m von der Promenade und 300 m vom breiten Sandstrand entfernt. Das Hotel Marisol/Aquamarina besteht aus zwei über einer Tiefgarage miteinander verbundenen Gebäuden. Wellnesszentrum mit Sauna, Dampfbad, Bio-Sauna, Eisgrotte, Whirlpool und Kneipp-Pfad. Nur wochenweise als Kur- oder Urlaubsaufenthalt zu buchen.
Villa Herkules (€€), ul. Słowakiego 29, Tel. 3213528, www.villaherkules.pl.Historische Bäderarchitektur, komfortable Zimmer und Apartments mit Balkon, behindertengerecht, Sauna, Salzhöhle, abgeschlossener Parkplatz, Restaurant, Café, Biergarten, in der Vor- und Nachsaison hohe Rabatte bei 14-tägigem Aufenthalt.
Sun & Snow (€€–€€€), mehrere Standorte,www.sunandsnow.pl. Exklusive Lage besitzen Promenada und Plaża, Mindesaufenthalt 5 Tage.
Baltic home (€€–€€€), ul. Uzdrowiskowa 11/3, Tel. 3274994, www.baltichome.de. Moderne Apartments an der Promenade, 300 m zum Strand.
Villa Astoria (€€), Kapitańska 11, Tel. 8362082, www.villa-astoria.pl. Neu erbaute Pension in ruhiger Lage am Kurpark, 300 Meter zum Strand. Küchenbenutzung möglich, kostenfreier Parkplatz.
Rybaczówka (€€), ul. 1go Maja 23 (auf der Insel Karsibór), mobil: 517738313, www.rybaczowka.de. Gemütliches Blockhaus mit 9 DZ und Fischrestaurant auf der Insel Karsibór. Eigener kleiner Hafen, daher können Gäste auch mit dem Boot anreisen. Auch Schiffsausflüge.
Ptaszarnia (€), ul. 1go Maja 59 (auf der Insel Karsibór), mobil: 791757832, www.ptaszarnia.pl. Hier werden die Gäste durch Vogelgesang und den Geruch frisch gebackenen Brotes geweckt.
Eine weitere Auswahl an Ferienwohnungen: www.apartamenty.swinoujscie.pl.

Relax, ul. Słowackiego 5, Tel. 3213912, www.camping-relax.com.pl. Schön gelegen zwischen Kurpark und Kurviertel nahe der Promenade, ganzjähriger Betrieb.
Wyspa Skarbów, ul. Łęgowa 3, Tel. 3221515, www.wyspa-skarbow.pl. Familiencampingplatz ›Schatzinsel‹ auf der Insel Karsibór im Swinedelta, mit Stadtbus Nr. 5 vom östlichen Swineufer erreichbar, auch Fahrrad-, Kajak- und Bootsverleih.

Magiczna Jazz Club/Centrala Café, ul. Armii Krajowej 3, Tel. 3212640, www.centrala.pl. Beliebter Treff nahe der Stadtfähre, leise Jazzmusik aus der Konserve, Raucher und Nichtraucher sitzen getrennt. Polnische Küche sowie Fischgerichte und Wildschweingulasch im Brotlaib, öfters Jazz-Live-Konzerte, großer Sommergarten; tgl. 10–24 Uhr.
Magiczna Spiżarnia, ul. Chrobrego 1b (schräg gegenüber dem Fähranleger). Ausgezeichnete polnische Küche, gefüllte Teigtaschen und Kartoffelpuffer, auch Frühstücksangebot; tgl. 10–22 Uhr.
Des Kaisers Pavillon, Wybrzeże Władysława IV 34 (gegenüber Hafenkai Adlerschiffe), Tel. 3223080. Gutbürgerliche regionale Küche, dem Originalpavillon von 1911 nachgebildet, auch Terrassenplätze am Wasser; tgl. 11–21 Uhr.
Kurna chata, ul. Piłsudskiego 20, Tel. 501177125. Kleines uriges Lokal mit nur sieben Tischen am Turm der ehemaligen Martin-Luther-Kirche. Altpolnische Spezialitäten wie Saure Mehlsuppe im Brotlaib, Piroggen mit Sauerkraut und Pilzen

▶ Karte S. 64

sowie Kohlroulade auf polnische Art; tgl. 11–22 Uhr.
Karczma Polska Pod Kogutem, ul. Żeromskiego 48 (bei der Schwimmhalle am Westende der Promenade), Tel. 3274057. Rustikales Inneres, Freiluftplätze im Innenhof, polnische Spezialitätenküche, z.B. Bigos im Brotlaib; tgl. 12–23 Uhr.
Konstelacja-Pulvermagazin, ul. Jachtowa 4, mobil: 739040707. In den Klinkergewölben des ehemaligen Pulvermagazins der Westbatterie; tgl. 10–18 Uhr.

Coffeebar, ul. Marynarzy 5 (gegenüber Hafenkai Adler-Schiffe). Die wohl besten Torten, Kuchen und Desserts in Swinemünde mit Auswahl an Confiserie und Konditorei aus Polen, Österreich, Italien, Frankreich und Spanien; tgl. 9–19 Uhr.
Kawiarnia Parkowa, modernes Café an der Promenade gegenüber Konzertmuschel. Freilufttische an der Promenade, Wintergarten (für Raucher) und großer Sommergarten, Tipp: Apfel-Kokos-Schnitte; tgl. 11–20 Uhr.
Restaurant/Café Baltic, ul. Uzdrowiskowa 16 (an der neuen Promenade). Hier können Sie die in Polen berühmten Torten der Patisserie-Kette ›Sowa‹ genießen.
Plażowa Café, Aleja Interferie (am Strandzugang des Hotels ›Interferie‹ vor der Düne). Skandinavischer Stil, im Obergeschoss innen und außen Plätze mit Meerblick, hinter dem Café Kinderspielplatz,Tipp: Käsetorte mit Tiramisudecke; tgl. 10–21 Uhr.
Café Wieża, ul. Paderewskiego 7. In Erdgeschoss und 1. Etage der ehemaligen Martin-Luther-Kirche, dekoriert mit vielen Fotos des alten Swinemünde; tgl. 10–22 Uhr.

Leuchtturm, Juli/Aug. 10–20, sonst 10–16 Uhr.
Fischereimuseum, pl. Rybacka 1, Di–So 9–17 Uhr.
Turm der ehemaligen Martin-Luther-Kirche, ul. J. Piłsudskiego 7, tgl. 10 Uhr bis zum Sonnenuntergang, 222 Stufen bis zur Aussichtsplattform.
Westbatterie und **Engelsburg**, ul. Jachtowa, tgl. 10–18 Uhr.

Swinemünder Ostseetage (Ende Juni), Maritimes Musikfestival Sail Świnoujście (Aug.), Marathon Świnoujście–Wolgast sowie ›Blues an der Swine‹ (Okt.).

Pływalnia Miejska, ul. Żeromskiego 48, am Ende der westlichen Promenade. 25-Meter-Bahnen; tgl. 7–22 Uhr, Einlass zu jeder vollen Stunde, Badekappenpflicht.

ebike Rental, im Hotel Interferie; tgl. 8–13 und 16–20 Uhr.
UsedomRad, Tel. 0049/(0)30/55576911 anrufen und registrieren (Handy und Kreditkarte notwendig). Fahrradkennzeichen in Handytastatur eingegeben, Zahlencode wird angesagt und per SMS versendet. Standorte in Swinemünde an der Endhaltestelle der UBB, an der neuen Promenade nahe Wasserspielen sowie am Jachthafen.

Biżuteria z bursztyna Bałtyckiego, Freiluftstand am Museum Westbatterie, Tel. 739407721. Schmuck aus Bernstein, Ziegenhörnern, Hirschgeweih und Silber, in Techniken aus dem 15. Jahrhundert.

Międzyzdroje

Knapp 15 Kilometer östlich von Świnoujście liegt der eingemeindete Badeort Międzyzdroje (Misdroj). Er schmiegt sich an die Misdroy-Wolliner Endmoräne, die rauhe Ost- und Nordostwinde abhält und dem Ort somit ein mildes Klima beschert.
Die Seebadtradition reicht bis ins Jahr 1835 zurück. Leider ließ die polnische

Regierung nach 1945 viele prachtvolle Villen abtragen, die Steine wurden für den Wiederaufbau der Warschauer Altstadt gebraucht. Heute schwärmen die Gäste vor allem von den breiten Stränden mit ihrem feinen Sand. Das Vier-Sterne-Hotel ›Amber Baltic‹ lockt heute die gutbetuchte Klientel nicht nur aus Polen an. Vor allem Berliner waren seit jeher Stammgäste; manche Einheimische nennen den Strand bereits ›Berliner Beach‹.

Sehenswürdigkeiten

Die Promenade führt über vier Kilometer durch den Ort, vorbei an Villen und Pensionen. An vielen hatte der Zahn der Zeit bedrohlich genagt, einige sind wieder schön herausgeputzt. Der Platz vor der Seebrücke und die Hauptpromenade erhielten jüngst ein modernes Gesicht mit neuem Pflaster sowie viele kleine Sitzgruppen und futuristische Lampen. An der Westseite des Hotels

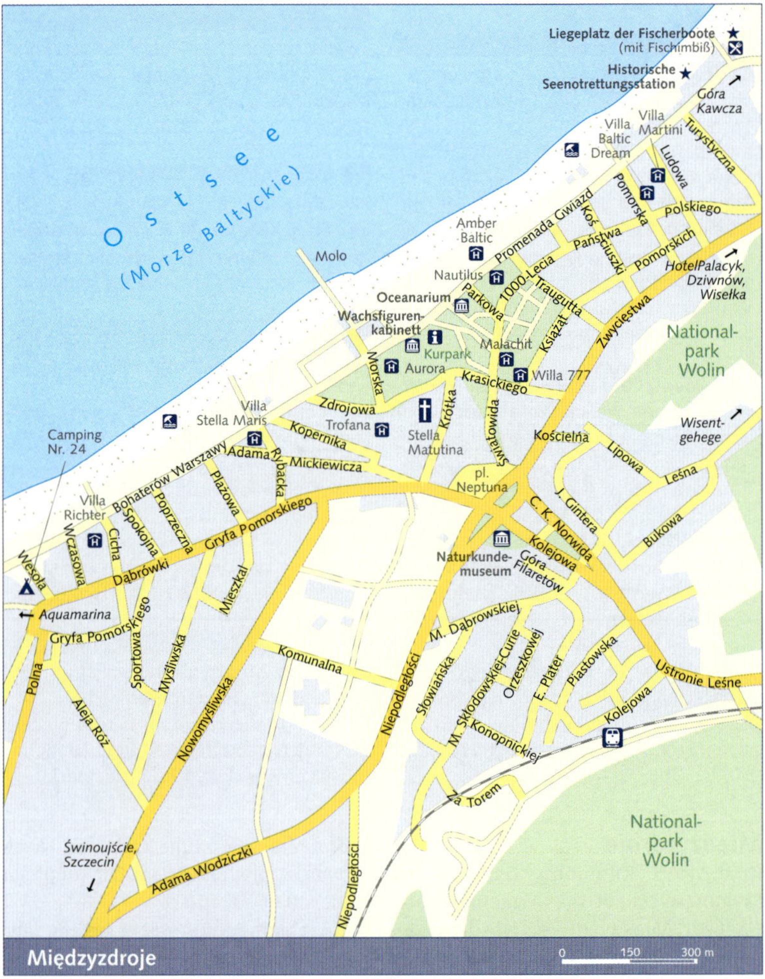

Międzyzdroje

›Amber Baltic‹ gibt es eine **Promenade der Stars** (Promenada Gwiazd) mit inzwischen 108 Handabdrücken polnischer Filmstars im Pflaster. Mit großer Spannung wird jedes Jahr die Enthüllung der neuesten Handabdrücke erwartet. Diese werden seit Beginn der Filmfestspiele von einem der bedeutendsten polnischen Bildhauer, Prof. Adam Myjak, in Bronze gegossen. Vor allem beim alljährlichen Filmfestival, dem Festiwal Gwiazd im Juli, kommen Stars und Sternchen aus der Filmbranche nach Międzyzdroje. Gegenüber startet auch eine motorgetriebene Minieisenbahn alle 30 Minuten zur kleinen Stadtrundfahrt.

Am Hotel ›Posejdon‹ befindet sich das Ozeanarium mit faszinierenden Einblicken in die Tiefen der Meere, so schwimmt hier auch ein junger Hai.

An schönen Sommerabenden wird es eng: Die Urlauber spazieren über die **Promenade**, zur **Seebrücke** (molo) und am Strand entlang. Vor dem Betreten des Seestegs wird in der Saison Eintritt verlangt. Bereits 1884 wurde die erste Seebrücke in die Ostsee erbaut. Sie wurde im Laufe der Zeit durch Feuer und Packeis, Stürme und mutwilliges Sprengen zerstört, aber immer wieder instandgesetzt. Ein erfolgreicher Unternehmer aus Misdroj spendierte 250 000 Reichsmark, so dass im Jahr 1906 ein 370 Meter langer Seesteg eröffnet werden konnte. Am Molenkopf entstand im selben Jahr eine Anlegestelle für Ausflugsschiffe und ein Café, im Jahr 1910 zwölf verglaste Pavillons. Während des Ersten Weltkrieges sprengte man die Mole aus Angst vor einer Landung der russischen Kriegsflotte. Sie wurde 1921 wieder aufgebaut und überstand den Zweiten Weltkrieg unbeschadet, brannte 1961 mitsamt Vorbau und den Pavillons jedoch ab. Der Märzsturm 1985 zertrümmerte den Vorder- und Mittelteil der Mole.

Am Eingang zur ›Promenade der Stars‹

Die Stadtväter riefen einen Spendenfonds für eine neuen Seesteg ins Leben und baten über hundert Unternehmen um eine finanzielle Zuwendung. Vor der einstigen Mole wurde eine riesengroße Sparbüchse aufgestellt. Im Jahr 1994 konnte der erste Teil (120 Meter) wieder eröffnet werden. Das deutsche Unternehmen ›Adler-Schiffe‹ bezahlte den zweiten Bauabschnitt mit Schiffsanleger. Seither besitzt Międzyzdroje mit knapp 400 Metern die längste Betonmole in Polen. Den Eingang zur Mole bewachen zwei historische Türmchen, die alle Katastrophen überstanden haben.

Eine originale meteorologische **Glasvitrine** ist am Platz vor der Mole, direkt an der Promenade, erhalten geblieben, Hier werden Luftdruck, -feuchtigkeit und Temperatur gemessen. Auf dem Türmchen sind Symbole des Tages in kolorierter Abgusstechnik ausgeführt: Das Huhn steht für dem Morgen und das Tageserwachen, ein Bienenkorb mit

Morgens am Strand von Międzyzdroje

Bienen zeigt die Tagesmitte mit Aktivität und Arbeit an, eine Fledermaus mit ausgebreiteten Flügeln signalisiert den kommenden Abend, und eine Eule weist auf die Nacht hin.

Ruhiger geht es im kleinen **Kurpark** mit seinen alten Bäumen zu, der direkt an die Promenade grenzt. Südlich davon, in der ul. Krótka, steht die **Fischerkapelle** von 1902, die nach dem Morgenstern ›Stella Matutina‹ benannt wurde. Seit nunmehr über 100 Jahren ist die Kapelle ein Sitz der Barmherzigen Schwestern vom Hl. Karl Borromäus.

Am östlichen Ortsrand, in Richtung Steilküste, steht die ehemalige **Station der Deutschen Gesellschaft zur Rettung Schiffbrüchiger**, zu erkennen am dekorativen Hanseatenkreuz an der Fassade; heute ist hier das Restaurant ›Port‹ zu Hause. Das Gebäude entstand Ende des 19. Jahrhunderts im neugotischen Stil aus Klinkersteinen, kurz nach der Gründung der Gesellschaft in Memel. Hier lagerten die Rettungsboote, sie wurden im Notfall mit Pferden ins Wasser gezogen. Noch einige Schritte weiter östlich liegen die kleinen **Fischkutter auf dem Strand**. Sie werden mit einer Seilwinde ins Wasser gezogen. Wer hier in den Morgenstunden vorbeischaut, kann den Frauen beim Sortieren des Fangs zuschauen. Die Möwen tun das auch, warten aber begierig darauf, dass etwas Beifang für sie abfällt und streiten sich sehr lautstark, wenn die Arbeiterinnen ihnen etwas zuwerfen. In Nachbarschaft der Lagerräume, Schuppen und Räucheröfen befin-

▶ Karte S. 74

den sich mehrere Fischgaststätten, bei schönem Wetter kann man draußen sitzen und den weiten Blick auf die Ostsee genießen.

Auch wenn Sonnenanbeter in der Nähe der Hotels zur Hochsaison wie die Heringe liegen: Nur wenige hundert Meter Richtung Steilküste hin findet jeder ein ruhiges Plätzchen. Viele Besucher spazieren zur östlich gelegenen malerischen **Steilküste** an der Nationalparkgrenze unterhalb des Kaffeeberges (Góra Kawcza). Vom Strand zum Wanderweg an der Kliffabbruchkante in 61 Meter Meereshöhe führen 287 Stufen der neuen **Treppe**. Es ist eine interessante Konstruktion aus Stahl, deren Stufen und Geländer aus Holz bestehen. Die Treppe stützt sich auf Pfählungen in Stahlrohren, auf die Betonfundamente gegossen sind. Oben angelangt, sind noch knapp 200 Meter bis zum Kaffeberg zu laufen. Hier stand früher ein beliebtes Ausflugscafé, heute nur noch ein kleiner Holzpavillon. Nach wie vor genießt man einen herrlichen Blick in die Pommersche Bucht mit den benachbarten Seebädern Świnoujście, Ahlbeck, Heringsdorf und Bansin. Vom Kaffeeberg kann man entlang des Kliffwanderweges (schwarz markiert) in einer Viertelstunde wieder zum Eingang des Fischerhafens laufen.

Noch etwas höher - nämlich 93,4 Meter über dem Meeresspiegel - steht man auf dem Gosań (Gosanberg). Von Międzyzdroje führt der rot markierte Kliffwanderweg über vier Kilometer in östliche Richtung hierher. Oder man fährt mit dem Auto in Richtung Wisełka und nutzt hier den ausgeschilderten kurzen Abzweig (400 Meter) zu Fuß.

Die Umgebung von Międzyzdroje

Sehr ruhig und erholsam ist eine Strandwanderung in westliche Richtung nach Świnoujście. Leider gibt es an der neun Kilometer entfernten Swinemündung keinen Übergang, so dass man ins Stadtzentrum entlang der Straße noch etwa fünf Kilometer zurücklegen muss. Die Rückfahrt nach Międzyzdroje ist mit dem Stadtbus Nr. 10 sowie Kleinbussen, die fast stündlich verkehren, oder der Bahn möglich.

Etwa eine halbe bis dreiviertel Stunde läuft man vom Bahnhof Międzyzdroje durch zum Teil herrlichen Buchenwald nach **Zalesie** (Laatziger Ablage). Ein **Bunkermuseum** an der Laatziger Ablage verweist auf die hier erprobte Langrohrkanone V 3 (Tarnnamen: Fleißiges Lieschen und Tausendfüßler); davon künden auch noch Fundamentreihen der ehemaligen Abschussrampen am Waldhang. Das Wunderwaffenprojekt steht in Verbindung mit dem Versuchsgelände bei Peenemünde. Die Reichweite der sogenannten Pfeilgeschosse betrug zwischen 100 und 150 Kilometer. Diese sollten später von der französischen Ärmelkanalküste gegen England abgeschossen werden.

Das kleine Museum, geöffnet von Mai bis Oktober, befindet sich im ehemaligen Lagerhaus der Geschosse. Hier stehen einige Nachbauten der Kanonen und Raketen. Ganz in der Nähe können Sie auch das Auto parken.

Lubin (Lebbin) liegt zehn Kilometer südlich von Międzyzdroje am Hang der Lebbin-Kalkofener Höhen. Hier wurde im frühen Mittelalter auf den Relikten eines **Burgwalls** aus der Epoche der Lausitzer Kultur (400–700 Jahre v. Chr.) von den Wollinern ein befestigter Stützpunkt erbaut. Es war der ideale Standort für ein Leuchtfeuer. Wenn sich feindliche Wikingerschiffe näherten, entzündete die Wachmannschaft ein Feuer und die Bewohner von Wollin konnten sich auf einen Angriff vorbereiten. Heute sieht man auf dem Gelände eine Ausstellung über hiesige Keramikfunde, auf

In den Lebbiner Bergen bei Lubin

dem Hügel hinter der Kirche befindet sich eine **Aussichtsterrasse** mit Fernrohren, mit Blick auf das Stettiner Haff und 44 Inselchen.

Der Wolliner Nationalpark

Das moderne **Nationalpark-Museum** in Międzyzdroje, ul. Niepodległości 3, informiert über viele interessante Details des Natur- und Landschaftsschutzes. Die meisten Tiere lernt man als ausgestellte Präparate kennen. Berühmt ist die große Bekassinensammlung. In den Volieren am Museum päppelt man mitunter schwache oder verletzte Seeadler auf. Das Markenzeichen des Wolliner Nationalparks (Woliński Park Narodowy) sind die bis zu 95 Meter hohen Steilklippen, die mächtigsten in Polen. Sturmfluten und Starkniederschläge nagen allerdings ständig daran: Alljährlich brechen etwa 80 Zentimeter Steilküste in die Ostsee. In den Nationalpark kommen Ornithologen aus der ganzen Welt: 230 Vogelarten sind hier heimisch, auch die majestätischen Seeadler mit bis zu 2,60 Meter Flügelspanne haben eine Zufluchtsstätte gefunden. Der Seeadler ist das Wappentier Polens und erfährt deshalb ganz besonderen Schutz. Etwa zehn Paare leben im Park. Vor einigen Jahren startete in Zusammenarbeit mit

▲ Karte S. 40

der deutschen Seite auch ein Auswilderungsprogramm für Uhus.

Der Park wurde 1960 auf einem Gebiet von 4844 Hektar gegründet und wuchs 1996 um eine nautische Meile Küstenlinie und Teile des Swinedeltas auf nunmehr fast 12 000 Hektar. Der Wald, darunter wertvolle Altbuchen und Eichen, nimmt davon etwa 4500 Hektar ein. Deswegen ist auch der anderswo längst ausgestorbene Hirschkäfer hier heimisch, er bevorzugt nämlich alte Eichen als Lebensraum. Im Nationalpark gedeihen außerdem das seltene Strand-Mannstreu, das Geißblatt und 16 Orchideenarten; insgesamt wachsen hier 1300 verschiedene Pflanzen.

Bis vor etwa 600 Jahren lebten auf Wollin Wisentherden. Seit 1976 werden die zotteligen Riesen in einem Freigehege wieder gezüchtet, von einem Hochstand lassen sich die Tiere gut beobachten. Das **Wisentreservat** (Rezerwat Pokazowy Żubrów) ist Bestandteil des Nationalparks und nur eine halbe Stunde Spaziergang vom Ortszentrum entfernt.

Im Wald verstecken sich mehrere eiszeitliche Seen. Berühmt wurde der **Jezioro Turkosowe** (Türkissee) bei Wapnica (Kalkofen). Das Wasser sammelte sich hier in einer verlassenen Kreidegrube. Kalziumkarbonat lässt das Wasser je nach Sonnenintensität in verschiedenen Grüntönen schimmern. Von einer Aussichtsterrasse kann man den See schön überblicken. Nahe dem Türkissee steht die 600-jährige Eiche ›Prastary‹ (die Uralte) mit über sechs Metern Stammumfang. Einen herrlichen Blick über das Swinedelta mit seinen schwimmenden grünen Inseln genießt man von den **Lebbiner Bergen** (Zielonka) bei Lubin (Lebbin).

Auf zahlreichen Wanderwegen werden Besucher sicher durch den Nationalpark und seine Umgebung geleitet. Im Nationalpark sind 40 Kilometer Wege ausgeschildert. Wegen der beträchtlichen Entfernungen ist es ratsam, bei Wanderungen Proviant und Trinkflasche mitzunehmen. Hier einige Routenvorschläge:

Międzyzdroje–Wisentreservat–Warnowo–Wiesełka: Strandwanderung an der Steilküste, etwa 20 Kilometer, zu Fuß braucht man fünf bis sechs Stunden. Auch als Fahrradtour möglich, von Wisełka nach Międzyzdroje sollte man die Straße Nr. 10 oder die teilweise vorhandenen Waldwege nutzen.

Międzyzdroje–Wicko–Wapnica–Anhöhe Zielonka–Lubin–Dargobadz–Wolin: Wanderung durchs Inselinnere und am Haff entlang, etwa 22 Kilometer, zu Fuß sollte man sechs Stunden einplanen, die Rückfahrt ist per Bus oder Eisenbahn möglich.

Die Kompass-Karte der Insel Wolin (1:50 000) leistet bei Wanderungen gute Dienste.

Międzyzdroje und Umgebung

Vorwahl: 091.

Touristeninformation, ul. Promenada Gwiazd 2, Tel. 3282778, www.mdkmiedzyzdroje.com. An der Promenade (schräg gegenüber dem Hotel ›Amber Baltic‹) in einem historischen Pavillon; April–Okt. tgl. 9–17 Uhr, sonst nur Mo–Fr.

Wolin Travel, ul. Turstyczna 2/22, Tel. 3282774, www.wolin-travel.com. Vermittlung von Ferienapartments in Międzyzdroje und Umgebung.

Mehrmals tgl. nach Świnoujście und Szczecin. Mit Umsteigen in Goleniów nach Kołobrzeg.

Etwa stündlich nach Świnoujście, nach Lubin verkehrt die Stadtlinie Nr. 2.

Der Minibahnzug ›Express‹ fährt ab der Haltestelle ›Aleja Gwiazd‹ Mai–Sept. (Juli/Aug. tgl.) nach Lubin. Der Ausflug dauert drei Stunden. Infos: www.cyrus-tours.pl.

Zwischen Szczecin und Słupsk

Adler-Schiffe verkehren in der Saison (März–Okt.) in die deutschen Kaiserbäder Ahlbeck, Bansin und Heringsdorf oder legen zu Minikreuzfahrten in die Pommersche Bucht ab. Fahrpläne: www.adler-schiffe.de.

Amber Baltic (€€–€€€), ul. Promenada Gwiazd 1, Tel. 3228760, www.vi-hotels.com/de/amber-baltic. Alle Zimmer mit Meerblick vom Balkon, Brasserie, Gourmetrestaurant, Wiener Kaffeehaus, mehrere Bars, Swimmingpool, Sauna, Disco, Kegelbahn, hoteleigener 18-Loch-Golfplatz, Fahrradverleih. Spartipp: Im März/April (außer Ostern) und im Okt./Nov. ist das DZ für etwa 70 Euro buchbar (Sonderangebot unter www.darpol.de).

Aquamarina (€€), Tel. 3282828, www.wypoczynek.aquamarina.pl. Neue große Apartmentanlage im Wald, westlich vom Zentrum (20 Min. Fußweg), 150 Meter vom Strand.

Nautilus (€€), ul. Promenada Gwiazd 8, Tel. 3280999, www.hotelnautilus.pl. Schön restaurierte Gründerzeitvilla aus dem Jahr 1913 gegenüber dem Hotel ›Amber Baltic‹. Apartments für zwei bis vier Personen, viele mit Balkon oder Wintergarten. Sparangebote bei längerem Aufenthalt. Im Erdgeschoss befindet sich das helle und freundliche Restaurant ›Atlantis‹ mit polnisch-italienischer Küche sowie Pilsner Urquell vom Fass; tgl. 12–22 Uhr.

Villa Stella Maris (€€–€€€), ul. Bohaterów Warszawy 13, Tel. 3280481, www.villa-stella-maris.com. Im Stil der Kaiserzeit in einem Backsteingebäude, das an ein Schlösschen erinnert. Innen modern und großzügig mit polnisch-italienischem Restaurant ›La Spezia‹, an der Promenade gelegen. Im Sommer ›Budenzauber‹ auf der Seeseite.

Trofana (€–€€), ul. Zdrojowa 9, Tel. 3280482, http://hotel-trofana.pl. Schlösschen mit 16 DZ und zwei Apartments zwischen Stadtzentrum und Promenade unter alten Laubbäumen, geräumige und stilvolle Zimmer, schönes Restaurant mit Biergarten, Tennisplätze, Wellnessanwendungen im Haus.

Aurora (€€–€€€), ul. Bohaterów Warszawy 17, Tel. 3223550, www.hotelaurora.pl. Historisches Haus mit einem großen neuen Anbau gegenüber der Seebrücke, viele Zimmer mit Ostseeblick, angenehmes Restaurant ›Miramare‹ mit Sommergarten, Sauna, Pool, Tennisplätze, Fahrradverleih, bewachter Parkplatz.

Villa Martini (€€), ul. Ludowa 9, Tel. 3282838, www.villa-martini.pl. Neues kleineres Haus im östlichen Stadtteil in einer Seitenstraße, alle Zimmer mit Balkon. Nahe Strand, Fischereihafen und Steilküste, Ristorante im Erdgeschoss, kleiner Wellnessbereich.

Villa Richter (€€), ul. Bohaterów Warszawy 4, Tel. 3280517, www.villarichter.com. Sorgsam renovierte Jugendstilvilla von 1908 mit schönen großen DZ und Apartments an der Promenade, viele Zimmer mit Seeblick, stilvoller Frühstücksraum, Garage vorhanden.

Villa Baltic Dream (€€), ul. Pomorska 16, Tel. 668167018, www.villabaltic.com.pl. Aufgemöbelte historische Villa in einer Seitengasse nahe der Promenade im westlichen Stadtteil nahe der Grenze zum Wolliner Nationalpark. Vier Minuten Fußweg zum Strand.

Willa 777 (€), ul. Krasickiego 8, Tel. 3281644, www.willa777.pl. Kleine Pension in einer ruhigen Seitenstraße im Zentrum. Helle freundliche Zimmer, modern ausgestattet. Restaurant mit polnischer Küche. Sauna und Fahrradverleih, fünf Minuten Fußweg zur Promenade.

Malachit (€), ul. Krasickiego 10, Tel. 3220830, www.apartamenty-miedzyzdroje.info. Modernes Haus zwischen Kurpark und Promenade, moderne Apartments mit Wohnzimmer, Küche, Schlafzimmer und Bad sowie Tiefgarage. Im Erdgeschoss der Pub ›First‹.

Palacyk (€€), Wisełka, 12 km östlich von Międzyzdroje, Tel. 0607/404015, www.

▶ Karte S. 74

hotel-palacyk.de, Mittelklassehotel nahe der Straße, 1800 Meter zum Strand.
Villa Park (€€), Nowowiejska 29, Tel. 3265065, Wisełka, www.villa-park.eu.

Camping Nr. 24, ul. Polna, Tel. 328028275. Sehr sauber, Bar und Lebensmittelladen, Deutsch sprechendes Personal, 600 Meter zum Strand, Mitte Mai–Ende Sept.
Tramp, Kołczewo, Tel. 3212662, http://campingtramp.com. Am östlichen Rand der Insel Wollin im Grünen, kurzer Zugang zum Sandstrand mit Steilküste, 2 Personen im Zelt etwa 10 Euro, auch Hüttenvermietung, Café und Restaurant ›Salsa‹, Mai–Sept.

La Spezia in der Villa Stella Maris, ul. Bohaterów Warszawy 13, Tel. 3280481, www.villa-stella-maris.com. In der einstigen Pension ›Seestern‹, einem Schlösschen ähnlich, an der westlichen Seite der Promenade. Gehobene polnisch-italienische Küche; Frühstücksangebot 8–10, Restaurantküche 12–22 Uhr.
Port, Promenada Gwiazd 13. Neues Restaurant in der historischen Seenot-Rettungsstation von 1865. Große Auswahl an Fisch, auch polnische Küche und Pasta. Tipp: leckere Fischsuppe; tgl. 10–22 Uhr.
Nemo, ul. Bohaterów Warszawy 18a, Tel. 601720643, www.nemo-miedzyzdroje.pl. Maritimes Bistro vor der Seebrücke an der Promenade. Gutes Fischangebot, Suppen, auch Bigos. Frühstückskarte; tgl. 9–22 Uhr.
Złota Wydma, Baza Rybacka, Tel. 3282602. Einer von mehreren Fischimbissen am östlichen Stadtrand nahe den Fischkuttern am Strand, maritimer Stil, auch Freiluftplätze mit Ostseeblick. Dorsch wird ganzjährig gefischt und kommt hier gegrillt, geräuchert oder frittiert auf den Teller. Dazu schmecken Rohkostsalat und eine Scheibe Brot; tgl. 10–19 Uhr.
Josephine, pl. Neptuna 4, Tel. 3282147. Restaurant im Viertel am Neptunplatz, leckere Eierkuchen, Fisch, viele Suppen, gelobte Kartoffelpuffer; tgl. 10–21 Uhr.
Carmen, Plac Neptuna 6, Tel. 661521140, http://restauracja-carmen.pl. Gemütliches Restaurant mit Wohnzimmerambiente, internationale Küche, auch Wildgerichte und vegetarische Speisen, leckere Kuchen und Torten; ab 9 Uhr, im Winter ab 12 Uhr.
Róża Wiatrów, pl. Neptuna 8a, Tel. 3282630. Urige kleine Taverne im maritimen Stil mit nur sieben Tischen im neuerbauten Viertel im Stadtzentrum am Neptunplatz, Tipp: ›Rindersteak vom Admiral Nelson‹; tgl. 12–24 Uhr.

Antyki, ul. Gryfa Pomorskiego 21, www.antyki-starocie.com. Café im Stil der 1920er Jahre und gleichzeitig Antiquitätengeschäft in der Einkaufspassage ›Pasaż pod Gryfem‹. Hausgemachter Kuchen wird auf Omas gutem Porzellan gereicht. Auch gutes Weinangebot.
Relax, ul. Światowida 14 b, Tel. 3282808. In der Mitte der Fußgängerzone zwischen Neptunplatz und Ostsee. Café und Restaurant, Fisch, Reibekuchen nach ungarischer Art, Piroggen; tgl. ab 10 Uhr.

Naturkundemuseum, www.wolinpn.pl; Di–So 9–18 Uhr (Mai–Sept.), sonst Di–Sa 9–15 Uhr.
Wisentfreigehege, Di–So 10–18 Uhr (Mai–Sept.), sonst Di–Sa 8–16 Uhr.
Wachsfigurenkabinett (Cabinet Figur Woskowych), Bohaterów Warszawy 19 (an der Promenade zwischen Mole und Hotel ›Amber Baltic‹), www.woskowe.pl; Juli/Aug. 10–20 Uhr, Mai/Juni und Sept. 10–18 Uhr, Okt.–April 10–16 Uhr.
Oceanarium, Promenada Gwiazd 4, www.oceanarium.com.pl, tgl. 10–16 Uhr.
Miniaturenpark (Bałycki park miniatur), ul. Nowomyśliwska 98; tgl. ab 10, Juli/Aug. ab 9 Uhr.

Międzywodzie und Dziwnów

Międzywodzie (Heidebrink) ist ein kleiner Ferienort am nordöstlichsten Zipfel der Insel Wollin, etwa drei Kilometer an der Hauptstraße westlich von Dziwnów. In vielen Privathäusern werden Zimmer vermietet, Verkaufsstände, Geschäfte, Freiluftgasthäuser und Cafés säumen den Weg zum schönen Sandstrand. Die Dziwna (Dievenow) teilt Dziwnów (Dievenow): das westliche Berg-Dievenow liegt auf der Insel Wollin, Ost-Dievenow auf der Festlandsnehrung. Eine Klappbrücke stellt die Verbindung zwischen den beiden Ortsteilen her.

Seit 1895 hat sich das kleine Sole- und Moorbad etabliert. Schattenspendende Grünanlagen laden zum Verweilen ein, auf einer 300 bis 400 Meter breiten Nehrung befindet sich ein schöner Sandstrand , dahinter die etwa 2 Kilometer lange Dünenpromenade. Am Ortsausgang an der Hauptstraße Richtung Kołobrzeg kommt man zum Fischerei- und Hafenkai, von wo auch Ausflugsschiffe im Piratenlook ablegen. In der Saison schippern sie bei mindestens 30 teilnehmenden Personen täglich nach Kamień Pomorski (1,5 Std.) und auf die Ostsee (1,5 bis 2,5 Std.).

Międzywodzie und Dziwnów

Vorwahl: 091.

Informationsbüro, ul. Szosowa 5, Tel. 3813562 (nur im Sommer geöffnet), www.dziwnow.pl.

Ausflugsschiffe, ul. Wybrzeże Kościuszkowskie, Tel. 3813072.

Emilbus verkehrt ganzjährig auf der Strecke Kamien Pomorski–Świnoujście mit Halt in Dziwnów und Międzywodzie. Fahrplan: www.emilbus.com.pl.

Taxi 7, Tel. 606501802 und 728935890.

Kurhotel Millennium (€€), ul. Zielona 1, in Międzywodzie, Tel. 3813877, www.owmillennium.pl. Alleinlage im Küstenwald, freundliches Personal.

Stary Dziwnów (€€), ul. Kościelna 40, Tel. 3217600, www.starydziwnow.pl. Im Stil einer historischen Bädervilla im Osten von Dziwnów. Laut Insider eines der besten Hotels an der Ostsee, 200 m vom Strand. Thalgoabteilung, Hallenbad, Fahrradverleih, gute Küche, bewachter Parkplatz.

Axel Palace (€€),ul. Kościelna 15, Tel. 3811444 und mobil 570950000, www.axel-palace.pl. Kleines Modern-Art-Hotel im Osten von Dziwnów in Hafennähe. Leider zwischen der lauten Hauptstraße und einer Nebenstraße eingezwängt, daher nur Lärmunempfindlichen zu empfehlen. Kleine Standard-Suite zur Hauptstraße, Luxus-Suiten Nr. 1, 4 und 7 auf der ruhigeren Seite. Das Frühstück – erst ab 9 Uhr! – ist ausgezeichnet, mit viel Liebe zum Detail. Ca. 200 Meter zum Strand.

Astoria (€€), W. Kaprala Koniecznego 5, Tel. 605061708, www.astoria-dziwnow.pl. Blau-weißes Holzhaus mit acht komfortablen Ferienwohnungen sowie mehrere Hütten. Ruhige Lage, etwa 300 Meter zum Meer. Parkmöglichkeit im Hof.

Biały Domek (€), Osiedle Rybackie 7, Tel. 3821623, www.bialy-domek.com. Hübsche Pension in einer ruhigen Seitenstraße, etwa 250 Meter bis zum Strand, einige Zimmer mit Balkon. Kleiner Garten unter Kiefern. Von Międzyzdroje kommend am Kreisverkehr hinter der Brücke links.

▸ In Dziwnówek:

Maximus Spa (€€–€€€), ul. Morska 2, Tel. 3811611, www.maximus-spa.pl. Modernes Kurhotel in Dziwnówek, Restaurant, ruhige Lage etwa 80 Meter vom Strand.

Porta Mare (€), ul. Wolności 38, Tel. 3811162, www.portamare.pl. 50 Meter vom Strand, Reitschule.

Jantar (€€), ul Wolności 5-7, Tel. 3813012, www.dziwnowek.com.pl. Modernisiertes Erholungsheim, ganzjährig, viele Zimmer mit Balkon, zwei Pools.

▸ Karte S. 40

Campingplatz Korab, ul. Słowackiego 8 (in Osten von Dziwnów an der Brücke), Tel. 3813569, 300 Meter vom Strand; Mai–Sept.

Campingplatz Wiking, Dziwnówek, ul. Wolności 3, Tel. 662184768, www.campingwiking.pl. Behindertengerecht, schöner Platz unter schattigen Kiefern, auch Hütten für 2 bis 4 Personen, 50 Meter zum Strand; Mai–Anfang Sept..

Café & Cocktailbar Rosa, ul. Mickiewicza 28 B. Apfel- und Käsekuchen, Spezialität des Hauses: Tiramisu des Chefs. Eis, Lavazzakaffee, Freiluftplätze, von der Hauptstraße ca. 50 Meter; tgl. 10–19 Uhr.

Łukęcin Golf und Relax in Dziwnów, ul. Dziwna 12/1, www.golfandrelax.com.pl.

Kamień Pomorski

Kamień Pomorski, das ehemalige Hansestädtchen Cammin, liegt idyllisch gegenüber der Insel Wolin am Camminer Bodden. Der Stadtname ist vom slawischen Wort Stein (polnisch = kamień) hergeleitet, wahrscheinlich vom Bischofsstein am Nordufer der benachbarten Insel Gristow (Chrząszczewska-Wyspa).

Cammin übernahm ab Mitte des 12. Jahrhunderts viele Aufgaben von Wollin, das oft von den Dänen angegriffen wurde. 1176 verlegte der Papst die hinterpommersche Bistumshauptstadt von Wollin nach Cammin. Das blieb es über 600 Jahre, bis 1810. Die Verleihung der Stadtrechte im Jahr 1274 und der Eintritt in die Hanse im 14. Jahrhundert begünstigten den wirtschaftlichen Aufschwung. Die Versandung des Hafens im späten Mittelalter besiegelte allerdings den Niedergang. Im 19. Jahrhundert, auf der Suche nach Steinkohle, stieß man beim Bohren in 580 Metern Tiefe auf eine Solequelle. Dank heilsamem Salzwasser und Moorschlamm konnte 1882 der Kurbetrieb eröffnen.

Die Kämpfe am Ende des Zweiten Weltkrieges rissen große Lücken in das historische Stadtbild. Heute überwiegen gesichtslose Neubauten, doch die herrliche Lage am Wasser, die Ruhe und Beschaulichkeit sprechen für einen Besuch. Außerdem bietet Kamień Pomorski ausgezeichnete Möglichkeiten zum Segeln, Surfen, Kanufahren und Angeln.

Der **Dom St. Maria und St. Johannes** besitzt mit dem Chor und dem Querschiff noch spätromanische Elemente und ist als ›Kathedrale Pommerns‹ bekannt. Er ist überwiegend mit roten Backsteinen erbaut, nur am Portal an der Nordwand finden sich Granitsteinquader. Die Ostseite schmücken filigrane Erker und zierli-

Das Wolliner Tor mit dem Heimatmuseum

Segelregatta auf dem Camminer Haff

che Türmchen. Das Langhaus wurde im 14. Jahrhundert im gotischen Stil vollendet. Aus dieser Epoche stammen auch einige Skulpturen und das Triptychon. Am Kruzifix aus dem 15. Jahrhundert befinden sich Knospen- und Kletterpflanzen, typisch für viele Kreuzigungsdarstellungen an der Ostsee. Zwölf schlanke Pfeiler stützen das Hauptgewölbe, sie symbolisieren die zwölf Apostel. Die Barockorgel wurde 1669 erbaut und ist für ihren herrlichen Klang weithin berühmt. Von Juni bis September findet hier alljährlich ein vielbeachtetes Internationales Orgel- und Kammermusikfestival statt. Außerhalb dieser Zeit können sich Besucher zumindest am Sonntag an mehreren zwanzigminütigen Orgelproben erfreuen.

In der ehemaligen Kanonikerwohnung aus dem 14. Jahrhundert auf dem Ostflügel des Kreuzganges befindet sich die **Domschatzkammer**. Während der Kriegswirren 1945 kam es zu großen Verlusten. So ist der über 1000-jährige Kordulaschrein mit seinen filigranen Verzierungen heute nur als Kopie zu betrachten, daneben Handschriftenfragmente, Fotos verlorener Schätze, eine Bernsteinmadonna aus dem Jahr 1518 und ein Messkelch von Papst Johannes Paul II., den er 1987 bei seiner Visite in Szczecin benutzte.

Der **Domlustgarten** an der Westseite ist nur vom Dom aus zugänglich und der einzige in Polen überhaupt. Mit seinem Kreuzgang, ursprünglich exotischen Pflanzen wie Rhododendron und Stechpalmen sowie einer alten knorrigen Eiche erscheint der Ort weltabgeschieden und romantisch. In der Mitte des kleinen Gartens steht ein Granittaufbecken aus dem 12. Jahrhundert.

Schräg gegenüber vom Dom steht das **Bischofsschloss**, auch als Buddenhaus bekannt. Am Nordgiebel blieb spätgotisches Maßwerk erhalten.

Der kleine **Marktplatz** mit dem spätgotischen **Rathaus** aus dem 15. Jahrhundert ist von drei Seiten fast vollständig von Neubauten umgeben. Das Rathaus wurde 1945 zerstört, aber detailgetreu wieder aufgebaut. Sehenswert ist vor allem der Südgiebel mit weißgekalktem Maßwerk. Um 12 Uhr erklingt vom Turm ein Trompetensolo.

Schräg gegenüber erblickt man ein hübsches **Fachwerkhaus**, heute das Hotel und Gasthaus ›Pod Muzami‹. Davor laden Sitzbänke einer Freilichtbühne zum Verweilen ein, der Blick reicht über den neuen Yachthafen und den Camminer

▲ Karte S. 40

Bodden bis zur Insel Wollin. Unten am Wasser bummeln die Leute an der Uferpromenade und zur kleinen **Seebrücke**. Links davor wird im Fischgasthaus ›Karczma Marina‹ sehr schmackhafter Bratfisch angeboten. Von den Freiluftplätzen rundherum genießt man beim Essen eine schöne Aussicht.

Von der **Stadtmauer** blieben nur Fragmente erhalten. Vom Markt die ul. Basztowa kommt man schnell zum **Wolliner Tor** (Brama Wolińska) aus dem 14. Jahrhundert, heute das Heimatmuseum mit einer Mineralienschau. Vom Turm bietet sich eine weite Rundsicht. Das kleine **Buttertor** auf der Boddenseite ist das zweite erhaltene von einst fünf Stadttoren.

Auf dem höchsten Hügel der Stadt, 24 Meter über Meereshöhe, und von alten Laubbäumen fast verdeckt, thront die **Bergkirche St. Nikolai**. Sie wurde im 14. Jahrhundert als Gotteshaus für fünf Dörfer der Umgebung erbaut, davon wird die fünfeckige Form des holzschindelgedeckten Turms abgeleitet.

Am östlichen Stadtrand, zwischen den Straßen ul. Szpitalna und ul. Wojska Polskiego, befindet sich das bescheidene **Kurviertel** mit dem Solebad. Während der sozialistischen Zeit - hat man hier von der Substanz gezehrt, doch wer sich trotz des abschreckenden Äußeren einige Behandlungen gönnt, bekommt sie hier zum sehr günstigen Preis.

Kamień Pomorski

Vorwahl: 091.

Stadtamt, Stary Rynek 1, Tel. 3821142, www.kamienpomorski.pl.

Kurbetrieb, ul. Szpitalna 13, www.uzdrowisko-kamienpomorski.pl.

Regionalbahn nach Wysoka Kamieńska, hier Umstieg Richtung Szczezin oder Świnoujście über Międzyzdroje. Tgl. zwei Direktverbindungen nach Szczecin.

Busse nach Szczecin. Minibusse nach Świnoujście über Wolin sowie über Dziwnówek, Dziwnów, Międzywodzie und Międzyzdroje.

Im Sommer Fahrgastschiffbetrieb zwischen Kamień Pomorski und Dziwnów.

Hotel Pod Muzami (€€), Tel. 3822240, www.podmuzami.pl. Schönes Fachwerkhaus aus dem 18. Jahrhundert. 30 Betten, Restaurant, am Markt.

Ferienhaussiedlung Ecorosarium (€€), Osiedle Chopina, ul. Henryka Wieniawskiego 28, Tel. 516343691, www.ecorosarium.pl. Neue 4-Personen-Holzhütten, nördlich von Kamień Pomorski.

Karczma Marina, an der Seebrücke, ul. Bałtycka 1, tgl. 9–22 Uhr.

Restaurant Pod Muzami, Am Markt; tgl. 8–21 Uhr.

Pistacchio, al. Mistrzów Żeglarstwa 2, www.pistacchio.pl. Modernes Café und Eisbar an der neuen Marina unterhalb vom Rathaus an der Uferpromenade.

Domschatzkammer im Dom, Mo–Sa 9–16, So 13–18 Uhr.

Museum der Steine im Wolliner Tor, ul. Słowackiego 1, www.sokolowski-muzea.pl. Ausstellung über Dinosaurier und Mineralien; tgl. 10–18 Uhr.

Internationales Orgel- und Kammermusikfestival (Juni–Sept. Fr im Dom).

Wiklina, pl. Katedralny 7 (am Dom). Korbwaren, Honig und leckere Karamellbonbons aus eigener Herstellung; Mai–Okt. Mo–Sa ab 9 Uhr.

Zwischen Kamień Pomorski und Kołobrzeg

Von Dziwnów (Berg Dievenow) am Westzipfel des pommerschen Festlandes bis nach Kołobrzeg (Kolberg) laden herrliche Sandstrände in aufstrebenden Badeorten ein, so Pobierowo (Poberow), Pustkowo (Pustchow), Trzęsacz (Hoff), Rewal (Rewahl), Niechorze (Horst Seebad), Pogorzelica (Fischerkaten) und Mrzeżyno (Deep). In Kołobrzeg entstand in den letzten Jahren ein schönes neues Stadtzentrum, das die historische Bebauung nachempfindet. Auch die Kleinstadt Białogard (Belgard) und das etwas weiter im Landesinneren liegende Połczyn Zdrój (Bad Polzin) sind einen Aufenthalt wert.

Pobierowo und Trzęsacz

Pobierowo (Poberow) zeigt sich als langgestreckter lebhafter Ferienort, der heute bereits in der Vorsaison aus allen Nähten platzt: Hier herrscht eine außergewöhnliche Atmosphäre, die insbesondere Jüngere in Scharen anzieht. Am **Hauptstrand** findet sich an schönen warmen Tagen kaum noch ein Platz fürs Badehandtuch. Geschäfte, Restaurants, Diskotheken, Eis- und Imbissbuden reihen sich beiderseits der ul. Grunwaldzka auf vier Kilometern aneinander. Das Zentrum wurde völlig neu bebaut. Ruhiger geht es im östlichen Teil zu, an der Straße nach Trzęsacz.

Das Örtchen Trzęsacz (Hoff), vier Kilometer westlich von Rewal und exakt auf dem 15. Meridian an der Steilküste gelegen, ist seit Jahrzehnten ein touristischer Magnet: Viele Besucher kommen wegen einer **Kirchenruine**. Um 1250 oder 1270 wurde die gotische Sankt Nikolauskirche erbaut. Sie befand sich zu dieser Zeit mitten im Dorf, die Küste war knapp zwei Kilometer von der Klippe entfernt. Obwohl das Gotteshaus auf einem Hügel stand, war die Ostsee aus den Kirchenfenstern nicht zu erblicken. Häufige Sturmfluten verschoben das Steilufer immer weiter landeinwärts, und 1758 war das Kliff nur noch 58 Meter entfernt. 1811 wurden die letzten Verstorbenen auf dem Friedhof bestattet. 1874 zeigten sich die ersten Risse, am 14. August des gleichen Jahres wurde der letzte Gottesdienst gefeiert. 1890 stürzte der Nordwestflügel in die Fluten, 1901 ein weiterer großes Teil. Der Ma-

Karte S. 40

Die neue Aussichtsplattform in Trzęsacz

ler Lyonel Feininger verewigte die Ruine zwischen 1928 und 1953 auf über 30 Aquarellen, Gemälden und Zeichnungen, denn für ihn » ... gab es nichts, was damit zu vergleichen wäre.«
Letztmals rutschte die Steilküste 1994 ab. Heute stehen nur noch einige Reste der südlichen Kirchenmauer. 2007 wurde der erhaltene Rest durch die Befestigung der Steilküste mit Steinpackungen und Matten aufwendig gesichert. Seit 2009 gelangen Strandwanderer aus Rewal über die neue Treppe der **Aussichtsplattform** zur Ruine. Die gewagte Konstruktion ist knapp 11 Meter hoch und 40 Meter lang und ermöglicht es, die Szenerie aus einer besonderen Perspektive zu betrachten.
Vor etwa 1000 Jahren gab es in der Gegend von Hoff nur einen weiten Sandstrand mit vielen großen Steinen. Einer Legende zufolge sonnte sich hier mit Vorliebe eine bildhübsche Nixe, Tochter Neptuns, mit bernsteinfarbenem Haar; die Schuppen ihres Fischschwanzes leuchteten in den sieben Farben des Regenbogens. Eines Tages verfing sie sich in einem Netz. Ein Fischer aus Zielenica nahm sie mit nach Hause. Hier wurde das Mädchen immer trauriger und starb schließlich. Der Fischer begrub sie auf dem Kirchfriedhof von Hoff. Neptun forderte seine Tochter jedoch zurück. Viele Jahre ließ er daher heftige Wellen an die Steilküste schlagen, bis er sein Kind wieder bei sich hatte.
Das **Kliff** von Trzęsacz ist europaweit der einzige Ort, wo bei günstigem Seewind ein starker und tragender Luftstrom entsteht. Deshalb ist der Ort besonders bei Gleitschirmfliegern beliebt, und bei Nordwind schweben sie zu Dutzenden am Himmel.

i Pobierowo und Trzęsacz

Vorwahl: 091.

Die Schmalspurbahn ›Nadmorska Kolej Wąskotorówka‹ von Gryfice über Tręsacz nach Pogorzelica verkehrt nur von Mai–Sept., Fahrplan: www.kolej.rewal.pl.

Tgl. mehrere Verbindungen nach Trzebiatów. Ab hier Bahn- und Busanschluss Richtung Kołobrzeg oder Szczecin. Die Minibusse zwischen Międzyzdroje und Rewal mit Stopps in Pobierowo und Trzęsacz verkehren nur in der Sommersaison.

Baltic Palace Hotel (€€–€€€) in Pobierowo, ul. Grunwaldzka 97, Tel. 3849300, www.baltic-palace.com. Der neue Stern von Pobierowo! Atemberaubendes Design-Hotel, DZ mit Aussicht auf Ostsee oder Kiefernwald. Im Restaurant wird das nichtfiltrierte Bier Miłosław ausgeschenkt.
Wy & Spa (€€–€€€), Grunwaldzka 32, Tel. 3847640, www.wyspa.com.pl. Wellnesszentrum in drei Villen nahe dem Strand im Kiefernwald in Pobierowo. 22 in warmen Farben gehaltene Ein- und Zweibettzimmer sowie Apartments, Restaurant mit thailändischer und europäischer Küche.
Villa Lanthana (€), ul. Kaliska 5, Tel. 3864817. www.lanthana.ta.pl. Einfache Zimmer und ein großes Apartment im Dachgeschoss, drei Minuten Fußweg zum Strand, fünf Minuten zum Ortszentrum.
Solaris (€€), ul. Lubelska 2, in Pobierowo, Tel. 3864815, www.solaris-pobierowo.pl. Neues Haus nahe Busbahnhof im Kiefernwald mit Kinderspielplatz.
Willa Alex (€), ul. Nadmorska 14, Tel. 3864249, www.willaalex.pl. Neubau in Pustkowo, ruhig am Küstenwald zwischen Pobierowo und Trzęsacz, mit Bar ›Alex‹ (tgl. 8–23 Uhr).
Damian (€€), ul. Karola Borka 8 u. 10, Tel. 3864274, www.hotel-damian.pl. Neues Erholungsheim inmitten eines Kiefernhains in Pobierowo, 300 Meter vom Strand. Stan-

dardzimmer mit Balkon, zwei Studios für 4 Personen, Anwendungen im Haus, Pool, Sauna und schöner Grillplatz.
Villa Hoff (€€–€€€), ul. Słoneczna 3, Tel. 3875500, www.villahoff.pl. Modernes Spa- und Wellnesshotel nahe der Kirchenruine, elegante Zimmer und Apartments mit Klimaanlage, Spezialpreise am Wochenende sowie in der Vor- und Nachsaison, preisgekrönte polnische und internationale Spezialitätenküche (tgl. 14–22 Uhr) mit vielen Fischgerichten, auch Kaffee, Kuchen und Desserts. Kleiner Swimmingpool im Haus, Kaminzimmer, kleines Kinderspielzimmer, Sauna, Schönheitssalon, bewachte Parkplätze am Haus oder in Tiefgarage. Ca. 200 Meter zum Strand.

Villa Puerto, ul.Grunwaldzka 56, www.villapuerto.pl. Restaurant und Café im Zentrum von Pobierowo. Leichte gesunde Küche. Strandkörbe auf der Sommerterrasse; tgl. 13–21 Uhr.
Melba, Trzęsacz, ul. Klifowa 3b, nahe dem Museum, mit Freiluftplätzen, sehr gute Eisauswahl.

Auf dem 15. Meridian, ul. Klifowa 3b, www.muzeumtrzesacz.pl. 9–19 Uhr (Juli/Aug.), 9–16 Uhr (März–Okt.), 50 Meter von der Kirchruine. **Multimediale Schau** über den sagenumwobenen Fischerort Hoff.

Rewal

Ein Abbild der Idylle wird auf Postkarten an die Daheimgebliebenen geschickt, die regionalen Touristenämter werben damit: Gelbe, blaue und grüne Fischkutter liegen auf feinsandigem **Sandstrand**, dazwischen aalen sich die Sonnenanbeter, und dahinter zeigt sich die Steilküste mit sattem Grün großer Laubbäume. Die Winterstürme nagen ständig daran, neue Steinschüttungen sollen den Abbruch jetzt aufhalten.

Rewal (Rewahl) ist ein lebhaft-sympthisches Seebad ohne große Hotelanlagen. Schon Schauspieler Theo Lingen zog es hierher in die Sommerfrische. Er besaß hier, wie viele andere Berliner Künstler auch, ein kleines Holzhaus. Früher war Rewal ein kleiner Fischerort, heute leben nur noch wenige Bewohner vom Fischfang: Im Sommer 2015 waren vier Kutter zu zählen. Doch für frische Räucherware ist gesorgt: In der Saison gibt es sie täglich am Zugang zum Hauptstrand.

Karte S. 40

Am Strand von Rewal

Rewal

Vorwahl: 091.

Touristinformation Rewal, ul. Szkolna 1 (an der Sporthalle), Tel. 3862629, www.rewal.pl.

Schmalspurbahn ›Nadmorska Kolej Wąskotorówka‹ von Gryfice über Niechorze, Rewal und Trzęsacz verkehrt nur vom 1. Mai bis zum 30. September, Fahrplan: www.kolej.rewal.pl.

Tgl. mehrere Verbindungen nach Trzebiatów. Ab hier Bahn- und Busanschluss Richtung Kołobrzeg oder Szczecin. Minibusse zwischen Międzyzdroje und Rewal verkehren nur in der Sommersaison.

Oasis (€€€), ul. Klifowa 34, Tel. 3862701, www.oasisresort.pl. Die beste Wahl im Ort, am östlichen ruhigen Ortsrand nahe der Steilküste auf dem Weg zum Leuchtturm Niechorze. Elf Apartments unterschiedlicher Größe im Landhausstil, fast alle mit Küchenzeile, Bäder mit Dusche. Für Familien ist das ›Gartennest‹ mit Blick ins Grüne, Spielplatz und kleinem Pool ideal. Abgeschlossener Parkplatz. Hübsches Restaurant, Gäste mit HP können sich das Drei-Gang-Menü zwischen 13 und 20 Uhr aufteilen. Umfangreiches Wellness- und Schönheitsangebot.

Nawigator SPA (€–€€), ul. Saperska 4, Tel. 3864462, www.nawigator-rewal.pl. Moderne Pension im Zentrum nahe der Steilküste, einige Zimmer mit Balkon und Meerblick. Sehr gutes Frühstücksangebot.

Plaża (€), ul. Saperska 12, Tel. 3862922, www.strandhotel.pl. Hotel mit 30 Zimmern am Hauptzugang zum Strand, schnörkellose Standardzimmer, einige mit Balkon, Fahrradverleih, Juli/Aug. nur wochenweise buchbar.

Oscar (€€–€€€), ul. Szczecińska 11, Tel. 601412476, www.oscar-apartamenty.pl. Luxusapartments für sechs Personen ab 95 Quadratmeter. Drei Schlafzimmer (eins für Kinder), gestaltet von der Künstlerin Anna Maria Rachel-König mit eigenem Stil, oberhalb vom Strand, Fahrrad- und Kinderbettverleih. Neu eröffnet unter gleicher Regie sind die schick-romantischen Apartments der Anlage ›Nautilus‹.

Stachowiak Family (€€), ul. Szczecińska 7, Tel. 3862690, www.stachowiakfamily.pl. Stilvolles Jugendstilgebäude (1890), sympathische Zimmer, Minipool, Fahrradverleih, ruhiges Wohnviertel. Drei-Tage-Paket für die Schönheit ab 150, Erholungswoche mit sechs Übernachtungen 250 Euro.

Sedina (€), ul. Mickiewicza 15, Tel. 3862448. Neue Familienpension in Bäderarchitektur, 22 Zimmer in Frühlingsfarben, zweietagiges Apartment mit Kamin, Außenpool, Sauna, 150 Meter zur Ostsee.

Willa Korfena, ul. Klifowa 13/15, Tel. 3862801, www.willakorfena.tp2.pl. Apartmenthaus am östlichen Rand von Rewal, an der ruhigen Straße zum Leuchtturm Niechorze und in Strandnähe.

Haus Pommeranze (€), Klifowa 11, Kontakt in Deutschland: Tel. 0345/692030, www.jangel-ostseeurlaub.de. Modernes Apartmenthaus in Strandnähe und am Weg zum Leuchtturm.

Pomerania (€–€€), Inhaber Piotr Kuciak, ul. Szczecińska 5, Tel. 604132130, www.bungalowy.pl. Luxuriöse Reihenhausanlage mit Apartments sowie funktionelle und komfortable Holzhütten (50 m²) für 4–6 Pers., nahe dem Strand.

Camping Klif in Rewal, ul. Kamieńska 2, Tel. 3862618, www.klif.pti.pl. Auf einer Wiese nahe der Steilküste mit einigen Laubbäumen, Mai–Sept.

California, ul. Saperska 3, Tel. 3862800, Restaurant und Café nahe der Steilküste mit Terrasse, Panoramablick zur Ostsee, besonders für die frühen Abendstunden zu empfehlen; tgl. ab 12 Uhr, ab 18 Uhr Live-Musik.

Przystań Rybacka, ul. Saperska 5, Fischgasthaus mit Selbstbedienung am Hauptzugang zum Strand in einem Pseudoblockhaus mit schönen Freiluftplätzen, Żywiec vom Fass, Bestellung an der Theke, nach Zubereitung Ausruf über Mikrofon.

Plaża, im gleichnamigen Hotel unter vier schattigen Linden und großen Pappeln, einige Plätze im Freien mit Meerblick, sehr gute Eisbecher, tgl. 10–23 Uhr.

Robinson Cruzoe, ul. Saperska 1, Südseefeeling mit Holzmasken und originellen Selbstbaumöbeln, abends Live-Musik.

Niechorze und Pogorzelica

Mit seiner spektakulären Lage an der Steilküste und mit 45 Metern Höhe gilt der achteckige **Leuchtturm** von Niechorze (Seebad Horst) als der schönste an der polnischen Ostseeküste. Am 1. Dezember 1866 ging er in Betrieb, sein Licht strahlt knapp 40 Kilometer auf die See hinaus. 200 Stufen führen die Wendeltreppe hinauf zur Aussichtsgalerie. An besonders klaren Tagen ist sogar die dänische Insel Bornholm zu erkennen. Aufgrund seiner einzigartigen Form und der an die mittelalterliche Architektur anknüpfenden Details wurde das maritime Bauwerk zum nationalen Kulturerbe erklärt. Die Ufermauer, 500 Meter lang, besteht aus Stein und Beton und schützt seit 1915 das 22 Meter hohe Kliff vor dem Leuchtturm. Damals haben seine Erbauer wohl nicht geahnt, dass der Wellenbrecher zum beliebten Objekt für Graffitikünstler werden würde und Spaziergänger von hier romantische Sonnenuntergänge erleben.

Der Leuchtturm in Niechorze

Pogorzelica hieß früher Fischerkaten und erstreckt sich im Kiefernwald zwischen Hauptstraße und Ostseestrand. Der Ferienort entwickelte sich in der Zwischenkriegszeit rasant: 1928 ließen sich 56 Neuzugezogene nieder, 1939 wohnten hier schon fast 600 Menschen. Vor dem Leuchtturm entstand ein Ferienkomplex mit modernen Apartments.

Zwischen Pogorzelica und Mrzeżyno erstreckt sich vor der Küste ein Militärgebiet. Die in vielen Karten eingezeichnete Straße endet etwa zwei Kilometer östlich von Pogorzelica an einer Schranke mit Wachposten. Radfahrern sei daher der weite Umweg über Trzebiatów empfohlen, Strandwanderer genießen zwischen beiden Orten auf rund zehn Kilometern fast völlige Einsamkeit.

▲ Karte S. 40

Leuchttürme - maritime Wegweiser

Die ersten Leuchttürme waren bis auf wenige Ausnahmen - wie der Koloss von Rhodos - nur als einfaches Seezeichen zum Zurechtfinden bei Nacht und schlechter Sicht gedacht. Heute stehen sie auch als ein Symbol für maritimes Flair, eine Prise Romantik sowie für Vorfreude oder Rückblick auf angenehme Urlaubstage an der Küste.

Dachte man noch vor einigen Jahren, Leuchttürme hätten bald keine Zukunft mehr, so ist heute sicher: Auch im Radar- und GPS-Zeitalter haben die historischen Leuchtfeuer ihre Aufgabe. Sollte es zum Blackout in der Stromversorgung oder Störungen der modernen Navigationsgeräte kommen, sind Leuchttürme die bewährten Einrichtungen, auf deren Zeichen sich die Kapitäne in jeden Fall verlassen können.

Zahllose Schiffe, oft mit kostbarer Fracht, sind in der Geschichte der Seefahrt nicht durch kriegerische Handlungen untergegangen, sondern wegen der Orientierungslosigkeit bei schwerer See nahe der Küsten. Daher sannen seefahrende Völker seit jeher nach Abhilfe, um Untiefen, Felsriffe oder andere Gefahren zu umschiffen. Im Ägypten der Pharaonen entfachten Priester an der Küste große Feuer, um Segelschiffen den richtigen Weg zu weisen. Erste stationäre Leuchtfeuer - Säulen mit Feuerschalen - säumten ab 400 v. Chr. den Hafenzugang von Piräus. 300 v. Chr. erbauten die Ägypter den ältesten bekannten wahrhaftigen Leuchtturm im heutigen Sinne. Er stand bis zu einem Erdbeben um 1600 fast 2000 (!) Jahre im Nildelta auf der Insel Pharos bei Alexandria. Mit einer Höhe von etwa 100 Metern zählt das Bauwerk zu den sieben Weltwundern der Antike, von dem aber alle Spuren verloren gingen. Ein ähnliches Schicksal erlitt der ›Koloss von Rhodos‹. Die mit 30 Metern Höhe größte Standfigur der Antike zierte den Hafeneingang von Rhodos-Stadt und trug ein Leuchtfeuer in einer Hand. 295 v. Chr. errichtet, waren dem Koloss nur 66 Jahre Standzeit vergönnt - auch dieses antike Weltwunder zerstörte ein Beben.

In Europa taten sich die Römer im Leuchtturmbau hervor. Im 1. Jahrhundert n. Chr. ließen sie Leuchtfeuer an der englischen und französischen Küste errichten, so bei Dover und Boulogne-sur-Mer. Berühmte Leuchttürme standen in jener Zeit auch in Ostia - der Hafen bei Rom - und Centumcellae (heute Civitavecchia). Mit dem Untergang des Römischen Reiches verlöschten auch viele Leuchttürme für Jahrhunderte.

Eines der ersten Leuchtfeuer im Ostseeraum ist für das 10. Jahrhundert bei Wollin nachgewiesen. Bis zum Ausgang des 17. Jahrhunderts gab es an Atlantik, Nord- und Ostsee erst sieben Leuchttürme. 200 Jahre später aber waren alle bedeutenden Seefahrtswege damit ›bestückt‹. Einen maßgeblichen Anteil daran hatte die britische Admiralität. Ihre Verantwortlichen sorgten dafür, dass für die Seemacht England auch in Übersee zahlreiche Leuchttürme errichtet wurden. Anfangs war Feuerholz die einzige Lichtquelle. Mit der Glasherstellung im Mittelalter verwendete man zunehmend Kerzen, erst aus Wachs, dann kamen auch Talg- und Stearinkerzen unter Glasglocken zum Einsatz. Um die Wende des 18. zum 19. Jahrhundert verdrängte Pflanzen-, dann Mineralöl die Kerzen, das wiederum von Kohlen- und Propangas abgelöst wurde. Strom als Lichtquelle kam ab Mitte des 19. Jahrhunderts auf. An der polnischen Ostseeküste können sich die Besucher heute an 15 klassischen Leuchttürmen erfreuen; alle sind im Sommer für Touristen zugänglich.

Fotos und Grunddaten der Leuchttürme in Polen: www.leuchtturm-web.de/polen.htm

Niechorze und Pogorzelica

Vorwahl: 091.

Schmalspurbahn (Mai–Sept.), www.kolej.rewal.pl.

Sandra (€–€€), in Pogorzelica, ul. Wojska Polskiego 3, Tel. 3878662, www.sandraspa.pl. Große luxuriöse Hotelanlage am Kiefernwald, 300 Meter zur Ostsee, mehrere Bäder, Saunalandschaft und Wellnesskomplex, auch behindertengerechte Zimmer und Ferienhütten.

Baltic Cliff Apartments (€€–€€€), Klifowa 46, Tel. 532289940, www.balticcliff.pl. Neue Apartmentanlage am Leuchtturm.

12 Stopni Beauforta (Windstärke 12), Niechorze, ul. Nadmorska 16. Zehn Minuten Fußweg vom Leuchtturm an der Steilküste oder am Strand entlang. Herrlicher Meerblick, auch Terrasse. Fisch und polnische Küche.

Leuchtturm in Niechorze, Juli/Aug. 10–20 Uhr, 15. Jan–Juni u. Sept.–15. Nov. 10–18, sonst 10–16 Uhr.

Fischereimuseum (Muzeum Rybołówstwa Morskiego) in Niechorze, Al. Bursztynowa 28, Schau der historischen Strandmode, auch Wechselausstellungen, ein stilvoller Räucherfischimbiss gehört zum Haus; tgl. 10–20 Uhr.

Die Welt der Wikinger und Slawen (Wystawa Świat Słowian i Wikingów), Niechorze, ul. Ludna 2, Kopie eines Kultplatzes, Waffen, Kleidung, Schmuck; Infos auch auf Deutsch; Juni–Aug. 10–20 Uhr.

Mrzeżyno und Dźwirzyno

Dźwirzyno (Kolberger Deep) und Mrzeżyno (Deep) sind bei naturverbundenen Gästen sehr beliebt. Zwischen Ostsee und der Straße (ul. Wyzwolenia) nach Kolberg windet sich ein Naturlehrpfad durch den Dünenwald aus verkrüppelten Kiefern. Die Infotafeln sind auch auf Deutsch, der Weg ist mit einer Sonne markiert. Der Einstieg liegt östlich vom Hotel ›Havet‹, nach einem Kilometer erreicht man das Hotel ›Senator‹. Vom Hauptpfad führen mehrere Abzweige zum Strand. Der kilometerlange Strand ist fast vollkommen naturbelassen und feinsandig.

Das moderne Hotel ›Havet‹ in Dźwirzyno

Karte S. 40

Dźwirzyno

Vorwahl: 094.

Ein Expressbus verkehrt tgl. außer feiertags 6–21 Uhr von Kołobrzeg nach Trzebiatów mit Halt in Dźwirzyno nahe dem Hotel ›Havet‹. Abfahrt vom Bahnhofsvorplatz in Kołobrzeg stündlich außer 10 und 20 Uhr. Fahrten um 6, 8, 11, 13, 15, 17 und 19 Uhr nur Mo–Fr. Nach Kołobrzeg 9.35 Uhr (Mo–Fr), 11.35 (tgl.) und 12.35 (Mo–Fr).

Senator (€€€) Dźwirzyno, ul. Wyzwolenia 35, Tel. 3549500, www.hotelsenator.pl. Spa- und Wellnesshotel in drei Rundbauten im Dünenwald, 200 m zum Strand. Straßenlärm in fast allen Zimmern – bei den hohen Preisen nur auf der Nordseite und dem hinterem Gebäude bestehen! Haustiere nicht erlaubt. Zwei Restaurants, Café, Aquapark auch für Auswärtige (ca. 15 Euro/Pers.).
Havet (€€€), Dźwirzyno, ul. Wyzwolenia 29, Tel. 7113650, www.havethotel.pl. Resort und Spa der Fünf-Sterne-Kategorie am Dünenwald. Alle Zimmer mit Balkon und Klimaanlage, 5. bis 6. Etage mit Meerblick, wenige mit eigenem Jacuzzi auf dem Balkon. Am Hotel große offene Düne, der Pfad zum Strand (200 m) führt hindurch. Die schadhafte Betonstraße sorgt auch nachts für Dauerlärm (Gehörschutz mitnehmen). Abgeschirmte Luxuszimmer auf der Nordseite. Gutes Frühstück, große Badelandschaft mit vier Saunen und kleiner Salzhöhle. Viele Besucher halten das Haus allerdings für eine Servicewüste.
Kurhaus Bryza (€€–€€€), Piastowska 6, Tel. 3540358, www.osrodekbryza.pl. Modernisiertes Kurhaus im Zentrum von Dźwirzyno, etwa 300 m zum Strand. Gelobte herzliche und familiäre Atmosphäre, viele deutsche Stammgäste. Zwei kleine Hallenbäder, Sauna, Garten mit Liegestühlen.
Neue Blockhaussiedlungen, ganzjährig zu mieten, in Dźwirzyno:
Vier Jahreszeiten, 300 m zur Ostsee, www.vierjahreszeiten.pl.
Unter den Birken, Aleja Południowa 2, www.podbrzozami.ta.pl. Für jeweils max. 6 Pers., ruhig im Dünenwald. Pizzeria und Imbiss in der Nähe, 200 m zum Strand.
Naturana, im Dünenwald nahe dem Strand, www.naturana.ta.pl.

Biała Mewa, ul. Wyzwolenia 25 in Dźwirzyno, Tel. 3585402; Ferienhütten.

Trzebiatów

Von drei Seiten umarmt die Rega das Städtchen Trzebiatów (Treptow an der Rega). Vom 9. bis zum 12. Jahrhundert stand hier eine wendische Burg. Die kleine Siedlung erhielt im 13. Jahrhundert Stadtrechte, mit dem Beitritt zur Hanse 1365 begann ihre wirtschaftliche Blütezeit.
Johannes Bugenhagen (1485–1558) war Rektor der Treptower Stadtschule. Er ist auch als Doctor Pomeranus berühmt. Bugenhagen bekannte sich 1521 zu den Ideen Luthers und wirkte ab 1523 als Pfarrer an der Stadtkirche Wittenberg, Lehrer an der Universität Wittenberg und Generalsuperintendent des sächsischen Kurkreises. Er verfasste moderne Kirchenordnungen für Pommern, Braunschweig, Braunschweig-Wolfenbüttel, Hamburg, Hildesheim, Holstein, Lübeck, Dänemark und Norwegen. 1534 entschied der Treptower Landtag auf Anregung der pommerschen Herzöge Barnim IX. und Philipp I. und richtungsweisender Zuarbeit von Bugenhagen die Einführung der lutherischen Lehre in ganz Pommern.
Der Stadtrundgang wird den Touristen leicht gemacht: Eine rote Linie auf dem

Bürgersteig führt zu allen Sehenswürdigkeiten. Das **Rathaus** wurde mehrmals umgebaut und zeigt sich heute im Barockgewand. Um den Markt scharen sich hübsche **Bürgerhäuser**. An der Hausfassade ul. Zajazdowa 26 sieht man ein großes Sgraffito: Es zeigt die Elefantendame Hansken mit ihrem Dompteur. Das Tier konnte fechten, trommeln und sich höchst elegant verneigen und zog mit einem Wanderzirkus von 1634 bis zu ihrem Tod 1655 durch Europa. Das hiesige Kunstwerk entstand unmittelbar nach dem Auftritt in Treptow an der Rega im Jahre 1653. Sogar Rembrandt war von dem Tier so fasziniert, dass er seinen Anmut in Radierungen festhielt. Hansken zu Gedenken entstand in Trzebiatów ein **Elefantenwanderweg**. Die zwei Kilometer lange Route führt zu neun Stationen und erschließt die wichtigsten Sehenswürdigkeiten der Stadt wie die historische Brücke über die Rega, den Grützturm oder die gotische Heiligen-Geist-Kapelle. Die Route endet an dem Sgrafitto, das 1914 bei Bauarbeiten an dem Haus wieder entdeckt wurde. An den Stationen wurden Tafeln in polnischer und deutscher Sprache angebracht, die über die Geschichte des jeweiligen Ortes informieren.

Die gotische **Marienkirche** stammt aus dem 14. und 15. Jahrhundert und besitzt einen 89 Meter hohen Turm mit Aussichtsgalerie. Er ist 1864 durch den bekannten preußischen Baumeister Friedrich August Stüler umgebaut worden. Beim Aufstieg bekommt man auch die Glocken Maria (1515) und Gabriel (1390) zu Gesicht. Sie sind wegen ihrer Größe und ihrem Klang berühmt. Maria wiegt sieben Tonnen und ist damit die schwerste Glocke Pommerns. In der **Heiligen-Geist-Kapelle**, einem spätgotischem Ziegelbau, beschloss der Pommersche Landtag 1534 die Einführung der Reformation.

Am Regaufer blieben Reste der Stadtmauer aus dem 13. Jahrhundert erhalten. Der **Grützturm** (Brama Baszta) erhielt seinen Namen, weil eine Frau hier einst den heißen Grützbrei (Grutze) für die Stadtwache auf der Turmmauer kühlen wollte: Er fiel hinunter und ergoss sich auf einen bislang unbemerkt gebliebenen feindlichen Kundschafter. Durch die Schreie war die Stadtwache gewarnt und konnte einen bevorstehenden Angriff vereiteln. Die Bastei wurde von Karl Friedrich Schinkel und Lyonel Feininger gezeichnet. Feininger verbrachte seit 1924 seinen Sommerurlaub häufig in der Nähe von Treptow an der Ostsee.

Der Marktplatz, im Hintergrund die Marienkirche

▲ Karte S. 40

Trzebiatów

Vorwahl: 091.
Touristinformation, Rynek 1 (im Rathaus), Tel. 3872984, www.trzebiatow.pl.

Trzebiatów liegt an der Regionalbahnstrecke Kołobrzeg-Szczecin mit tgl. mehreren Verbindungen. Mehrmals tgl. Expressbusverbindung nach Kołobrzeg.

Dworek nad Regą (€€), Nowielice 1, Tel. 387 06 87, www.dworek-rega.pl. Landhaus an der Rega, 2 km von Trzebiatów, ruhig im Grünen, sehr gute polnische Küche (u.a. Fisch: Forelle, Lachs und Plötze). Kleine Zimmer, aber größere Apartments im Nebenhaus. Schwimmbad, Sauna, Salzgrotte, Massagen.
Pod Wozem (€), ul. II Pułku Ułanów 8, Tel. 3872188, www.podwozem.pl. Pension hinter historischer Fassade im Stadtpark.
Resort Oasis (€€€), Rewal-Śliwin, ul. Klifowa 34, Tel. 3862701, http://oasisresort.pl. Hotel in einem ehemaligen Gutshaus mit südländischem Flair, Restaurant.

Restaurant Ratuszowa, Rynek 26, Tel. 3872579.

Marienkirchturm tgl. 10–18 Uhr.
Im Schloss nahe der Młynówka sind **Regionalmuseum** und **Galeria Feininger** untergebracht, ul. Wojska Polskiego 67, http://kultura.trzebiatow.pl.
In Gryfice, ul. Błonie, befindet sich das **Pommersche Schmalspurbahnmuseum**.

Kołobrzeg

Kołobrzeg (Kolberg) mit etwa 50 000 Einwohnern ist das größte und bekannteste Kurbad an der polnischen Ostsee und zählt heute zu den meistbesuchten Kurorten Europas. Die Stadt befindet sich an der Mündung der Parsęta (Persante) und besitzt einen Passagier-, Handels-, Fischerei- und Marinehafen.
Das Ostseebad ist für den feinkörnigen weißen Strand und die heilkräftige jodhaltige Seeluft bekannt. Seitdem im Jahr 2011 neue Buhnen gesetzt wurden und Sand aufgespült wurde, rühmt sich Kołobrzeg wieder seines früheren breiten Strandes: Er zieht sich etwa über vier Kilometer, vom Leuchtturm bis zum Hotelkomplex ›Arka‹ im Osten.
Sonnenanbeter können sich freuen, denn jährlich sind hier 1638 Sonnenstunden garantiert, auch in der Vor- und Nachsaison darf man mit acht Stunden täglich rechnen. Basis für den Kurbetrieb sind die Solequellen mit einem Salzgehalt zwischen zwei und sechs Prozent sowie die lokalen Moore. In den zahlreichen Sanatorien und Kurhotels werden Atemwegskrankheiten, Rheumatismus, Schilddrüsenstörungen und Allergien behandelt. Vielen Deutschen gefällt es hier so gut, dass sie einen zweiten Wohnsitz nehmen. Angeblich leben in Kołobrzeg heute wieder 7000 Deutsche. In der Stadt werden vielerorts moderne Apartments zum Kauf angeboten, ein Quadratmeter kostet etwa 1000 Euro.
Bereits im 9. Jahrhundert wurde hier Salz gewonnen. Als 972 der polnische Staatsgründer Mieszko I. den Ort in sein Reich eingliederte, war die Stadt durch das Salzsieden und den Handel mit dem ›weißem Gold‹ reich und mächtig geworden. Im Jahr 1000 beschlossen Kaiser Otto III. und der polnische König Bolesław Chrobry in Gnesen die Gründung des gleichnamigen Erzbistums mit drei unterstellten Bistümern in Kolberg, Krakau und Breslau. Die Geschichte der Christianisierung war in Kolberg spektakulär: Als der hiesige Bischof Reinbern vom König nach Kiew gesandt wurde, fiel die Stadt schlagartig wieder ins Heidentum zurück.

So wie die Missionare die Heidentempel niedergebrannt und die Menschen mit Feuer und Schwert bekehrt hatten, so rissen nun die Heiden den Dom nieder. Archäologische Forschungen, die die Reste dieses legendären Gotteshaus ans Tageslicht bringen sollten, blieben bislang erfolglos. Es wird daher vermutet, dass im Norden der heutigen Vorstadt nur eine Holzkirche stand.

Erst dem heiligen Otto von Bamberg gelang es 1124/25, den Widerspenstigen das Heidentum wieder auszutreiben. Der Beitritt zur Hanse im Jahr 1248 und die Verleihung der Stadtrechte im Jahr 1255 förderten den Salzhandel. Erst ab dem 16. Jahrhundert bekam Kolberg mit Lüneburg und dem Salzbergwerk Wieliczka bei Krakau zwei mächtige Konkurrenten. Doch dauerte es noch zwei Jahrhunderte, bis Kolberg seine Bedeutung als Salzmetropole verlor. Die Produktionskosten betrugen 1858 für eine Tonne 15 Taler, die gleiche Ware aus England kostete allerdings nur knapp 9 Taler. Die preußische Regierung wollte die einheimische Salzsiederei nicht weiter durch Einfuhrzölle unterstützen und verbot kurzerhand die weitere Produktion.

Doch die Kolberger waren findig. Kurz nach diesem Erlass erinnerten sie sich an den ehemaligen Sträfling Johann Heinrich von Held. Im Jahr 1802 musste er in der Kolberger Festung eine 18-monatige Arreststrafe antreten. Alle dadurch ausgelösten Wehwehchen konnte er danach mit Seebädern auskurieren. Der Aufenthalt an frischer reiner Luft und das Schwimmen im leicht salzigen Wasser der Ostsee taten dem Mann so gut, dass er begeistert ein Büchlein über die therapeutischen Vorzüge schrieb. Und ebenso geschäftstüchtig, wie sie sich beim Salzhandel erwiesen hatten, zeigten sich die Stadtväter nun kreativ bei der Förderung des Kurbetriebs. Bereits 1803

An der Strandpromenade in Kołobrzeg

öffneten sich die Türen einer Badeanstalt mit Sole- und Moorbehandlungen. 1911 bestätigten Fachleute während eines internationalen Ärztekongresses das sehr gesunde Mikroklima; auch heute ist die saubere Luft reich an Jod- und Mineralsalzen. In den 1930er Jahren war Kolberg mit fast einer halben Million Übernachtungen pro Jahr das wichtigste Seebad Deutschlands.

Zum Ende des Zweiten Weltkrieges wurde die Stadt von den Nazis zur Festung erklärt und gleichzeitig symbolisch überhöht: Propagandaminister Goebbels ließ mit gigantischem Aufwand den Film ›Kolberg‹ drehen, um den Durchhaltewillen des deutschen Volkes zu mobilisieren. Regisseur Veit Harlan verfilmte eine he-

▲ Karte: vordere Umschlagklappe

roische Abwehrschlacht der Kolberger Bürger gegen die Truppen Napoleons. Der Film kam am 30. Januar 1945 in die Kinos; am 18. März erreichten polnische Truppen zusammen mit sowjetischen Einheiten erstmals die deutsche Ostseeküste. In der Nähe des Leuchtturms, an der Fußgängerpromenade Richtung Seebrücke, erinnert ein schlichtes Denkmal an die symbolische Vermählung Polens mit der Ostsee.

Der Ort wurde in den Kämpfen 1945 zu 90 Prozent zerstört, daher bestimmen zahlreiche Neubauten und noch immer auch Lücken das Bild im Zentrum. Nach dem Krieg entstanden aber auch einige schöne Backsteinbauten zum zweiten Mal.

■ Mariendom

Der gotische **Mariendom** aus dem 14. Jahrhundert dominiert das Stadtzentrum. Der wuchtige Kirchenbau zeigt sich als eine fünfschiffige Basilika, das Mittelschiff wird von schiefen Pfeilern getragen, denn im 15. Jahrhundert trat eine Bodensenkung von 60 Zentimetern ein. Die Pfeiler wurden verstärkt, stehen seitdem aber aus dem Lot. Das bronzene Taufbecken (1355) wird von vier liegenden kleinen Löwen gehalten und zeigt außen 26 Motive aus dem Leben Jesus Christus. Im rechten Kirchenschiff steht der vier Meter hohe und siebenarmige Kerzenleuchter von 1327, einer von noch fünf erhaltenen in Europa. Die sieben Arme symbolisieren die sieben heiligen Sakramente. Im Hauptschiff hängt die ›Schlieffenkrone‹, ein in reicher Tabernakelarchitektur geschnitzter Holzkronleuchter aus dem Jahr 1523. Im Leuchter stehen Maria mit Jesuskind auf der einen Seite und der heilige Johannes auf der anderen Seite, umringt von den zwölf Aposteln. Darüber wölbt sich ein Baldachin. Altarbilder aus dem 16. Jahrhundert zeigen ›Das letzte Abendmahl‹ und ›Die Verbeugung der drei Könige‹. Auch das Chorgestühl für die Ratsherren blieb erhalten. Im Presbyterium sind Reste der gotischen Fresken, auf der Nordseite kunstvolle Gewölbedecken zu sehen. Vor dem Brand im März 1945 konnte Pastor Paul Hinz einige wenige Kunstwerke auslagern, einmauern lassen oder verstecken. Im Jahr 1986 wurde die Kirche zur Basilika erhoben. Heute wirkt die Innenausstattung für polnische Verhältnisse sehr karg. Fotos zeigen den zerstörten Dom nach Kriegsende und dessen Wiederaufbau.

■ Weitere Sehenswürdigkeiten

Schräg gegenüber vom Dom steht das **Braunschweiger Haus**, ein typisches Beispiel für eine vornehme bürgerliche Residenz im Empirestil. Ein reicher Kaufmann ließ das Haus 1820 als Heiratsgut für seine Tochter Alma errichten. Sie wurde mit Heinrich Braunschweig vermählt, daher der Name. Im Platonsaal fanden früher Bankette statt, hier trafen sich die Seeleute. Herrliche Verzierungen künden noch heute vom alten Glanz. Nach 1945 war das Haus im Besitz der Staatssicherheit, seit 1977 sind hier ein Waffenmuseum und eine Ausstellung zur Stadtgeschichte zu besichtigens.

In der Nähe des Doms steht das neugotische **Rathaus**, das mit seinen Zinnen an eine Burg erinnert. Der Kölner Dombaumeister Ernst-Friedrich Zwirner hat es nach einem Entwurf von Karl Friedrich Schinkel in den Jahren von 1829 bis 1831 erbaut. Das Alte Rathaus wurde während der französischen Belagerung 1807 zerstört, nur die Kellergewölbe aus dem 15. Jahrhundert blieben erhalten. Im Erdgeschoss rechts befindet sich eine Galerie Moderner Kunst. Der Rathausvorplatz wurde mit einer Kugel, die den Erdball symbolisiert, neu gestaltet.

In der Altstadt, im Hintergrund der Mariendom

Die kleine Welt liegt im Wasser, wiegt 1,5 Tonnen und kann dennoch mit nur einer Hand bewegt werden.

Neue dreistöckige Wohn- und Geschäftshäuser, mit Balkons, Erkern und Loggien abwechslungsreich gegliedert und zum Teil der alten Fachwerkbauweise nachempfunden, umringen Dom und Rathaus, dahinter allerdings ragen riesige monotone Wohnblöcke auf. Noch ist das neue Kołobrzeg kein städtebauliches Juwel, die Kolberger haben noch eine Menge vor. Für die Stadtsanierung gibt es von der Warschauer Regierung keinerlei Hilfsgelder – die Kommune muss alles selbst finanzieren, und dafür sind die Ergebnisse sehr beachtlich.

Der **Luntenturm** (Baszta Prochowa) nördlich vom Rathaus war Teil der Stadtmauer, die um die Wende vom 14. zum 15. Jahrhundert eine Länge von 1540 Meter hatte.

In der Nähe des Parsętaufers, vom Marktplatz die ul. Gierczak entlang, kommt man schnell zum gotischen **Miethaus** aus dem 15. Jahrhundert. Nebenan ist im Freien eine umfangreiche Waffensammlung aus dem Zweiten Weltkrieg zu sehen.

Zwei Jahrhunderte lang war Kolberg eine Festungsstadt. Anfangs bauten die Schweden, später die Preußen. Der größere Teil wurde 1872 geschliffen, einige Reste aber blieben erhalten, so an der Mündung der Parsęta das Fort Münde (Ujście). Der **Leuchtturm** davor wurde von abziehenden deutschen Pionieren im März 1945 gesprengt. Einige Monate später wurde er von sowjetischen Soldaten, diesmal auf dem Plateau des ehemaligen Forts, neu erbaut. Der dicke Turm ist 26 Meter hoch und kann bestiegen werden. Am Hafenkai ankern auch die Ausflugsschiffe, die häufig zu Rundfahrten auf der Ostsee ablegen. Von Mai bis Oktober düst der Katamaran ›M/S Jantar‹ auf die dänische Insel Bornholm (Nexø).

▲ Karte: vordere Umschlagklappe

Zwischen Leuchtturm und Hafen wuchs in den letzten Jahren ein neues **Hafenviertel** mit Restaurants, Kneipen, Fischimbiss, Cafés und kleinen Geschäften. Unterm Leuchtturm bummeln die Besucher an den Souvenirständen vorüber. Besonders schönen Bernsteinschmuck haben die zwei Filialen der Galerie ›Otoka Amber Collection‹ im Angebot, im Hafenviertel in der ul. Cicha 7 und ul. Westerplatte 19 zu finden.

Oft mischt sich an der **Strandpromenade** das Rauschen der Brandung mit den Akkordeonklängen der Freiluftmusiker – diese Kombination zaubert eine heitere und beschwingte Atmosphäre. Auf halbem Wege entlang der Strandpromenade zur Mole steht das Denkmal, das an die ›Vermählung Polens mit dem Meer‹ erinnert. Die **Mole** ist 230 Meter lang. Der Strand zieht sich nach Osten über die Dörfer Ustronie Morskie (Henkenhagen) und Sarbinowo (Sorenbohm) bis nach Mielno (Ostseebad Großmöllen) am Jezioro Jamno (Jamunder See). Das Sanatorium ›Bałtyk‹ steht dort, wo sich einst eines der schönsten Ostseehotels befand: Das Strandschloss, 1899 eröffnet, galt als ebenbürtig mit den exquisitesten Häusern in Biarritz oder Monaco. 1945 sank es in Trümmer.

Im westlichen Bereich des Kurviertels, an der Ecke ul. Mickiewicza/ul. Towarowa, findet man das **jüdische Lapidarium.** Hier wird der zahlreichen Kolberger Juden gedacht, die bis 1942 in der Stadt lebten. Ein gepflasterter jüdischer Stern und Grabtafeln erinnern an den Standort des einstigen jüdischen Friedhofs.

Am nordöstlichen Stadtrand versteckt sich im Kurpark ein großes modernes **Amphitheater**. 1807 entstand hier als Schutz vor den napoleonischen Truppen die **Wolfsschanze**. Während der Belagerungszeit gab es blutige Gemetzel. Der Befestigungswall wechselte mehrmals den Besitzer, aber die Franzosen gelangten nicht in die Stadt. Aus dieser Tatsache heraus entstand der Mythos von der nie eroberten Festung Kolberg. Wer ein Stück in den Wald tritt, kann auf der Nordseite noch immer die einstigen breiten Wassergräben und Teile des Erdwalls sehen.

Auf der Ostseedüne, etwa 300 Meter nördlich, stehen die Überbleibsel der **Waldenfels-Schanze**, heute das Café ›Kamienny Szaniec‹. Diese Schanze entstand während der letzten Modernisierung der Kolberger Festung in den Jahren 1832 bis 1836. Zusammen mit der benachbarten Wolfsschanze (heute Amphitheater) bildete sie die vorgelagerte östliche Verteidigungslinie, die den Hafen schützte, da sich nähernde Schiffe von hier aus beschossen werden konnten. Der Name erinnert an den deutschen Hauptmann Karl W. E. Waldenfels, der 1807, während der französischen Belagerung, in der Wolfsschanze ums Leben kam. Die Schanze bestand aus einem Erdwall mit Kasematten und einem Wallgraben. 1887 verlor die Kolberger Festung ihre Funktion, seither nutzen gastronomische Einrichtungen den markanten Standort.

Die neue **Marina** mit einem modernen Jachthafen wuchs dort, wo einst viele Salzsiedereien arbeiteten. Die Salzredoute, ein Befestigungsbauwerk, kündet noch von der alten Zeit. Auf der Salzinsel (ul. Solna), gegenüber der Einfahrt zum Jachthafen, sprudelt oberhalb des befestigten Persanteufers eine starke **Salzquelle**.

Am westlichen Stadtrand, in der ul. Arciszewskiego, befand sich einst der Kolberger Friedhof. Hier erinnert seit dem Jahr 2000 das **deutsche Lapidarium** an die einstigen Bewohner dieser Stadt: Auf einer zweisprachigen Gedenktafel steht geschrieben: »Zum Gedenken an

Das Rathaus, ein Werk Schinkels

▲ Karte: vordere Umschlagklappe

die deutschen Einwohner von Kolberg, die auf den Friedhöfen unserer Stadt beerdigt wurden«.

Die Umgebung

In **Budzistowo** (Altstadt), etwa 1,5 Kilometer südlich von Kolberg, steht die **St. Johanneskirche** von 1222. An dieser Stelle vermutet man die Wiege der heute weiter nördlich gelegenen Stadt Kolberg. Die Kirche wurde wohl von Mirosława gestiftet, der Frau des Pommernherzogs Bogusław II., und zählt zu den ältesten Baudenkmälern in Pommern. In den 1960er Jahren befand sich in der Kirche das Polnische Waffenmuseum. Die Proteste und Bittschriften Gläubiger an die Regierung hatten in den 1970er Jahren Erfolg: Die heilige Stätte wurde an die Kolberger Pfarrgemeinde übergeben.

Am Ende der östlichen Promenade führt der Ostseeradweg R 10 besonders lieblich zwischen Ostseestrand auf der einen und einem ausgedehnten **Salzmoor** zur anderen Seite entlang, anschließend vorbei an einem stillgelegten Militärflugplatz etwa sieben Kilometer weiter nach Ustronie Morskie. Das Salzmoor ist als Natur- und Vogelschutzgebiet ›Eko-Park‹ bekannt. Hier nisten unter anderem viele Kraniche und Schwäne, im Herbst ist das Feuchtgebiet ein nächtlicher Rastplatz für tausende Zugvögel.

Vom Parkplatz am Bahnhof Bagicz, an der Hauptstraße nach Koszalin, führt ein attraktiver, blau markierter Wanderweg zu den Rieseneichen ›Bołesław‹ und ›Wacisław‹, 800 und 650 Jahre alt. Einkehren kann man unterwegs im Hotel ›Erania‹. Von hier läuft man wieder in den Wald zurück und biegt am ersten breiten Fahrweg nach rechts Richtung Ostsee ab, geht bis zur Bahnstrecke und folgt dieser bis zum Startpunkt Bagicz (ca. 13 km, 3 Std.).

Kołobrzeg und Umgebung

Vorwahl: 094.

Touristinformation, ul. Dworcowa 1, Tel. 3527939, www.kolobrzeg.turysty ka.pl, http://visitkolobrzeg.com. Der Infopavillon befindet sich direkt vor dem Bahnhofsgebäude.

Touristeninformation, pl. Ratuszowy 2/1, Tel. 3547240, Mo–Fr 8–16 Uhr.

Touristinformation, ul. Morska 2 (am Hafen), Tel. 3520855.

Travel netto, ul. Dubois 23, Tel. 355490, www.travelnetto.de, Mo–Fr 10–17, Sa/So 10–16 Uhr. Personal spricht Deutsch; Hotelvermittlung, u.a. gutes Sortiment an Stadtplänen.

Direktverbindungen u.a. nach Szczecin, Poznań und Kraków, nach Międzyzdroje mit Umsteigen in Goleniów.

Häufig mit Linien- oder Minibus nach Koszalin. Minibusse nach Ustronie Morskie.

Fährverkehr nach Bornholm, Morska 2, www.kzp.kolobrzeg.pl, Mai–Okt., aber nicht tgl. Eine Strecke 31 Euro, Hin- und Rückfahrt 43 Euro. Kołobrzeg ab 7 Uhr, Ankunft Nexø 11.30 Uhr, Abfahrt Nexø 17.30 Uhr, Ankunft Kołobrzeg 22 Uhr.

Leda Spa (€€€), ul. Kasprowicza 23, Tel. 3513900, www.hotelleda.pl. Mehrmals als das beste Wellnesshotel in Polen ausgezeichnet; Algen-, Aroma-, Moor- und Solebäder angeboten. Am Rand des Stadtparks, etwa 300 m vom Ostseestrand. Alle Zimmer klimatisiert, reichhaltiges Frühstücks- und Abendbuffet. Kostenlose Parkplätze. Auch das Hotelrestaurant ›La Maison‹ genießt einen ausgezeichneten Ruf.

Aquarius Spa (€€€), ul. Kasprowicza 24, Tel. 3536500, www.aquariusspa.pl. Fünf-Sterne-Haus nordöstlich der Altstadt am Strandpark, 300 m zum Strand. Klimatisierte Zimmer mit Balkon. Große Badewelt mit umfangreicher Wellnessabteilung, Schwimmbecken mit 25-Meter-Bahnen, Sauna, Eisgrotte, russische Banja. 2013 von Holidaycheck für höchste Kundenzufriedenheit bei Familien ausgezeichnet. Ausgezeichnetes Hotelrestaurant ›Horizont‹.

Marine (€€€), ul. Sułkowskiego 9, Tel. 3534300, www.marinehotel.pl. Design-Hotel mit 231 luxuriösen Zimmern, ca. 40 Minuten Fußweg östlich vom Zentrum, direkt am feinsandigen Strand. Marini Café mit herrlichem Ausblick aufs Meer. Umfangreiches Wellnessangebot.

Ikar Plaza (€€€), ul. Wschodnia 35, Tel. 7136022, www.ikar-plaza.pl. Ein Zentrum für Gesundheit und Erholung östlich vom Stadtzentrum in der zweiten Reihe am Strand. Große Badelandschaft innen und außen. Kostenloser Busshuttle in die Altstadt.

Olymp III (€€€), ul. Kasprowicza 15, Tel. 3511850, www.olymp3.pl. Nach dem Erfolg der ersten beiden Häuser eröffneten die Olymp-Investoren das dritte Kurhotel der Vier-Sterne-Kategorie im Kolberger Kurviertel – derzeit hier das modernste Haus. Wellnessabteilung, Hallenbad und Sauna. 250 Meter bis zum Strand. Cafébar in der 6. Etage sowie große Dachterrasse.

Sand (€€€), Zdrojowa 3, Tel. 3534100, www.sandhotel.pl. Designer-Hotel zwischen Bahnhof und Kurpark, ca. 300 m zum Strand. Geräumige Zimmer und Apartments, z.T. mit Balkon. Reichhaltiges Frühstück mit leckeren Pastetchen und Obst. Spa mit kleinem Salzwasserpool und Sauna, Fitnessraum. Ein Haus am falschen Standort: Störender Verkehrslärm auch nachts in allen Zimmern auf der Südseite, keine Klimaanlage.

Arka Medical Spa (€€), ul. Sułkowskiego 11, Tel. 3528151, www.arka-mega.pl. Moderner Hotelkomplex etwa 100 Meter vom Strand, 40 Minuten Fußweg in die Altstadt. Meerwasserhallenbad, Saunalandschaft, Kältekammer sowie Salzgrotte. Panorama-Drehcafé in der 11. Etage, eine Runde dauert 30 Min.

ProVita (€€€), ul. Kościuszki 15, Tel. 3554000, www.pro-vita.pl. Beliebtes Kurhotel mit gemütlicher Einrichtung sowie familiärer Atmosphäre, Hallenpool, Restaurant mit Gourmetküche, sehr ruhige Lage im östlichen Kurviertel am Küstenwald mit großem Garten und Liegestühlen, 70 m bis zum Strand, 20 Minuten Fußweg in die Altstadt.
Diva (€€–€€€), ul. T. Kościuszki 16, Tel. 3536000, www.hoteldivaspa.pl. Großer moderner Hotelkomplex im Kurviertel, ca. 300 Meter vom Strand. Großzügige Apartments mit zwei Balkonen sowie Standardzimmer – aber sehr hellhörig. Pool, finnische Sauna, Salzhöhle und Bademantel im Preis inbegriffen. Frühstück der Kategorie des Hauses nicht angemessen.
Ikar (€–€€), ul. Rodziewiczówny 24, Tel. 3524092, www.ikar.ta.pl. Großes und vor allem bei Deutschen beliebtes Kurhotel am Kurpark mit hübschem Café (täglich Tanzabend), Swimmingpool, herrlicher Garten mit Wasserspielen, Anwendungen im Haus, große Dachterrasse mit Aussicht auf Ostsee und Stadt, 100 Meter vom Strand.
Jantar Spa (€€), ul. prof. T. Rafińskiego 10–14, Tel. 3522259, www.jantarspa.pl. Historisches und sorgsam modernisiertes Sanatorium im Stil der Bäderarchitektur. Im Zentrum des Kurviertels, 74 Zimmer, 10 Minuten Fußweg zum Strand. Familiäre Atmosphäre, Bio-Küche, kleines Hallenbad, umfangreiches Behandlungsangebot.
Ferienwohnungen im Hafenviertel (€€): **Touristenbüro Albatros**, ul. Morska 7a, Tel. 3542800, www.albatros.turystyka.pl. In modernen Apartmenthäusern, 100 Meter vom Strand entfernt, am Kurpark in Leuchtturmnähe, mit Küche und Balkon.

Campingplatz Baltic, ul. IV Dywizji Wojska Polskiego 1, Tel. 3524569. Mitte April–Mitte Okt. Im Strandpark werden Ferienhäuser für 4 Pers. vermietet, 400 m zum Strand, in die Altstadt 10 Min. Fußweg.

Domek Kata, ul. Ratuszowa 1, Tel. 3546635, www.winogrona.pl. In einem Eckgebäude nördlich vom Rathaus, schlossartiges Ambiente auf drei Etagen, unten Café, oben Restaurant; tgl. 10–23 Uhr.
Kontor Café, ul. Cicha 6a/2, Tel. 600620902. Tgl. wechselnde Fischkarte, exzellente polnische Küche, Fleischgerichte in Bioqualität, aber auch vegetarische Gerichte – der Chef Andrzej Ciba spricht sehr gut Deutsch und kocht hier noch selbst! Gutes Preis-Leistungs-Verhältnis. Im Hinterhofgewühl des Hafenviertels aber nicht so leicht auffindbar; Di–So 12–21 Uhr.
Pod Winogronami, ul. Towarowa 16, Tel. 3547336, www.winogrona.pl. Am östlichen Rand des Hafenviertels an der Straße in die Innenstadt. Hübsche weinberankte Terrasse, drinnen sehr romantische Atmosphäre. Hausspezialitäten sind der Zanderauflauf nach Moskauer Art mit Rote-Rüben-Salat sowie die Wildschweinkeule in Wacholdersauce; tgl. 11–23 Uhr.
Siedem Światów (Sieben Welten), ul. Solna 1a, Tel. 3425628. Fisch und Wildgerichte, Okocim vom Fass. Der sehr nette Chef spricht Deutsch; tgl. 11–22 Uhr.
Namaste, Obronców Westerplate 18A, Tel. 533881486, www.namaste-india.eu. Kleines indisches Restaurant. Gerichte sind authentisch und fantasievoll, große regionale Vielfalt im Geschmack. Mittlere Preisklasse, im Hafenviertel in der Nähe vom Leuchtturm; tgl. 12–22 Uhr.
Mola Beach, ul. Sułkowskiego 7, Tel. 94 3523376, tgl. 12–22 Uhr. Motto: ›Mit den Dorschen tanzen‹. Viele Fischspezialitäten, so Matjeshering vor der schwedischen Küste, gefangen und eingelegt in Holzfässern nach altem Usedomer Rezept – auch abgepackt zum Mitnehmen. Auch sehr schmackhafter Steinbutt. Tgl. ofenfrischer schwäbischer Apfelkuchen. Der stimmungsvollste Platz in Kołobrzeg, um Fußballspiele live mitzuerleben. Schöner Biergarten ›Zum Gartzer Amtsdirektor a.D.‹ mit mehreren Strandkörben, aktuelle

▶ Karte: vordere Umschlagklappe

BILD-Zeitung, an der östlichen Promenade vor dem Hotel Marine.
Fiddlers Green, ul. Dubois 16 c, Tel. 3546073. Taverne in der Altstadt in Rathausnähe, beliebter Treff der einheimischen Jugend und Touristen, Guinness und Pilsner Urquell vom Fass, Mo–Sa 12-1, So 15–23 Uhr.

Café Ansichtskarte (Kawiarnia Panoramiczna Widokówka), ul. Gen. Wl. Sikorskiego 3, www.kawiarnia-widokowka.pl. Aussichtscafé im 12. Stock des Sanatoriums ›Perła Bałtyka‹ an der östlichen Promenade. Das höchstgelegene Café in Kolberg! Herrliche Aussicht über den Küstenwald, im Westen bis zum Leuchtturm, im Osten bis zum Hotel ›Arka‹ sowie die gesamte Stadt. Tanzabend Mi–Sa 19.15–22 Uhr, Eintritt 5 Złoty.
Kawiarnia Gruszecki (im Erdgschoss des Sanatoriums ›Bałtyk‹). Die sündigsten Torten in Kołobrzeg. Aus einigen Fenstern Blick auf Mole, Strand und Ostsee, tgl. ab 9 Uhr.
Kurort-Café, an der östlichen Promenade gegenüber dem Hotel ›Verano‹. Innen und außen im Stil der 1920er Jahre.
Cafe Figiel (im Erdgeschoss des Hotels ›Diva‹), ul. T. Kościuszki 16. Der Hingucker ist ein Mercedes Benz W 136, Typ 170V aus dem Jahr 1938. Mo–Do 15–22, Fr–So 12–23 Uhr.
Mocca Bar, ul. Towarowa 17 (an der Hauptstraße im Hafenviertel). Modernes Bistro, Kaffeespezialitäten, Kuchen, Salate, Pasta, Steaks, Fisch, gutes Frühstück, Fassbier Tyskie und Pilsner Urquell, tgl. 9–22 Uhr.
Kamienny Szaniec (früher Waldenfels-Schanze). Café in einem Pavillon mit Biergarten und Logenplätzen über dem Strand nördlich des Amphitheaters, Lech vom Fass, auch gebratener und geräucherter Fisch, tgl. 10–19 Uhr.
Rosengärtchen (Różany ogród), ul. Mariacka 26. Freiluftplätze mit Blick zum Dom, hausgemachte Apfel-, Quark- und Schokoladentorte, Eisbecher und Milchmixgetränke, etwas teurer als gewöhnlich.

Leuchtturm, ul. Morska 1. Mit Mineralien- und Fossilienmuseum im Keller. Hier befindet sich auch die schwerste Muschel Polens mit einem Gewicht von 150 Kilogramm; Juli/Aug. tgl. 10 Uhr bis Sonnenuntergang, sonst 10–17 Uhr, im Winter nur Sa/So.
Stadtmuseum im ›Braunschweiger Haus‹, ul. Armii Krajowej 13, Mai–Sept. Di–So 10–18 Uhr, sonst Mo/Di geschlossen.
Waffenmuseum (Muzeum oręża polskiego), ul. Emilii Gierczak 5, Mai–Sept. tgl. 10–18 Uhr, sonst Mo geschlossen.
Galerie Moderner Kunst im Kolberger Rathaus, Di–So 10–17 Uhr.
Themengärten Hortulus-Dobrzyca, Nr. 76, www.hortulus.com.pl. Stein-, Felsen-, Heide-, Französischer und Japanischer Garten sowie Gärten der Sinne (Duft, Farbe, Licht, Stille und Geräusch); auf halbem Wege zwischen Kołobrzeg und Koszalin, April–Okt. 9–19, Sa und Feiertage 10–18, Nov.–März Mo–Fr 9–16 Uhr.

Seetage (Juni), Treffen der Chöre von Auslandspolen (Juli), Kolberger Musiksommer (Mitte Juni–Mitte Aug.), Sunrise-Techno-Festival (Juli), Folklorefestival Interfolk (Ende Aug.).

Schwimmhalle Morska Odyseja, ul. Rodziewiczówny 1, neben dem Hotel Bałtyk, tgl. 7-22 Uhr, 25-Meter-Bahnen und großes Solebecken (1,5%, 32 °C, Mo–Sa 7–14 Uhr für Kurbehandlungen reserviert), finnische Sauna sowie Salzhöhle. Mo 20 % Rabatt auf den Eintrittspreis

Superfish, ul. Dubois 16, Mo–Fr 9–19, Sa 9–16 Uhr. Der wohl beste Fischverkaufsladen in Kołobrzeg. Reichhaltige Auswahl an Frisch- und Räucherfisch, viele leckere Salate sowie Fischkonserven.
Bäckerei und Café Kaprys, ul. Armii Krajowej 20c. Außergewöhnlich gutes Vollkornbrot, Mo–Fr 6–19, Sa 6–18, So 8–17 Uhr.

Ustronie Morskie

Im Sommer platzt das Dorf Ustronie Morskie (Henkenhagen), etwa zwölf Kilometer östlich von Kołobrzeg am Ostseestrand gelegen, aus allen Nähten. Zu den rund 3000 Einwohnern gesellen sich dann bis zu 30 000 Urlauber. Wie im benachbarten Kurort Kołobrzeg gibt es auch hier herrlichen feinsandigen Strand, teilweise auch Steilküste mit schönem Promenadenweg und kleiner Seebrücke mit Restaurant. Außerhalb der Saison sind kostenbewusste Senioren und Schülergruppen zu Gast.

Einige neue und modernisierte Hotels, viele kleine Pensionen, Gasthäuser, Eis- und Waffelstände sowie viele Möglichkeiten, die Umgebung zu Fuß oder mit dem Fahrrad zu erkunden, sowie die Nähe zu Kołobrzeg sprechen für einen Urlaub in Ustronie Morskie.

Fischer in Ustronie Morskie

Ustronie Morskie

Vorwahl: 094.

Touristinformation, ul. Osiedlowa 2b, Tel. 3514175, www.ustronie-morskie.pl.

Haltepunkt der Buslinie Koszalin–Kołobrzeg mit tgl. mehreren Verbindungen.

Hotel Skal (€€), ul.Bołeslawa Chrobrego 80, Tel. 3532060, www.skal-hotel.pl. 2015 eröffnetes Vier-Sterne-Luxushotel mit großen Zimmern, Saunalandschaft und Wellness in ruhiger Lage. Knapp 200 Meter vom Strand.

Boulevard Ustronie Morskie (€€–€€€), Kościuszki 3 A-U, Tel. 091/4040400, http://blvd.pl. Ein gutes Dutzend moderner Ferienapartments (30, 55 und 75 m², auch mit eigener Dachterrasse samt Whirlpool) direkt an der Steilküste mit fantastischem Meerblick. Zur Anlage gehört das Restaurant ›Octopus‹.

Max (€€), ul. Kościuszki 18, Tel. 3555500, www.wczasy-max.pl. Komfortables Haus nahe der Steilküste, viele Zimmer mit Meerblick. Swimmingpool, Sauna, tibetische Klangschalenmassage, Biergarten.

Erania (€–€€), Tel. 3519977, www.erania.pl. Modernes Hotel, drei Kilometer vom Meer abseits vom Trubel im Ortsteil Kukinia, Zimmer der Vier-Sterne-Kategorie und einfachere in der Touristenklasse, Restaurant, Café, Pool, Pferdestall, Reithalle und -bahn, Pferdepension.

Wodnik Spa (€), ul. Kościuszki 5, Tel. 3533100, www.wodnik.pl. Modernisierter Betonkasten mit herrlicher Lage an der Steilküste, hauseigenes Rehabilitationszentrum, Hallenbad, Café mit Meerblick, idyllischer Grillplatz.

Wenus (€), Monika & Robert Radka, ul. T. Kościuszki 1, Tel. 3515969. Ferienhaus mit prächtiger Lage am Steilufer.

Blockhüttenvermietung, ul. Chrobrego 23, Tel. 3515556. Nahe am Meer.

Leckere Waffeln mit Früchten (gofry) gibt es in der ul. Nadbrzeżna gegenüber dem Erholungsheim ›Panorama‹.

▶ Karte S. 40

Molo Busola, ul. Nabrzeżna (auf der kleinen Seebrücke), www.molobusola.eu. Derzeit das angesagteste Restaurant und Café. Traumhafter Ausblick, schmackhafte Fischgerichte, leckere Kuchen und Torten. In der Saison 9–23 Uhr.
Amadeusz, ul. Nadbrzeżna 3, Tel. 3515228. Gute polnische Küche und freundliche Atmosphäre.
Delfinek, ul. Nadbrzeżna 4. Fischimbiss, Tipp: gebratener Dorsch; tgl. 11–21 Uhr.
Superfish, Fischfabrik (4 km südlich im Dorf Kukinia mit Fischimbiss ›Bar Śledzik‹), Mo–Fr 9–18, Sa 10–16 Uhr, auch Werksverkauf (Sklep firmovy). Hier wird auch Fischware für die Qualitätsmarke ›Graal‹ produziert.

Skansen Chleba (kleine Ausstellung des Bäckerhandwerks), ul. Kołobrzeska 9. Mit 125-jährigem und funktionstüchtigen Backofen, Brotbackkurse. Spezialitäten sind Schmalzbrote nach Omas Rezept, Saure Mehlsuppe im Brotlaib, dazu wird Kwas gereicht; tgl. 10–18, Juli/Aug. 10–20 Uhr.

Rusowo

In das verstreut liegende Dorf Rusowo (Rützow), etwa sieben Kilometer südlich der Ostsee und Ustronie Morski gelegen, leiten strahlenförmig schöne alte Alleen. Weit schweift hier der Blick über grüne Wiesen und Felder – Rusowo ist eine Oase der Ruhe und Beschaulichkeit. Im Jahr 2000 hat sich ein Münchener mit Frau und Kind hier niedergelassen: Auf einem Bauernhof aus der Wende zum 20. Jahrhundert mit viel Nebengelass und von selten gewordenen Obstbäumen umringt, bieten Anna und Volkhard Britzen seither in ihrer ›Alten Farm‹ mehrere Ferienwohnungen zur Miete an. Eine Attraktion in Rusowo ist das **Golfübungsgelände** mit 9-Loch-Golfplatz. Unkundige weiht Herr Britzen gern in die Geheimnisse des Golfsports ein, Geübte können hier ihre Fähigkeiten steigern, ohne weite Wege fahren zu müssen. Gern kommt der Besitzer auch mit seinen Gästen ins Gespräch, bietet ein Gläschen selbstgebrannten Obstler an und gibt den einen oder anderen touristischen Insidertipp. Der Gastgeber spricht nicht nur fließend Polnisch – so erfährt man von ihm auch viel Interessantes über Land und Leute – sondern auch Englisch und etwas Französisch.

Im Ort Rusowo steht eine gotische **Kirche**, gegenüber lädt ein **botanischer Lehrpfad** zum Bestaunen alter Bäume ein. Ein Wanderweg führt von hier auch zu den beiden ältesten Eichen Polens, genannt ›Bolesław‹ und ›Warcisław‹.

Fahrradtour von Rusowo zum Leuchtturm Gąski

Diese Tagestour führt über Ustronie Morskie, Hin- und Rückweg sind insgesamt 35 Kilometer lang. Unterwegs sind Badepausen in der Ostsee eine willkommene Abwechslung. Auf ruhigen Straßen und Fahrwegen radelt man von Rusowo nach Strachomino über die Dörfer Tymień und Śmiechów nach Gąski (17 Kilometer).
Der **Leuchtturm** in Gąski (Funkenhagen) wurde zwischen 1876 und 1878 erbaut und ist ein beliebtes Ausflugsziel mit mehreren Imbissständen. Der Turm ragt gut 50 Meter in die Höhe, das Licht strahlt über 40 Kilometer weit. Hinter dem Leuchtturm führt ein Weg zum Strand. Der feste Sand ermöglicht das Radeln direkt am Wasser. Erst an der Einmündung des Flüsschens Czerwona schiebt man das Rad am Zaun des Militärgeländes etwa 200 Meter zur Straßenbrücke. Von hier gelangt man auf

einer wenig befahrenen Straße über Wieniotowo schnell nach Ustronie Morskie mit seinen vielen Einkehrmöglichkeiten. Am Hotel ›Reda‹ nach links in die Allee abbiegen - es ist die Hauptstraße Kołobrzeg–Koszalin –, anschließend die Bahngleise überqueren, dann geht es bergauf und bergab, unten rechts auf die Betonplattenstraße abbiegen, in Kukinka und Kukinia nochmals links abbiegen, und dann ist Rusowo wieder erreicht.

Rusowo

Vorwahl: 094.

Tgl. mehrere Busverbindungen von und nach Kołobrzeg (Bahnhofsvorplatz).

Golf Driving Range Alte Farm (€), Fam. Britzen, Rusowo 57, Tel. 3515792, mobil 608350900 und 0171/3303635 (in Deutschland), www.alte-farm.pl. Apartments verschiedener Größe, auf Wunsch reichhaltiges Frühstück und HP mit polnischer Küche. Pool im Garten, Spiel- und Grillplatz, Golfübungsgelände mit 9-Loch-Golfplatz, Fahrradverleih, Organisation von Pferdeausritten. Fam. Britzen kann außerdem Start und Landung mit Ultraleichtdrachen auf dem Gelände der Alten Farm vermitteln.

Die ›Alte Farm‹ bei Rusowo

Karte S. 40

Białogard

Die Stadt Białogard (Belgard) liegt 35 Kilometer südöstlich von Kołobrzeg am Ufer der Parsęta (Persante). Der Krieg richtete hier keine großen Schäden an. Am Markt steht das klassizistische **Rathaus**, in der Nähe **die St.-Marien-Kirche** in Backsteingotik mit ihrem 60 Meter hohen Turm. Sie stammt von 1310 und wurde zusammen mit der Stadtmauer erbaut. Innen sind der barocke Hochaltar (18. Jahrhundert), die Kanzel (1688), die Mosaikfenster (20. Jahrhundert) sowie die Orgel sehenswert. Auch die **St.-Georgs-Kirche** aus dem 15. Jahrhundert ist ein schönes Beispiel für die pommersche Sakralarchitektur. Die **Stadtmauer** blieb teilweise erhalten, sehenswert sind das Hohe Tor (Brama Połczyńska) und mehrere Basteien aus dem 14. Jahrhundert. Das Städtchen eignet sich gut als Einstieg für eine Paddelboottour auf der Parsęta bis nach Kołobrzeg. Der Fluss gehört zu den wenigen Mitteleuropas, in denen Lachse laichen. Weiter südlich, in der Umgebung der Dörfer Tychówko (Woldisch-Tychow) und Osówko (Wutzow), fließt die Parsęta durch bis zu 30 Meter tiefe Schluchten.

Połczyn Zdrój

Der Kurort Połczyn Zdrój (Bad Polzin) liegt malerisch eingebettet in den Wäldern der Pommerschen Schweiz. Zwischen den Weltkriegen war er ein beliebtes Ferienzentrum nahe der Pommerschen Seenplatte. Die Heilquellen wurden 1688 durch puren Zufall entdeckt: Ein Schmied wunderte sich über die milchige Farbe des Flüsschens. Er beugte sich hinunter, verlor das Gleichgewicht und fiel kopfüber ins Wasser. Tags darauf waren seine entzündeten Augen geheilt, die ihn schon lange geplagt hatten. Daraufhin wurde das Flusswasser von Ärzten untersucht. Sie konnten die Heilkraft bestätigen.

Die Quellen sind brom-, chlor-, jod- und natriumhaltig, sie helfen bei orthopädischen Beschwerden, Rheumatismus und Frauenkrankheiten. Dem Bau des Kurhauses 1689 folgten Sanatorien und Moorbäder, so dass Bad Polzin bald Besucher aus ganz Deutschland anzog. 1825 wurde Polzin zum königlichen Bad erhoben. Der 80 Hektar große Kurpark lädt auf schattigen Promenadenwegen zum Spazierengehen ein. In der denkmalgeschützten Trinkhalle Joasia kann man das mineralhaltige Zauberwasser verkosten. Der Kurort besitzt zwei Freibäder und ein Hallenbad.

Das **Schloss** südlich vom Markt entstand 1770 im gotisch-barocken Stil durch den Umbau einer alten Burg. Im 14. Jahrhundert residierte hier der Pommernherzog Bogusław IV. Die gotische Pfarrkirche aus dem 14. Jahrhundert und Reste der Stadtmauer mit dem Steintor (Brama Kamienna) sind ebenfalls erhalten. Die Wassermühle stammt aus dem 19. Jahrhundert und besitzt einen Mühlstein mit 13 Meter Durchmesser.

■ Die Umgebung

Viele Kurgäste wandern zum acht Kilometer südlich gelegenen **Bullenberg**, der mit seinen 219 Metern Höhe eine schöne Aussicht über das Seengebiet bietet. Reizvoll ist auch die ›Fünf-Seen-Fahrt‹ mit dem Auto von Połczyn Zdrój nach Czaplinek (Tempelburg) auf kurvenreicher Strecke durch Wälder und vorbei an malerischen Seen. Zwischen dem Jezioro Drawsko (Dratzigsee) und dem Jezioro Zerdno (Schneidemühler See) thront über Stare Drawsko (Alt-Draheim) eine **Burgruine** aus dem 14. Jahrhundert. Ein Ausflug ins 25 Kilometer westlich gelegene Świdwin (Schivelbein) führt zur **Templer-Burg** aus dem Jahr 1280 (Mo–Fr 9–15 Uhr, Sa nur nach Anmeldung, Tel. 094/3652277, www.zamek.swidwin.pl).

Białogard und Połczyn Zdrój

Vorwahl: 094.

Kurzentrum, ul. Zdrojowa 6, Tel. 3662424, www.uzdrowisko-polczyn.pl.

Spazdrojowe Zacisze (€€), ul. Solankowa 8, Tel. 3662673, www.spa-polczyn.pl. Das modernisierte Kurhaus (ehemals ›Kaiserbad‹), ist eine empfehlenswerte Bleibe.

Leo Spa (€€), Tel. 3665115. Vier-Sterne-Kurhotel, kleines Hallenbad, Sauna und Dampfsauna, Deutsch sprechendes Personal, Transfer auch ab Berlin im Angebot.

Polanin (€), ul. Wojska Polskiego 50, Tel. 3662158, www.hotelpolanin.pl. Modernisiertes Kurhotel mit Restaurant ›Zielona Oliwka‹, tgl. 7–22 Uhr.

Mielno

Mielno (Osteebad Großmöllen in Pommern), zwölf Kilometer nordwestlich von Koszalin, erstreckt sich auf einer breiten Nehrung zwischen Ostseeküste und Jamunder See (Jezioro Jamno). Anfangs war der Ort nur ein Fischerdorf. Er erhielt später auch einen Handelshafen, der aber durch häufige Sturmschäden wieder aufgegeben wurde. Seit Mitte des 19. Jahrhunderts wuchs Großmöllen zu einem exklusiven Ostseebad; im Jahr 1897 kam etwa die Hälfte der Gäste aus Berlin – auch dank der damals exzellenten Bahnverbindung. Die Preise waren hier wesentlich höher als anderswo, weshalb Großmöllen vor allem gutbetuchten Besuchern vorbehalten war. Der Massentourismus setzte erst kurz vor Ausbruch des Ersten Weltkrieges mit Inbetriebnahme einer Strandbahn zwischen Köslin und Großmöllen-Nest ein, jährlich nutzen diese etwa 600 000 Fahrgäste. Damals entstanden viele Gebäude im Stil der Bäderarchitektur, einige Jugendstilpensionen überdauerten den Krieg. Inzwischen wurde an der Promenade eine neue Häuserzeile errichtet, die dem historischen Stil der Bäderarchitektur nachempfunden ist. Das Hotel ›Meduza‹, 1906 im Schweizer Renaissancestil auf der Ostseedüne errichtet, wurde 1995 bis 1997 rekonstruiert, ist aber mittlerweile in die Jahre gekommen. Es hat aber nach wie vor die beste Lage, direkt am Strand. Beim Blick aus dem Restaurant und von der traumhaften Terrasse könnte man meinen, am Mittelmeer zu sitzen. Gegenüber an der Promenade blieb das ehemalige Café ›Hohenzollern‹ aus den 1920er Jahren erhalten, heute ist es das Gasthaus ›Floryn‹ mit sonnenbeschirmter Terrasse und Meerblick.

Diese Skulptur würdigt das jährliche Treffen der Eisbader

Ein Walrossdenkmal steht am Ende der ul. Kościuszki am Hauptzugang zum Strand. In Polen bezeichnet man einen Eisbader auch als ›Walross‹. Die **Skulptur** ist das Symbol für das alljährliche Treffen der Eisbader, das bereits seit 2004 stattfindet, inzwischen gilt Mielno als sogar als die

▲ Karte S. 109

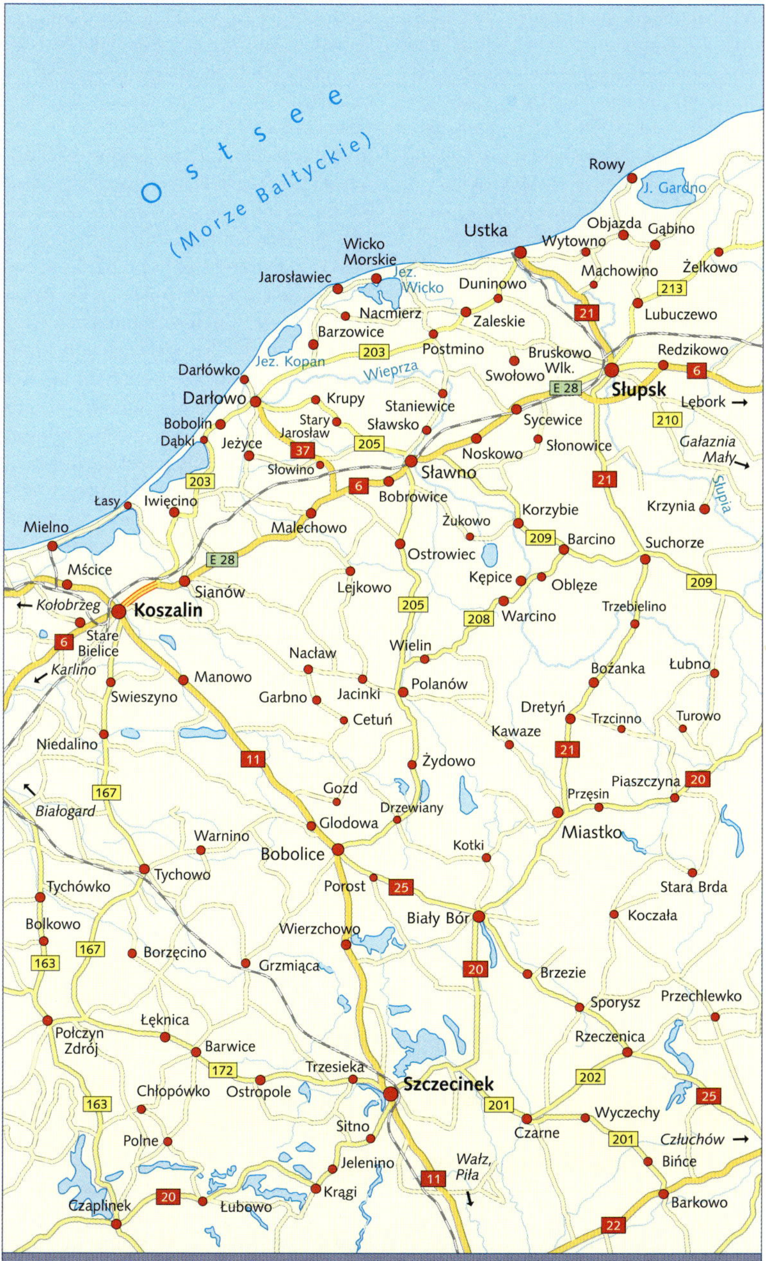

Zwischen Mielno und Ustka

Zwischen Szczecin und Słupsk

›Welthauptstadt der Eisbader‹. Am 14. Februar 2010 stellten die Unerschrockenen den Guinness-Rekord in der Kategorie ›Die größte Anzahl von gleichzeitig badenden Eisbadern‹ auf: 1054 Mutige plantschten gemeinsam in der eiskalten Ostsee. Passionierte einheimische ›Walrosse‹ treffen sich von Oktober bis März sonntags 12 Uhr zum Plantschen in der Ostsee.

Der **Jezioro Jamno** (Jamunder See) ist ein beliebtes Angelrevier. Da sich hier Salz- und Süßwasser durchmischen, existiert eine große Artenvielfalt. So bestehen gute Chancen für einen Fang von Aal, Barsch, Brasse, Karausche, Schleie oder Seeforelle. Einen Angelschein bekommt man im Postamt Mielno in der ul. 1 Maja 5.

Eine gute Stunde läuft man auf dem roten Wanderweg (gleichzeitig Radweg R 10) durch herrlichen, oft parkartig anmutenden **Mischwald** in den westlich gelegenen Ortsteil **Chłopy** (Bauerhufen). Hier liegen noch immer einige **Fischkutter** am Strand. Jeden Morgen kann man beobachten, wie die Fischer mit ihrem Fang zurückkehren. Der fangfrische Fisch kann, gebraten oder geräuchert, gleich an Ort und Stelle verzehrt werden.

Sieben Kilometer westlich von Mielno, im Ortsteil **Sarbinowo** (Sorenbohm), steht die **Kirche Maria Himmelfahrt** aus dem Jahr 1756. Während des Sommers kommen Musiker aus aller Herren Länder hierher und begeistern das Publikum mit klassischer Musik auf der Völkner-Dünnow-Orgel.

In den östlichen Ortsteil **Unieście** (Großmöllen-Nest) kann man in etwa einer Stunde am Strand oder auch am Ufer des Jamunder Sees entlang laufen. Am Zugang zum Hauptstrand steht seit 2011 ein sieben Tonnen schwerer Anker als Denkmal für die in der Ostsee Ertrunkenen. Der **Seesteig** ist der einzige weit und breit. Von hier aus zeigt sich eine hübsche Ansicht auf die Fischkutter am Strand und die vielen Buhnenreihen im Hintergrund. Mitunter kann man von hier auch den Fischern bei der Arbeit zuschauen. Oberhalb vom Strand sind ganzjährig mehrere Fischgaststuben und Räuchereien geöffnet, wo man sich den fangfrischen Fisch schmecken lassen kann.

Spazieren kann man auch entlang des Jamunder Kanals, der den Jamunder See mit der Ostsee verbindet. Vor dem Kanal, auf der rechten Seite in Richtung Łazy, steht ein großes Backsteingebäude. Es diente während des Zweiten Weltkrieges als Hangar für die hier stationierten Wasserflugzeuge, die auf dem Jamunder See starteten und landeten.

Am Strand von Unieście etwas östlich von Mielno

▲ Karte S. 109

Mielno

Vorwahl: 094.
Touristinformation, ul. Lechitów 23, Tel. 3189955, www.cit.mielno.pl.

Häufige Verbindungen nach Koszalin, mehrmals tgl. auch nach Kołobrzeg mit Umsteigen in Mścice.

Eine Regionalbahn zwischen Mielno und Koszalin verkehrt nur im Juli/August.

Willa Alexander (€€–€€€), ul. Bowid 7, Tel 3166161, http://willa-alexander.pl. Kleine, fürstliche Einrichtung, Leihfahrräder und HP im Preis inbegriffen, mit kleinem Spa, im Kiefernwald 5 Minuten vom Strand.
Wellness Medical Spa Unitral (€€€), ul. Piastów 6, Tel. 3168100, www.unitral.de. Empfehlenswert ist der luxuriöse Vier-Sterne-Neubau neben dem älteren Teil der Drei-Sterne-Kategorie. Kuranwendungen im Haus, Pool, Solebecken mit Salz aus dem Toten Meer, Salzgrotte und Kältekammer. Auch behindertengerechte Zimmer, Gesundheitsküche mit hauseigener Bäckerei. 200 Meter von Promenade und Strand. Bedenklich erscheint die Strahlenbelastung der Hausgäste durch viele Mobilfunkantennen auf dem Dach des Hotels.
Mielno Apartments (€€), Tel. 3423088, www.mielnoapartments.pl. Großer neuer Apartmentkomplex in exklusiver Lage in Strandnähe.
Meduza (€€–€€€), ul. Nadbrzeżna 2, Tel. 3480890, www.meduza.mielno.pl. Im französischen Stil in bester Lage am Strand, Atrium mit Kamin, Dachterrasse, Pool und Sauna. Ideal für das morgendliche Bad in der Ostsee. Das Hotel hat die besten Tage leider hinter sich: Die Matratzen sind durchgelegen und voller Milben. Nachts permanente Ventilator- und Lüftergeräusche. Im Sommer mitunter laute Nächte, da Diskothek direkt nebenan.
Planeta (€–€€), ul. Wojska Polskiego 4, Tel. 3413026, www.hotelplaneta.com.pl. Neubauhotel mit 35 Zimmern im Zentrum, etwa 350 Meter vom Strand. Moderne und bequeme Standardzimmer. Restaurant mit großer Terrasse.
Dworek Morski (€€–€€€), ul. Orła Białego 2, Tel. 3166134, www.dworekmorski.pl. Schöne geräumige Standardzimmer. Nahe dem Jamunder Seeufer, aber auch an der Betonplattenstraße nach Unieście.
Drzewiec dom z bali (€), Letnia 8, Tel. 600123232, www.mielno-drzewiec.pl. Reetgedecktes Blockhaus in ruhiger Lage im Nachbarort Mielenko, 200 m zum Strand, sparsam aber praktisch möbliert, im Garten rustikale Grillhütte, Kinderspielplatz.
Czarny Staw (€), ul. B. Chrobrego 11, Tel. 3189835, www.czarnystaw.mielno.pl. Im Zentrum von Mielno auf einer bewaldeten Düne, 200 m vom Strand, DZ sowie Apartment für vier Personen, Pub mit Kamin im Haus.
Nasza Chata (€), Świerczewskiego 23, www.osrodek.brzechwa.com.pl. Zehn Sommerhütten für jeweils zwei Familien im Fachwerkstil auf einer Wiese, 50 m zum Strand, rustikale Gaststube, auf der Nehrung an der Straße nach Łazy, nur im Juli/August.

Camping Brawo in Mielno, ul. Polnocna 1, Tel. 3189143, www.campingbrawo.com. Zentrumsnahe Lage.
An der Straße nach Łazy viele kleine Zeltplätze, auch auf der Haffseite.

Restaurant und Café im Hotel ›Meduza‹. Mittagsangebot für ca. 7 Euro (Vorsuppe, Hauptspeise und Mineralwasser).

Int. Zusammentreffen der Eisbader (Feb.), Infos: www.zlotmorsow.mielno.pl.

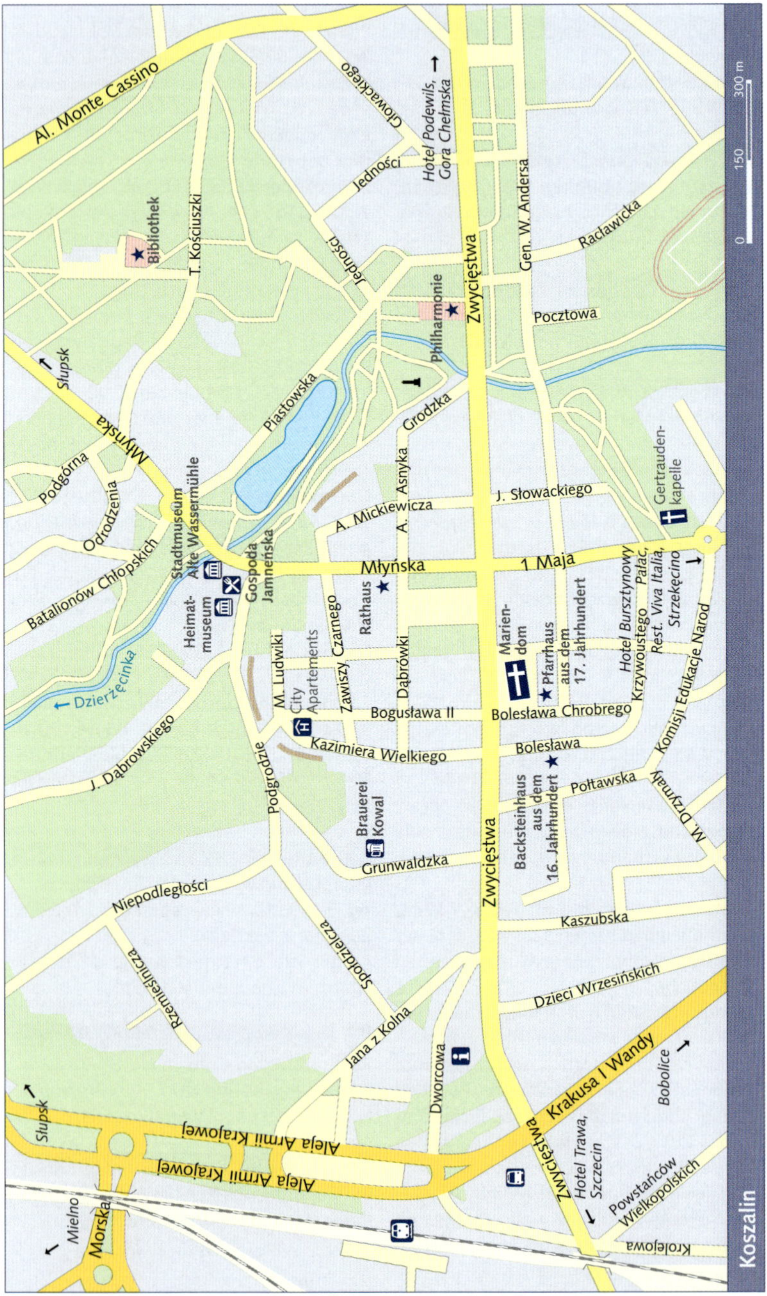

Koszalin
0
150
300 m
Al. Monte Cassino
Bibliothek
T. Kościuszki
Głowackiego
Jedności
Hotel Podewils, Góra Chełmska
Zwycięstwa
Gen. W. Andersa
Racławicka
Pocztowa
Philharmonie
Słupsk
Młyńska
Piastowska
Grodzka
Podgórna
Odrodzenia
Stadtmuseum Alte Wassermühle
Asnyka
A. Mickiewicza
A. Asnyka
J. Słowackiego
Gertrauden-kapelle
Batalionów Chłopskich
Heimat-museum
Gospoda Jamneńska
Młyńska
1 Maja
Rathaus
Zawiszy Czarnego
Dąbrówki
Marien-dom
Pfarrhaus aus dem 17. Jahrhundert
Hotel Bursztynowy Pałac, Rest. Viva Italia, Krzywoustego
Strzekęcino
Komisji Edukacje Narod
Dzierżęcinka
M. Ludwiki
City Apartements
Bogusława II
Bolesława Chrobrego
J. Dąbrowskiego
Kazimiera Wielkiego
Bolesława
Podgrodzie
Brauerei Kowal
Backsteinhaus aus dem 16. Jahrhundert
Połtawska
M. Drzymały
Grunwaldzka
Niepodległości
Kaszubska
Spółdzielcza
Rzemieślnicza
Dzieci Wrzesińskich
Jana z Kolna
Dworcowa
Krakusa i Wandy
Bobolice
Słupsk
Aleja Armii Krajowej
Aleja Armii Krajowej
Hotel Trawa, Szczecin
Powstańców Wielkopolskich
Mielno
Morska
Kolejowa

Koszalin

Die Stadt Koszalin (Köslin) liegt in der Küstenebene. Aber am Ostrand erscheint der Höhenzug Góra Chełmska (Golm) wie ein kleines Gebirge. Fachleute bezeichnen den bewaldeten Hügelzug als Stirnmoränenwall; er wurde in der letzten Eiszeit von Gletschern modelliert. Köslin erhielt 1266 die Stadtrechte und trat der Hanse bei. Die Blüte endete mit der Verschlammung des Wasserweges, der über den Mühlenbach (Dzierżęcinka) und den Jamunder See (Jezioro Jamno) zur Ostsee führte. Nach einem verheerenden Brand im Jahr 1718 ließ König Friedrich Wilhelm I. die Stadt im Stil des preußischen Klassizismus wieder aufbauen. Leider überstanden nur wenige Gebäude die heftigen Kämpfe im Frühjahr 1945. Nach dem Krieg wurde die Stadt vor allem nach zweckmäßigen Gesichtspunkten völlig neu gestaltet, so dass sie heute nur noch wenig Atmosphäre ausstrahlt. Mit seinen knapp 110 000 Einwohnern ist Koszalin heute wirtschaftliches und kulturelles Zentrum Westpommerns.

■ Sehenswürdigkeiten

Die **Kathedrale der unbefleckten Empfängnis der Jungfrau Maria**, umgangssprachlich Mariendom genannt, wurde von 1300 bis 1333 im Stil der Backsteingotik erbaut und überragt mit ihrem wuchtigen Turm alle anderen Gebäude. Der Flügelaltar ist nicht so alt, wie es scheint: Erhalten waren nur die 16 Heiligenfiguren des einstigen Fünfflügelaltars, darunter die große Statue der Jungfrau Maria mit dem Kind. 2012, zum 500. Jahrestag der Erstweihe, erhielt die Kirchgemeinde den rekonstruierten Altar im gotischen Stil zurück – zuvor waren die Heiligen provisorisch in einem Metallgitter angeordnet. Die farbigen Glasfenster stammen aus den Jahren 1914/15. Die Orgel ist für ihren besonderen Barockklang berühmt. Im Sommer findet hier alljährlich das Festival der Orgelmusik zeitgleich mit dem Festival in Kamień Pomorski statt.

In der Vorhalle unter dem Turm steht das frühgotische Taufbecken aus Kalkstein, darüber hängt ein großes Kruzifix aus der ehemaligen Zisterzienserkapelle auf dem Gollenberg. An den Wänden der Vorhalle sieht man mehrere große Grabplatten vom Anfang des 17. Jahrhunderts mit plastischen Abbildern der Verstorbenen und deutschen Inschriften. Vom Turm genießt man an klaren Tagen einen Blick weit über die Stadt und den Jamunder See bis zur Ostsee. Vor dem Dom steht ein Denkmal für Papst Johannes Paul II. Es wurde 1996 enthüllt, am 5. Jahrestag seines Besuches in der Stadt.

Schräg gegenüber von der Kathedrale an der einstigen Stadtmauer, in der ul. Kazimierza Wielkiego, blieb die **Feuerwache** aus dem Jahr 1928 mit ihren schönen Details – große Messinglaterne und Holztüren mit ovalen Fenstern – original erhalten. Den hohen Turm auf der westlichen Seite nutzten die Feuerwehrleute einst für Kletterübungen. Das Gebäude steht fast exakt an jener Stelle, von wo 1718 ein verheerender Stadtbrand ausbrach.

Nördlich vom Markt mit dem markanten **Rathaus** (1960–1962), im sogenannten Müllerpalast (Palac Młynarza), befindet sich das **Stadtmuseum Koszalin**. Das repräsentative Gebäude mit drei Walfischen an der Fassade über dem Haupteingang wurde 1890 bis 1897 an die große Mühle aus der Mitte des 19. Jahrhunderts angefügt. Die Wasserturbine von 1878 und weitere Technik aus den USA ist original erhalten. In den Sälen des Müllerpalastes ist Kunst vom Mittelalter bis zum Jugendstil ausgestellt, so Skulpturen, Malerei, Möbel, Kunsthandwerk, Medaillen und Münzen. Zu den besonderen Exponaten zählen das barocke Portal der Kapelle von Cybulino (Zebbin), die Plastik ›Madonna mit dem Kind‹ aus der Kirche von Chojna (Weißfenn), eine umfangreiche Porträtgalerie und das Epitaph des Kolberger Bürgermeisterehepaars Harmen und Barbara Freter aus dem Jahr 1538.

Nebenan steht ein Fischerhäuschen mit Blumen- und Gemüsegarten. Es wurde 1869 erbaut und stand ursprünglich im Dorf Dąbki bei Darłowo. Heute gehört das Fachwerkhäuschen zum **Freilichtmuseum der Jamunder Kultur**. Unter dem Reetdach sind Trachten, allerlei Mobiliar und historische Dokumente zu sehen. In der Scheune dahinter sieht man eine Ausstellung zum pommerschen Schmiedehandwerk, in einem weiteren Nachbargebäude sind archäologische Fundstücke ausgestellt.

An der ul. Modrzejewskiej, vom Marktplatz durch die ul. 1 Maja zu erreichen, steht die gotische **Kapelle der Heiligen Gertraude**. Sie entstand 1383 außerhalb der Stadtmauern auf achteckigem Grundriss aus Backsteinen. Sie ist mit Holzschindeln gedeckt und gilt als ein Musterbeispiel für skandinavische Einflüsse in der pommerschen Architektur. Anfangs diente sie als Krankenhaus-, später als Friedhofskapelle. 1735 wurden die Fenster zugemauert, um die Mauern als Munitionslager zu nutzen. Ab Anfang des 20. Jahrhunderts fanden wieder Gottesandachten der Altlutherischen Gemeinde statt. Nach dem Zweiten Weltkrieg war hier die Kleine Bühne des Baltischen Dramatischen Theaters beheimatet. Erst seit 1999 gehört die Kapelle wieder der evangelischen Kirche, 2000 wurde sie neu geweiht.

Das benachbarte große Gebäude, 1906 erbaut, war ursprünglich das Gemeindehaus der evangelischen Gebetsgemeinde. 1945 befand sich darin ein Durchgangslager für deutsche Flüchtlinge aus Ostpreußen, 1946/47 war es eine Infektionsstation für die zur Vertreibung vorgesehenen Deutschen, danach Sport- und Ausstellungshalle. Im Jahr 1958 fand im stattlichen Haus das **Baltische Dramatische Theater** eine neue Heimstatt. Noch ein Stückchen weiter südöstlich, an der Ecke ul. Pocztowa/ul. Andersa, ist die neugotische Fassade des **Hauptpostamtes** sehenswert, 1884 als Sitz der Oberpostdirektion eröffnet.

Nördlich vom Stadion halten die eindrucksvollen **Kösliner Vögel** auf mehreren Wagen Ausschau – eine große Kunstinstallation von Władysław Hasior. Die offizielle Deutung: Denkmal zur Ehre der Kämpfer für Polen und der Befreiung Pommerns.

Bei schönem Wetter kann man an den östlichen Stadtrand zum langgestreckten Höhenzug Góra Chełmska (Gollen) spazieren. Auf seiner höchsten Kuppe, dem Krzyżanka (Kreuzberg), steht ein **Aussichtsturm**. 140 Stufen führen hinauf in über 30 Meter Höhe. Oben eröffnet sich ein schönes Panorama zur Slowinzischen Ostseeküste, auf Koszalin und auf gleich mehrere Seen: Jezioro Bukowo (Buckower See), Jezioro Jamno (Jamunder See) und Jezioro Lubiatowskie (Lüptowsee). Viele Christen kommen auf den Gipfel, denn schon im Mittelalter befand sich hier ein Marienheiligtum, das Gläubige aus ganz Europa verehrten. Am 1. Juni 1991 besuchte Papst Johannes Paul II. den Kreuzberg, um die alte Tradition neu aufleben zu lassen. Nach der Visite des Heiligen Vaters entstand auf den alten Kapellenfundamenten ein neues Sanktuarium. Es ist eine Nachbildung der Mutterkapelle im deutschen Schönstatt, von der es mittlerweile 170 Kopien weltweit gibt. Auch das neobarocke Gemälde der Dreimal

▲ Karte S. 112

Der ›Bernsteinpalast‹ bei Strzekęcino

wunderbaren Mutter gleicht sich überall – aber nur hier hat es eine Krone aus Bernstein. Im Altar befindet sich auch ein Papstkreuz als Reliquie, darin sollen sich einige Blutstropfen von Papst Johannes Paul II. befinden.

Die Umgebung

Auf halbem Wege zwischen Kołobrzeg und Koszalin, südlich der Hauptstraße Nr. 11, befindet sich im Dorf Dobrzyca (Kordeshagen) die fünf Hektar große **Gartenwelt Hortulus**, unter anderem mit Alpinarium, französischem Garten, Rosarium, japanischem Garten und Steingarten. Einen großen Teil der Anlage machen Sinnesgärten aus, die die Besucher mit ihren Farben, Düften oder Klängen erfreuen (ganzjährig geöffnet).

Zwei Kilometer entfernt findet sich der neue **Gartenkomplex Hortulus Spectabilis** mit dem größten 3D-Labyrinth in Polen (geöffnet von Anfang Juni bis Ende September). Der **Irrgarten** wuchs aus 18 000 Hainbuchen heran, Pfade mit einer Gesamtlänge von drei Kilometern durchziehen ihn. Wer die Gartenanlage aus der Vogelperspektive überblicken will, muss in die Mitte des Irrweges gelangen, denn hier steht ein Aussichtsturm. Dessen Treppen sind der Doppelhelixstruktur des menschlichen Erbgutes nachempfunden. Weiterhin sind ein Steinkreis mit Dolmen, ein Staudengarten, eine Vierjahreszeiten-Anlage mit keltischem Kalender sowie ein Rosarium zu erleben. Knotengartenanlagen und Buchsbaumformschnitte geben dem Gesamtkomplex einen fantasievollen Rahmen (www.hortulus.com.pl).

In einem Park am Rande des kleines Dorfes Strzekęcino (Streckenthin), etwa elf Kilometer südlich von Koszalin, versteckt sich der sogenannte **Bernsteinpalast**. Der märchenhaft wirkende Prachtbau war Ende des 19. Jahrhundert Sitz der Familie von Kamenke, heute beherbergt das Gebäude ein Hotel. Die über 50 Zimmer sind mit Liebe zum Detail eingerichtet. Tapeten, Stoffe und Möbel bringen den Geist der Belle Epoque zurück. Ein hübscher kleiner Park, die gute altpolnische Küche und Annehmlichkeiten wie Sauna, Whirlpool und Hallenbad tragen zum Wohlbefinden der Gäste bei.

Im benachbarten **Weißen Palast** befand sich bis zum Jahresanfang 1945 das Hauptquartier von Georgi Konstantinowitsch Schukow, zu dieser Zeit Oberbefehlshaber der Roten Armee an diesem Frontabschnitt.

In Krąg (Crangen), rund 40 Kilometer östlich von Koszalin, steht die größte Residenz Pommerns: **Schloss Podewils**. Es wurde um 1450 im Auftrag Herzog Erichs von Pommern erbaut. Seinen Namen erhielt es von der pommerschen Adelsfamilie von Podewils, die es von Herzog Bogislaw X. 1480 als Geschenk erhielt. Das Anwesen inmitten von Grün war einst auch als ›Blumenschloss‹ bekannt. Das Gebäude besitzt so viele Fenster wie das Jahr Tage, so viele Eingänge wie das Jahr Monate, die Anzahl der Zimmer entspricht der Wochenzahl, und die vier Türme symbolisieren die vier Jahreszeiten. Heute ist es ein Schlosshotel (Tel. 094/3470516, www.podewils.pl). Im Sommer kommen vor allem deutsche Reisegruppen, in den übrigen Monaten nutzen es polnische und internationale Firmen für Kongresse und Tagungen.

In der barocken **Schlosskirche** von Krąg befinden sich die Sarkophage von Adam und Heinrich von Podewils.

Koszalin und Umgebung

Vorwahl: 094.

Touristeninformation, ul. Dworcowa 11/15, Tel. 3462440, www.it-pomorze.pl.

Tgl. mehrmals Intercity-Verbindungen (TLK) in Richtung Gdańsk und Szczecin.

Direktverbindung nach Kołobrzeg (Linienbus) und Darłowo sowie nach Mielno/Unieście (oft mit Minibus).

City Apartments (€€), ul. Bogusława II 47, Tel. 3423088, www.cityapartments.pl. Nahe dem Stadt- und Freilichtmuseum an der ehemaligen Stadtmauer in einer Gasse, 3 Minuten zur Kathedrale, 15 Minuten Fußweg zum Bahnhof. Sehr geräumig, Küchenzeile, Waschmaschine und Bügeleisen. Hausgäste erhalten mit der VIP-Card des City Apartments 10 % Rabatt im Gasthaus ›Gospoda Jamneńska‹, jeweils 15 % im ›Viva Italia‹ und ›Złota Rybka‹.

Trawa (€€), Motel im Ortsteil Stare Bielice, ul. Szczecińska 7a, Tel. 3163215, www.hoteltrawa.pl. Mit gutem Restaurant, Swimmingpool und Sauna, Sa Disco.

Bursztynowy Pałac (Bernsteinpalast) (€€-€€€), in Strzekęcino, 11 Kilometer südlich von Koszalin, Tel. 3161227, www.bursztynowypalac.pl. Sehr ruhige Lage in einem wunderschönen Park, Einrichtung aber in die Jahre gekommen.

Podewils (€€), Krąg Nr. 16, Tel. 3470516, www.podewils.pl. Das ehemals größte Ritterschloss in Pommern, Kaminrestaurant mit Seeblick, Sauna, Fahrradverleih.

Gospoda Jamneńska, ul. Młyńska 37-39, Tel. 3450982. Zwischen Freilicht- und Stadtmuseum. Beste altpolnische Küche. An den Wänden viele Gemälde, die man kaufen kann. Tipp: Hausgemachte Piroggen mit verschiedenen Füllungen, so mit Waldpilzen; tgl. 12-22.30 Uhr.

Kowal, ul. Grunwaldzka 1A, Tel. 3460955, www.minibrowarkoszalin.pl. Minibrauerei im Erdgeschoss der Stadtbrauerei Koszalin. Ausgezeichnete Küche, unfiltriertes und nicht pasteurisiertes Bier, darunter Honig- und Weizenbier. Mo 15-20, Di-Sa 14-23, So 12-20 Uhr.

Viva Italia, ul. Marii Curie Skłodowskiej 1-3, Tel. 3470011, www.vivaitalia-koszalin.pl. Mo-Sa 12-24. Auch italienische Weine.

Stadtmuseum Koszalin (Muzeum w Koszalinie), ul. Młyńska 37-39, www.muzeum.koszalin.pl. Di-So 10-16 Uhr, 15. Mai-15. Sept. 10-17 Uhr, Juli/Aug. auch Mo. Mi freier Eintritt zu den Dauerausstellungen.

Oldtimer-Museum im Vier-Sterne-Hotel ›Verde‹, ul. Koszalińska 1, im nordwestlich von Koszalin gelegenen Dorf Mścice, www.muzeum.verde.pl. Mo-Fr 8-23, Sa 11-23, So 11-22 Uhr

▶ Karte S. 112

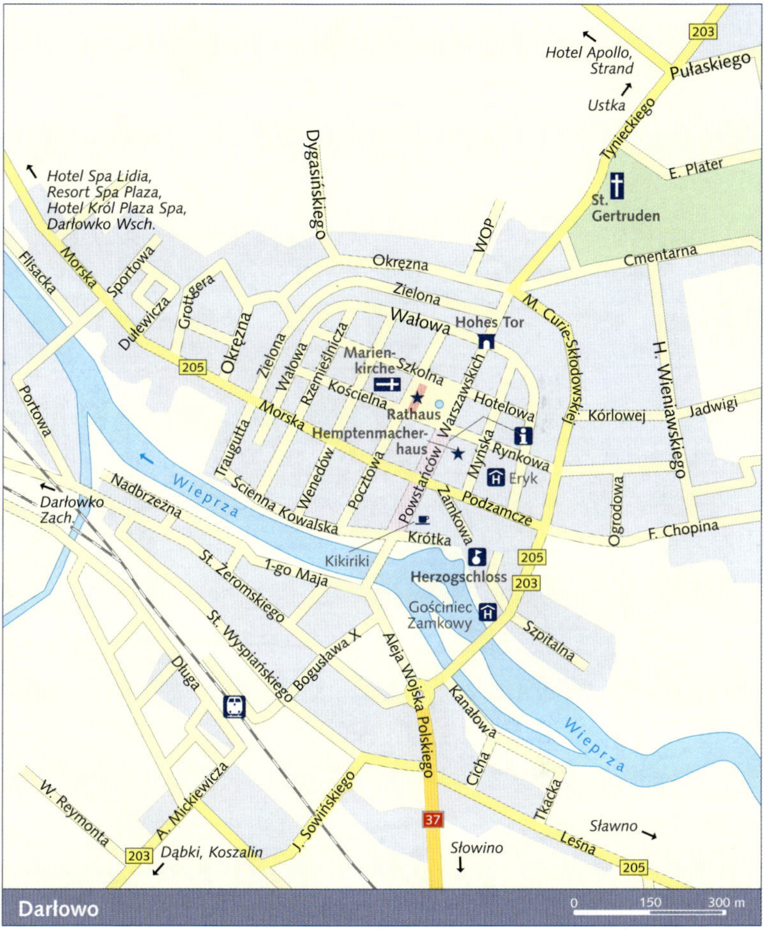

Darłowo

Der deutschlandweite Siegeszug der Rügenwalder Teewurst nahm im Städtchen Rügenwalde seinen Anfang, wo diese Wurstsorte ab 1874 produziert wurde. Auch die geräucherte Rügenwalder Gänsebrust versetzte Gourmets einst in Entzücken.

Rügenwalde ist eine Gründung von Fürst Wislaw von Rügen aus dem Jahr 1241. Das Hansestädtchen an der Mündung der Wipper (Wieprza) besaß im 14. Jahrhundert einen wichtigen Hafen, nach dem Ersten Weltkrieg wurde Rügenwalde als Seebad entdeckt. Der Zweite Weltkrieg verschonte den Ort. So blieb das pommersche Städtchen, heute heißt es Darłowo, mit einem schachbrettartigen Grundriss rund um den großen Markt erhalten. Seit 1999 wuchs vor den Toren der Stadt der erste große Windradpark in Polen.

Die neue Ringstraße in den Stadtteil Darłówka (Rügenwaldermünde) entlastet die Innenstadt vom Schwerlastverkehr.

Am Hafen in Darłowo

Am Markt

An den Häusern rund um den Markt blättern leider vielerorts Farben und Putz der Fassaden. Vor dem spätbarocken **Rathaus** aus dem 18. Jahrhundert plätschert das Wasser am **Fischerbrunnen** (Fontana Rybacka), auch Hemptenmacherbrunnen genannt. Wilhelm Grossa schuf das Kunstwerk 1919. Die Rügenwalder Familie Hemptenmacher, die eine kleine Handelsflotte besaß, gab das Geld dafür. Die Reliefs am Brunnen halten historische Szenen aus Rügenwalde fest. Die Tafel an der Rathausseite zeigt einen Ritter, der auf den Ort hinweist, wo eine Siedlung entstehen soll. Auf der nördlichen Seite hat der Bildhauer die Bootsbauer bei ihrer Arbeit dargestellt. Auf der Ostseite schaukelt eine hanseatische Kogge, auf der Südseite werden ein Schäfer und eine Gänsemagd sichtbar. Das Gänsefleisch, insbesondere die Leber, war ein begehrter Rügenwalder Exportartikel.

An der Südostecke des Marktes, an der Kreuzung ul. Powstańców Warszaw-skich/ul. Rynkowa, steht das stattliche **Hemptenmacherhaus** mit einem kleinen Schiffsbild von 1604. Das Gebäude trägt seinen Namen nach der Rügenwalder Schiffsreederfamilie. Hier beginnt auch die Fußgängerzone und Einkaufsmeile ul. Powstańców Warszawy mit einigen barocken und klassizistischen Häusern.

Marienkirche

Mit dem Bau der backsteinernen **Marienkirche** (Kościół Mariacki) wurde im 14. Jahrhundert begonnen. Der Turm reckt sich 60 Meter in den Himmel. Die geschnitzte Kanzel (1720–1730) wird von verschiedenen Blumenmotiven geschmückt. In den Sarkophagen der Gruft ruhen König Erik I. von Dänemark, Norwegen und Schweden (1382–1459), die Fürstin Hedwig (gestorben 1650) und die letzte pommersche Herzogin Elisabeth (1580–1654). Erik I. erblickte im Rügenwalder Schloss das Licht der Welt. Der Herzogsohn, Enkel von Bogusław V. und der Urenkel von König Kazimierz Wielki, lebte als Adoptivkind bei seiner Tante Margareta, der Königin von Dänemark. Sie liebte den Jungen und erklärte ihn 1388 zu ihrem Nachfolger. Aber erst 1397 wurde der Thronfolger von seinen Untertanen anerkannt. Über 40 Jahre währte seine Herrschaft über fast ganz Skandinavien. Doch Diplomatie war nicht seine Stärke, er griff lieber zum Schwert. Von seinen Untertanen gehasst, wurde er nacheinander in allen drei Staaten entthront. Mit einer Handvoll Vertrauter zog er danach auf die Ostseeinsel Gotland und gründete hier eine Seeräuberbastion. Zwölf Jahre ging der Freibeuter seinem neuen Handwerk nach, seine Feinde nannten ihn den ›letzten Wikinger der Ostsee‹. Danach setzte er sich mit reicher Beute im Schloss Rügenwalde zur Ruhe. Ein Chronist vermerkte: »Die letzten zehn Jahre seines Lebens verbrachte er in Faulheit mit einem zügellosen Weib.« Viele Glücksritter vermuteten nach seinem Tod verborgene Schätze in der Umgebung. Beim Öffnen des Grabes fand man aber einzig seinen Talisman, eine goldene Taube.

Neben der Marienkirche wächst die **Martin-Luther-Eiche**, die 1817, aus Anlass der 300. Jahrestages der Reformation, gepflanzt wurde. Gegenüber befindet sich das backsteinerne **Franziskanerkloster**.

Weitere Sehenswürdigkeiten

Am südöstlichen Stadtrand steht das gotische **Herzogschloss** (Zamek Książąt Pomorskich) aus dem 13./14. Jahrhundert. 300 Jahre lang residierten hier die pommerschen Herzöge. Heute ist es Sitz eines Museums, und ein Besuch lohnt vor allem wegen einer Sammlung sakraler Skulpturen. Daneben zeigt man Möbel – vor allem aus der Spätrenaissance, dem Neobarock und dem Biedermeier – sowie auch orientalische Kunst. Besonders schmuck ist das restaurierte Kreuzgewölbe im Rittersaal. Wie früher kann man durch das enge Treppenhaus hinauf zum Turm steigen.

Die **Sankt-Gertruden-Friedhofskapelle** (Kościół św. Gertrudy) mit sechseckigem Grundriss und zwölfeckigem steilen Schindeldach steht an der Hauptstraße nach Ustka am Stadtrand. Die Kapelle wurde angeblich von Erik I. gestiftet, der darin – so eine Theorie – womöglich eine Wiedergutmachung für seine Untaten sah. Doch Experten streiten über die Bauzeit, einige datieren sie auf die Zeit nach Eriks Tod.

Die erste Erwähnung der Kapelle datiert aus dem Jahr 1497, als Rügenwalde von einer durch ein Seebeben ausgelösten Hochwasserwelle überflutet wurde. Damals strandete vor der Kapelle ein Schiff. Gegenüber vom Altar sieht man Balkone, die mit Motiven der Schuhmacherzunft und der vier Evangelisten verziert sind. St. Gertrud ist die Schutzheilige der Seeleute. Bevor die Rügenwalder Männer einst aufs Meer fuhren, genehmigten sie sich einen guten Tropfen und brachten einen Trinkspruch auf die Ehre ihrer Patronin aus: ›In amorem stae Gertrudis‹.

Die Stadt hat sich wegen ihres berühmten Sohnes Erik den Beinamen Königliche Stadt (Królewskie Miasto) zugelegt. Als Rest der alten Stadtmauer blieb nördlich vom Rathaus das **Hohe Tor** (Brama Kamienna) erhalten.

Der **Stadtstrand** liegt drei Kilometer nördlich im Ostseebad Darłówko (Rügenwaldermünde), heute als Ortsteil eingemeindet. 1814 wurde hier das erste Ostseebad Preußens eröffnet. Es ist noch immer wegen seines besonders feinsandigen Strandes beliebt. Allerdings herrscht meist ein kräftiger Wellenschlag. Im Sommer starten nahe der Wieprzamündung Fischkutter zu Ausflügen auf die Ostsee. Beim **Leuchtturm** verbindet eine moderne Schiebebrücke beide Flussufer. Das Wärterhäuschen gab der Brücke ihren Namen: Ufo. Der Leuchtturm am Hafeneingang wurde erst 1927 auf nunmehr 22 Meter aufgestockt.

Die Umgebung

Ausflüge führen zum Jezioro Kopań (Vitter See) oder zum weiter östlich gelegenen Jezioro Wicko (Vietzker See). Beide Gewässer sind durch Nehrungen von der Ostsee abgetrennt. Auch hier lädt das Wasser zum Baden ein.

Zwischen den Seen liegt der kleine Fischerort Jarosławiec (Jershöft) mit Leuchtturm am Kliff. Dieser wurde 1838 erbaut, ist 24 Meter hoch und Besuchern zugänglich. Der Kletterpark im Ort begeistert vor allem Kinder.

Zehn Kilometer südlich von Darłowo breitet sich ein Torfhochmoor aus, das sogenannte Schlawiner Moor (Słowińskie Błota).

Sehr beliebt sind zwei- bis dreitägige Kanufahrten auf der Wieprza (Wipper) von Kępice (Hammermühle) bis Darłowo. Die Strecke ist etwa 60 Kilometer lang. Die Einsetzstelle für Boote in Kępice liegt nicht weit vom Bahnhof (Bahnstrecke Miastko–Sławno).

In der einstigen Papierfabrik von Hammermühle wurde während des Zweiten Weltkrieges massenhaft Falschgeld in höchster Qualität gedruckt, vor allem Dollar und Englische Pfund. Heute produziert hier eine Gerberei.

▲ Karte S. 109/117

Darłowo und Umgebung

Vorwahl: 094.
Touristeninformation, ul Zamkowa 4, Tel. 3142902, www.darlowo.pl.

Tgl. mehrere Busverbindungen nach Koszalin, Ustka und Słupsk sowie ins Fachwerkdorf Sławno.

Schiffsfahrten nach Bornholm, ul. Kotwiczna 1, www.kzp.kolobrzeg.pl (nur Juli/Aug.).

Gościniec Zamkowy (€–€€), ul. Marii Skłodowskiej-Curie 23, Darłowo, Tel. 601431033, www.zamkowy.pl. Gasthaus und Restaurant in einem Fachwerkhaus aus dem 18. Jahrhundert, nahe dem Schloss und der Hauptstraße nach Sławno, schönes Apartment Nr. 208 über zwei Etagen mit Kinderbettchen und Fenster auf den ruhigen Innenhof, Restaurant 24. Juni bis 15. September tgl. 12–22 Uhr.
Eryk (€), ul. Rynkowa 2d, Darłowo, Tel. 3143686, www.eryk.com.pl. Modernes kleines Haus im Zentrum, gutes Restaurant mit polnischer Küche, Internetcafé.
► In Darlówko:
Apollo (€€–€€€), Darłówko-Wschodnie, Kapielowa 11, Tel. 3142453, www.hotelapollo.pl. Vier-Sterne-Haus nahe der Wippermündung; Restaurant und Café in historischem Gemäuer.
Spa Lidia (€€€), Darłówko-Zachodnie, ul. Dorszowa 3, Tel. 3143038, www.hotellidia.pl. Beliebtes Kurhotel mit Schwimmhalle und Dampfsauna, Benutzung im Preis enthalten, Zimmer mit Balkon, zwei Apartments mit Meerblick, Anwendungen im Haus, 150 Meter zum Strand.
Resort Spa Plaza (€€), ul. Słowiańska 3, Tel. 3145500, www.hotelplaza-morze.pl. Komfortable DZ und Apartments in Strandnähe, Gesundheitszentrum im Stil einer griechischen Therme, Restaurant mit polnischer und mediterraner Küche.
► In Jarosławiec:
Król Plaza Spa (€€–€€€), ul. Bałtycka 16, Tel. 059/8109456, www.krolplazaspa.pl. Komfortables Haus gegenüber dem Leuchtturm, 200 Meter zum Strand. Sehr gutes Preis-Leistungs-Verhältnis.

In Darłówko, ul. Conrada 20, Tel. 3148167, 300 Meter vom Strand, Mitte Mai–Mitte Sept.

Kikiriki, Powstańców Warszawskich 34/2 (Fußgängerzone Darłowo); tgl. 10–19 Uhr, Herbst/Winter Di–Fr 10–18, Sa 10–15 Uhr. Hübsches Café.

Schloss der Pommerschen Herzöge, ul. Zamkowa 4, www.muzeumdarlowo.pl, tgl. 10–18, Okt.–April Di–Sa 10–16 Uhr.
Meeresmuseum (Muzeum Morskie), ul. Kotwicznej 12, in Darłówko im Kunstterminal (Terminal Sztuki). Schiffsmodelle, Gebrauchsgegenstände, Uniformen, Münzen und Medaillen, Gemälde und Fotografien; Juni–Sept. 10–18, Sa/So 10–19 Uhr.

Tage des Meeres, Seemannslieder und Neptunfest, König-Erich-Markt mit Konzerten und Sportwettbewerben, Ritterturnier König Erich im Schloss sowie Konzerte (Ende Juli/Anfang Aug.).

Aqua Park Jan, ul. Północna 11, www.parkwodny.net; Mi–Fr 12–20, Sa 11–21, So 11–20 Uhr.

Słupsk

Słupsk (Stolp) ist die zweitgrößte Stadt der Woiwodschaft Pomorskie und breitet sich in einem Talkessel auf beiden Seiten der Słupia (Stolpe) aus. Im Jahr 1310 wurde Stolp, knapp 20 Kilometer von der Ostseeküste entfernt, mit Lübecker Stadtrechten ausgestattet. Seit 1381 war Stolp eine Hansestadt, deren Wohlstand sich auf den Handel mit Bernstein, Bier, Getreide und Vieh gründete. Die günstige Lage mit Wasserweg über die Stolpe zur Ostsee und an der Handelsstraße nach Danzig begünstigten das Wachstum zu einem wirtschaftlichen und kulturellen Zentrum Pommerns mit heute etwa 94 000 Einwohnern. Berühmt war die Stadt seit Mitte der 1920er Jahre auch für das ›Stolper Jungchen‹, einen Weichkäse. Seit 2007 wird der Camembert wieder produziert.

Słupsk ist Mitglied der Neuen Hanse. Diese Städtevereinigung wurde im Jahr 1980 in den Niederlanden ins Leben gerufen, um den Tourismus zu fördern. Heute sind die Firma Scania, die hier Busse fertigt, sowie mehrere Fenster- und Schuhproduzenten - unter anderem Gino Rossi - wirtschaftlich bedeutsam.

Ein Stadtrundgang

Vom großen Bahnhofsgebäude führt die Allee Wojska Polskiego, die in ihrem unteren Teil von Linden gesäumte Hauptgeschäftsstraße, geradewegs Richtung Altstadt. Am pl. Henryk Sienkiewicza steht ein lebensgroßes Denkmal des berühmten polnischen Schriftstellers (›Quo vadis‹ und ›Die Kreuzritter‹). Im kleinen Park dahinter, nahe dem Denkmal, wird das Datum täglich mit Pflanzen in eine Rabatte neu eingesetzt.

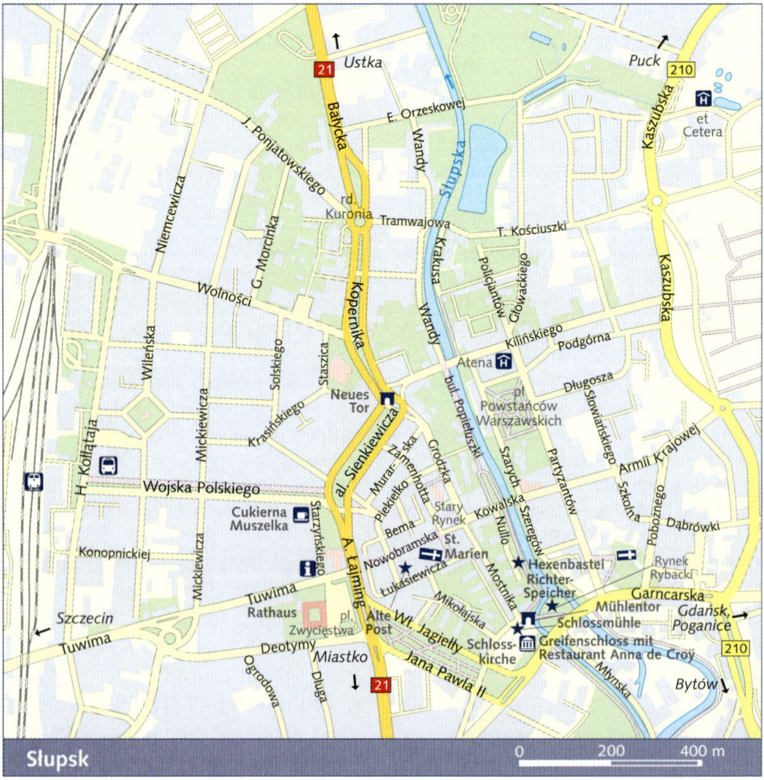

Das Landratsamt

Vom pl. Henryk Sienkiewicza führt die ul. S. Starzynskiego, vorbei an der großen Blumenuhr, zum pl. Zwycięstwa mit dem **Neuen Rathaus** (1901). Die Entwürfe für den Jugendstilbau lieferten die Berliner Architekten Karl Zaar und Rudolf Vahl. Das stattliche neugotische Gebäude ist ein Zeugnis des wirtschaftlichen Aufschwungs zu Beginn des 20. Jahrhunderts. Stadtwappen von Stolp, Köslin, Kolberg, Danzig, Breslau, Stettin und das pommersche Greifenwappen schmücken die Hauptfassade. Innen dokumentieren einige Glasfenster und Bilder wichtige Momente der Stadtgeschichte: In der Eingangshalle zeigen zwei Gemälde von Friedrich Klein-Chevalier den Stolper Fischmarkt und eine Stolpmünder Hafenansicht. Im Sitzungssaal des Landrates, auch als ›Hochzeitspalast‹ bekannt, hält ein Wandbild die Verleihung der Stadtrechte fest. 1329 übergab Herzog Barnim III. die Stadt Stolp dem Deutschen Orden als Pfand für geliehenes Geld. Er konnte den Betrag nicht zurückzahlen, deshalb schritten die Bürger zur Tat:

Ein zweites Bild zeigt eine Geld- und Schmucksammlung für den Freikauf von den Rittermönchen. Im Flur des zweiten Stocks bewundern die Gäste eine Kopie des berühmten **Stolper Glücksbären**. Das etwa 3000-jährige Original aus Bernstein fand man im Jahr 1887 in der Stolper Umgebung, wahrscheinlich war es das Amulett eines Bärenjägers. Es wird für so wertvoll gehalten, dass es im Tresor des Stettiner Nationalmuseums aufbewahrt wird. Das kleine Bärchen bringt angeblich Glück, und so entsteht seit 2003 jedes Jahr ein neues Exemplar, das bei einem Wohltätigkeitsball meistbietend versteigert wird. Im zugänglichen Rathausturm mit umfassender Aussicht befindet sich auch eine Galerie mit Porträts deutscher und polnischer Oberbürgermeister und Stadtpräsidenten. Vom Turm erklingt zu jeder vollen Stunde ein Glockenspiel mit vier Takten einer Symphonie von Karol Szymanowski.

Gegenüber vom Rathaus steht das wuchtige **Neue Tor** (Nowa Brama). Dieses Stadttor wurde im 14. Jahrhundert erbaut und mehrfach verändert. 1724 bis 1755 befand sich hier ein Gefängnis, in der ersten Hälfte des 20. Jahrhunderts ein Regionalmuseum, heute eine Galerie für moderne Kunst, die Malerei, Grafik, Bildhauerkunst, Kunstschmuck und Keramik ausstellt.

Über die ul. Nowobramska ist es nur ein kurzer Weg zur **Sankt Marienkirche**, einer markanten gotischen Backsteinkirche mit einem Westturm. Innen sieht man schöne Kreuz- und Sternengewölbe, eine reich verzierte Kanzel aus der Barockzeit sowie die gotische Figurengruppe ›Die Kreuzigung‹.

Gegenüber der Marienkirche blieb die **Alte Post** aus der Epoche von Heinrich von Stephan erhalten. Wenn man rechter Hand vom Eingang um die Ecke schaut, sieht man eine große Gedenktafel mit seinem Abbild sowie eine polnisch-deutsche Inschrift: ›Heinrich von Stephan (1831 bis 1897), dem Mitbegründer und Initiator des Weltpostvereins‹.

Die Straßen ul. Mikołajska oder ul. M. Mostnika führen zum attraktivsten Stadtwinkel: Nahe der Słupia und dem Mühlgraben stehen Schlosskirche, Greifenschloss, Schlossmühle, Mühlentor und Speicher. Am benachbarten pl. Grunwaldzki fand die gotische **Kapelle Sankt Georg** mit einer Barockkuppel einen neuen Standort. Sie ›wanderte‹ 1912/13 aus dem Zentrum hierher.

Die gotische **Schlosskirche**, ursprünglich eine Dominikanerkirche, wurde Anfang des 16. Jahrhunderts – während der Reformation – ausgeraubt und beschädigt. Herzogin Erdmuth ließ die Kirche ab 1602 umbauen, so entstand der schlanke Westturm neu. Besonders wertvoll sind das Barockepitaph der Herzogin Anna (gest. 1660) und das Grabmal ihres Sohnes Herzog Ernst Bogislaw von Croÿ (gest. 1684) aus schwarzweißem Marmor, der Hochaltar im Stil der Spätrenaissance sowie eine herrliche Kanzel und eine Barockorgel.

Das **Greifenschloss** (Zamek Książąt Pomorskich) war die Residenz der pommerschen Herzöge. 1507 bis 1587 erbaut, wurde die gotische Anlage in den 1680er Jahren nach einem Plan von Wilhelm Zachariasz im Renaissancestil verschönert. Als Pommern an Preußen fiel, ließ König Friedrich Wilhelm I. das wertvolle Inventar im Jahr 1731 nach Berlin schaffen. Später wandelte sich das Schloss in eine Kaserne, ab 1821 in einen Getreidespeicher. Die Rote Armee brannte die Stadt nach der Eroberung im März 1945 nieder, und auch das Schloss erlitt dadurch Schäden. Während der Rekonstruktion zwischen 1959 und 1965 erhielt es seine schlichten glatten Außenmauern zurück. Vor dem Schloss steht das Denk-

▸ Karte S. 122

mal von Bogislaw X. dem Großen (1454–1523). Er war der letzte Herrscher des Herzogtums Pommern-Stolp und regierte hier von 1474 bis 1478. Später einte Bogislaw ganz Pommern mit Stettin als Hauptstadt. Im Jahr 1521 ernannte ihn Kaiser Karl V. zum Reichsfürsten.
In der Residenz werden wertvolle Sammlungen der Region Mittelpommern ausgestellt. Man zeigt eine Pommern-Landkarte ›Pomeranica‹ (1612 bis 1618 in Amsterdam gefertigt), Ikonen, Waffen, Siegel und Münzen. Auch zwei Zinnsarkophage, der von Herzogin Anna de Croÿ und der ihres Sohnes Ernst Bogislaw, sind zu sehen. Im Obergeschoss befindet sich die weltgrößte Galerie mit Gemälden von Stanisław Ignacy Witkiewicz (1885–1939). Er trug den Spitznamen Witkacy, war auch als Schriftsteller und Lebenskünstler bekannt und gilt als Begründer des Formismus. Auf seinen Arbeiten verewigte er auch die Art der Drogen, die ihn jeweils bei seiner Arbeit beflügelten – benötigte der Künstler einmal mehr Aufputschmittel als gewöhnlich, hatte das auch einen höheren Preis zur Folge. Das Museum besitzt 230 Werke des Künstlers, überwiegend Porträts. Am Schloss wurde der herzogliche **Kräutergarten** rekonstruiert. Die benachbarte **Schlossmühle** (Młyn Zamkowy) am Mühlenbach ist noch etwa 100 Jahre älter als das Greifenschloss; hier befinden sich eine Dauerausstellung ethnographischer Volkskultur aus Mittelpommern sowie die Bernsteingalerie. Heute steht neben dem Mühlentor am Fischmarkt (Rynek Rybacka) der ehemalige **Kornspeicher** (auch Richter-Speicher genannt). Er stand bis 1994 an der Straßenkreuzung Kopernicka/Wolności, wo er Ende des 18. Jahrhunderts errichtet worden war. Sorgsam rekonstruiert, auch mit finanziellen Mitteln der Bundesrepublik Deutschland, ist der hübsche Fachwerkbau seit 1998 am neuen Standort ein Anziehungspunkt. Seither laden hier eine kleine Teestube (Herbaciarnia w spichlerzu) mit über hundert Teesorten sowie im Nachbarraum Wechselausstellungen ein. Da auf dem Fischmarkt schon lange kein Fisch mehr gehandelt wird, hat man sich etwas Besonderes ausgedacht: Seit dem Jahr 2005 befindet sich am hiesigen Mühlenbach ein künstlich angelegter Laichplatz für Lachse.
Mit einigen Schritten am linken Stolpeufer flussabwärts erreicht man die **Hexenbastei** (Baszta Zarownicza). Im 17. Jahrhundert schmachteten in den kalten Mauern Frauen, die der Hexerei bezichtigt wurden. Viele Insassinnen fanden bei Folter oder auf dem Scheiterhaufen den Tod. Der letzte Hexenprozess ist aus dem Jahr 1701 dokumentiert. Er endete mit der Verbrennung von Trina Papisten. Heute dient der Turm einer kleinen Galerie als Ausstellungsraum (freier Eintritt). An das dunkle Kapitel erinnert heute nur noch die Wetterfahne: Eine Hexe fliegt auf dem Besen.
An der Ausfahrtsstraße nach Łeba ist die einstige **Bergbrauerei** sehenswert, heute Hotel und Restaurant ›et Cetera‹. Die Brauerei wurde 1859 gegründet und war bis in die 1920er Jahre in Betrieb. Drei historische Gewölbe sind dem geschichtlichen Andenken an das alte Stolp gewidmet: Im ›Heinrich-von-Stephan-Saal‹ sieht man den Generalpostmeister auf der Kopie einer historischen Postkarte sowie ein Gemälde mit seinem heute nicht mehr vorhandenen Stolper Wohnhaus und dem Alten Postamt. Der ›Zeppelinsaal‹ erinnert an die Luftschiffbasis, die sich in Jeseritz, 12 Kilometer von Stolp entfernt, befand; der ›Stolper Brauereisaal‹ an die Geschichte des Hauses selbst. Am Eingang zum Restaurant erblickt man eine Ansicht von Stolp aus dem Jahr 1618.

Die Postkarte – ein Stolper Sohn hat sie erfunden

Internet und Mobilfunk haben der einst weitverbreiteten Kunst des Briefeschreibens den Garaus bereitet. Statt wohl überlegter, oft seitenlanger Korrespondenz begnügt sich der moderne Mensch mit Anruf, E-Mail, SMS oder Twitter-Nachricht. Damit geht eine Jahrtausende alte Kulturentwicklung wohl unweigerlich ihrem Ende entgegen. Archäologen datieren das älteste Postnetz der Welt auf etwa 2000 Jahre vor unserer Zeitrechnung: Damals versandte man Steintafeln mit eingravierten Texten. In der frühen Neuzeit wurden in Europa die ersten regelmäßig bedienten und konzessionierten Postlinien eingeführt, so beispielsweise 1558 zwischen Krakau und Venedig. Die einzelnen Schriftstücke wurden vor dem Versand zusammengefaltet und verklebt – der Briefumschlag, in Großbritannien ersonnen, ist erst seit 1820 üblich.

Die Ansichtskarte aber behauptet sich nach wie vor tapfer gegen die digitale Konkurrenz. Insbesondere aus dem Urlaub werden die bunten Karten noch immer gern an die Daheimgebliebenen geschickt. Meist sind sie praktisch auf dem Drehständer in großer Auswahl angeordnet. Farbig oder schwarz-weiß, im Standardformat 15 x 10,5 Zentimeter, etwas größer oder kleiner, manchmal im Panoramaformat, rechteckig oder rund, mit aufgeklebtem Plastikdöschen, das Sand, Muscheln oder Steinchen enthält – die Marketingstrategen denken sich immer neue Spielereien aus.

Die Postkarte ist im Gegensatz zum Brief eine sehr junge Erfindung. Ausgedacht hat sie sich der in Stolp geborene Heinrich von Stephan (1831–1897). 1865 verfasste er eine Denkschrift zur Einführung der Postkarte, einer rechteckigen Karte aus Papier oder Karton, auf der man offen lesbare Mitteilungen schreibt. Das fand wegen der ungewohnten ›unanständigen Form‹ anfangs kein Gehör – jeder konnte den Text lesen! Ende des Jahres aber, auf der 5. Konferenz des Deutschen Postvereins in Karlsruhe, erwärmten sich die Verantwortlichen für diese Idee – allerdings mauerte diesmal die preußische Obrigkeit, bis die Nachbarn den Gedanken aufgriffen. Am 1. Oktober 1869 wurde bei der Österreichischen Post eine offene ›Correspondenzkarte‹ mit aufgedrucktem Postwertzeichen eingeführt, die rasch die Welt eroberte, und wieder war es Heinrich von Stephan, der sich darum verdient machte. Von Stephan – Geheimer Oberpostrat in Preußen, ab 1867 Generalpostdirektor des Norddeutschen Bundes und ab 1871 Generalpostdirektor des Deutschen Reiches – vereinbarte Postverträge mit den USA, Norwegen, Dänemark, der Schweiz, Italien und Schweden. Auf seine Initiative hin kamen am 15. September 1874 die Postabgesandten aus 22 Ländern in Bern zusammen. Auf diesem ersten internationalen Postkongress beschloss man die Gründung des ›Allgemeinen Postvereins‹, aus dem später der ›Weltpostverein‹ hervorging. Zum Ende des 19. Jahrhunderts gehörten ihm alle wichtigen Staaten mit Ausnahme von China an. Im Oktober 1904 erschien die erste Ansichtskarte, so wie man sie noch heute kennt: Auf der einen Seite mit Motiv, auf der anderen ist Platz für Anschrift und Mitteilungen.

In Słupsk können Besucher noch auf den Spuren von Stephans wandeln: An der Alten Post ist eine Gedenktafel an der berühmten Stolper Sohn zu finden, in der ehemaligen Bergbrauerei (heute Hotel ›et Cetera‹) unter anderem die Kopie einer Postkarte aus jenen Zeiten.

Die Umgebung

Südlich von Słupsk dehnt sich das Landschaftsschutzgebiet Stolpetal (Dolina Słupi) aus. Hier blieben viele historische **Wasserkraftwerke** erhalten. Man kann sie auf ausgewiesenen Routen zu Fuß, per Rad oder mit dem Boot erreichen. Die größte Anlage, erbaut 1914, steht bei Gąskowo (Klein-Gansen), etwa 25 Kilometer südöstlich von Słupsk. Weitere sind in den Orten Struga (Neukrug), Krien (Unter Scharsow) und Strzegonino (Klaushof) zu besichtigen, die die ›Wasserkraftwerkstraße‹ verbindet.

Das außergewöhnliche Dorf **Swołowo** (Schwolow), 15 Kilometer westlich von Słupsk und 12 Kilometer von der Ostsee gelegen, schmückt sich mit dem Beinamen ›Hauptstadt des karierten Landes‹. Diesen Beinamen verdankt der Ort den vielen Fachwerkhäusern mit schwarz-weißen Karos. In diesem hübschen Angerdorf mit kleiner Kirche und Dorfteich stehen etwa 80 Fachwerkgebäude aus dem 18. bis 20. Jahrhundert. Swołowo, urkundlich im Jahr 1230 erstmalig erwähnt, ist heute die am ursprünglichsten erhaltene Bauernsiedlung Pommerns. Seit 1997 unterstützt die EU den Erhalt und die Entwicklung des Dorfes mit Fördergeldern. Das Gehöft ›Albrechtshof‹ (Zagroda Albrechta), Anfang des 20. Jahrhunderts im Besitz eines reichen Bauern, ist ein **Freilichtmuseum** mit Tor- und Wohnhaus, Scheune, Stall und Innenhof mit Jauchegrube und Brunnen. Nahe dem Haus befinden sich Backhaus, Schuppen, Tagelöhnerunterkunft, Obstgarten, Wiesen und typische ›Handtuchfeldchen‹. Die landschaftliche Umgebung des Dorfes ist bestens zur Erholung für gestresste Großstädter sowie für Familien mit tierlieben Kindern geeignet.

Am Schloss in Słupsk

Słupsk und Umgebung

Vorwahl: 059.

Touristeninformation, Starzyńskiego 8, Tel. 7285041, Mo–Fr 9–18, Sa/So 10–15 Uhr; Mitte Sept.–Mitte Juni So Ruhetag.

Przymorze, ul. Jedności Narodowej 4–5, www.przymorze.com.pl. Das Touristikunternehmen besitzt zwei Hotels in Słupsk und hübsche Apartments und Ferienhäuser an der Ostsee in Ustka und Rowy.

Tgl. mehrmals Intercity-Verbindungen (TLK) in Richtung Gdańsk und Szczecin sowie unregelmäßige S-Bahn (SKM) von und nach Gdańsk-Głowny.

Direktverbindung nach Koszalin (Linienbus) und Darłowo sowie nach Ustka, Rowy, Smołdzino und Łeba (oft Minibusse).

et Cetera (€€), ul. Kaszubska 18, Tel. 8411605, www et.cetera.pl. Neues Hotel in der einstigen Bergbrauerei. Großzügige gemütliche und klimatisierte Zimmer, Bäder mit Wanne, einige Zimmer mit kleinem Balkon. Drei stilvolle Apartments. In jedem Zimmer hängt ein anderes Bild von Stanisław Ignacy Witkiewicz (Kopien aus dem Greifenschloss). Die junge Chefin spricht ausgezeichnet Deutsch und gibt gern einige Besichtigungstipps oder erzählt interessante Details auch aus der deutschen Stadtgeschichte.

Atena (€–€€), ul. J. Kilińskiego 7, Tel. 8428814, www.hotelatena.slupsk.pl. Renovierter Altbau mit geschmackvollen Zimmern, Restaurant und Bar.

Staromiejski (€€), ul. Jedności Narodowej 4, Tel. 8428464, www.hotel-slupsk.pl. Nahe der Altstadt, mit Restaurant ›Franciszkańska‹, polnische Küche. 1928 wählte Reichspräsident von Hindenburg das Haus als Nachtquartier.

Zamkowy (€–€€), ul. Dominikańska 4, Tel. 8425294, www.hotel-slupsk.pl. Am Greifenschloss mit Restaurant.

et Cetera, ul. Kaszubska 18, Tel. 8411605, www et.cetera.pl. Drei stimmungsvolle Gewölberäume in der einstigen Bergbrauerei. Hier kommt die beste pommersche Gans weit und breit auf den Tisch! Das Bier ›et Cetera‹ der Brauerei Kowal in Koszalin ist nicht gefiltert und pasteurisiert (Sorten: Natur, Weizen, Dunkel und Honig), es wird aber nur in Einliterflaschen mit Bügelverschluss angeboten. Auch Warsteiner Fassbier; tgl. ab 13 Uhr.

Anna de Croÿ, Tel. 8481650. Im Keller des Greifenschlosses – Namensgeberin ist die letzte Herzogin, die hier residierte. Angenehme Atmosphäre und wechselnde Ausstellungen; tgl. 13–22 Uhr.

Teestube im Richter-Speicher (Herbaciarnia w spichlerzu Richtera), ul. Rynek Rybacki 1. Neben Tee auch Kaffee, heiße Schokolade, Wein und hausgemachte Mehlspeisen; tgl. 10.30–21 Uhr.

Nostalgia, Restaurant in einer historischen Wassermühle etwa 25 Kilometer östlich in Poganice (Poganitz) an der E 28 Richtung Lębork.

Cukierna Muszelka, Ecke ul. Wojska Polskiego/Stefana Starzyńskiego. Torten und das beste Eis der Stadt in einer kleinen Konditorei mit nur drei Tischchen und einigen Freiluftsitzen; Mo–Fr 10–18, Sa/So 10–16 Uhr.

Greifenschloss mit dem Museum Mittelpommerns und der Schlossmühle, ul. Dominikańska 5–9, www.muzeum.slupsk.pl.; 15. Mai–16. Sept. Mo 10–16, Di–Sa 10–17, So 10–18 Uhr, sonst Mi–So 10–16 Uhr.

Rathaus, Mo–Do 7.30–15.30, Fr 7.30–17 Uhr. Innenräume nur nach Anmeldung im Sekretariat.

Hexenbastei, Di–So 10–18 Uhr.

Alte Post (regulärer Postbetrieb), ul. Łukasiewicza 3 (gegenüber Marienkirche); Mo–Fr 7.30–18.30, Sa 8–15 Uhr.

Greifen-Jahrmarkt, So 11–17 Uhr auf dem Fischmarkt am Richter-Speicher (Juli/Aug.), Orgel- und Kammermusikfestival im Schloss (Aug), Polnisches Klavierfestival, Fischfest (Sept.), Komeda Jazz Festival (Nov.).

Nord Luxury shoes, Fabrikverkauf in Strzelinko, Włynkowo 55 (auf halben Wege zwischen Słupsk und Ustka), http://nord-shoes.com; tgl. 9–16 Uhr.

▶ Karte S. 122

Kiefernwald am Strand von Ustka

Ustka

In Ustka (Stolpmünde) – ujście bedeutet Mündung – ergießt sich die Słupia (Stolpe) ins Meer. Ustka ist das größte See- und Kurbad zwischen Kołobrzeg und Sopot mit Fischerei- und Seehafen. Anfangs fuhren Schiffe die Stolpe bis in die Hansestadt Stolp hinauf. Doch die geringe Flusstiefe förderte schließlich den Hafenbau in Stolpmünde. Hier wurde vor allem Getreide und Spirituosen umgeschlagen, allein 1887 gingen über fünf Millionen Liter Schnaps aus pommerschen Brauereien auf die Seereise. Einst wählten Seeleute das Städtchen gern als Altersdomizil. Neben dem feinen Sandstrand und der langen Promenade zählen historische Kurhäuser, Villen und Hotels aus dem 19. Jahrhundert zu den Sehenswürdigkeiten.

Kurz vor dem Zweiten Weltkrieg begannen am Hafen hektische Bauarbeiten: Stolpmünde sollte neben Gotenhafen (heute Gdingen) zu einem modernen Hafen wachsen, damit auch sehr große Schiffe anlegen konnten. Dazu begann man, einen knapp zwei Kilometer langen Wellenbrecher aufzuschütten, der den Hafen halbkreisförmig vor den starken westlichen Winden schützen sollte. Ziel war es, den Personen- und Güterverkehr von Berlin per Bahn und von hier weiter auf dem Wasserweg nach Königsberg auf neun Stunden zu begrenzen. Ende September 1939 wurden die Arbeiten am halbfertigen Projekt eingestellt.

Im Januar 1945 ereignete sich vor Stolpmünde die größte Schiffskatastrophe der Geschichte (→ Extra S. 189).

■ Sehenswürdigkeiten

Für rund 15 Millionen Euro hat eine deutsche Baufirma vor einigen Jahren die **Mole** (molo) vollendet, jetzt ist auch der Hafenkai herausgeputzt. Viele Urlauber und Ausflügler schlendern bei schönem Wetter auf der östlichen Mole und beobachten das Ein- und Auslaufen der Schiffe und Fischerboote. Hier sitzt seit 2010 eine attraktive Nixe aus Bronze auf einem Marmorsockel.

Von der Aussichtsplattform des kleinen backsteinernen **Leuchtturms** in der Nähe des Hafens eröffnet sich ein schöner Überblick. Der Leuchtturm wurde 1892 eingeweiht, ist 21,5 Meter hoch, und sein Licht strahlt etwa 30 Kilometer weit aufs Meer.

Die Stolpmünder Küste war in früheren Zeiten bei steifer Brise sehr gefürchtet, viele Schiffe gerieten in Seenot. Ab 1867 wurden deshalb an der gesamten pommerschen Küste alle zehn Kilometer sogenannte ›Rote Baracken‹ zum Aufbewahren der Rettungsgerätschaften errichtet. 1887 ersetzte man den hiesigen Holzbau durch ein massives Gebäude. Ermöglicht haben das Spendengelder, die die Bediensteten des Post- und Telegrafenamtes anlässlich des 90. Geburtstages von Kaiser Wilhem I. sammelten. Im Gebäude gab es einen Pferdestall sowie einen Wagen mit Spezialrädern, die nicht im Dünensand versanken. Auf diesem Wagen konnten ein Zehn-Mann-Ruderboot und eine Abschussanlage für Seile zum Bergen der Schiffbrüchigen transportiert werden. Bis 1945 konnten von der hiesigen Station 166 Menschenleben gerettet werden. Die Einsatzkräfte erhielten für jeden lebend Geborgenen eine Prämie von drei Reichsmark.

Früher schmückte das Hanseatenkreuz den Giebel des Backsteingebäudes, heute ist an dieser Stelle ein Rundfenster zu sehen. Die historische **rote Scheune** steht etwa 100 Meter südlich vom Leuchtturm im Schatten alter Laubbäume und dient nach wie vor ihrer Bestimmung.

Am Hafenkai werden sonntags 40-minütige Ostseeausflüge im nachempfundenen Seeräuberschiff ›Unicum‹, angeboten.

▶ Karte S. 131

Am ehemaligen Kirchplatz, dort wo die ul. Marynarki Polskiej zum Hafen abbiegt, liegt der **Kapitänswinkel**. Hier standen die Ruhesitze vieler Schiffskapitäne und Seeleute. In den vergangenen Jahren entstanden viele der einstigen kleinen Fachwerkhäuschen als Kopiebauten ein zweites Mal. Darunter sind die Pensionen ›Fisherman's house‹ in der ul. Marynarki Polskiej 10 und die Pension ›Mistral‹ mit Café und Bonbonmanufaktur in der ul. Kaszubska 9.

Von 1357 bis 1889 stand im Kapitänswinkel zwischen alten Linden eine Kirche. Deren hoher Turm bot Seeleuten einen wichtigen Orientierungspunkt, bevor ab

Nixen an der Mole von Ustka

1871 der erste Leuchtturm in Betrieb genommen wurde. Da das Gotteshaus nur 200 Gläubigen Platz bot, wurde es zu klein und daher abgetragen.
Südlich der Strandpromenade breitet sich der ehemalige **Wilhelmspark** (Park nadmorski) mit schattigen Wegen aus. Im Jahr 1920 wurde hier, an der Ecke der ul. Kopernicka zur ul.Chopina, das **Denkmal Der sterbende Krieger** aufgestellt. Er gedenkt der 76 Männer aus Stolpmünde, die im Ersten Weltkrieg gefallen sind. Mit letzter Kraft hebt der Todgeweihte ein Schild hoch, auf dem erstmals das Stolpmünder Wappen dargestellt wurde. Ursprünglich standen auf einer Tafel die deutschen Worte ›Unseren gefallenen Soldaten‹, was durch die polnische Inschrift ›Den unbekannten Helden der Weltkriege, die Bürger von Ustka‹ ersetzt wurde. Aber auch diese Tafel ist inzwischen abhanden gekommen.
Josef Thorak, der dieses Denkmal schuf, war einer der bekanntesten Bildhauer des 20. Jahrhunderts. Er schuf auch viele Skulpturen im Berliner Olympiastadion sowie an der Reichskanzlei. Thorak stieg zu einem Liebling Hitlers auf, deshalb waren seine Werke später verpönt. Dieses Denkmal ist das einzige von Thorak auf heute polnischem Territorium.
Im selben Park, etwas oberhalb nahe der Promenade, steht das **Chopin-Denkmal** aus dem Jahr 1979. Die Steinskulptur zeigt einen schmächtigen Klaviervirtuosen, der sich gegen die starke Brise stemmt. Die Künstlerin, Ludwika Krasowska-Nitschowa, fertigte im Jahr 1939 auch die weltberühmte ›Warschauer Sirene‹.
Im Zentrum, an der Kreuzung ul. Marynarki Polskiej/ul. K. Wyszyńskiego, steht die neugotische **Erlöserkirche** aus den Jahren 1885 bis 1888, die als Ersatz für den Vorgängerbau im Kapitänswinkel vom Stolpmünder Schiffszimmermann Franz Draheim erbaut wurde. Der Altarkruzifix aus dem 17. Jahrhundert stammt aus der alten Kirche. Das Gemälde im Kirchenchor zeigt eine am Kreuz betende Kaufmannsfamilie aus Stolp. Sie stiftete das Bild, um für das Seelenheil ihres Erstgeborenen zu bitten, der bei einem Schiffsunglück im Jahr 1672 ums Leben gekommen war. Ein zweites Gemälde schenkten heimische Fischer. Es zeigt Christus mit zwei Schächern und entstand 1652. Die Orgel wurde von der berühmten Manufaktur Völkner gestiftet.
Sportliche Besucher finden an der ul. Grunwaldska 33 Tennisplätze, Surfbretter sind am Strand auszuleihen. Bei schlechtem Wetter können Schwimmer im Hallenbad in der ul. Sportowa ihre Bahnen ziehen.
Am westlichen Rand der Mole erhielten sich Relikte eines großen deutschen Luftwaffenbunkers (Zwiedzanie bunkrów Blüchera) aus dem Jahr 1939.

Die Umgebung

Östlich von Ustka bis kurz vor Rowy eröffnet sich vom Ufer ein besonders dramatischer Anblick. Es fällt zum Teil steil zur Ostsee ab, und Sturmfluten legen immer wieder Baumstämme frei. Ihr Alter beträgt zwischen 4000 und 5000 Jahre, die Bäume grünten zu Zeiten der ägyptischen Pharaonen.
Für Radler ohne viel Gepäck ist die über 20 Kilometer lange **Route der verschwundenen Gleise** auf einer ehemaligen Kleinbahnstrecke von Ustka nach Rowy (Rowe) zu empfehlen. Der Radweg beginnt nicht weit vom Bahnhof, an der Hauptstraße Richtung Słupsk am Ortsausgang. Von der Strandpromenade schlängelt sich der Weg hierher durch Ferienanlagen und Kiefernwald.

Ustka und Umgebung

Vorwahl: 059.

Touristeninformation, ul. Marynarki Polskiej 71, Tel. 8147170, www.lot.ustka.pl, Mo–Fr 8–16 Uhr.

Tgl. nur zwei Verbindungen, frühmorgens und abends nach Słupsk.

Häufige Verbindungen nach Słupsk. Im Jul./Aug. auch Verbindungen nach Rowy-Czolpino-Kluki-Łeba, Fahrplan: www.nordexpress.pl.

Schiffsausflüge, Sa/So meist um 11.30, 13, 14.30, 16 und 17.30 Uhr, unter der Woche seltener. Am Kassenhäuschen neben dem Ankerplatz werden die Abfahrtszeiten für den nächsten Tag bekannt gegeben, Tel. 698523694, www.galeony.pl.

Royal Baltic Spa (€€–€€€), ul. Wczasowa 26, Tel. 8155285, www.royal-baltic.pl. Exquisites Boutique-Hotel der Vier-Sterne-Kategorie. Außerhalb der Saison DZ über booking.com für 50 Euro. Die meisten Zimmer mit Balkon. Hallenbad, Wellnessräume im orientalischen Stil. Am Rande des Bäderviertels in einem Wäldchen, etwa 200 m vom Strand, 800 m ins Zentrum und zum Hafen.

Grand Lubicz Uzdrowisko Ustka (€€–€€€), Grunwaldzka 14, Tel. 8143102, www.hotel-lubicz.pl. In das moderne Hotel wurden Fragmente der alten Mühle integriert. Zimmer mit Stilmöbeln und geräumigen Bädern, Restaurant Bernstein mit guter polnischer und internationaler Küche; Umfangreiches Gesundheitsangebot mit Anwendungen im Haus. Im Zentrum, etwa 1 km vom Strand.

Rejs (€€), ul. Marynarki Polskiej 51, Tel. 8147850, http://hotelrejs.com. Fachwerkgebäude mit 24 Zimmern, ausgezeichnetes Restaurant ›Sedme Niebo‹ (Siebenter Himmel). Die Fischgerichte sind von außerordentlicher Qualität. Geschmackvolle Zimmer mit gepflegten alten Möbeln und Dielenfußboden. Ruhige Lage nahe der Fußgängerzone, etwa fünf Minuten zum Strand, nahe Leuchtturm und Mole.

Mistral (€–€€), Kaszubska 9, Tel. 501527578, www.mistral.ustka.pl. Neues Fachwerkhäuschen im Kapitänsviertel mit freundlichen Zimmern unterm Dach. Fünf Minuten Fußweg zum Strand.

Olenka (€€–€€€), ul. Zaruskiego 1, Tel. 8148522, www.olenka-ustka.pl. Pension in einem modernen Backsteingebäude nahe dem Leuchtturm, zum Teil mit Meerblick, luxuriöses Apartment ›Marszałkowski‹.

Villa Red (€€), ul. Żeromskiego 1, Tel. 8148000, www.villa-red.pl. Hotel mit stilvollen Möbeln in der ehemaligen Sommerresidenz Otto von Bismarcks aus dem Jahr 1886 hinter der Promenade. Haupt- und Nebenhaus; wer sich auf Bismarcks Spuren begeben möchte, besteht auf ersterem. Mit Pub und Café ›Ramydada‹, Mo–Sa ab 18 Uhr. Auto parkt sicher im Grundstück, 100 Meter zum Strand. Mitunter Discolärm.

Morze (€–€€), ul. Marynarki Polskiej 22, Tel. 8155200, www.morzeustka.nadbaltykiem.pl. Neu erbautes Hotel und nebenan am Hafenkai modern ausgestattete Pension mit Zwei-, Drei- und Vierbettzimmern, 200 Meter zum Strand und zur Promenade, mit Restaurant ›Wenecja‹.

Fisherman's House (€–€€), ul. Marynarki Polskiej 10, Tel. 8146262, Grün beranktes Fachwerkhaus mit Restaurant und kleinem Café ›Tiffany's‹ (tgl. 11–20 Uhr) im Kapitänswinkel in Hafennähe. Nebenan unter gleicher Regie ein komfortables Hotel in zwei Gebäuden.

Dworek Różany (€), ul. Limanowskiego 6, Tel. 8148981, www.dworekrozany.tp1.pl. ›Rosenschlösschen‹ mit Turmzimmer und Holzschnitzereien am Vorbau sowie stilgerechter Rosenhecke in vielen Farben, nahe der Promenade.

▶ Karte S. 109/131

Jantar (€€), ul. Wczasowa 14, Tel. 8144093, www.jantar-ustka.pl. Mittelklassehotel am östlichen Stadtrand nahe dem Dünenwald, umgeben von malerischen Kiefern. Spa-Angebote im Haus, kleines Café im Erdgeschoss. Zehn Minuten Fußweg zum Strand.
Villa Aronia (€), ul. Mickiewicza 15, Tel. 605045006, www.villaaronia.ustka.pl. Schlicht und modern, nahe der Promenade, nur fünf Minuten zum Strand.
Zajazd Dajana (€–€€), ul. Chopina 9, Tel. 8144865, Hoteldajana@w.polsce.com. Kleines Haus direkt an der östlichen Promenade und am Park. Exklusive Lage, Zimmer mit Balkon und Meerblick. Restaurant im Haus. Nur zehn Meter zum Strand!
Aparton (€€), Poświatowskiej 34, www.aparton.pl. Buchbar z.B. unter www.booking.com. Moderne Apartments am östlichen Rand im Wald, im Sommer auch Frühstück möglich. Ca. 15 Fußweg zum Strand.
► In der Umgebung:
Dolina Charlotty Resort & Spa (€€€), Strzelinko 14, Tel. 8474300, www.dolinacharlotty.pl. Mit einem pommerschen Fachwerkgehöft auf einer benachbarten Insel mit luxuriöser Pension ›Eisernes Hufeisen‹ in einem ehemaligen Pferdestall und ›Fischerhaus‹, Restaurant ›Charlotta‹, Sa/So 8–22.30 Uhr, zweites Gasthaus tgl. 10–22 Uhr. Zwischen Ustka und Słupsk.

In Ustka-Przewłoka (Strickershagen):
Campingplatz Morski 101, ul. Armii Krajowej 4, Tel. 8144426. Zelt- und Wohnwagenplatz sind getrennt (Mai–Sept.).

Syrenka Ustecka Strzecha, ul. Marynarki Polskiego 32 (gegenüber Hotel Rejs), Tel. 8149603, www.syrenkaustecka.pl. Kleines sympathisches Fischrestaurant in der Fußgängerzone. Das Motto der Chefin lautet: ›Revolutionen in der Küche!‹ Tipps: Dorsch-Kohlroulade, Fisch-Stroganoff, Lachs-Tatar und Stolpmünder Fischsuppe; tgl. 12–22 Uhr.
Tawerna Klub Viva, ul. Gen. Mariusza Zaruskiego 1 (am Leuchtturm), Tel. 604905212. Im historischen Hafenkornspeicher, auch Pizzeria, tgl. 9–23 Uhr. Nebenan angesagte Diskothek.
Laguna Marine, ul. B. Limanowskiego 8, www.laguna.dagmor.pl. Restaurant und Pizzeria unter schattigen Bäumen an der autofreien Promenadenstraße, Früchtecocktails, frisch gepresste Säfte, Spezialität: 19 süße und 14 deftige Eierkuchen; ab 12 Uhr, Juli/Aug. ab 9 Uhr.
Stara Pierogarnia, ul. Darłowska 10a. Leckere Piroggen; tgl. ab 12 Uhr.
Tee- und Weinstube (Herbaciarnia i Winiarnia), ul. Marynarki Polskiej 14. Anheimelnde Teestube in Omas Wohnzimmerstil, 200 Teesorten, 30 Sorten Kaffee, auch Kuchen, Teegeschirrverkauf. Weinstube in einem über 200-jährigen Keller, 240 Weine; in der Saison tgl. 10–22 Uhr.

Mistral, ul. Kaszubska 9, Café, auch belgische heiße Schokolade sowie hauseigene Bonbonmanufaktur; tgl. 10–20 Uhr.
Brzóska, ul. Marynarki Polskiej 49. Bäckerei und Konditorei in der Fußgängerzone, gutes Kuchen- und Tortenangebot, Tchibokaffee, leider nur Plastikbesteck und Pappteller zum wunderbaren Käsekuchen; Mo–Sa 6–20, So 10–17 Uhr.

Bałtycka Galeria Sztuki, ul. Gen. Zaruskiego 1a. Wechselausstellungen in einem alten Speicher hinter dem Leuchtturm, freier Eintritt; tgl. 10–18 Uhr.
Museum der Mineralogie, ul. B. Limanowskiego (an der Promenade); tgl. 10.15–17 Uhr.
Brotmuseum (Muzeum chleba) in der Bäckerei Brzóska, ul. Marynarki Polskiej 49; Mo–Fr 11–18 Uhr.
Heimatmuseum (Muzeum Ziemi Usteckiej), ul. Marynarki Polskiej 62a; Juli/Aug. tgl. 11–18 Uhr, sonst 11–16 Uhr.

Die Dünen bei Łeba und die schmale Halbinsel Hela sind beeindruckende Landschaftsformen, die vor allem Naturliebhaber hierher locken.

ZWISCHEN SLOWINZISCHEM NATIONALPARK UND DER HALBINSEL HELA

Wanderdüne im Slowinzischen Nationalpark

Der Slowinzische Nationalpark

Der Slowinzische Nationalpark (Słowiński Park Narodowy) wurde 1967 als zweiter Küstenpark gegründet und 1977 in das weltumspannende UNESCO-Biosphärenreservatsnetz aufgenommen. Der Parkname erinnert an die hier einst ansässige slawische Volksgruppe der Slowinzen (Słowińcy). Seen, Wälder, Sümpfe und Wanderdünen erstrecken sich auf knapp 19 000 Hektar; darunter sind 10 000 Hektar Gewässer, 4600 Hektar Wälder und knapp 1000 Hektar Wanderdünen. Der Nationalpark ist besonders wegen seiner beeindruckenden Wanderdünen berühmt, die durch einen in Europa einmaligen Vorgang entstanden: Vor etwa 5000 Jahren spülte das Meer von Westen her Sand an, die Nehrung von Garder-Leba entstand. Die Bewohner holzten den Küstenwald bedenkenlos ab und setzten damit das Naturphänomen in Bewegung. Der an den Strand gespülte Sand trocknet durch Sonne und Wind, ohne Halt und Schutz wandern die feinen kleinen Sandkörner. Wenn die Windgeschwindigkeit etwa fünf Meter pro Sekunde beträgt, kräuselt sich die Sandoberfläche. Die weißen Hügel bewegen sich heute mit einer jährlichen Geschwindigkeit von etwa zehn Metern landeinwärts, nehmen immer mehr Raum ein, verlieren dabei aber an Höhe. Auf ihrem Weg nach Süden begraben die Sandmassen jedes Leben unter sich. Stumme Zeugen für diese Tatsache sind abgestorbene und halbverschüttete Bäume sowie tausendjährige Baumstümpfe, die durch das Weiterwandern der Dünen wieder freigegeben werden. Im Sommer bieten die Dünen echte Wüstenatmosphäre. Ende der 1930er Jahre probten hier Truppenverbände des künftigen deutschen Afrikakorps den Einsatz in der Wüste. Aber zum Glück ist das große Wasser hier keine Fata Morgana, sondern der wesentliche Unterschied zum Original. Nur wenige hundert Meter, und man kann sich den Badefreuden hingeben.

▶ Karte S. 139

Die Pflanzenwelt hat sich den harten Standortverhältnissen angepasst. An Strand und Dünen kommen Strandhafer und -roggen vor. Zwischen den Dünen wachsen mitunter Geflecktes Knabenkraut, Sonnentau, Moorbärlapp, Heidekraut und Krähenbeere. In Vertiefungen sammelt sich Regenwasser oft zu Pfützen oder kleinen Seen. Diese kurzlebigen Vegetationsstandorte stehen im krassen Gegensatz zur benachbarten Trockenflora. Mit der Dünenwanderung ist der Prozess der Pflanzensukzession verbunden. Dem fortgewehten Feinsand folgen zuerst Krautpflanzen, dann siedeln sich Zwergsträucher an, und schließlich setzt sich ein neuer Dünenkiefernwald fest, der den Wanderdüneneffekt auf diesem Terrain beendet.

Auch Leba- und Gardersee sind durch die Wanderdünen entstanden, indem die mobilen Sandmassen frühere Buchten vom Meer abgetrennt haben. Die flachen Seen, nur eineinhalb bis zwei Meter tief, umgibt ein breiter Schilfgürtel, ein ideales Vogelbrutgebiet.

In den Küstenwäldern findet man Blau- und Preiselbeeren, vereinzelt auch Moos- und Moltebeeren. Als vorherrschende Baumart behauptet sich die Kiefer in unterschiedlichen Wuchsformen; Birke, Fichte, Buche und Lärche sind seltener. Im Park brüten etwa 200 Vogelarten. Am Ufer des Lebasees (Jezioro Łebsko) leben Rehe, Hirsche, Wildschweine, in den Wäldern Dachse, Füchse und Marderhunde. Am eindrucksvollsten erlebt man die ›Sahara im Miniformat‹, wenn man sich den Dünen aus Łeba kommend über Rąbka nähert.

Ostsee
(Morze Bałtyckie)
Danziger Bucht
Gdańsk
Gdynia
Sopot
Hel
Jurata
Jastarnia
Kuźnica
Chałupy
Władysławowo
Jastrzębia Góra
Swarzewo
Puck
Zelistrzewo
Kosakowo
Pogórze
Rekowo Dln
Reda
Rumia
Wejherowo
Łebcz
Starzyno
Połczyno
Domatowo
Mechowo
Krokowa
Sławoszyno
Dębki
Żarnowiec
Białogóra
Kopalino
Gniewino
Warszkowo
Kostkowo
Zwartówko
Łęczyce
Strzebielino
Szemud
Łebno
Nawcz
Chwaszczyno
Oliwa
Przodkowo
Żukowo
Kartuzy
Miechucino
Chmielno
Sierakowice
Bukowina
Łebunia
Maszewo Lęborskie
Lębork
Nowa Wieś Lęborska
Redkowice
Łebień
Sasino
Ulinia
Bargędzino
Roszczyce
Wicko
Łeba
Janowice
Izbica
Cecenowo
Główczyce
Szczypkowice
Klęcino
Zelkowo
Smołdzino
Smołdziński Las
Gąbino
Rowy
Machowino
Lubuczewo
Damno
Damnica
Głuszynko
Stara Dąbrowa
Pogorzelice
Runowo
Cewice
Mikorowo
Oskowo
Puzdrowo
Łupawa
Dobieszewo
Czarna Dąbrówka
Motarzyno
Mianowice
Redzikowo
Słupsk
Widzino
Dębnica Kaszubska
Ustka
Wytowno
Duninowo
Sławino
Sycewice
Słonowice
Korzybie
Barcino
Wierszyno
Kołczygłowy
Obłęże
Warcino
Trzebielino
Bożenka
Miastko
Dretyń
Łubno
Borzytuchom
Gostkowo
Unichowo
Bytów
Półczno
Parchowo
Jasień
Cnośnica
Słupia
Tuchlino
Klukowa Huta
Korne
Kościerzyna
Grabowska Huta
Wdzydze Kiszewskie
Egiertowo
Przywidz
Mierzeszyn
Gołębiewo
Straszyn
Pruszcz Gdański
Przejazdowo
Koszwały
Trutnowy
Wisła
Jantar
Stegna
Rybina
Żuławki
Nowy Gdańsk
Elbląg
Tuja
Grudziądz
E 28
E 77
A 1
0 10 20 km

Rowy

Der Ferienort Rowy (Rowe) befindet sich am Westrand des Slowinzischen Nationalparks zwischen Gardersee (Jezioro Gardno) und der Ostsee. Im beschaulichen Hafen am Kanal sind zumeist nur Fischkutter und das kleine Ausflugsschiff ›Jaga‹ vertäut, denn die versandete Einfahrt können lediglich Schiffe mit maximal 0,7 Meter Tiefgang nutzen. Im Mittelalter bot sich hier ein ganz anderes Bild: Der **Hafen** zählte zu den wichtigen Anlegestellen Pommerns. An der Küste bei Rowe tobten besonders starke Herbst- und Winterstürme, und deshalb suchten die Besatzungen hier Schutz. Viele Schiffe erreichten das Ziel aber nicht und gingen mit Mann und Maus unter. Zwischen 1796 und 1936 sanken vor der Rower Küste nachweislich 25 Schiffe. Auf dem Friedhofshügel (Wzgórze Cmentare) bestattete man 1717 viele Schweden, im Jahr 1776 mehrere Holländer, Spanier und Franzosen. Die Kirche aus dem 14. Jahrhundert wurde Mitte des 19. Jahrhunderts von ihrem ursprünglichen Standort einige hundert Meter nach Norden versetzt, daher findet man am neuen Standort keine Gräber. Der Friedhofshügel am Garderseeufer ist daher jetzt ungewöhnlich weit von der Kirche entfernt. In die ul. Kapitańska, zwischen den Campingplätzen ›Kryztyna‹ und ›Wagabunda‹,

Strandzugang in Rowy

▶ Karte S. 139

mündet die ul. Spokojna, erst ein Fahrweg, dann verjüngt sie sich zum Trampelpfad. Auf dem mit alten Eichen bestandenen Friedhofshügel sind nur drei gusseiserne Kreuze und wenige Grabfassungen geblieben.

Der Hafen beeinflusste sogar die englische Geschichte. Ein Schiff unter Befehl des Ritters Henrik Derby aus Lancaster segelte 1390 aus Bristol Richtung Danzig. Unterwegs wurden die Vorräte knapp, und die Mannschaft steuerte den Hafen von Rowe an, um Wasser und Proviant zu fassen. Ritter Derby entschloss sich für einige Tage Aufenthalt, um vor Ort die Situation in Pommern zu studieren. Im Ergebnis verzichtete er auf die geplante Zusammenarbeit mit den Kreuzrittermönchen im Ostseeraum und fuhr schnurstracks zurück nach England. Zehn Jahre später wurde Henrik König von England. Der Volksmund munkelte sogar, dass sich hier der schwedische König Gustav Adolf heimlich trauen ließ: Eines Nachts legte ein Boot aus Schweden an. Die Bewaffneten rissen den Pfarrer aus dem Schlaf und erzwangen die Trauung eines Mannes mit einer sehr schönen Frau.

Um die Wende vom 19. zum 20. Jahrhundert entdeckten Maler die idyllische Landschaft und gründeten eine Künstlerkolonie. Inzwischen sind aber alle reetgedeckten Katen und die einstigen Fachwerkhäuschen verschwunden. Stattdessen bestimmen Apartmentanlagen, Ferienhäuser, Hotels, Pensionen, Gasthäuser, Geschäfte, Andenkenstände, Eis- und Waffelbuden das Bild. Am breiten Sandstrand findet jeder nach einigen hundert Metern ›sein‹ Plätzchen. Etwa einen Kilometer vom Hauptstrand, in östlicher Richtung an der Grenze zum Slowinzischen Nationalpark, können Sonnenanbeter am ›Naga plaża‹ (FKK-Strand) alle Hüllen fallen lassen.

Eine besonders schöne Badestelle liegt ein Stück westlich an der Steilküste. Von Rowy fährt man am Ortseingang Dębina (Schönwalde) rechts zum Campingplatz und nimmt den nächsten Wiesenweg rechts. Vom kleinen unbewachten Parkplatz führt der Weg durch Buchenwald und über eine Treppe an den herrlichen Strand.

Durch Rowy fließt die Lupow (Łupawa), die vom Gardersee (Jezioro Gardno) gespeist wird. Nahe der Brücke kann man das Auto parken und in den Slowinzischen Nationalpark wandern. Am Eingang wird in der Hauptsaison eine Gebühr kassiert. Vor der Tour sollte man genau planen, denn im Park gibt es keine Verpflegungsmöglichkeit, und so sind Besucher auf den eigenen Proviant angewiesen. Außerdem sind die weiten Wege im Nationalpark nicht zu unterschätzen. Eine kurze Runde durch Kiefernwald und zurück am Strand ist fünf Kilometer lang. Wenn man den zweiten markierten Abzweig nach zwei Kilometern ignoriert, muss man eine Runde von etwa 18 Kilometern bewältigen. Die nächste Gelegenheit zum Strand zu gelangen, ist erst nahe der Weißen Berge (Biała Góra) möglich. Die Wanderdüne ist zum Stehen gekommen und bereits mit stattlichen Kiefern bewachsen. Am Jezioro Dołgie Małe (Kleiner Dolgensee) biegt der grün markierte Weg nach links zum Strand ab.

Die Umgebung

In **Objazda** (Wobesde), am Abzweig der Straße nach Ustka, steht die älteste **Fachwerkkirche** in Pommern, 1606 erbaut und später sorgsam restauriert. Am Sonntag vormittag, während des Gottesdienstes, kann man auch hineinschauen. Von Machowinko (Klein Machmin), westlich von Objazda gelegen, führt eine schmale Straße durch herrlichen

Mischwald zum Strand von **Poddąbie** (Neu Strand). Auch hier führt der Weg zum Strand durch Buchenwald und über Stufen. Im Sommer sind Restaurants, Cafés, Imbissstände, Lebensmittelläden und ein Campingplatz geöffnet.

Rowy

Vorwahl: 059.

IT, Nadmorska 17, Tel. 8141818. www.rowy.pl.

Häufige Verbindungen zwischen Rowy und Słupsk, sonntags eingeschränkt. In den Sommerferien (Ende Juni–Ende August) fahren Minibusse der Firma Nordexpress auf der Strecke Ustka–Rowy–Czolpino–Kluki–Łeba (Fahrplan: www.nordexpress.pl).

Kormoran (€€–€€€), ul. Kościelna 16, Tel. 8141941, www.kormoran-rowy.com. Komfortable Herberge am östlichen Ortsrand nahe der Kirche. Mit Wellnessangeboten, Restaurant und Café. Zehn Minuten Fußweg zum Strand.

Columbus (€€), ul. Wczasowa 75a, Tel. 8141999, www.columbus-rowy.pl. Luxuriöse Apartments, Studios und Suiten, einige mit Meerblick. Hier verbringen vor allem wohlhabende polnische Familien mit Kindern ihren Urlaub. Kinderoptimierte Küche, Sauna und Spa. Auf dem Terrain großer Spielplatz, Fahrradverleih (auch Kinderanhänger) und Tretwagenverleih. Nur 70 Meter vom Strand im westlich vom Ort gelegenen Dünenwald.

Arkadia (€–€€), ul. Wydmowa 10, Tel. 601643657, www.arkadia-rowy.pl. 10 schicke Apartments nahe der Düne am Weg zum Strand.

Willa pod Dębami (€€), Tel. 888302039, www.poddebami.net. Pension im Landhausstil nahe der Brücke am Weg zum Strand. Drei Minuten Fußweg zur Ostsee.

Ibiza (€€), ul. Pensjonatowa 14, Tel. 603131533, www.ibiza-rowy.pl. Ruhige Ferienanlage im Wald hinter der Düne auf einer Halbinsel in Hafennähe. Zwei Minuten Fußweg zum Meer.

Villa Gravaldi (€), ul. Kapitańska 12, Tel. 601731502, www.gravaldi.pl. Kleine klimatisierte Apartmentanlage am östlichen Ortsrand mit Blick auf den Gardersee. Ruhige Lage abseits des Trubels, etwa 800 m zum Strand. Viele deutsche Gäste. Besitzer Herr Kowalczyk ist sehr hilfsbereit.

Klif (€), ul. Bałtycka 33, Tel. 8141973, www.klif-rowy.pl. Ferienwohnungen in drei Häusern, 500 m zum Strand.

Ferienhäuser im Erholungszentrum Przymorze (€€), ul. Bałtycka 12, Tel. 598424035, für bis 4 Pers., 2 Schlafzimmer, verschiedene Kategorien.

Zeltplatz Wagabunda (€), ul. Kapitańska, Tel. 509039518, www.wagabunda.rowy.pl. Kleiner privater, sehr gepflegter und ruhiger Platz, auch für Caravan. Am östlichen Ortsrand am Schilfufer des Gardersees. 10 Minuten Fußweg zum Strand. April bis September.

Camping Nr. 156, ul. Bałtycka 6, Tel. 8424035, www.camping156.pl. Ferienhütten, auch für behinderte Gäste, 600 Meter zum Strand.

Smażalnia ryb Przystań, ul. Portowa 4. Frischer Fisch am Hafenbecken. Plätze drinnen und draußen.

Beza, Bäckerei, Konditorei und Eiscafé, ul. Słoneczna 7 (im Erdgeschoss der Pension Cyman). Sehr reiche Auswahl an süßen Leckereien.

Kletterpark (Park Linowy Extreme), ul. Wczasowa, 200 Meter hinter der Freilichtbühne rechts im Kiefernwald. Vier verschiedene Schwierigkeitsgrade (Juli/Aug.).

▶ Karte S. 139

Smołdzino und Umgebung

In der Siedlung Smołdzino (Schmolsin), die zwischen dem Jezioro Gardno (Gardersee) und dem Jezioro Łebsko (Lebasee) nahe der Ostsee liegt, befindet sich das Museum des **Słowiński-Nationalparks.**

Herzogin Anna de Croÿ ließ 1632 die Dorfkirche errichten, die im 19. Jahrhundert erweitert wurde. Das Dorf war damals ein beliebter Landsitz der Greifenherzöge. Aus der Anfangszeit stammen Seitenstücke des Altars und Teile der Deckenmalereien.

Südlich des Ortes erhebt sich der **Rowokół** (Revekol), einer von drei heiligen Bergen in Pommern. Noch immer birgt der Ort Geheimnisse. Klar ist bisher nur, dass der Hügel anfangs eine heidnische Kultstätte, später ein christlicher Andachtsort war. Auf der bewaldeten Anhöhe (115 Meter) steht ein **Aussichtsturm.**

Über den nördlichen Ortsteil Smołdziński Las (Holzkathen) ist das **Freilichtmuseum von Kluki** (Klucken) nahe dem Lebasee schnell erreicht. Hier werden in mehreren Fachwerkhäuschen Zeugnisse vom einstigen Leben der Slowinzen bewahrt. Erst Anfang des 20. Jahrhundert erhielt der Ort eine kopfsteingepflasterte Zufahrtsstraße. Vorher mussten die Pferde Holzschuhe (klumpy) tragen, um auf den sumpfigen oder sandigen Wegen voranzukommen. Ein Paar der seltsamen Gehhilfen ist auf dem Museumshof ausgestellt. Im Fischerdörfchen Klucken lebten bis zum Ende des Zweiten Weltkrieges Nachkommen der Slowinzen, die fast ausschließlich den verwandten Familien mit dem Namen Klück und Klick angehörten. Die Germanisierung im 18. und 19. Jahrhundert in Pommern hatte den Menschen einen deutschen Familiennamen beschert. Heute wird es als eine der polnischen Tragödien des 20. Jahrhundert bedauert, was 1945 geschah: Auch diese kaschubische Volksgruppe wurde zusammen mit den Deutschen aus Unkenntnis ihrer slawischen Herkunft vertrieben. Niemand spricht heute mehr die Sprache der Urahnen, nur einzelne Worte blieben überliefert.

Während der Sommersaison finden auf dem Museumsgelände Folkloreveranstaltungen mit Brotbacken, Torfstechen und Vorführung der Pferde mit den Holzschuhen statt. Das Torfstechen begann einst Anfang Mai. Heute erinnert an diese Tradition das alljährliche ›Fest der Schwarzen Hochzeit‹ (Czarne Wesele). Die Veranstaltung vom 1. bis zum 3. Mai ist gleichzeitig der Saisonauftakt für das

Bauernstube im Museum von Kluki

Museum. Besucher können beim Torfstechen selbst Hand anlegen und das Dorfleben des 19. Jahrhunderts erahnen. So wird gezeigt, wie in früheren Zeiten die Häuser gebaut, Holzschuhe hergestellt oder Brote gebacken wurden. Während der drei Tage treten regionale Folkloregruppen auf, Kunsthandwerk wird zum Kauf angeboten.

Neben dem Museum erinnert nur noch der Name des Nationalparks an die Volksgruppe der Slowinzen. Der **Friedhof** auf der linken Straßenseite am Ortseingang Kluki wurde Anfang des 18. Jahrhunderts angelegt. Das älteste erhaltene Grabmal stammt von 1887. Anna Kötsch und Herman Kecz, zwei Vertriebene, wurden hier 1975 auf ihren letzten Wunsch bestattet. Die gusseisernen Grabkreuze aus deutscher Epoche rosten, dennoch lassen sich darauf außer dem Namen häufig auch Auskünfte über den Beruf, das Eigentum und die gesellschaftliche Stellung ablesen.

Die gelb markierte **Rad- und Wanderroute** von Kluki nach Izbica (Giesebitz) am Südufer des Jezioro Łebsko (Lebasees) ist anfangs eine mit Gras bewachsene Buckelpiste, auf der es mit Rädern nur langsam voran geht. Bis zur Holzbrücke ist dieser Weg auch Teil des Ostseeradweges R 10, der weiter auf Betongitterplatten nach Główczyce führt und dann nach Izbica schwenkt.

Wenn man am Ortsende von Smołdziński Las nach links abbiegt, gelangt man nach Czołpino (Scholpin). Vom bewachten Parkplatz führt der Fußweg in etwa einer halben Stunde durch Küstenkiefernwald zum herrlichen **Strand** Czerwona Szopa. Den Rückweg sollte man mit einem Besuch des 1875 erbauten **Scholpiner Leuchtturms** (Latarnia morska Czołpino) verbinden. Von oben genießt man eine herrliche Aussicht, unter anderem auf die nahen Wanderdünen der Kleinen Wollsäcke (Wydma Czołpińska).

i Smołdzino und Umgebung

Vorwahl: 059.

Touristinformation, ul. Kościuszki 3, Tel. 8117215, www.smoldzino.com.pl.

Gościniec u Bernackich (€), ul. Boh. Warszawy 26, Tel. 505113131, www.ubernackich.pl. 100 Gästebetten in Doppel- und Dreibettzimmern mit Dusche/WC in einem Fachwerkneubau. Daneben uriges Gasthaus sowie elegantes Restaurant, Freiluftplätze unter einem Apfelbaum im Innenhof erinnern an den Süden, ausgezeichnete polnische Küche, tgl. 8–22 Uhr (Juni–Aug.), sonst nur nach Absprache.

Jugendherberge (Młodzieżowe Schronisko), ul. Boh. Warszawy 48, Tel. 669606929. In der alten Dorfschule von Smołdziński Las (Bushaltestelle von und nach Słupsk vor der Tür), nur Juli/Aug.

Karczma u Dargoscha (€), Kluki 27, Tel. 8426230 (8–15 Uhr), mobil 503163184, www.udargoscha.pl. Stilvoll essen und schlafen in einem hübschen Fachwerkgehöft. Fahrradvermietung.

Nationalparkmuseum (Muzeum Przyrodnicze), ul. Mostnika 1, tgl. 9–17 Uhr (Mai–Sept.), Mo–Fr 9–14 Uhr (Okt. -April).

Leuchtturm http://www.leuchtturm-anke.de/018czolpino.htm, Juni und Sept. 11–16 Uhr, Juli/Aug. 11–18 Uhr.

Freilichtmuseum Kluki, www.muzeumkluki.pl.; Mai–Aug. Mo 9–15 (geöffnet ist nur eines von mehreren Bauerngehöften), Di–So 10–18 Uhr, Sept.–April Mo 11–15, Di–So 9–16 Uhr.

Aktivitäten: Paddelboottouren auf der Lupow (Łupawa), Windsurfing auf dem Garder See (Jezioro Gardno) bei Retowo (Rotten).

▶ Karte S. 139

Łeba

Der kilometerlange, weiße und feinsandige Strand sowie die Nähe zu den attraktiven Wanderdünen haben Łeba zu einem beliebten Seebad wachsen lassen. Im Jahr 1370 wurde Lebamünde von deutschen Rittermönchen gegründet. Die Kirche war dem Heiligen Nikolaus geweiht, dem Schutzpatron unter anderem der Fischer. Auf Geheiß des Hochmeisters des Deutschen Ordens, Winrich von Kniprode, erhielt Leba das Lübecker Stadtrecht und zwar ›am Samstag vor dem Tag der Heiligen Margarethe im Jahr 1357‹, wie es in der Chronik vermerkt ist. Grundlage der Wirtschaft war vor allem der Dorsch- und Störfang, weshalb beide Arten auch in der Stadtrechteurkunde vermerkt sind. Störe lebten in der Leba so reichlich, dass sie Eingang ins Stadtwappen fanden. Die Fischer betrieben einen regelrechten Silberdorsch-Kult, sie nannten den Fisch ›Pomuchel‹. Dessen Figur nahm in der Kirche einen zentralen Platz ein und wurde bei Prozessionen feierlich durch die Stadt getragen. Zwei Sturmfluten, 1558 und 1570, zerstörten den ganzen Ort. Erhalten blieb einzig ein Mauerrest der gotischen Nikolaikirche – die Steine wurden für den Bau der Maria-Himmelfahrt-Kirche in Leba verwendet.

Das heutige Städtchen liegt zwei Kilometer östlich der ursprünglichen Siedlung, am rechten Flussufer der Łeba auf einer schmalen Landzunge zwischen dem Jezioro Łebsko (Lebasee) und dem Jezioro Sarbsko (Sarbsker See). Doch auch am neuen Standort blieben die Bewohner nicht von Unheil verschont. Die Versandung der Flussmündung hob den Wasserspiegel und führte zu Überschwemmungen. 1779 vernichtete ein Sturm die ersten Bauten eines vom preußischen König unterstützten Handels- und Militärhafens, das Projekt wurde abgeblasen – die Stadtentwicklung stagnierte. Erst zum Ende des 19. Jahrhunderts, mit dem

Das Hotel ›Neptun‹ in Łeba

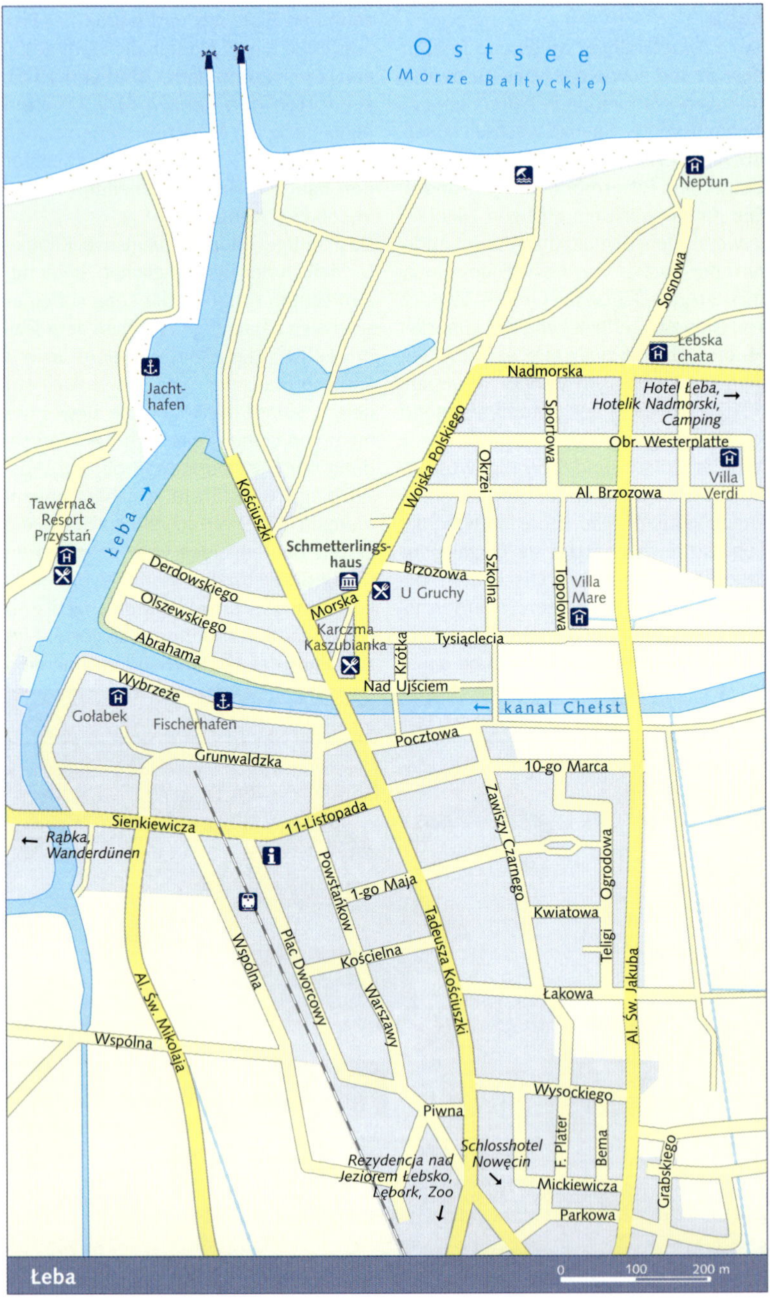
Ostsee
(Morze Bałtyckie)
Neptun
Sosnowa
Łebska chata
Nadmorska
Hotel Łeba, Hotelik Nadmorski, Camping
Jacht-hafen
Sportowa
Obr. Westerplatte
Villa Verdi
Okrzei
Al. Brzozowa
Wojska Polskiego
Kościuszki
Tawerna& Resort Przystań
Łeba
Schmetterlings-haus
Brzozowa
U Gruchy
Szkolna
Topolowa
Villa Mare
Derdowskiego
Olszewskiego
Morska
Karczma Kaszubianka
Abrahama
Krótka
Tysiąclecia
Nad Ujściem
Wybrzeże
Gołabek
Fischerhafen
kanał Chełst
Pocztowa
Grunwaldzka
10-go Marca
Zawiszy Czarnego
Sienkiewicza
11-Listopada
Rąbka, Wanderdünen
Ogrodowa
Powstańców
1-go Maja
Kwiatowa
Teligi
Wspólna
Plac Dworcowy
Tadeusza Kościuszki
Kościelna
Warszawy
Łąkowa
Al. Św. Jakuba
Al. Św. Mikołaja
Wspólna
Wysockiego
Piwna
F. Plater
Bema
Schlosshotel Nowęcin
Rezydencja nad Jeziorem Łebsko, Lębork, Zoo
Grabskiego
Mickiewicza
Parkowa
0 100 200 m
Łeba

Wartungsarbeiten am Piratenschiff

Bau der Straße und Bahnstrecke nach Lauenburg (heute Lębork), begann ein Aufschwung des Fremdenverkehrs. Auch Künstler entdeckten den Zauber der Küste für sich. Das harmonische Wechselspiel aus Himmel, Seen und Meer zaubert häufig einen bläulichen Schimmer über die Landschaft, weshalb sich die Region einst mit dem Beinamen ›Blaues Ländchen‹ schmückte.

Max Pechstein, ein bekannter Expressionist, lebte hier 1921 bis 1945. In seinen Lebenserinnerungen schreibt er: »In dem Friedensvertrag wurde bei Nidden die Grenze gezogen, der Ort kam zu Litauen; also musste ich mich trennen und mich erneut auf die Suche nach einem Fleck Erde begeben, der nicht von Malern, Touristen und Badegästen überlaufen war. [...] Zu Fuß streifte ich die Ostseeküste, nach Westen marschierend, ab. Ich entschloß mich zuletzt, in Leba mein Standquartier zu errichten. Wenngleich dort andere Menschen, andere Fischertypen, lebten, so wiesen doch die große Lontzker Wanderdüne und das weit ausgebreitete Dünengelände eine gewisse Ähnlichkeit mit der Kurischen Nehrung auf, die mich bewog, hier zu arbeiten. Die darauffolgenden Jahre blieb es dabei, und ich habe es nicht bereut.«

Pechstein war der Erste, der mit Landschaftsgemälden, Holzschnitten und Mosaiken auf die besondere Schönheit der Gegend aufmerksam machte. Ihm folgten Berufskollegen, vor allem die von den Nationalsozialisten verfolgten Vertreter der ›entarteten Kunst‹. Ernest Byrell gab zu Papier: »Dank seiner absoluten Randlage ist Leba aber zu einem Ort geworden, in den man sich gut flüchten und etwas normale Luft schnuppern konnte, während in ganz Deutschland bereits Hitler regierte. Leba war in dieser Zeit Exil für viele Maler. Hier lag der deutsche Expressionismus in seinen letzten Zügen, hier spielte sich also Kunstgeschichte ab.« Am 30. Januar 1945 versank zwischen Leba und Stolpmünde die ›Wilhelm Gustloff‹, es war die größte Schiffstragödie der Menschheitsgeschichte (→ Extra S. 189). Anfang 1949 wurden die letzten verbliebenen Deutschen aus Leba vertrieben.

Am 28. August 1957 startete der Student Andrzej Urbanczyk aus Leba mit

Schiffanlegesteg bei Rąbka

einem Floss und erreichte neun Tage später die Insel Gotland. Es war der erste internationale Erfolg eines Polen auf maritimen Gebiet, noch heute hält Urbanczyk mehrere Ein-Mann-Segelrekorde. Seit 1991 finden in Łeba internationale Windsurfer-Wettbewerbe statt, 1998 wurde der moderne Jachthafen für etwa 120 Boote eingeweiht. Seit 2001 steht ein großes Kreuz an der Hafeneinfahrt, zum Gedenken an die Toten der Gustloff-Katastrophe sowie der verunglückten Fischer.

Sehenswürdigkeiten

Heute zeigt sich das Städtchen als ein Sammelsurium von Häusern aus deutscher Epoche, vielen Neubauten und einer Vielzahl von Andenkenläden, Cafés, Pizzerien, einfachen Fischgaststätten, Eis- und Waffelständen sowie Spielautomatenzelten. Flaniermeilen sind die ul. Kościuszki, ul. Wojska Polskiego und ul. Nadmorska. In der ul. Kościuszki sind links und rechts auf kleinen Findlingen mehrere Bronzetafeln mit **Handabdrücken** polnischer Präsidenten zu sehen, darunter Lech Wałęsa, der sich am 12. August 2000 in Łeba aufhielt (vor dem Haus Nr. 82).
Eines von Max Pechsteins Bildern, ein großes Porträt der ›Maria Fürsprecherin‹, ziert die **Maria-Himmelfahrt-Kirche** in der ul. Powstanców Warszawy nahe dem Bahnhof. Der neue polnische Pfarrer gab es nach Amtsantritt in Auftrag. Und so ist auch die merkwürdige Zutat – einige polnische Worte – auf dem Gemälde zu erklären. Das Gemälde hängt links der Madonnenfigur und zeigt zu Füßen der Maria die aufgewühlte Ostsee. Die kleine Figur der Heiligen Barbara auf der Spitze des Altars ist das einzige Überbleibsel der Vorgängerkirche aus dem alten Lebamünde. 1999 schenkten die Fischer von Łeba Papst Johannes Paul II. einen prächtigen silbernen Dorsch. Dieser übergab das Präsent wieder der Kirchgemeinde, es wurde in der Maria-Himmelfahrt-Kirche geweiht. Heute ist der Fisch nicht mehr silbern, sondern hat eine blaugrüne Patina angenommen. Man findet den Fisch links an der Wand, gleich hinter dem Eingangsraum.
Vor der Kirche lädt die **Max-Pechstein-Bank** zu einer Ruhepause ein. Die Sitzfläche ist in Form einer Farbpalette gestaltet. Romantisch ist ein eineinhalbstündiger Spaziergang entlang des alten **Fischerhafens** – gegenüber vom neuen Jachthafen steht eine Kopie der historischen Nebelglocke – weiter zur Mole, dann am breiten Ostseestrand auf festem Sand, vorbei am Hotel ›Łeba‹, weiter am Strand bis zur nächsten Strandhütte. Hier durchquert man den Küstenwald bis zum Zaun des Campingplatzes Przymorze Nr. 48. Nun biegt ein breiter Waldweg nach rechts ab. Durch den Dünenwald gelangt man bis zur Einfahrt des Hotels ›Neptun‹ und nach links auf die Promenade ul. Nadmorska mitten im geschäftigen Zentrum. Das heutige **Hotel Neptun,** 1905 als Kurhaus in Gestalt eines Schlösschens erbaut, thront majestätisch auf der Düne und trotzt bislang allen Sturmfluten.

Die Umgebung

Der Fluss Łeba verhindert eine Strandwanderung vom Seebad in westliche Richtung; die einzige Brücke – für Autos, Radler und Fußgänger – befindet sich südlich der Kanalmündung in die Łeba. Von hier bis nach Rąbka (Rumbke) läuft man etwa 45 Minuten, bald hinter der Brücke und dem Abzweig zum Jachthafen durch herrlichen Kiefernwald. Vom Zentrum in Łeba verkehren Elektrozüge in den Nationalpark. Bis Rąbka gelangt man auch mit dem Auto (bewachter Parkplatz). Von Mai bis September wird Eintrittsgeld kassiert (1,50 Euro/Person), ansonsten ist der Park frei begehbar.

Gegenüber vom Kassenhäuschen befindet sich eine Filiale des **Nationalparkmuseum** (tgl. 9–17 Uhr, Eintritt 1 Euro). Dahinter erhebt sich ein hölzerner **Aussichtsturm** mit herrlichem Blick über den Lebasee, hier befindet sich auch der Schiffsanleger. Die Schiffe fahren bis zur ›rampy‹ (dem ehemaligen deutschen Testgelände für Raketen), der etwa drei Kilometer westlich liegt.

Der Fußweg von Rąbka bis zu den **Wanderdünen** (5 Kilometer) ist nicht zu empfehlen. Stattdessen sollte man sich den kleinen Luxus gönnen und mit dem Elektrozug fahren (Einfache Fahrt 4 Euro/ Person), dann aber den etwa acht Kilometer langen Rückweg an der Küste auf festem Sand entlang wandern. Wer nur die Umgebung der Lontzkedüne erkunden möchte, kann in Rąbka auch ein Fahrrad mieten. Die Betonstraße aus Rąbka führt geradewegs zum ehemaligen deutschen Versuchsgelände für **Luftabwehrraketen.** Geschäftstüchtige Bewohner entwickelten in der Nachkriegszeit daraus eine Wunderwaffenlegende, wonach auch hier wie in Peenemünde an Raketen des Typs ›Rheintochter‹ und ›Rheinbote‹ gearbeitet wurde. Es blieben nur einige Bunker und Fundamente erhalten. Eine Fotoausstellung thematisiert das frühe deutsche Städtchen und die polnische Gegenwart, es werden originale Raketenteile sowie eine Schau zur Entwicklung der Raketen nach 1945 gezeigt. Am Museumsgelände beginnt der unbefestigte Fahrweg bis zu den Dünen. Kurz davor endet die Fahrt, weiter geht es nur aus eigener Kraft, am besten barfuß. Die **Lontzkedüne** (Łącka Góra) ist mit 42 Metern die höchste im Nationalpark. Das frei zugängliche Terrain ist mit Seilen eingegrenzt. Von oben eröffnet sich eine herrliche Aussicht: Im Norden erblickt man die Ostsee, im Süden den Lebasee, links und rechts breitet sich die Miniwüste auf etwa 20 Hektar aus. Ab Ende der 1930er Jahre probte das deutsche Afrikakorps hier für den bevorstehenden Einsatz.

Heute sitzen auf der steilen Ostflanke der Lontzkedüne bei schönem Wetter viele Sonnenanbeter. In den Monaten Mai und Juni ist der Nationalpark ein bevorzugtes Ziel für Klassenausflüge. Die Kinder springen, rennen oder rollen an der Lontzkedüne schreiend in die Tiefe. Damit die Gruppenleiter nicht die Übersicht verlieren, unterscheidet sich jede Klasse durch ihre Schirmmützenfarbe. Die meisten Besucher gehen durch den Sand weiter bis zur Ostsee und laufen dann am Strand zurück. In Łeba angekommen, kann man im Restaurant ›Tawerna‹ am Jachthafen angenehm speisen und die Erlebnisse Revue passieren lassen. Für den Fußweg von Łeba nach Rąbka, die Fahrt mit dem Elektrozug bis zu den Dünen und die Strandwanderung zurück nach Łeba sollte man 5 bis 6 Stunden Zeit einplanen.

Łeba

Vorwahl: 059.

Touristeninformation, ul. 11. Listopada 5a, Tel. 8662565, www.lotleba.pl. Mo–Fr 8–16, Sa 9–14 Uhr.

Häufige Minibusverbindungen zwischen Łeba und Lębork (Bahnhof), Fahrplan: http://przewozy.info.pl.

Neptun (€€€), ul. Sosnowa 1, Tel. 8661432, www.neptunhotel.pl. Schloss aus der vorletzten Jahrhundertwende nahe Strand und Dünenwald, elegante Zimmer in Pastelltönen mit Stoffen und Tapeten aus englischen Manufakturen, viele Zimmer mit Balkon, luxuriöses Café ›Venilia‹ und Restaurant ›Salacja‹, Außenpool, Tennisplatz, komplettes Hochzeitsarrangement.

Karte S. 139/146

Łeba (€€€), ul. Nadmorska 9 b, Tel. 8430367, www.hotelleba.pl. Modernes Spahotel am östlichen Stadtrand, ca. 2 Kilometer zum Zentrum, 73 moderne Standardzimmer, exquisites Kapitänsapartment, Restaurant mit Meeresspezialitäten, großer Innenpool, Anwendungen im Haus, 300 Meter zum Strand.

Hotelik Nadmorski (€), ul. Nadmorska 9, Tel. 8662355, www.hoteliknadmorski.pl. Kleineres Haus neben dem ›Leba‹, moderne Standardzimmer mit Balkon, Lebensmittelladen im Gebäude, 350 Meter bis zum Strand.

Villa Verdi (€€), ul. Obr. Westerplatte 20, Tel. 8664330, www.villaverdi.pl. Luxuriöses Pensionat, Spa-Behandlungen. Etwa 300 Meter vom Strand.

Gołabek (€€), ul. Wybrzeże 10, Tel. 8662945, www.hotel-golabek.leb.pl. Mittelklassehotel am Kanal des Fischerhafens.

Villa Mare (€), ul. Topolowa 2, Tel. 8664400, www.villamare.pl. Neues Gästehaus mit schönen Zimmern und Balkon etwas abseits vom Trubel. Etwa 600 Meter zum Strand, 400 Meter ins Stadtzentrum. Frühstück gegen Aufpreis von 4 Euro pro Person. Für Selbstversorger gibt es eine geräumige Küche.

Łebska chata (€–€€), ul. Nadmorska 7, Tel. 8665252. Blockhausvilla im markanten Goralenbaustil. An der Zufahrt zum Hotel ›Neptun‹, einige Zimmer mit Waldblick.

Resort Przystań (€€), ul. Jachtowa 8, Tel. 601862411, www.przystanleba.pl.

Rezydencja nad Jeziorem Łebsko (€€), Residenz am Lebasee, 4 km südwestlich im Ortsteil Żarnowska, ul. Jeziorna 21a, Tel. 8662829, www.rezydencja-porta-baltic.pl. Modernes Hotel mit Restaurant, Fahrradverleih, Angelschein-Ausgabe, Angelsteg.

Schlosshotel Nowęcin (€€), ul. Jeziorna 2, Tel. 500231962, www.zameknowecin.pl. Im östlichen Ortsteil Nowęcin, ruhige Lage inmitten eines Parks, mit Restaurant (tgl. 11–22 Uhr), ca. 2 km zum Strand.

Im Hotel Neptun, luxuriös, tgl. 10–22 Uhr.

Karczma Kaszubianka, ul. Kościuszki 19. Tel. 603646619. Kaschubische Spezialitäten (Fisch, Wild, Geflügel, Schwein), aber auch Pizza. Zwei große Räume, volkstümlich mit zahlreichen historischen Arbeits- und Küchengeräten dekoriert. Sommergarten mit zwei Schaukelplätzen. Mo–Do u. So 11–22, Fr/Sa 11–2 Uhr; Sa Disco ab 20 Uhr.

U Gruchy, ul. Wojska Polskiego 19, Tel. 691135577, www.lebarestaurants.pl. Neues sympathisches Gasthaus auf zwei Etagen nahe dem Schmetterlingsmuseum. Polnische Küche, Fisch und Pizza; tgl. 10–22 Uhr, Juli/Aug. 9.30–24 Uhr.

Tawerna im Resort Przystań, ul. Jachtowa 8, Tel. 8662973, tgl. 12–21 Uhr. Angenehme Atmosphäre, gute Küche.

Ambre Nr. 41 (€–€€€), ul. Nadmorska 9, Tel. 8662472, www.ambre.leba.info. Komfortabler Platz im Kiefernwäldchen am nordöstlichen Stadtrand mit neuen Ferienhäusern, Sauna, Salzhöhle, Pizzeria und Lebensmittelladen am Eingang, Kinderspielplatz, 250 Meter zum Meer, Mai–Sept.

Camping 48 (€–€€), ul. Nadmorska 9, Tel. 8661304, http://camping-leba.pl. Sympathischer kleiner und ruhiger Platz zwischen den Hotels ›Leba‹ und ›Nadmorski‹, Blockhaushütten für 5 Pers. mit Küche und Bad im skandinavischen Stil, Caravanstellplätze, 250 Meter zum Strand.

Schmetterlingshaus (Wystawa Motyli), ul. Morska 1, Mai–Sept. tgl. 10–18 Uhr.

Łeba Park Dinozaurów, ul. Kolonijna, www.lebapark pl. 20 Hektar großes Terrain mit Dinopark, Westernstädtchen, ornithologischem Garten und Minizoo. Vor dem Ortseingang aus Richtung Lębork.

Möwen – der Schmuck des Meeres

Die Ostsee kann man sich ohne Möwen kaum vorstellen, sie gehören zum ›Meeresinventar‹ einfach dazu. An der Küste kommt kein Ansichtskartenständer ohne Möwenfoto, kein Andenkenladen ohne geschnitzte Möwenfiguren aus – mit keinem anderen Tier verbindet der Besucher so lebhaft die Ostseebrandung und maritimes Flair.

Es gibt aber nicht die Möwe. An der polnischen Küste kommen fünf Arten besonders häufig vor: Lach-, Mantel-, Herings-, Silber- und Sturmmöwe. Mit ihrem dunkelbraunen Kopf und dem kleinen Körper unterscheidet sich die Lachmöwe deutlich von ihren Artgenossen. Die große Sturmmöwe ist sozusagen der Klassiker unter den Ostseemöwen. Sie ähnelt der kleineren Silbermöwe, aber ihr fehlt der rote Flecken am gelben Schnabel. Der Gesichtsausdruck der Sturmmöwe wirkt sanft, die Silbermöwe dagegen schaut immer etwas grimmig. Silbermöwen ergreifen ihre Beute im Sturzflug. Im Flugbild lassen sich Silbermöwen von ausgewachsenen Herings- und Mantelmöwen durch das fehlende graue Band am Hinterrand des Handflügels unterscheiden. Die Rufe der Silbermöwe sind vieltönig: mal bellend, mal lachend oder gar miauend. Die Mantelmöwe ist die größte heimische Möwe. Sie wiegt bis zu zwei Kilogramm. Neben ihrer stattlichen Größe sind der rußschwarze Mantel, bestehend aus den Flügeloberseite und dem dazwischenliegenden Rückengefieder, sowie die ganzjährig fleischfarbenen Beine sichere Erkennungsmerkmale. Heringsmöwen haben als einzige Möwenart ein gänzlich weißes Gefieder und einen dunklen Mantel.

Möwen decken ihren Flüssigkeitsbedarf, indem sie Meerwasser trinken. Das überflüssige Salz können sie über Salzdrüsen im Schnabel wieder ausscheiden. Allen Arten gemeinsam ist ihr meist leicht gebogener kräftiger Schnabel, mit dem sie ihre Beute nicht nur geschickt fangen, sondern auch gut durch die Lüfte befördern können. Ihre langen und spitzförmigen Flügel ermöglichen es Möwen, auch

Lachmöwe im Anflug

Möwen sind gesellige Wesen

in turbulenten Luftverhältnissen nahe des Wassersspiegels zu fliegen und ohne eigene Kraftanstrengung gegen den Wind zu segeln. Dank des dichten Gefieders sowie der Vier-Zehen-Füßchen mit Schwimmhäuten können sie auch gut schwimmen; der relativ leichte Körper taucht dabei nur geringfügig ins Wasser. Möwen halten sich gern auf Brücken, Pfählen, Hausfirsten und aus dem Wasser ragenden Steinen und Buhnen auf - am liebsten in Gesellschaft. Sie nisten am Boden oder in Felsnischen. Während der Brutzeit rücken die meisten Möwenarten eng zusammen, ihre Brutkolonien zählen oft zehntausende Paare.

Der US-Amerikaner Richard Bach setzte den Meeresvögeln 1970 mit seiner Roman ›Möwe Jonathan‹ ein einzigartiges literarisches Denkmal: »Die meisten Möwen begnügen sich mit den einfachsten Grundbegriffen des Fliegens, sind zufrieden, von der Küste zum Futter und zurück zu kommen. Ihnen geht es nicht um die Kunst des Fliegens, sondern um das Futter. Jonathan aber war das Fressen unwichtig, er wollte fliegen, liebte es mehr als alles andere auf der Welt. Diese Neigung machte ihn bei den übrigen Vögeln nicht gerade beliebt, das merkte er bald ... Wer einmal das Außerordentliche erfahren hat, kann sich nicht mehr an die Normen des Durchschnitts binden ... Jonathan sprach von einfachen Dingen — dass Möwen zum Fliegen da sind, dass die wahre Natur ihres Wesens Freiheit ist, dass sie alles, was dieser Freiheit im Wege steht, abtun müssen, Sitten und Bräuche und jegliche Beschränkung.«

Ist in einigen deutschen Seebädern das Füttern der eleganten Flieger inzwischen untersagt - auf der Insel Sylt mit bis zu 1000 Euro Strafgeld -, so gibt es an Polens Küste noch keine derartigen Verbote. Doch Vorsicht: Manche Vögel sind so groß, dass sie Kleinkindern gefährlich werden können, andere so dreist, dass sie sich auch schon mal selbst bedienen, wenn man die Strandtasche unbeaufsichtigt lässt.

Sasino und Białogóra

Der schwarz-weiß-rote Leuchtturm Stilo ist von der Hauptstraße Nr. 213, etwa auf halber Strecke zwischen Wicko und Choczewo, über die Dörfer Roszczyce, Bargędzino und Sasino zu erreichen.

Sasino mit einigen Ferienhäuschen liegt etwa fünf Kilometer von der Küste entfernt. 1862 entstand zwischen Dorf und Meer ein klassizistisches Herrenhaus, heute Hotel, Restaurant und Café, das ein ausgedehnter Park umgibt. Zum naturbelassenen Ostseestrand geht es durch zauberhaften Dünenwald – ein Erlebnis! In der Saison können Besucher hier auch eine Kutsche bestellen. Im Dörfchen befindet sich in einem unscheinbaren Privathaus mit Wohnzimmercharakter, wenigen Tischen, Kamin und Bücherregal mit dem ›Ewa Zaprasza‹ eines der besten Gasthäuser des Landes, das polnische Küche bietet. Es wird von Ewa und Marcin Dmochowscy betrieben. Der Schweinebraten mit Dörrpflaumen oder die vorzügliche Steinpilzsuppe sowie Seezunge mit Spinat in Safransoße oder das mit sechs Soßen gereichte und auf dem Rost gebratene Eisbein werden auch Feinschmeckern gerecht. Die polnische Küche wird mit französischen und litauischen Gerichten ergänzt. Im Sommer wird auch im Garten serviert, für die Kleinen gibt es einen Spielplatz, für die Großen drei Hängematten. Trotz des steigenden Bekanntheitsgrades versucht man, den familiären Charakter zu erhalten. Daher wird auch die Anzahl der Tischplätze nicht erhöht.

Der kleine und ruhige Badeort Białogóra (Weißenberg), 15 Kilometer nordöstlich von Sasino und knapp 30 Kilometer von Leba entfernt, genießt vor allem unter Pferdefreunden einen guten Ruf: Auf dem großen Reiterhof der ›Rezydencja Myśliwska‹ fühlen sich auch Kinder wohl, denn neben etwa 50 Pferden werden auch ein Lama, ein Straußenvogel, Wildschweine und viele Katzen und Hunde gehalten.

Sasino und Białogóra

Vorwahl: 058.

Rezydencja Myśliwska (€€), Białogóra, Tel. 7742600, http://de.stadninabialogora.pl. Luxuriöse Ferienresidenz im Fachwerkstil mit Pferdegestüt; komfortable Hütten aus Lärchenholz (€), Campingplatz (€).

Mija (€€), Białogóra, geräumige Ferienresidenz, geschmackvoll und hochwertig ausgestattet, Restaurant, 1 km zum Strand. Buchung in Deutschland über Tel. 04381/409968, www.polen-meinferienland.de (s. u. Ostsee-Mitte).

Ewa Zaprasza, ul. Morska 49, Sasino, Tel. 058/6763339, www.ewazaprasza.com.pl, tgl. 12–22 Uhr, Sept.–Mai 12–20 Uhr.

Palac w Sasinie, mobil: 784389203, http://palacsasino.obitur.pl. Auch Café, Sauna, Tennisplatz.

Lębork

Der Kreuzritterorden gründete die 30 Kilometer südlich von Łeba gelegene Stadt Lauenburg im Jahr 1341. Nach der verheerenden Niederlage der Rittermönche in der Schlacht von Tannenberg wurde die Stadt im Zweiten Frieden von Thorn im Jahr 1466 den pommerschen Herzögen als Lohn für ihre Hilfe im Kampf gegen den Orden als Lehen übertragen. Als 1637 der letzte Pommernherzog starb, fiel der Besitz wieder an die polnische Krone zurück. 20 Jahre später, nach dem schwedisch-polnischen Krieg, übernahm Brandenburgs Großer Kurfürst Friedrich Wilhelm 1657 auch die Herrschaft über diesen Teil Ostpommerns. Lauenburg blieb stets ein Zankapfel zwi-

▲ Karte S. 139

schen Polen und Preußen. Heute ist die Kleinstadt Lębork hauptsächlich als Ausgangsbasis für Ausflüge nach Łeba, in den Slowinzischen Nationalpark oder die Kaschubische Schweiz interessant.

Sehenswürdigkeiten

Das historische Zentrum liegt eine Viertelstunde Fußweg nördlich vom Bahnhof. Erhalten blieben Reste der **Stadtmauer** aus dem 14. Jahrhundert mit einigen Basteien. Teile der ehemaligen **Ordensburg**, die von 1363 stammt, dienen heute als Gerichtsgebäude. In der **Sankt-Jakobi-Kirche,** einer spätgotischen Hallenkirche aus Ziegelsteinen, gefallen besonders Sternengewölbe und Spitzbögen. Auch die **Salvador-Kirche,** der Efeuturm in der Altstadt und der große **Markt** mit vielen zweistöckigen Giebelhäusern sind einen Besuch wert.

In der ul. Młynarska 14 befindet sich das **Heimatmuseum** mit archäologischen und ethnographischen Sammlungen sowie Kunsthandwerk aus der Kaschubei. In dem Haus, das zuvor an dieser Stelle stand, wurde 1860 Paul Julius Gottlieb Nipkow geboren, ein ›Vater des Fernsehens‹.

Wanderung zur Rieseneiche ›Świętopełk‹

Ein idyllischer Wanderweg führt am Dorf Krępkowice (von Lębork fährt man die Hauptstraße Nr. 214 in Richtung Maszewo) zum sechsthöchsten Baummethusalem in Polen. Der Pfad beginnt am neu erbauten Tor. Angeblich pflanzten Kreuzritter die Eiche im Jahr 1374. Der Baum misst 22 Meter in der Höhe und besitzt einen Stammumfang von knapp 8 Metern.

Lębork

Vorwahl: 059.

Touristeninformation, Brama Kaszubskiego Pierścienia, al. Niepodległości 6, Tel. 8420134, www.lebork.pl.

Expresszüge nach Szczecin, Gdańsk und Warschau. S-Bahn (SKM) nach Słupsk und Gdańsk. Minibusse vor dem Bahnhof stündlich nach Łeba.

Vega (€–€€), ul. 10 Marca 9, Tel. 512020202, www.hotel-vega.pl. Modern, mit Restaurant; tgl. 7–11 und 15–24 Uhr.

Karczma Rycerska (€), al. Wolności 9, Tel. 8624888, www.karczma-rycerska.pl. Neun einfache Fremdenzimmer, Sa ab 20 Uhr Tanz und Disco. In einem historischen Backsteingebäude, tgl. 10–22 Uhr.

Nina, ul. Armii Krajowej 12, Tel. 8621416. Polnische Küche, tgl. 12–24 Uhr.

Dwór Góralski Krywań, Ługi 9, Tel. 501924049, www.krywan.com.pl. Tatra-Atmosphäre in einem großen Blockhaus mit altpolnischer Küche. Beim Luggewieser See (Jezioro Lubowidzkie) an der Straße nach Danzig.

Bytów

Das kaschubische Provinzstädtchen Bytów (Bütow) liegt gut 50 Kilometer südlich von Lębork am Ufer des gleichnamigen Flüsschens Bytowa (Bütow, kaschubisch Bëtowa). Der Ort ist in eine seen- und waldreiche Umgebung gebettet, und so ist es ein hübscher Tagesausflug von der Küste hierher, insbesondere bei kühlem Wetter. Die markanten Türme der Ritterburg des Deutschen Ordens weisen Besuchern den Weg. Die **Ordensburg** wurde 1398 bis 1406 von Nikolaus Fellensteyn auf einem rechteckigen Grundriss mit vier Türmen erbaut. Der Ordensbaumeister lehnte sich mit seinem Entwurf an die weitaus berühmtere Marienburg an. Bütow war Sitz der

Ordensverwaltung, Grenzwehranlage sowie eine Raststätte für westeuropäische Ritter, die weiter nach Marienburg reisten, der ›Kreuzritterhauptstadt‹. Im Jahr 1656 fügten schwedische Truppen der Burg starke Schäden zu, so dass sie aufgegeben wurde und zerfiel. Erst nach 1945 konnte die Ruine zu neuem Leben erweckt werden. Heute residieren hier Hotelgäste, in einem Burgflügel zeigt man im Westkaschubischen Museum eine historisch-ethnographische Ausstellung. Die kleine Altstadt wird von der **Sankt-Katharina-Kirche** (1848–1854) überragt. Die **Bergkirche Sankt Georg** aus dem 16. Jahrhundert besitzt eine reiche barocke Innenausstattung und wird heute von einer byzantinisch-ukrainischen Kirchgemeinde genutzt.

Am nordöstlichen Stadtrand verlockt der **Große Gillingsee** (Jezioro Jeleń) zum Baden. Vom Zentrum läuft man eine halbe Stunde dorthin. Der **Schimmritzberg** (Siemierzycka Góra), mit 256 Metern die höchste Erhebung Pommerns, liegt zehn Kilometer südwestlich.

Bytów

Vorwahl: 059.

Touristeninformation Bytów, ul. Zamkowa 2, Tel. 8226839.

Zamek (€€), ul. Zamkowa 2, Tel. 8222094, www.hotelwzamku.pl. Wer sich im Urlaub als Burgherr fühlen möchte, ist hier richtig, Restaurant mit pommerschen Spezialitäten.

Centrum UŁAN SPA (€€), Tartaczana 10, Tel. 8223247, www.dana-art.com.pl. Elegantes Hotel mit kleinem Spa. Kajaktouren, Reitausflüge.

Żurawi Młyn (€€), Ciemno 46, Tel. 8215831, www.zurawimlyn.pl. Mühlengasthaus bei Tuchomie, 15 Kilometer südwestlich von Bytów. Am Mühlenbach verlief in der Zwischenkriegszeit die Grenze zwischen Polen und Deutschland. Idyllische Lage an zwei Seen, ideal zum Angeln. Auch das Hochseeangeln an der Küste von Ustka kann organisiert werden. Fahrradverleih.

Burgmuseum Bytów, Mai bis Aug. Mo 10–16, Di–So 10–18 Uhr, sonst tgl. 10–16 Uhr. Mo immer freier Eintritt, www.muzeumbytow.pl.

Burg Bütow auf einem Gemälde

▲ Karte S. 139

Kaschubien

Kaschubien wird auch Kaschubei genannt. Der Landstrich umfasst die Halbinsel Hela (Hel) im Norden sowie das Hinterland der Ostsee zwischen Danziger Bucht und Tucheler Heide im Süden. Östlich bildet die Danziger Niederung eine natürliche Grenze, nach Westen hin ist der Übergang fließend.

Eine Sage weiß zu erzählen, Gott habe die Kaschuben bei der Erschaffung der Welt übersehen. Als er das Versäumnis bemerkte, war es zu spät. Er konnte nur verstreuen, was die fast leere Lehmkiste noch barg. Früher ein Fluch, heute eher ein Segen: Der nicht sehr fruchtbare Boden schützte Kaschubien bislang vor den Begehrlichkeiten der modernen Zivilisation. Der polnische Romanschriftsteller Stefan Żeromski (1864–1925) schwärmte: »Es scheint, als habe sich die Zeit in dieser Landschaft zur Ruhe gelegt.«

Hier leben etwa eine halbe Million Kaschuben, mit den Polen eng verwandte Ostseeslawen, die sich Sprache, Kultur und Traditionen bewahren konnten. Sie sind die einzige anerkannte nationale Minderheit Polens und wurden im Gegensatz zu den Slowinzen, ihren westlichen Nachbarn, 1945/46 nicht aus ihrer angestammten Heimat vertrieben. Die kaschubische Sprache gilt als ein Idiom, polnische Linguisten ordnen sie als eine eigene Sprache ein, verwandt mit der untergegangenen Sprache der Pomeranen, die bis vor etwa 500 Jahren zwischen Weichsel und der Ostseeküste Pommerns lebten. Für den Auswärtigen unterscheiden sich einzelne Buchstaben wie ã und ë auch sichtbar vom Polnischen. Heute sind alle Städte und Dörfer zweisprachig ausgeschildert. Kinder lernen das Kaschubische als Wahlfach in der Schule, so dass der Fortbestand als gesichert erscheint. Im Alltag verständigen sich etwa 50 000 Kaschuben noch in ihrer Muttersprache. Viele Danziger besitzen hier ein Anwesen, um sich öfters aus der geschäftigen Großstadt zurückziehen zu können. Besucher finden kleine komfortable Hotels, romantische Herbergen, Angebote für Ferien auf dem Bauernhof und Campingplätze.

Die Kaschubische Schweiz (Szwajcaria Kaszubska/Pojezierze Kaszubskie) verdankt ihren Namen den vielen kleinen Hügeln. Darin eingebettet liegen etwa 500 Seen, oft mit kristallklarem Wasser gefüllt. Am bekanntesten ist hier der Ring der Radaune-Seen südwestlich von Kartuzy (Karthaus).

Beeren und Pilze in Hülle und Fülle reifen in der Tucheler Heide (Bory Tucholskie). Dieser Nationalpark mit alten Kiefernwäldern, idyllischen Bachtälern, Seen und Torfmooren ist noch immer das beliebteste Naherholungsgebiet der Danziger. Schriftsteller Günter Grass, bis zu seinem Tod im Jahre 2015 der populärste in Deutschland lebende Kaschube, begeisterte sich seit seiner Kindheit für diese Gegend; die drei Romane der ›Danziger Trilogie‹ enthalten auch Schilderungen der Tucheler Heide und ihrer Menschen. In ›Die Blechtrommel‹ meint die Großmutter von Oskar Matzerath: »Unsereins is ja nich richtisch polnisch und nich richtisch deitsch, und wenn man Kaschub is, dann reicht das weder den einen noch den anderen ...«

Kartuzy

Kartuzy (Karthaus) gilt zwar als die ›heimliche Hauptstadt‹ Kaschubiens, ist aber eher ein provinzielles Nest. Im einstigen **Kartäuserkloster** pflegten zumeist schweigende Mönche vom Ende des 14. Jahrhundert bis zur Säkularisation im Jahr 1823 ein gottesfürchtiges

Die Stiftskirche in Kartuzy

Dasein. Ab 1733 war der Tod ständig präsent, denn in jenem Jahr erhielt das Dach der gotischen Stiftskirche die Form eines riesigen Sargdeckels. Darin spiegelt sich die Philosophie des Ordens wider: ›Memento Mori – Gedenke, dass Du sterblich bist‹. Am Pendel der Turmuhr schwebt der Engel des Todes mit einer Sense in den Händen. Sehenswert sind auch das Eichenholz-Chorgestühl mit reichem Schnitzwerk sowie die als Kordobanen bezeichneten üppig verzierten Tapeten aus Ziegenfell, die aus dem spanischen Cordoba kamen. Im gotischen Refektorium neben der Kirche wird heute zeitgenössische Kunst ausgestellt (Galeria Refektarz).

Im **Kaschubischen Museum** offenbart sich die reiche Kultur ihrer Bewohner in sieben Ausstellungssälen. Schwerpunkte bilden die Land- und Hauswirtschaft, der Fischfang sowie das Töpferhandwerk. Töpfer verzieren in Kartuzy und im nahen Chmielno (Chmelno) Becher, Vasen, Krüge, Kerzenhalter und andere nützliche Gegenstände seit jeher mit jahrhundertealten überlieferten siebenfarbigen Familienmustern, so Fliederblüten, Rosen, Tulpen, Sterne und Wasserlilien. Noch immer werden diese traditionell mittels Farbtöpfchen und Gänsekiel auf die getrocknete Tonware aufgebracht. Im ersten Stock sind kaschubische Landschaftsfotos sowie historisches Spielzeug und Musikinstrumente zu sehen. Der Stolz des Museums sind die aufwendig gearbeiteten Frauenhauben aus dem 18. und 19. Jahrhundert. Ursprünglich wurden diese nur im St.-Norbert-Kloster in Zuckau (heute Żukowo) gefertigt, aber einige Kaschubinnen erlernten ebenfalls die Fähigkeit und übernahmen diese filigrane Kunst. In den Brokat, Samt oder Taft wurden Pflanzenmotive – meist Gänseblümchen, Tulpen oder Granatäpfelchen – mit silbernem oder goldenem Nähgarn eingestickt. Die Hauben waren bei Frauen wohlhabender Bauernhöfe das i-Tüpfelchen der Festtracht. Um den Wert dieser Handarbeit zu verdeutlichen: Eine dieser Hauben kostete damals acht Taler, eine gute Milchkuh brachte zehn Taler beim Verkauf. Ei-

Kaschubisches Muster aus Chmielno

Karte S. 139

ne nachgestellte gute Stube gefällt mit hübsch verziertem Mobiliar. Auffällig ist hier die kleine Sammlung von Tabakdosen, die aus Bernstein und Teilen von Hirschgeweihen gefertigt wurden. Die Schau begeistert ein internationales Publikum, wie Eintragungen im Gästebuch zeigen. Die Besucher kommen nicht nur aus Europa, auch aus Brasilien, Kanada und den USA. Als Begründer dieser einzigartigen Sammlung gilt der kaschubische Lehrer Franciszek Treder (1903–1980), der seit 1928 seiner Leidenschaft frönte. 1932 organisierte der rührige Mann die erste öffentliche Schau. 1939 übergaben die Stadtväter eine Immobilie für ein ›ordentliches‹ Museum – der Zweite Weltkrieg beendete den schönen Traum. 1947 stellten die Behörden dem Sammler Treder die Villa zur Verfügung, in dem sich das Kaschubische Museum noch heute befindet.

Kartuzy

Vorwahl: 058.

Touristeninformation Kartuzy, ul. Klasztorna 1, Tel. 6840201, www.kartuzy.pl.

Mehrmals tgl. nach Gdańsk-Główny (Hauptbahnhof).

Gościniec Kaszubski (€), ul. Parkowa 4, Tel. 6812115, www.goscinieckaszubski.pl. Gemütliches Hotel und Gasthaus mit kaschubischer Küche; tgl. ab 11 Uhr.

Kania Lodge (€€–€€€), Sytna Góra 10, Tel. 6810677, http://kanialodge.com.pl. An einem See, ca. 7 km nördlich von Kartuzy. Die Kania Lodge wird von einem polnisch-neuseeländischen Paar geführt. 15 gediegene Zimmer und Apartments. Im Restaurant wird exzellenter Wein ausgeschenkt.

Kaszubska Strzecha (€–€€), in Goręczyno (7 km südlich von Kartuzy), Tel. 6841212, www.kaszubskastrzecha.eu. An einem kleinen See etwas abseits des Dorfes in einem ehemaligen reetgedeckten Schafstall. Unschlagbares Preis-Leistungs-Verhältnis, üppig-deftiges Frühstück aus regionalen Zutaten, Badestelle. Halbpension möglich und sehr empfehlenswert. Nicht leicht zu finden: Von der Hauptstraße Kartuzy-Nowa Karczma nach Somonino rechts abbiegen, an der Kirche in Goręczyno wieder rechts abbiegen, dann auf den Sandweg nach rechts etwa noch 1 km fahren. Gastgeber Robert Kolczynski und seine Frau sprechen auch deutsch.

Kaschubisches Museum, ul. Kościuszki 1, www.muzeum-kaszubskie.pl/de. Di–Fr 8–16, Sa 8–15 Uhr, Mai–Sept. auch So 10–14 Uhr.

Chmielno

Die Gemeinde **Chmielno** (Chmelno) gehört zu den Vorreitern für sanften Tourismus in Polen. Hier begann Mitte der 1990er Jahre mit Hilfe des deutschen Landwirtschaftsministeriums ein Modellprojekt für ›Ferien auf dem Lande‹. Die Basis dafür war ideal, denn die zehn benachbarten Radaune-Seen (der sogenannte Radaune-Ring) sind miteinander verbunden und auf einer 40 Kilometer langen Paddeltour zu erkunden. Das Wasser ist kristallklar, Motorboote sind verboten, alle umliegenden Orte sind an die Kanalisation angeschlossen. Die kaschubische **Töpferei** von Karol Elas Necel, in der Nähe der Touristinformation an der Hauptstraße gelegen, befindet sich in 10. Generation in Familienbesitz. Man kann in der Werkstatt dem Töpfermeister beim Arbeiten zuschauen oder im Verkaufsraum ein hübsches Mitbringsel erwerben. Im Obergeschoss befindet sich ein kleines Museum zur Töpfereigeschichte und Necel-Keramik aus den Jahren 1897 bis 1996.

Chmielno

Vorwahl: 058.

Touristinformation Chmielno, ul. Gryfa Pomorskiego 28 A, Tel. 6843091, chmielno @kaszubskipierscien.pl.

Wichrowe Wzgórze (€€), ul. Wichrowe Wzgórze 13, Tel. 6842156, www.wichrowe.info. Auf dem höchsten Hügel von Chmielno mit traumhaftem Seeblick. Gutes Restaurant, Wellnessabteilung mit günstigen Preisen, Kajak- und Tretbootverleih.

U Chłopa (€–€€), ul. Wiejska 1, Tel. 6842332, mobil 604595158, www.uchlopa.agrowakacje.pl. Herrliche Anlage mit Seeblick, Sauna, eigenem Strand sowie großer Erdbeerplantage zum Selbstpflücken. Dazu Spielplatz, Tretboote, Reitunterricht und Kutschfahrten - ideal für Familien mit Kindern.

Tamowa, Zawory 67a, Tel. 6842535, www.tamowa.pl. Zwei Kilometer südöstlich von Chmielno am Jezioro Kłodno, auch Platz für max. 40 Caravans.

Töpferei & Museum Necel, Gryfa Pomorskiego 65, www.necel.pl; tgl. 9–18 Uhr.

Szymbark

Der **Turmberg** (Wieżyca) oberhalb der Gemeinde Szymbark (Schönberg), etwa zehn Kilometer südlich von Chmielno, bringt es zwar nur auf 329 Meter, aber zu einem Superlativ reicht es trotzdem: Er ist die höchste Erhebung zwischen dem Brocken im Harz und der Stadt Minsk in Weißrussland. Vom Aussichtsturm hat man die wohl beste Aussicht in ganz Pommern.

Das **Freilichtmuseum** am Rande von Szymbark besitzt gleich mehrere Kuriositäten. Am 37 Meter langen Tisch können 230 Personen Platz nehmen, er fand als größter der Welt Eingang ins Guinness-Buch der Rekorde. Alljährlich am 6. Dezember versammelt sich hier der Rat der polnischen Nikoläuse, um sich über Aktionen für hilfsbedürftige Kinder zu verständigen. Exakt 46,53 Meter misst das **längste Brett der Welt**, geschnitten aus Douglasie. Es symbolisiert die Einheit der Kaschuben und unterstreicht die Bedeutung von Holz, das seit Jahrzehnten der wichtigste Baustoff in der Kaschubei ist. Auf dem weltgrößten Klavier haben schon viele berühmte

Kaschubiens Schatz sind die vielen Seen

▲ Karte S. 139

Pianisten konzertiert; auch das Musikinstrument ist in das Guinness-Buch der Rekorde eingetragen.
Das **Sibirische Haus** wurde aus Angara-Kiefer gebaut und aus der Gegend von Irkutsk hierher gebracht. Das Haus ist rund 240 Jahre alt und wurde einst von polnischen Verbannten errichtet. Daneben befindet sich die Kopie eines ehemaligen **sowjetischen Zwangslagers**. Mit der Dampflok und Waggons wird an das tragische Schicksal der nach Sibirien Deportierten erinnert. Das **Haus des kaschubischen Trappers** stammt aus Kanada und wurde 1858 aus Zedernholz erbaut. Es erinnert an das Schicksal der Auswanderer. Das auf dem Kopf stehende Haus verdeutlicht die durch die Zivilisation verkehrte Welt. Im **Schnupftabak-Haus** können sich Besucher mit der Geschichte des Tabakschnupfens vertraut machen, die umfangreiche Schau der kaschubischen Tabakdosen sehen und sogar selbst schnupfen.

Szymbark

Vorwahl: 058.

Szymbark (€€), ul. Szymbarskich Zakładników 23, Tel. 7366240, www.hotelszymbark.de. Hotel mit eigener Brauerei (Kaszubska Korona) auf dem Gelände des Zentrums für Bildung und Förderung der Region in Szymbark. Es werden sechs Biersorten produziert, dazu Badebier für Hotelgäste.
Kozi Grod (€€), ul. Leśników 3, im Dorf Pomlewo, Tel. 6920780, www.kozigrod.pl. Etwa 16 Kilometer östlich von Szymbark (bis nach Danzig 25 km), herrliche Lage am See. Moderne Standardzimmer, Restaurant, Sauna, Pool, Tennisplatz, Bowling.

Stolëmek, in Ostrzyce, ul. Droga Kaszubska 8a, Tel. 6841877, www.pensjonatustolema.pl. Am Ufer des Jezioro Ostrzyce, Boots- und Quadverleih. Für max. 15 Caravans.

Freilichtmuseum, ul. Szymbarskich Zakładników 23, www.cepr.pl; Ende April bis Anfang Okt. Mo–Sa 9–19, So 10–19 Uhr.
Turmberg (Wieżyca), Zufahrt von der Straße Nr. 20 (Sopot-Kościerzyna), kurz nach Rybaki rechts ab; tgl. ab 9 Uhr.

Wdzydze Kiszewskie

Nach schwedischem Vorbild wuchs in Wdzydze Kiszewskie (Wdzidzen/Sanddorf), zwölf Kilometer südlich von Kościerzyna, Polens ältestes **Freilichtmuseum**. Es ist bereits seit 1906 im Aufbau, unmittelbar am Ufer des Weitsees (Jezioro Wdzydze), den die Einheimischen auch als Kaschubisches Meer (Kaszëbsczé mòrze) kennen. Heute zählt man 50 Gebäude aus der Kaschubei und der Tucheler Heide, die auf einer Fläche von 22 Hektar verstreut stehen. Ein 300-jähriges Fachwerkkirchlein gehört dazu, Bauern-, Herren- und Wirtshäuser, zwei Windmühlen und eine Schmiede.

Am Eingang steht der rekonstruierte **Gasthof aus Rumia** (Rahmel) bei Gdynia, einst eine Station der Postboten auf der Strecke zwischen Berlin und Königsberg, die hier mit ihren Kutschen hineinfahren konnten. Die benachbarte **Holländerwindmühle** stammt aus Brusy (Bruß) und wurde 1876 aus hölzernen Elementen eines ehemaligen Glockenturm errichtet. Im **Herrenhaus aus Luzin** (Nr. 26) sieht man, wie kaschubische Adelige und Grundbesitzer Anfang des 20. Jahrhunderts wohnten. Im gegenüberliegenden **Speicher** befindet sich die Dauerausstellung, die in Zusammenarbeit mit dem Herder-Institut in Marburg entstand: ›Po-

Im Freilichtmuseum Wdzydze Kiszewskie

len, Deutsche, Kaschuben. Photographische Bilder aus dem Leben der Dörfer in der Kaschubei und im Pommern des 19. und 20. Jahrhunderts.‹ Die großformatigen Schwarz-Weiß-Aufnahmen verdanken wir Alexander von Treichel, Rittergutsbesitzer in Hochpaleschken (heute Wilcze Błota), der es sich zur Aufgabe machte, das Leben und die Arbeit im Wandel der Jahreszeiten für die Nachwelt zu überliefern. Wahrscheinlich fotografierte aber sein Cousin, denn Alexander von Treichel und seine Familie sind auf vielen Fotos zu sehen, daneben auch Inspektoren, Arbeiter und Bedienstete. Fotografiert wurde in den Jahren 1890 bis 1901 während des Tagwerks und bei Feiern.

Die benachbarte **Kirche** (Nr. 29) aus Groß Boschpol (heute Bożepole Wielkie) stammt aus dem im 17. Jahrhundert und ist ein typisches Beispiel für eine ursprünglichen kaschubische Kirche. Im Inneren sind sechs große Kruzifixe an der Wand befestigt, die einst an Wegen standen. In der Gruft stehen neun Särge, darunter zwei für Kinder, für Angehörige der Familie Weiher. Die Kirche befand sich einst auf Besitzungen derer von Weiher, Jakob Weiher ist der Berühmteste unter ihnen, da er Neustadt (heute Wejherowo) gründete.

Wdzydze Kiszewskie

Vorwahl: 058.

Stary Browar (€–€€), in Kościerzyna, ul. Słodowa 3, Tel. 6800771, www.starybrowarkoscierzyna.pl. Hotel, Brauerei, Restaurant (tgl. 9–22 Uhr), Pizzeria (tgl. 12–22 Uhr) und Pub in der Stadtmitte neben dem Einkaufszentrum. Von 2011 bis 2013 auf den Fundamenten der historischen Berenter Brauerei errichtet. Design-Hotel zum Schnäppchenpreis, das klimatisierte DZ kostet etwa 50 Euro, die Braumeistersuite mit freistehender Badewanne 300 Euro. Wellnesszentrum mit Sauna und Whirlpool, auch Bierbad. Restaurant mit kaschubischer Küche sowie drei hauseigenen Biersorten, unfiltriert und nicht pasteurisiert: Kellerbier, dunkles Starkbier und Weizenbier.

Bazuny (€€), ul. Kościuszki 17, Tel. 6802100, www.hotelbazuny.pl. Drei-Sterne-Spa-Hotel am westlichen Stadtrand

▲ Karte S. 139

nahe der Straße Nr. 20. Restauranttipp: Hier wird der wohl beste kaschubische Entenbraten serviert!

Karczma z Rumi, www.muzeum-wdzydze.gda.pl/karczma. Wirtshaus mit pommerscher Küche am Eingang zum Freilichtmuseum Wdzydze Kiszewskie; 15. April-15. Okt Di-So ab 10 Uhr.

Kaschubisches Freilichtmuseum, www.muzeum-wdzyze.gda.pl; Jan.-März, Nov./Dez. Mo-Fr 10-15 Uhr, April und Sept/Okt. Di-So 9-16 Uhr, Mai/Juni Di-Fr 9-16, Sa/So 10-18 Uhr, Juli/Aug. Di-So 10-18 Uhr.

Akkordeonmuseum in Kościerzyna, Rynek 9 (Altes Rathaus), www.muzeumziemikoscierskiej.com.pl. Eines von nur drei Akkordeonmuseen in Europa mit 120 Instrumenten aus Polen, Italien, Frankreich, Deutschland und Russland; Mai-Aug. Mo 10-16, Di-Sa 10-18, So 12-18 Uhr, Sept. Mo-Fr 8-16, Sa 10-18, So 12-18 Uhr, Okt.-April Mo-Fr 8-16 Uhr. Im Alten Rathaus befindet sich auch das **Landesmuseum** mit ethnografischen Sammlungen.

Eisenbahnmuseum (Muzeum Kolejnictwa) in Kościerzyna, ul. Towarowa 7, www.muzeumkolejnictwa.com.pl; Mo 10-16, Di-So 10-18 Uhr.

Żarnowiec

Im Dorf Żarnowiec (Zarnowitz), an der Hauptstraße 213 zwischen Choczewo und Krokowa gelegen, blieb eines der ältesten Bauwerke Nordpommerns erhalten: Die **Kirche Mariä Verkündigung** wurde im 14. Jahrhundert im einfachen gotischen Stil, in typischer Zisterziensearchitektur erbaut. Sie besitzt weder Querschiff noch Seitenschiffe und keine Apsis. Der Turm wurde erst später zur Verteidigung angefügt. Nur durch die hohen Fenster der Südseite fällt viel Licht herein, die Fenster besitzen einfaches Maßwerk und sind auf der Nordseite wegen häufiger Nordweststürme kleiner. Das schöne Sternengewölbe wird von acht Bögen gestützt. Die Innenausstattung ist aus der Zeit des Barock (18. Jahrhundert) erhalten. Die Stufen der Seitenaltäre bestehen aus Grabsteinen von im 17. Jahrhundert verstorbenen Äbtis-

Die Kirche Mariä Verkündigung in Żarnowiec

sinnen und Nonnen. Im Norden grenzt die Kirche an das ehemalige Kloster der Benediktinerinnen, das wahrscheinlich um 1220 für Zisterzienserinnen gestiftet wurde. Nur der ehemalige Westflügel und Teile des Refektoriums sind bis heute erhalten.

Am Tag der Heiligen Anna (26. Juli) findet eine Pilgerfahrt statt, die teils auf dem Wasser, teils auf dem Land verläuft. Die Pilger starten in Nadole mit dem Boot, fahren bis Lubkowo und gehen anschließend zum Gottesdienst in die Kirche von Żarnowiec. Zurück ist das gleiche Schauspiel zu erleben. Zum Musiksommer im Juli und August erklingen Kammermusik und Orgelkonzerte, der Zisterziensermarkt findet alljährlich am ersten Sonntag im August statt.

Krokowa

In Krokowa (Krockow), einem 16 Kilometer westlich von Władysławowo gelegenen Dorf im Herzen der Nordkaschubei, befindet sich das gleichnamige **Schloss**. Es war über 700 Jahre Stammsitz der Adelsfamilie Krockow. Louise von Krockow (1749–1803) war die berühmteste weibliche Gestalt in der Geschichte der Familie. Sie war außergewöhnlich talentiert sowie künstlerisch und literarisch begabt. Im Jahre 1791 engagierte sie den Philosophen Johann Gottlieb Fichte als Hauslehrer ihres Sohnes, und sein Freund Immanuel Kant kam häufig zu Besuch. Deshalb gibt es heute im Park einen Philosophenpfad. Auch der Schlossgarten geht auf Initiative von Louise zurück: Sie ließ hier den mit etwa 50 Hektar großen romantischen **Landschaftpark** anlegen.

In der Gestalt des ungestümen Grafen von Krockow, der angeblich mit Vorliebe in sturmgepeitschten Nächten hoch zu Ross durch die kaschubischen Dörfer galoppierte, findet sich ein kaschubisches

▶ Karte S. 139

Schloss Krokowa ist heute ein Hotel

Gegenstück zum weitaus bekannteren ›Schimmelreiter‹ von Theodor Storm.

Anfang der 1990er Jahre war das Anwesen zur Ruine verkommen. Graf Albrecht von Krockow, der nach 1945 in Westdeutschland lebte, bemühte sich zu jener Zeit um die Gründung einer Stiftung zum Wiederaufbau. Der rasche Wiederaufbau war 1995 vollendet, und der Graf wurde zum Ehrenbürger der Gemeinde Krokowa ernannt. Auch der Park aus dem 18. Jahrhundert, der Wassergraben und die benachbarte Kirche wurden denkmalgerecht erneuert. Heute ist die Residenz ein Schlosshotel sowie Sitz der Stiftung Europäischer Begegnung und Kaschubisches Kulturzentrum. Im Schlossrestaurant blieb eine farbig bemalte Renaissanceholzdecke von 1691 erhalten, vor dem Café mit Wohnzimmeratmosphäre steht ein schöner Kachelofen aus dem Jahr 1738. Dank der hier gereichten kaschubischen Leckerbissen genießt das Restaurant einen ausgezeichneten Ruf. Die Hotelzimmer mit stilvollen Möbeln wirken anheimelnd. Im Erdgeschoss ist der Familiengeschichte derer von Krockow eine kleine Ausstellung gewidmet. Graf

Albrecht von Krockow ist im März 2007 im Alter von 94 Jahren verstorben.

Hinter der Kirche, neben der Post, befand sich einst das Dorfgasthaus ›Beim Herzog Mestwin‹. Heute ist hier das einzige **deutsch-polnische Museum** in Polen zu besichtigen. Neben Kunst und Geschichte der Nordkaschubei werden dem Besucher Einblicke in das Schicksal der einst bunt durcheinandergewürfelten Nationalitäten – Kaschuben, Deutsche, Polen und Friesen – gewährt. Auch Andenken aus der Familiengeschichte derer von Krockow gibt es zu sehen.

Krokowa

Vorwahl: 058.

Zamek w Krokowej (€€), Stiftung Europäische Begegnung, ul. Zamkowa 1, Tel. 7742111, www.zamekkrokowa.pl. Fahrradverleih, Tennisplatz, Konzerte ›Krockower Musiksommer‹ im Ballsaal, 37 Zimmer, weitere im ca. 100 Meter entfernten Gästehaus im ehemaligen Vorwerk.

Im Dorf Wierzchucino, 10 km westlich an der Hauptstraße 213, befinden sich zwei kaschubische Nationalitätenrestaurants:

Karczma U Pysia, ul. Św. Rozalii 25–27, Tel. 7741520. Auf der Speisekarte wird geraten: ›Iß, trink und lockere deinen Gürtel...‹. Man spricht deutsch, schöner Garten hinter dem Haus mit Spielplatz und Pfauenvoliere; tgl. 10–22 Uhr.

Kaszubski młyn, ul. Młyńska 11, Tel. mobil 697808070, www.kaszubski-mlyn.pl. In einer historischen Wassermühle mit Terrassenplätzen über dem Mühlenbach; tgl. 12–21 Uhr.

Museum Krokowa, hinter der Kirche neben der Post, Mai/Juni Mo–Fr 11–17 Uhr, Juli/Aug tgl. 10–18 Uhr, Sept.–März Di–Sa 11–16 Uhr. Schloss- und Parkführungen.

Pływalnia Kryta in Gniewino. Sportschwimmhalle, Sauna, Solarium, Whirlpool und Internetcafé; tgl. 8–20 Uhr.

Jastrzębia Góra und Umgebung

Jastrzębia Góra (Habichtsberg) liegt acht Kilometer nordwestlich von Władysławowo an der Steilküste. Das **Kliff** kam den Gebäuden im Laufe der Zeit ziemlich nahe, deshalb wurde fast die gesamte Abruchkante mit Steinpackungen, Drahtgeflecht und Textilmatten aufwendig gesichert. Besonders junge Gäste schätzen den Ort wegen seines großen Freizeit- und Unterhaltungsangebotes im Sommer.

Das Zentrum des kleinen Erholungsortes besteht aus einer Aneinanderreihung der üblichen Verkaufsstände, Imbissstuben und Ferienheimen an der Hauptstraße und dem Zugang zum Strand, nicht weit entfernt von der Abbruchkante. Idyllischer erscheint die Gegend am ruhigen Westrand um die ul. Bałtycka mit teils historischen, teils neu erbauten Hotels und kleinen Pensionen inmitten eines Kiefernwäldchens. Der schönste Platz befindet sich auf der großen Sommerterrasse der Pension ›Viktor‹ mit herrlichem Panoramablick über das Meer und sehr guter Küche.

Am Kliff von Jastrzębia Góra kann man nur eingeschränkt bummeln, Zäune zwingen immer wieder zu Umwegen ins Hinterland. Am Ortsausgang Richtung Władysławowo führt ein Pfad von der Hauptstraße etwa 250 Meter durch den Küstenwald zum **Obelisken** ›Gwiazda Północy‹. Dies ist der **nördlichste Punkt Polens** (Breitengrad: 54° 50' 08'', Längengrad: 18° 18' 10''). Am Fuße des großen, schön strukturierten Findlings sind die Namen der Sponsoren verewigt, darunter auch von Auslandspolen aus Hamburg, Neusiedl am See, Kanada und den USA. Dahinter eröffnet sich der Blick auf die Ostsee.

An der Ecke ul. Rozewska/ul. Droga Rybacka steht das **Whiskyhaus** (Dom Whisky), das knapp 1500 Sorten im Angebot hat (tgl. ab 12 Uhr, www.domwhisky.pl). Verkosten kann man die edlen Tropfen auch in der benachbarten Cocktailbar ›Max‹. In der modernistischen **Kirche Ignac Loyola** – am Ortsausgang Richtung Władysławowo, links in der ul. Piastowska 15 – finden alljährlich jeden Mittwoch und Samstag ab 20 Uhr Orgelkonzerte statt. Noch weiter in Richtung Władysławowo, im Ortsteil Lisi Jar, steht direkt an der Hauptstraße ein **Denkmal** mit einer Weltkugel und einem polnischen Adler darauf: für König Sigismund III. Wasa, der hier mit seinen Truppen 1598 nach einem missglückten Angriff auf Schweden anlandete. Dahinter führt ein verschlungener Pfad durch eine Erosionsschlucht an den Strand.

Der Leuchtturm von Rozewie

▲ Karte S. 139

Der 33 Meter hohe **Leuchtturm** von **Rozewie** (Rixhöft) wurde 1821 erbaut. Das Licht strahlt über 40 Kilometer weit. Die Polen nennen das Bauwerk Stefan-Żeromski-Turm, weil der Schriftsteller an diesem Ort einen Roman vollendete. Heute befindet sich hier das **Leuchtturmmuseum** (Muzeum Latarnictwa). An der Küste unterhalb des Leuchtturms Rozewie (Rixhöft) wurde 2013/14 ein etwa ein Kilometer langer Schutzwall aus Beton vollendet, der zwar die Naturgewalten zukünftig im Zaum hält, aber das Landschaftsbild verschandelt. Das Bauwerk besitzt eine gewisse Ähnlichkeit mit der einstigen Berliner Mauer. Später verbreitert sich der Strand wieder zu einer idyllischen Bucht.

Auch ein kurzer Abstecher in die **Erosionschlucht**, das Naturreservat ›Dolina Chłapowska‹, ist vom Strand aus möglich. Von Ende Mai bis in den Juli blüht hier der Besenginster massenhaft und lässt das Tal gelb leuchten.

Wer entlang der Steilküste am Strand bis nach Władysławowo wandert, sollte etwa 3,5 Stunden einplanen. Von Władysławowo zurück nach Jastrzębia Góra verkehren häufig Busse (Linienbus Nr. 650, Richtung Karwia, oder Minibus). Von Jastrzębia Góra kann man westwärts am Strand in Richtung Karwia laufen, dutzende Strandzugänge stehen zwischen beiden Orten zur Verfügung. Auch von Karwia bis Dębki weiter westlich erstreckt sich ein schöner breiter Strand. Die südlich des Strandes gelegene Moor- und Heidelandschaft im **Reservat Moroszka Bielawskiego Błota** lohnt den Besuch vor allem im Spätsommer, wenn die Erika in der Landschaft einen zart-rosa Blütenteppich entfaltet.

Jastrzębia Góra und Umgebung

Vorwahl: 058.

Touristinformation, Promenada Światowida (Pavillon am Kaschubenbrunnen), Tel. 6749784, www.jastrzebiagora.pl, www.jastrzebia-gora.com.

Regelmäßig zwischen Władyslawowo und Karwia (mit mehreren Haltestellen in Jastrzębia Góra).

Nach Gdynia-Busbahnhof verkehrt die Buslinie Nr. 650, etwa 90 Minuten Fahrtzeit. Zuvor Haltestelle Reda-Bahnhof mit Möglichkeit des Umstiegs in die S-Bahn (SKM).

Rundflüge vom Flugplatz Tupadły, Tel. 601470659 und 604249469, im Sommer tgl. von 10 Uhr bis Sonnenuntergang.

Hotel Szafir (€€), ul. Droga Rybacka 54, Tel. 7396996, www.szafirhotel.pl. Im Sommer 2013 eröffnetes Haus in der Nähe des nördlichsten Punkt Polens. Standardzimmer im modernen Design, großer Balkon. Im Erdgeschoss befindet sich eine Bäckerei, gegenüber ein Lebensmittelladen. Fünf Minuten Fußweg zum Strand über Zugang Nr. 23. In einer Seitenstraße am Ortausgang Richtung Władysławowo.

Victor (€€), ul. Bałtycka 33, Tel. 6749574, www.pensjonatvictor.pl. Pension in einem historischen Gebäude von 1926 direkt am Steilufer, 24 Meter über der Ostsee. Unter Leitung eines in Deutschland lebenden Kaschuben, alle Zimmer mit Meerblick, sechs DZ, vier Apartments mit Terrasse, sehr gute Küche (tgl. 9–24 Uhr). Von der großen Sommerterrasse lässt sich der Sonnenuntergang gut beobachten, Fleecedecken liegen bereit, wenn es kühler wird.

Wita Ośrodek Wypoczynkowy (€), ul. Kaszubska 3, Tel. 6749656, www.wita-jastrzebiagora.pl. Neue, aber spartanische Zimmer mit Balkon im 1. und 2. Stock für den kleinen Geldbeutel, im Erdgeschoss Restaurant ›Papaj‹. Drei Minuten Fußweg zum Strand.

Arkadia-Aura (€), ul. Bałtycka 15, Tel. 6748047, www.owaura.pl. Erholungsheim mit Ein-, Zwei- und Dreibettzimmern oder Studios, alle mit Balkon, im Sommer Vollpension, ruhige Lage, 500 m zum Strand.

Camping na Skarpie, am Ortausgang Richtung Władysławowo, Tel. 6749095. Vier- und Sechsbetthütten.

Papaj, ul. Kaszubska 3, Tel. 728347577, www.papaj-jastrzebiagora.pl. Neues Restaurant im Zentrum gegenüber vom Kaschubenbrunnen. Gäste können drinnen und draußen auf der Terrasse auch in Strandkörben sitzen, kleine Terrasse im 1. Stock. Gute Fischkarte, aber oft laute Musikbeschallung. Räucherfischverkauf zum Mitnehmen am Eingang; tgl. 10–23 Uhr.

Leuchtturmmuseum Rozewie, ul. Leona Wzorka 1, www.tpnmm.pl.; Mai, Juni und Sept. tgl. 10–14 und 15–18, Juli/Aug. 9–19 Uhr.

Park Wodny Primavera, ul. Rozewska 40/42, Tel. 7744551, www.primaveraspa.pl. Attraktive Badelandschaft auch für Tagesgäste im gleichnamigen großen modernen Spa-Hotel. Etwas außerhalb, an der Hauptstraße Richtung Władysławowo; tgl. 9–21 Uhr.

Die Route der Herrenhöfe und Paläste

In der nördlichen Kaschubei ist auf kleiner Fläche eine außergewöhnliche Anzahl kleiner und größerer Residenzen erhalten, die in den vergangenen Jahren allesamt nach denkmalspflegerischen Gesichtspunkten restauriert oder rekonstruiert wurden. Auf der ausgewiesen Route ›Herrenhöfe und Paläste der nördlichen Kaschubei‹ kann man heute 17 Gebäude besichtigen, in vielen auch übernachten und/oder einkehren. Meist sind diese nur einen Katzensprung von der Hauptstraße entfernt. Es sind diese:

Der **Palast der Familie Przebendowski in Wejherowo** ist heute Heimstatt eines Museums für Schrifttum sowie kaschubisch-pommersche Musik (www.muzeum.wejherowo.pl). Das **Landhaus ›Unter den Linden‹ in Rumia** ist Sitz des Städtischen Kulturhauses, außerdem findet man eine Ausstellung über die Stadtgeschichte (www.mdkrumia.org). Der **Palast Wieniawa in Rekowo Górne** ist die Architekturperle des Putziger Landes, heute ein exquisites Hotel mit Feinschmecker-Restaurant (www.hotelwieniawa.com). Gerahmt wird die Residenz von einem schönen Park. Der **Palast der Familie Below in Sławutówko** wurde 1912 als Winterquartier erbaut, später kaufte die Familie Krockow die Besitzungen. Heute befinden sich hier Hotel und Restaurant (www.palacbelow.pl). Das **Schloss Jan III. Sobieski in Rzucewo** beeindruckt durch seine neugotische Gestalt am Kliff der Putziger Wiek. Hier können Gäste stilvoll übernachten sowie auch Weinverkostungen genießen (www.zameksobieski.pl). Der **Palast in Kłanino** war die Residenz derer von Grass, ein Herrenhof aus dem 18. Jahrhundert, umgeben von einem kleinen Park, seit 2014 ein Hotel mit stilvollem Restaurant (http://klanino.pl). Das **Schloss Krokowa in Krokowa** (→ s. Krokowa). Das **Landhaus ›Sechs Eichen‹ in Prusewo** dient heute als Hotel und Restaurant. Im Park sieht man fast 300-jährige Eichen, eindrucksvolle Rotbuchen und seltene Pyramideneichen (www.prusewo.pl). Das **Landhaus in Starbienino**, erbaut im 19. Jahrhundert im toskanischen Stil, beherbergt die Volksuniversität der Kaschubei (www.starbienino.pl). Der **Herrenhof in Bychowo** war so marode, dass er bis auf die Grundmauern abgetragen und nach historischen Fotos wieder neu aufgebaut wurde. Von Juni bis August kann man im Restaurant einkehren. In der Nähe steht eine fast 500-jährige Eiche (www.bychowo.pl). Der **Herrenhof in Lisewo** ist heute ein stilvolles Hotel mit Restaurant in prunkhafter Atmoshäre (www.lisewskidwor.pl). Der **Palast in Ciekocinko** war der Sitz des Gutsverwalters und ist heute als Reiterhof vor allem unter Pferdeliebhabern ein Begriff (www.ciekocinko.pl). Der **Palast in Sasino**, drei Kilometer vom naturbelassenen Ostseestrand entfernt, ist eines der größten Adelshäuser in ganz Pommern und heute Hotel mit Restaurant und Café (http://sasino.pl). Der **Palast in Zwartowo** dient heute als Erholungs- und Schulungsheim mit Restaurant und schönem Ballsaal (www.zwartowo.pl). Das **Landhaus Unter Linden** in Gościęcino stammt aus dem Jahre 1798. Heute kann man in fünf einfachen Zimmern übernachten; deftige Hausmannskost (www.podlipami.afr.pl). Das **Landhaus in Salino** ist ein reetgedecktes Fachwerkgebäude aus dem 18. Jahrhundert in herrlicher Lage am Sauliner See (Jezioro Salińskie). Hier kann man mit bis zu 15 Personen übernachten, der Preis bleibt gleich (www.salino.pl). Der **Palast in Godętowo** entstand um die Wende vom 18. zum 19. Jahrhundert. Heute strahlt er wieder die ursprüngliche Eleganz aus, er beherbergt ein vielfach gelobtes Restaurant und Hotel (www.palacgodetowo.pl).

Wejherowo

Etwa zehn Kilometer von der Danziger Bucht entfernt, inmitten bewaldeter Hügel, liegt das Städtchen Wejherowo (Neustadt), das ›kaschubische Jerusalem‹. Hier erfüllte der Marienburger Magnat Jakob Weiher sein Gelübde, das er während einer Belagerung in Weißrussland geleistet hatte, wo er bei einer Explosion verschüttet wurde: Weiher gelobte in seinen Familiengütern eine Kirche zur Heiligen Dreifaltigkeit und ein Kloster zu stiften, falls er mit dem Leben davonkäme. 1643 gründete Jakob Weiher hier eine neue Siedlung. Viele Katholiken folgten seinem Ruf, denn seit der Reformation hatten sie in Kaschubien einen schweren Stand. Dankbar nannten die Glaubensbrüder den stetig wachsenden Wallfahrtsort anfangs Weihersfrei. Etwa hundert Jahre blieb Weihersfrei im Besitz der Magnatenfamilie. Nach der Ersten Teilung Polens kam die Stadt in den Besitz des Königreiches Preußen und wurde in Neustadt umbenannt.

Sehenswürdigkeiten

Südlich vom Bahnhof entstand zwischen 2010 und 2012 die **kaschubische Philharmonie** mit Kulturzentrum. Der architektonisch sehr interessante Bau erscheint wie ein gestrandeter Ozeandampfer. Auf dem **Marktplatz** stehen das neobarocke Rathaus und ein lebensgroßes Abbild des Stadtgründers Jakub Weiher. Vom Glockenturm des Rathauses erklingt mittags die kaschubische Hymne. Das ehemalige Franziskanerkloster (1650) wurde 1754 zu einer Schule umgebaut, sehenswert ist die klösterliche **Sankt Annakirche** aus dem 17. Jahrhundert. Im Schloss der Grafen Przebendowski und Keyserlingk befindet sich heute das **Museum für Schrifttum und kaschubisch-pommersche Musik**. Attraktionen sind die wiederentdeckten Wandmalereien aus dem 19. Jahrhundert, die im Stil der Malkunst von Pompeji Natur- und Architekturschönheiten Italiens zeigen, sowie die Dauerausstellung ›Wallfahrten in Kaschubien‹. Im großen Schlosspark versteckt sich nördlich der Orangerie (Sommercafé) ein großer neuer Abenteuerspielplatz.

Kreuzweg

Der berühmte Neustädter Kreuzweg (Kalvaria Wejherowska) windet sich am südlichen Stadtrand durch eine grüne Hügellandschaft. Der Kalwarienweg umfasst 26 manieristisch-barocke **Kapellen**, die in der Mitte des 17. Jahrhunderts errichtet wurden. Die meisten wurden von Jakub Weiher und seinen zwei Ehefrauen gestiftet. Die Entfernungen zwischen den Kapellen sollen denjenigen entsprechen, die Jesus in Jerusalem zurücklegen musste. Unter jeder Kapelle lagert eine Handvoll Jerusalemer Erde. So viele Kreuzwegstationen sind selten, denn die meisten derartigen Anlagen besitzen nur 14 Wegstationen. Alle Kapellen wurden zwischen 2006 und 2008 renoviert und zeigen sich seitdem herausgeputzt. Vom Parkplatz am Ortausgang Richtung Gniewowo führen

Kapelle Begegnung Christi mit Muttergottes

Stufen zum Ölberg mit vier Kapellen. Vom Schloss läuft man etwa 10 Minuten dorthin. Auch an der Straße nach Kartuzy befindet sich ein Parkplatz, von dem aus man den Kalvarienberg erkunden kann. Die Besichtigung aller Kreuzwegstationen ist mit einer kleinen Bergwanderung zu vergleichen, auf knapp sechs Kilometern sind sehr viele Stufen auf und ab zu absolvieren. Die wohl schönste Kapelle ist die der Begegnung Christi und der Muttergottes (im Übersichtsplan Nr. 15), die Anna Elisabeth Schaffgotsch vor 1654 spendete. Sie wurde im Grundriss einer Rose erbaut und ist mit Sgraffitos sowie flämischer und niederländischer Ornamentik geschmückt. An der Kapelle zum Tor der Tränen – Zweiter Fall Christi (Nr. 18) – sind an den Außenwänden 22 Höhlungen zu sehen, die große Tränentropfen symbolisieren: Durch jenes Tor gingen die zum Tode Verurteilten in Jerusalem, auch Christus wurde vor der Kreuzigung hindurch getrieben. Das Heilige Grab (Nr. 25) ist das einzige Bauwerk aus Quaderkalkstein in Pommern. Die Fracht wurde in Krakau vorgefertigt und kam über die Weichsel nach Danzig. Über dem Dach erhebt sich ein Laternenturm mit der Figur des auferstandenen Christi.

Wejherowo

Vorwahl: 058.

Tourismusbüro, Plac J. Wejhera 8, Tel. 6777000, www.wejherowo.pl.

S-Bahnhof (SKM) Richtung Gdańsk und Słupsk, hier halten auch die TLK-Züge Richtung Szczecin und Gdańsk-Głowny (Fahrkarten nur beim Zugpersonal).

Marmułowski (€€), ul. Marca 207, Tel. 6721300, www.marmulowski.com. Elegantes Bürgerhaus mit Café und Restaurant. Im Sommer serviert man auch im grünen Garten am plätschernden Bächlein. Ruhige Lage, etwa 100 Meter vom Markt in der Fußgängerzone.

Gästezimmer (Pokoje Gościnne) (€), ul. 12 marca 193/5, Tel. 6721003, www.pokojewejherowo.pl. Moderne Standardzimmer zum günstigen Preis.

Campanula, Zamkowa 2a, Tel. 7363131, www.campanula-restauracja.pl. Im Kellergewölbe des Schlosses der Familie Przebendowski und Keyserlingk, Restaurant und Pizzeria, Freiluftplätze am Bächlein. Tyskie und Pilsner Urquell vom Fass; Mo–Do und So 13–21, Fr/Sa 13–22 Uhr.

U Wejhera, Plac Jakuba Wejhera, Tel. 7460441. Am Marktplatz mit Freiluftplätzen. Tagesgericht für 4 Euro; tgl. ab 11 Uhr.

Wenta, Plac Jakuba Wejhera (zwischen Rathaus und Jakob-Weiher-Denkmal), www.cukierniawenta.pl. Café und Konditorei mit reichem Kuchen- und Tortenangebot, auch Freiluftplätze unter schattigem Ahornbaum; Mo–Fr 7–19, Sa 7–16, So 9–19 Uhr.

Der **Kreuzweg** ist frei zugänglich. Übersichtsplan mit deutscher Beschreibung: www.kalwariawejherowska.pl.

Museum des Schrifttums und der kaschubisch-pommerschen Musik, Zamkowa 2a, www.muzeum.wejherowo.pl. Im Palast der Familien Przebendowski und Keyserlingk; Mo–Fr 9–18, Sa/So 11–17 Uhr.

Kaschubische Philharmonie, ul. Sobieskiego 255, www.wck.org.pl; Di–Fr und So 10.30–21, Sa 15–21 Uhr.

Sierra Golf Club, im südlichen Ortsteil Pętkowice, www.sierragolf.pl. 18 Löcher, Driving Range, Golfsimulator, Clubhaus mit Café.

▶ Karte S. 139

Puck

Puck (Putzig) ist ein kleines Städtchen am Westufer der Zatoka Pucka (Putziger Wiek), einer durch die Halbinsel Hela geschaffenen Bucht. Der alte deutsche Name täuscht nicht: Putzig besitzt einen hübschen, von Bürgerhäusern aus dem 18. und 19. Jahrhundert gesäumten **Marktplatz** (plac Wolności), kleine feinsandige Strände und einen modernen Jachthafen sowie den ehemaligen Fischerhafen unterhalb der Peter- und Paulskirche, wo heutzutage neben vielen Sportbooten nur noch ein oder zwei Kutter ankern.

Die Promenade verläuft vom Fischerhafen bis zum Jachthafen. Links und rechts der beiden Molen kann man sich an kleinen **Haffstränden** sonnen oder im flachen Wasser auch baden. An beiden **Molen** finden sich Restaurants, an der längeren das gehobenere ›Perła Pucka‹, an der kürzeren im Erdgeschoss das ›U Bosmana‹ und im ersten Stock das Café & Taverne ›Mistral‹. Von allen genießt man schöne Blicke auf das Haff oder in den Jachthafen.

Der Barockaltar der Weiherkapelle in der **Peter- und Paulskirche** wurde von den Stadtgründern von Neustadt (Wejhe-

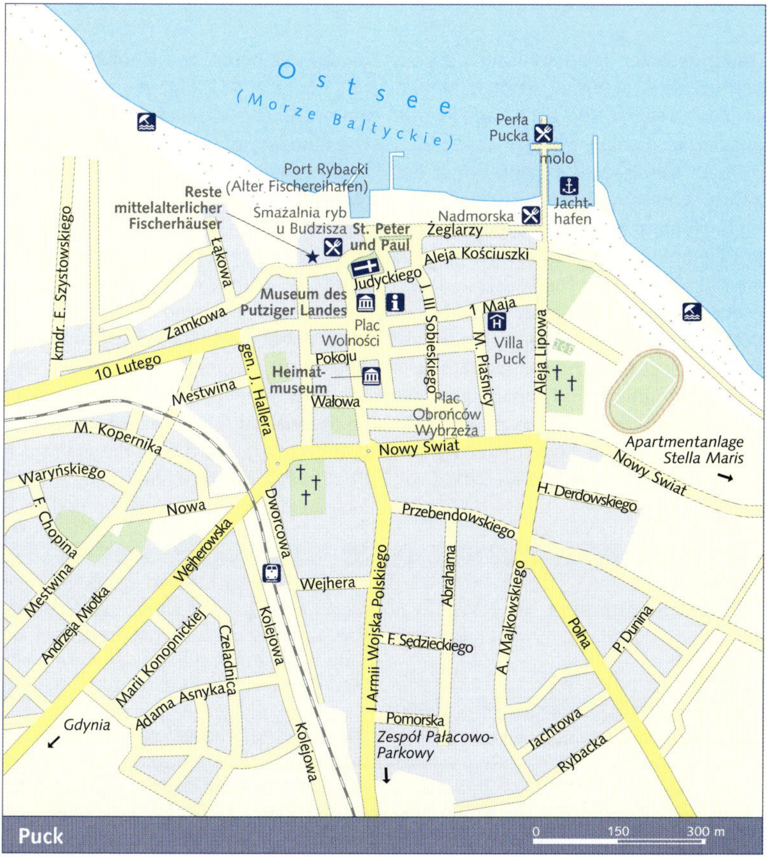

An der Promenade von Puck

rowo) gestiftet. Hier steht auch ein beachtliches Kreuzigungsmotiv. Neben Jesus und Maria sind auch Familienmitglieder der Familie Weiher abgebildet, die sich Verdienste um den Erhalt des katholischen Glaubens erwarben.

Im **Museum des Putziger Landes** (Muzeum Ziemi Puckiej), in einem Bürgerhaus am Marktplatz, sind Fundstücke aus dem Meer ausgestellt, darunter Relikte aus dem frühmittelalterlichen Hafen an der Putziger Bucht und ein kleiner Bernsteinschatz, der unter den Fundamenten des ehemaligen Ordensschlosses entdeckt wurde. Außerdem finden Wechselausstellungen statt. Das Fachwerkhaus von 1725, das einst als städtisches Spital diente, ist heute das **Heimatmuseum** (ul. Wałowa 11). Unter anderem sind eine ärmliche kaschubische Stube sowie eine komplette historische Schmiede zu sehen.

Nur Mauerfragmente blieben vom einst stolzen Putziger Ordensschloss übrig, nachdem die preußische Verwaltung den Abriss verordnet hatte. Die kümmerlichen Überbleibsel sind in der nördlichen Schlossstraße (ul. Zamkowa) zu finden.

Alljährlich an einem Sonntag um den 29. Juni findet die berühmte **Putziger Fischerwallfahrt** von Jastarnia, Kuźnica und Władysławowo über das Haff nach Puck statt, die anschließende Ablassfeier im Putziger Dom St. Peter und Paul.

Puck

Vorwahl: 058.

Touristeninformation, Plac Wolności 2, Tel. 603039013, www.kaszubypolnocne.pl.

Tgl. mehrmals Verbindungen auf der Strecke Gdynia–Puck–Władysławowo–Halbinsel Hela.

Busse verkehren nach Gdynia und über Władysławowo nach Hel und Karwia.

Apartmentanlage Stella Maris (€€). Neues modernes Gebäude am südöstlichen Rand von Puck nahe der Steilküste mit schmalem Sandstrand. Zum Jachthafen am Küstenweg unter Buchen etwa 1 km, zum Bahnhof etwa 2 km. Buchbar z. B. über booking.com.

Villa Puck (€), ul. 1 Maja 12, Tel. 7463898, www.willapuck.pl. Historisches Bürgerhaus etwas abseits vom Markt mit geschmackvollen neuen Apartments, kleine Küchenzeile (kein Frühstück). Fünf Minuten Fuß-

▶ Karte S. 171

weg zum Strand und Jachthafen. Bad mit Fußbodenheizung.

Apartmentanlage Stella Maris (€€). Neues modernes Gebäude am südöstlichen Rand von Puck nahe der Steilküste mit schmalem Sandstrand. Zum Jachthafen am Küstenweg unter Buchen etwa 1 km, zum Bahnhof etwa 2 km. Buchbar z. B. über booking.com.

Zespół Pałacowo-Parkowy (€€), Tel. 6738805, www.zameksobieski.pl. In Rzucewo (Rutzau), etwa 5 km südöstlich von Puck und nahe dem Haff, steht das ehemalige Schloss von König Jan III. Sobieski im Stil der englischen Tudorgotik. In einem Park, mit Restaurant und Café.

Perła Pucka, Tel. 533361600, www.perla-pucka.pl. Gediegenes Restaurant auf der Mole am Jachthafen. Wunderschöne Aussicht aufs Haff. Fischgerichte und internationale Küche; tgl. 10–22 Uhr.

Smażalnia ryb u Budzisza, ul. Morska 13, Tel. 6732972. Einfaches kaschubisches Fischgasthaus, auch mit vielen Freiluftplätzen unterhalb des Doms am Fischerhafen. Drinnen und draußen mit zahlreichen Fischfangutensilien ausgeschmückt; tgl. 11–18 Uhr.

Nadmorska, Aleja Lipowa 4, Tel. 6732618. Mit Abstrichen am Ambiente, dafür gibt es aber Fisch mit großer Salatbeilage in guter Qualität zum sehr günstigen Preis. Direkt am Zugang zur längeren Mole am Jachthafen; tgl. 11–21 Uhr.

Kafeterna Mistral, oberhalb vom Jachthafen an der Promenade und geschützt von schattigen Buchen, süßes kleines Café im modernen skandinavischen Stil mit nur drei Tischen und einigen Freiluftplätzen.

Prowincja, ul. Morska 5. Modernes Café mit Charme zwischen Marktplatz und Dom. Eis und Kuchen sind hausgemacht; tgl. 11–21 Uhr.

Museum des Putziger Landes, pl. Wolności 28; Mo–Fr 8–15, Sa 10–14 Uhr.

Heimatmuseum, ul. Wałowa 11; Di–Fr 8–15, Sa 10–14, Juli/Aug. Di–Fr 9–16, Sa/So 9–14 Uhr.

Swarzewo und Mechowo

Das kleine Fischerdorf **Swarzewo** (Schwarzau), auf halben Wege zwischen Puck und Władysławowo, ist seit Generationen als das ›kaschubische Tschenstochau‹ bekannt. Die wundertätige Madonna von Schwarzau gilt als die Königin des polnischen Meeres. Angeblich warfen lutherische Bewohner der Halbinsel Hela die gotische Skulptur mit dem Christuskind zu Beginn der Reformation in die Fluten. Am Schwarzauer Haffufer wurde sie wieder aufgefunden und in der Kirche aufgestellt. Die kleine **Kirche** als Marienkultstelle und die **Kapelle** über dem Brunnen mit heilkräftigem Wasser bilden zusammen ein malerisches Ensemble.

Das Dorf **Mechowo** (Mechau) liegt zehn Kilometer westlich von Puck, am Rande des Darsluber Buchenwaldes (Puszcza Darzlubska). Es ist berühmt für seine **Sandsteinhöhlen**, die 1818 bei Landvermessungsarbeiten entdeckt wurden. Aber erst 100 Jahre später entschloss sich die preußische Kreisverwaltung, diese geologisch seltene Formation für Touristen zugänglich zu machen. Die Höhlendecke und die Wände bestehen aus porösem, mit Kalk gebundenem Sandstein, der Boden ist sandig. Es sind auch einige hell gefärbte Stalaktite zu sehen. Entstanden ist das seltsame Höhlensystem durch Gletscherwasserablagerungen der jüngsten Eiszeit (Mai–Okt. tgl. 9–18 Uhr).

Sehenswert ist auch die kleine **Fachwerkkirche** aus der ersten Hälfte des 18. Jahrhunderts mit barockem Interieur. Die Gemälde stammen aus der Werkstatt von Herman Han und Bartholomäus Strobel.

Die Halbinsel Hela

Das Wachstum der Halbinsel Hela (Mierzeja Helska) begann vor etwa 8000 Jahren, als sich durch Meeresströmungen erste Sandbänke bildeten. Kleine Inseln schlossen sich schließlich zu einer Nehrung zusammen. Auf schwedischen Landkarten aus dem 18. Jahrhundert beispielsweise ist zu erkennen, dass die Landzunge zu dieser Zeit noch an sechs Stellen unterbrochen war.

Die natürliche Anschwemmung des Sandes wurde erst im 20. Jahrhundert durch den Bau des Hafens in Władysławowo abgeschnitten, der gleichzeitig als Wellenbrecher dient. Die Existenz der Halbinsel ist seitdem bedroht, Sturmfluten rissen sie in den Jahren 1983 und 1992 beinahe auseinander.

Das Museum in Hel informiert ausführlich über die Geschichte der Fischerei

▲ Karte S. 139

Viele Sagen ranken sich um die Halbinsel. Eine berichtet, dass es schon im 10. Jahrhundert auf einer kleinen Insel ein reiches Fischerdorf gab, das regen Handel trieb – wahrscheinlich das alte Hela. Urkunden dokumentieren für 1378 die Verleihung der Stadtrechte. Diese Siedlung verschwand vielleicht im Meer, zumindest aber von den Landkarten. Erst hundert Jahre später liest man wieder etwas vom neuen Hela. Heute ist die Halbinsel Hela 35 Kilometer lang und an der schmalsten Stelle nur 100 Meter breit.

Die durch Hela entstandene Ostseebucht Putziger Wiek (Zatoka Pucka) ist das polnische Surferparadies und gilt als der beste Platz für das Kitesurfen in Europa. Hier wehen ideale Winde, und das Wasser ist im Vergleich zur Ostsee wärmer und vielerorts so flach, das man darin stehen kann.

Von Władysławowo in Richtung Hel am Nehrungszipfel markieren Parkbuchten für jeweils nur zwei Dutzend Fahrzeuge bis ins Seebad Jurata viele Strände mit feinkörnigen Sand. Dann führt die Straße über 14 Kilometer durch Kiefernwald mit Glockenheide, Moos, Sumpfporst, Blau- und Preiselbeeren. Zwischen dem Hauptbahnhof Gdynia und Hel pendelt etwa zweistündlich ein moderner Nahverkehrszug. Ab Władysławowo lässt es sich auf einem schönen neuen Radweg herrlich radeln: 40 Kilometer bis nach Hela, mal nahe der Straße und teils durch die Orte, aber auch abseits der Haupttrasse, zum Beispiel am Hafen entlang.

Im September 1939 wurde vier Wochen um die Halbinsel gekämpft. Die polnischen Truppen verschanzten sich in zwei Befestigungssystemen, die heute als Museum zugänglich sind, so in der Nähe von Jastarnia und vor dem Städtchen Hel; Zugang jeweils von der Hauptstraße.

Władysławowo

Am Zugang zur Halbinsel Hela liegt das langgestreckte Fischerstädtchen und Seebad Władysławowo (Großendorf). Der Stadtname ist eine Reverenz an den polnischen König Władysław IV., der die Entwicklung des Gebietes durch einen Flottenstützpunkt förderte. Die Stadt besitzt den größten **Hochseefischereihafen** des Landes. Die Bauarbeiten begannen 1936 durch ein polnisch-französisches Konsortium, dauerten bis 1939 an und wurden nach dem Zweiten Weltkrieg vollendet. Von hier starten auch Kutter mit Touristen oder Anglern zu Fahrten auf die Ostsee.

In den 1950er Jahren wurde zwischen Hafen und Bahnhof das Gewerkschaftshotel **Fischerheim** (Dom rybaka) errichtet. Der monumentale Stil mit einem wuchtigen Turm (63 Meter) lässt den Bau von Weitem wie eine Kirche erscheinen: Heute nutzt das Stadtamt viele Räume. Von der 9. Etage des Turms, in 45 Meter Höhe, schweift der Blick weit über die Halbinsel Hela. In der 3. Etage befindet sich eine Schmetterlingsausstellung mit den ›Gauklern der Lüfte‹ aus aller Welt. In unmittelbarer Nachbarschaft des Turms lädt der **Lunapark** – unter anderem mit Riesenrad, Achterbahn und Paintball – zum Vergnügen ein (tgl. 11–19 Uhr).

Die **Mariä-Himmelfahrt-Kirche** an der ul. Żeromski (Hauptstraße Richtung Jastrzębia Góra) ist ein ungewöhnliches Gotteshaus. An die ursprüngliche Kapelle aus dem Jahr 1932 wurde in den Jahren 1957 bis 1961 ein modernes Mittelschiff mit Mosaikfenstern angefügt. Die Kanzel besitzt die Form eines Segelbootes.

Die Apartmentanlage ›Carlos‹ in Władysławowo

Alljährlich im Juli und August finden mehrere Orgelkonzerte mit namhaften Solisten aus dem In- und Ausland statt. Im **Fischereihafen** darf man sich frei bewegen, nur Fahrräder müssen am Eingang abgestellt werden. Vom Ende der Hafenmole zeigt sich ein wahrhaft maritimer Anblick: Farbige Schiffe schaukeln auf dem Wasser, dahinter thront stolz der hohe Turm des ehemaligen ›Fischerheims‹. Über die Hafenmole gelangt man mühelos über kleine Eisenleitern zum **feinsandigen Weststrand**. Auch östlich des Hafens zieht sich der Strand weiter in Richtung Hela.

Westwärts am Strand entlang gelangt man nach etwa drei Kilometern zum **Steilufer** bei Chałapowo (Chlapau) mit wildromantischem Küstenpanorama. Der Uferabbruch wird hier nicht mit Buhnen oder Steinschüttungen unterbunden, und so rutschen die Böschungen nach Starkregen oder Sturm ab und reißen Bäume und Sträucher in die Tiefe.

Władysławowo

Vorwahl: 058.

Touristeninformation, ul. Towarowa (am Bahnhofsgebäude PKP), Tel. 6743472, www.wladyslawowo.pl; Mitte Juni–Ende August Mo–Fr 9–17 Uhr.

Tgl. mehrmals Verbindungen auf der Strecke Gdynia–Puck–Władysławowo–Halbinsel Hela.

Busse verkehren nach Gdynia, Hel und über Jastrzębia Góra nach Karwia.

Von Tupadły (Tupadel) bei Jastrzębia Góra starten im Sommer Flugzeuge zu touristischen Rundflügen über die Halbinsel Hela.

Apartament Carlos (€€–€€€), ul. Hryniewieckiego 7b, Tel. 728380174, www.apartament-carlos.oxy.pl. Elegante Apartments in Strandnähe mit klimatisierten Zimmern, großer Kinderspielplatz, herrliche Dachterrasse und Swimmingpool in der 4. Etage, mit Meerblick.

Rejs (€€), ul. Hryniewieckiego 4, Tel. 7740500, www.hotel-rejs.pl. Kleines sym-

▲ Karte S. 175

pathisches Hotel abseits vom Trubel am Dünenwäldchen, etwa 200 Meter zum Strand. Moderne Standardzimmer, Sonderangebote in der Vor- und Nachsaison.
Baltos (€€), ul. Hryniewieckiego 5, Tel. 508258110, www.baltos.pl. Kleines Mittelklassehotel neben dem Hotel ›Rejs‹, DZ und Apartments, Café und Sauna.

Klipper mit Bar U Golli, Gdańska 20, Tel. 608803655, www.ugolli.pl. Kleines gemütliches Fischgasthaus an der Hauptstraße. Fisch aus eigenem Fang, große Salatauswahl, alles zum günstigen Preis. Bedienung im Matrosen- bzw. Kapitänslook. Tipp: Schmackhafter Steinbutt.
U Kojota, ul. Morska 20, www.ukojota.pl. Großer überdachter Freiluftimbiss mit sehr gutem Angebot, so preiswerte Fischgerichte, hausgemachte Suppen, Eierkuchen, Salate und Pizza; auch Frühstücksgedecke; tgl. 9–23 Uhr.

Zeltplatz Małe Morze, Tel. 6741231, www.malemorze.pl. Ganzjährig geöffnet, Taverne, Lebensmittelladen, Sauna, am Anfang der Halbinsel Hela mit Wind- und Kitesurfingschule (www.abcsurf.pl).
Horyzont, Tel. 516158188, www.polehoryzont.pl. Camping- und Caravanplatz unmittelbar an der Steilküste am Ortsausgang Władysławowo/Ortseingang Chłapowo. Etwa 300 Meter Fußweg durch eine schattige Schlucht zum feinsandigen Strand.

Aussichtsturm (Wieża Widokowa) im Stadtamt, dem ehemaligen ›Fischerheim‹; Januar, Nov. und Dez. tgl. 10–16 Uhr, März/April und Okt. 10–17 Uhr, Mai/Juni und Sept. 10–18 Uhr, Juli/Aug. tgl. 9–21 Uhr.
Schmetterlingsausstellung im Stadtamt, 3. Etage im Turm, geöffnet wie Aussichtsturm.
Naturmuseum des Küstenlandschaftsparks in Władysławowo, ul. Morska, Juli/Aug. tgl. 10–13 und 15–20 Uhr, sonst Di–Fr 9–13 Uhr.

Orgelkonzerte (Juli/Aug.), Do in der Mariä-Himmelfahrt-Kirche Władysławowo, Fr in der Kirche von Jastrzębia Góra.

Drachenflieger starten bei Chałopowo vom Kliff Rudnik.

Chałupy und Kuźnica

Chałupy (Ceynowa) besaß viele Jahre einen der wenigen FKK-Strände in Polen. Weil die Kirche aber intervenierte, kann man sich jetzt nicht mehr hüllenlos zeigen. Am ersten Sonntag nach dem 22. Juli findet im Ort ein Fischerfest (Kaszubskie Łodzie pod żaglami) statt. Höhepunkt ist dabei eine Regatta alter Segelboote. Während des Festes werden auch alte Handwerke gezeigt, so das Netzflechten, und es treten kaschubische Gesangs- und Trachtengruppen auf.

Ein ideales Revier zum **Wind- und Kitesurfen** befindet sich unmittelbar am Campingplatz Chałupy 6. Es gilt bei vielen Aktiven als bester Ort in Europa, um dieser Sportart zu frönen (Tel. 058/6743050, www.chalupy6.com).

Bei **Kuźnica** (Kußfeld) ist die Nehrung am schmalsten. Viele halten den kleinen **Fischerhafen** für den schönsten der Halbinsel. Am Ufer der Putziger Wiek trocknen die Fischer ihre Netze, einige Räuchereien veredeln den Fang. Die schönen Strände sind ruhiger als in anderen Orten der Halbinsel.

Zwischen Kuźnica und Jastarnia erhebt sich die mit knapp 13 Meter höchste Düne der Halbinsel, **die Lübecker Düne** (Góra Libek), die ihren Namen nach dem hier im 17. Jahrhundert gesunkenen Schiff ›Lübeck‹ trägt.

Jastarnia

Das beliebte Seebad Jastarnia (Putziger Heisternest) befindet sich etwa in der Mitte der Halbinsel, 19 Kilometer von Władysławowo und 16 Kilometer vom Südostzipfel bei Hel entfernt.

Dem in der Sonne hell leuchtenden **Strand** verdankt der Ort wahrscheinlich seinen polnischen Namen: Linguisten vermuten, dass er vom Wort jastar (glänzend) abgeleitet wurde. Einer dieser einladenden Sonnenplätze mit feinsandigem Sand liegt unterhalb vom kleinen Leuchtturm am Hotel ›Dom Zdrojowy‹. Noch immer finden sich viele Winkel, die an das alte Fischerdorf erinnern, noch immer liegen Kutter am Haff, werden Netze auf den kleinen historischen kaschubischen Höfen getrocknet. Wegen der traditionellen Zugehörigkeit der Halbinsel zur Kaschubei sind hier alle Straßennamen zweisprachig ausgeschildert; die Ostseestraße als ›ul. Bałtycka‹ (polnisch) und ›ul. Wielgomòrskô‹ (kaschubisch), ebenso ›Zum Strand‹: ›Do plaży‹ und ›Do strëmdë‹.

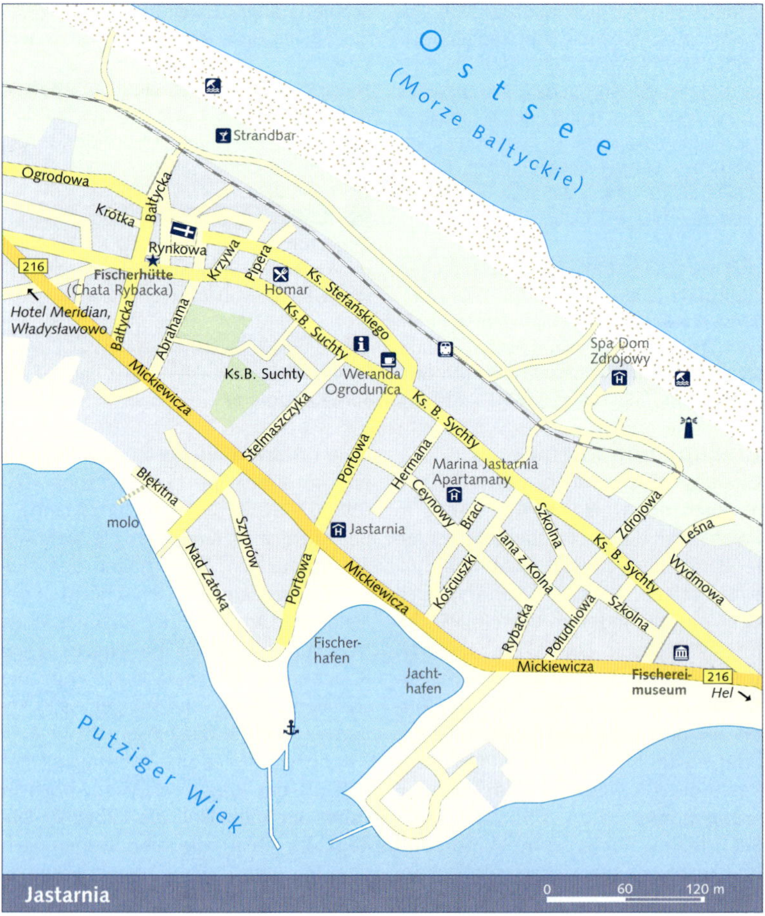

Sehenswürdigkeiten

Die **Kirche der begnadeten Jungfrau Maria** wurde im Jahr 1931 vollendet; sie knüpft mit ihrer Ausstattung an Fischereitraditionen an. Die Kanzel besitzt die Form eines Fischerbootes, das auf den Wellen der stürmischen See schaukelt, an den Banklehnen finden sich geschnitzte Fische, zwei Kronleuchter besitzen die Form eines Ankers. Rechts neben dem Altar sieht man eine Kopie der wundervollen Gottesmutter von Schwarzau (Swarzewo), der Schutzheiligen der Fischer. Die Madonna steht über einem Boot, auf dem zwei Engelchen sitzen.

Nahe der Kirche, in der ul. Rynkowa 10, steht eine **Fischerhütte** (chata Rybacka) von 1881. Für ihren Bau wurden auch Teile von angespülten Schiffswracks verwendet. Die originale Innenausstattung blieb erhalten. Vom **Hafen** verkehren ›Sommertaxis‹ übers Wasser nach Puck oder Hel sowie nach Gdynia. In der Räucherei ›Draga‹, ul. Polnej 5, wird im Juli und August schmackhafter Fisch verkauft.

Ein kleines reetgedecktes **Fischereimuseum** (Muzeum Rybackie) lädt in der ul. Mickiewicza 31, etwa 200 Meter östlich vom Hafen, zum Besuch ein. Seit Generationen betreibt die kaschubische Familie Struck nebenan eine Bootstischlerei, in der noch heute Boote nach traditioneller Art gefertigt werden. Eine weitere **Ausstellung zum Fischereiwesen** befindet sich in zwei Räumen im Gebäude des Hafenbootsmannes, ul. Portowa 26. Hier sind historische Fischfanggerätschaften, Landkarten und Fotos zu betrachten.

Alljährlich am Ehrentag der Schutzpatrone der Fischer, den Heiligen Peter und Paul, findet am 29. Juni eine traditionsreiche **Wallfahrt** in der Putziger Bucht statt: Etwa 40 bis 50 geschmückte Boote sowie ein großes Muttergottesbild begeben sich auf eine festliche Seereise in das gegenüberliegende Puck. Dort werden die Teilnehmer vom Danziger Bischof gesegnet. Die Zeremonie ist mit Volksfesten in Jastarnia und Puck verbunden.

Bei Jastarnia war ab 1920 der Aufbau eines Hafens der polnischen Kriegsmarine geplant. Zu dessen Schutz wurden zunächst vier schwere Bunker errichtet, deren Besatzung beim Überfall Deutschlands auf Polen fast einen Monat Widerstand leistete und erst am 1. Oktober 1939 kapitulierte. Heute sind die Betonbauten zugänglich, in den Innenräumen des **Bunkermuseums** ›Sabała‹ ist militärisches Gerät ausgestellt. Das Freilichtmuseum befindet sich 2,5 Kilometer westlich von Jastarnia (in Richtung Kuźnica) nahe dem Campingplatz ›Maszoperia‹; ein großer Parkplatz ist vorhanden.

Am Strand von Jastarnia

Jastarnia

Vorwahl: 058.
Touristinformation, ul. Ks. P. Stefańskiego 5, Tel. 6752097, www.jastarnia.pl.
Touristinformation Kuźnica, ul. Hallera 1a, Tel. 6753698, www.kuznica.pl.

Taxi nonstop, Tel. 609630629.
Taxi Plus, Tel. 604868345.

Haltestelle der Regionalbahn Gdynia-Reda-Puck-Władysławowo-Hel. Verkehrt im Zweistundentakt.

Aussichtsrundflüge mit Kleinflugzeug oder Hubschrauber vom Flugplatz Jastarnia. Max. 3 Pers. ab 30 Euro/Pers., Infos: www.lotnisko-jastarnia.pl. Zufahrt hinter dem Campingplatz ›Maszoperia‹.

Spa Dom Zdrojowy (€€-€€€), ul. Kościuszki 2a, Tel. 6799100, www.zdrjowy.com.pl. Große Nobelherberge in Strandnähe, klimatisierte Zimmer, luxuriöse Suiten und kleine Standardzimmer mit Balkon, Kindergarten im Sommer, Gesundheits- und Schönheitszentrum, Swimmingpool, Sauna, Aussichtscafé mit Strandkörben im 4. Stock.
Hotel Jastarnia (€€), ul. Portowa 35, Tel. 7270480, www.hoteljastarnia.com.pl. Neues Haus, viele Zimmer mit Hafenblick. Sehr gutes Frühstück, gelobte Küche.
Meridian (€€-€€€), ul. Kaperska 2, Tel. 6741901, www.hotelmeridian.pl. Kleines Neubauhotel an der Hauptstraße nahe dem Putziger Haff in Chałupy, Restaurant mit Haffblick, herrlich grüner Innenhof, bequeme Ein-, Zwei- und Dreibettzimmer sowie Apartments.
Marina Jastarnia Apartamenty (€€-€€€), ul. F. Ceynowy 13, Tel. 666080808, www.marinajastarnia.pl. Luxuriöse Apartments mit Hallenbad.

Kawiarnia Weranda Ogrodnica, ul. Ks. B. Sychty 98, www.kawiarnia-weranda.pl. Vor dem Bahnhof an der Hauptstraße, leckere Kuchen, reichhaltige Kaffee- und Teeauswahl. Strandkorb auf der Terrasse, innen Korbmöbel – in der kalten Jahreszeit auch drinnen im Wintergarten drei Strandkörbe. Auch Fischgerichte (gebraten, gegrillt und mariniert, Lachstatar sowie Klopse aus Dorsch). Tipp: Früchtetee aus ganzen getrockneten Himbeeren (Owocowa herbata Malinowa) zum Mitnehmen; tgl. ab 9 Uhr.
Homar, ul. Księdza Bernarda Sychty 122a, Tel. 609550580, www.homarwjastarni.pl. Schmackhafte kaschubische Küche, Fischgerichte; tgl. 9–22.30 Uhr.

Chata Rybacka, ul. Rynkowa 10; tgl. 14–18 Uhr.

Jurata

▲ Karte S. 139/178

Jurata (Danziger Heisternest) entstand ab 1928 als kleiner, aber exquister Badeort innerhalb des ›Polnischen Korridors‹. Investoren der Aktiengesellschaft Jurata kauften hier 150 Hektar Land und begründeten den modernsten Badeort des Landes. Hier war vor allem die Prominenz zugegen. Daran hat sich bis heute nichts geändert. Die Hotels sind hochpreisig, Villen und Pensionen modernisiert und neue Apartmentanlagen gewachsen. Das Spahotel ›Bryza‹ direkt am feinsandigen Strand lockte schon Schauspieler, Politiker und Vertreter der polnischen und internationalen High society. Der Wellnessbereich zählt zu den schönsten und besten in Polen, die großen Glasscheiben ermöglichen in der zweiten und dritten Etage die freie Sicht auf Meer und Küstenwald. Der polnische Ortsname erinnert an die Tochter des Meeresgottes: Jurata verliebte sich hier in einen hübschen Fischer. Der wütende Vater vernichtete zur Strafe

Jurata als Brunnenfigur

das Bernsteinschloss seiner Tochter. Deshalb spülen Ostseewellen noch immer Bernsteinstücke an den Strand. Aufmerksame Spaziergänger finden viele winzige Stückchen im hellen feinen Sand, die bei Sonnenschein rot oder gelb leuchten.
Die reizende Jurata steht als **Brunnenfigur** an der Hauptstraße, dort wo sie die Fußgängerzone quert. Die **Fußgängerpromenade** ›Międzymorze‹, 320 Meter lang, verbindet den Seesteg an der Putziger Bucht mit dem feinsandigen breiten Ostseestrand.
Vom **Seesteg** sieht man etwa zwei Kilometer vom Ufer entfernt zwei Betonbunker im Haff. Sie wurden als Teil eines Torpedoübungsplatzes von der deutschen Kriegsmarine im Zweiten Weltkrieg errichtet.
Eine Strandwanderung nach Jastarnia dauert etwa eine Stunde. Der Dünenwald an der Ostseeseite westlich von Jurata ist ein herrliches Spazier- und Wanderterrain mit zahlreichen Trampelpfaden und Hügelchen mit Meerblick.

Jurata

Vorwahl: 058.

Haltestelle der Regionalbahn Gdynia-Reda-Puck-Władysławowo-Hel. Verkehrt im Zweistundentakt.

Piotr Taxi, Tel. 602717266.

Bryza (€€€), ul. Międzymorze 2, Tel. 6755100, www.bryza.pl. Spa-Hotel in fantastischer Strandlage, Innen- und Außenpool, karibisches Flair am Strand mit Kuschelmatratzen auf Stelzen mit Baldachin, Strandbar. Apartments mit Balkon und Meerblick, Standardzimmer mit Balkon zur Landseite. Große Dachterrasse mit Ausblick auf Ostsee und Dünenwald. Wellnesszentrum mit Sauna, Pool und vielen Beautyanwendungen – dabei Blick aufs Meer oder in die Baumkronen des benachbarten Kiefernwaldes. Ideale Lage zum erfrischenden Morgenbad in der Ostsee. Außergewöhnlich reichhaltiges Frühstücksbuffet und sehr gute Küche.
Muza Centrum Konferencji i Rekreacji (€€–€€€), Świętopełka 11, Tel. 6752140, www.jurata-muza.pl. Moderne Standardzimmer und Apartments in zwei Gebäuden, ›Melodie‹ und ›Rythmus‹, direkt am Dünenwald. ›Rythmus‹ eröffnete im Jahr 2013 und besitzt die komfortableren Zimmer. Café ›Fryderyka‹, Pool, Sauna, Bowlingbahn und Fitnessraum. Fünf Minuten Fußweg zum breiten feinsandigen Sandstrand.

Restaurant Gościniec, ul. Międzymorze 8, Tel. 607686566. Urige Fischerhütte mit Freiluftplätzen an der Promenade zum Haff.

Zwischen Slowinzischem Nationalpark und der Halbinsel Hela

Das Restaurant ›Maszoperia‹ in Hel

Hel

Wo früher im Hela des ausgehenden 19. Jahrhunderts links und rechts nur Fischerhütten standen, in der heutigen ul. Wiejska, finden sich heute wie auf einer Perlenkette aufgereiht Cafés, Pubs, Restaurants und kleine Läden, zum Teil in den alten Gebäuden. Die gotische **Kirche der Heiligen Peter und Paul**, in der Nähe von Haff und Hafen, birgt heute das **Fischereimuseum** (Muzeum Rybołówstwa). Hier sieht man eine Bootswerkstatt, eine gefangene Kegelrobbe im Fischernetz an der Kirchenwand, einen historischen Eissegler, ein Modell des Fischerdorfes, so wie es zum Ende des 19. Jahrhunderts aussah, kann die Entwicklung der Halbinsel Hela verfolgen, Gemälde mit Fischermotiven betrachten und die Aussicht vom Kirchturm genießen. Die Kirche war im 15. Jahrhundert noch 300 Meter vom Ufer der Putziger Bucht entfernt, heute sind es nur noch etwa 100 Meter. Im September 1939 wurde der ursprüngliche Turm abgebrochen, weil er einen Orientierungspunkt für die deutsche Artillerie bot.

Vor der Kirche am Haff befindet sich ein kleiner **Strand**. Die Promenade ›Bulwar Nadmorski‹ führt am Haffufer zum **Fokarium**. Das Meeresinstitut der Universität Gdańsk betreibt hier eine Zucht- und Rehabilitationsstation für Ostseerobben (Błękitna szkoła Hel). Durch eine automatische Schranke gelangt man nach dem Einwurf von fünf Złoty auf das Gelände mit mehreren Becken, der Eintritt ins Museum kostet extra. Die Kegelrobbe ist eine der Robbenarten, die in der Ostsee leben. Sie wandern bis zu 1000 Kilometer weit, können bis zu 100 Meter tief tauchen und 10 Minuten unter Wasser bleiben. Junge Robben, die von Estland an die polnische Küste schwimmen, brauchen für die 500 Kilometer nur wenige Tage. Noch Anfang des 20. Jahrhunderts zählte man an der Küste 100 000 Tiere. Sie wurden gejagt und getötet, verendeten in Fischernetzen oder sind wegen der Wasserverschmutzung geschwächt. Daher sind sie heute äußerst selten, und man schätzt ihren Bestand auf lediglich 7500 Exemplare. Eindrucksvoll ist die Karte der polnischen Ostseeküste, die zeigt, wo und wie oft von 1980 bis 1998 Kegelrobben gesehen wurden: am häufigsten in der Danziger und Putziger Bucht. Alle auf Hela geborenen oder geretteten Kegelrobben werden freigelassen, um die Wiederansiedlung einer Kegelrobbenkolonie an der polnischen Ostsee zu fördern. Ausgewilderte Robben verlieren häufig ihre natürliche Scheu vor dem Menschen. Fassen Sie eine zutrauliche Robbe nie an, sie können schmerzhaft zubeißen! Eine am Strand liegende Robbe braucht Ruhe, halten Sie gebührenden Abstand und schützen sie die Tiere vor Hunden! Sollten Sie eine Kegelrobbe am Strand finden, benachrichtigen Sie die Zuchtstation in Hel, Tel. 0601/889940.

Vor der Kirche führt die Mole zum **Passagier- und Jachthafen** mit einem futuristischen, aber inzwischen verlodderten und verschlossenen Hafengebäude, das

▲ Karte S. 139

von weitem einer gelandeten Raumkapsel gleicht.

Aus dem Zentrum führen die ul. Wiejska und dann die ul. Bałtycka zum **Leuchtturm** und weiter zum **Ostseestrand**. Der Turm ist 38,5 Meter hoch. Durch die ul. Kuracyjna kommt man durch das ehemalige Militärgebiet im Küstenwald zum äußersten Zipfel (Cypel) der Halbinsel Hela, wo sich bei starkem Wind die Wellen von Ostsee und Haff gegenläufig aufschaukeln. Bei Hela wurden während des Zweiten Weltkriegs viele Schiffe versenkt. Die Wracks sind heute beliebte Ziele bei Tauchgängen. Wer mit dem Schiff von Hela nach Danzig übersetzt, erlebt zum Ende der schönen Seereise auch eine rund zwanzigminütige Hafenrundfahrt. Die Anlegestelle in Danzig befindet sich in der Altstadt am Hotel ›Hilton‹ und nahe dem Krantor.

Hel

Vorwahl:058.

Touristeninformation Hel, ul. Wiejska 78, Tel. 6751010, www.gohel.pl und www.hel.pl.

Taxi Hel, Tel. 603430105.

Endhaltestelle der Regionalbahn Gdynia–Reda–Puck–Władysławowo–Hel. Verkehrt im Zweistundentakt.

In der Saison, Anfang Juni bis Anfang September, verkehren Schiffe der Weißen Flotte nach Sopot, Gdynia und Gdańsk, www.ztm.gda.pl.

Pub Admiral Nelson (€–€€), ul. Wiejska 62, Tel. 6751155, www.nelson.com.pl. Nicht nur Pub, auch Übernachtung in einfachen Zimmern und Apartments.

Dom Bursztyn (€), ul. Admirała Włodzimierza Steyera 40, Tel. 6750941, www.dombursztyn.com.pl. Neubau, geschmackvolle Zimmer im frischen Design.

Unterkünfte auch in Privatzimmern, darunter beim Leuchtturmwärter (Domek przy latarni, al. Bałtycka 2, Tel. 604224712).

Hel Kamp, ul.Kuracyjna 1, Tel. 606388184, www.helkamp.com. Am Haffstrand und östlichen Stadtrand (nur Juli/Aug.).

Restaurant und Café Kutter 90, ul. Wiejska 88, Tel. 6750048, www.kutter.pl; tgl. 9–24 Uhr. Beliebtes Fischrestaurant und Pizzeria, Bedienung in kaschubischen Trachten, Wohnzimmeratmosphäre, Stühle mit Fischmotiv. Tipps: Fischplatte für zwei Personen mit Seezunge, Lachs, Kabeljau, Garnelen und Tintenfisch. Außerdem Aal in Dillsoße, Dorsch auf kaschubische Art, Hering auf süße Art mit Rosinen und Pflaumen. Kohlroulade in Tomatensoße. Kutterbier mit Sauerkirsche und würziges Glühbier mit Nelken.

Checz, ul. Wiejska 107, Tel. 6750599. Polnische Küche in einem Fischerhaus von 1918, auch Freiluftplätze.

Maszoperia, ul. Wiejska 110, Tel. 6750297, www.maszoperia.net. Restaurant und Café in zwei historischen Fischerhäusern mit vielen Freiluftplätzen. Gute Küche.

Zuchtstation für Kegelrobben in Hel (Fokarium), ul. Morska 2, Tel. 6750836, www.fokarium.com; tgl. 9.30–18 Uhr, Fütterung 11 und 14 Uhr.

Fischereimuseum, in der Kirche, derzeit geschlossen (aktuelle Infos: www.nmm.pl).

Leuchtturm, www.tpnmm.pl; tgl. 10–14 und 15–18 Uhr (Mai–Sept.; Juli/Aug. bis 19 Uhr).

Tauchgänge zu Wracks in der Ostsee organisiert: **Baltic Explorers**, ul. Traugutta 2b/13 in Gdynia, info@balticexplorers.pl, www.balticexplorers.pl.

Gdańsk verführt mit dem Charme der alten Hansestadt, Gdynia beeindruckt mit moderner Architektur und Sopot präsentiert sich als mondänes Kurbad.
Östlich der Weichsel sind vor allem die Frische Nehrung und die mächtige Marienburg einen Besuch wert: Die einstige Feste der Kreuzritter ist die größte Backsteinburg der Welt.

Prächtige Giebel in der Danziger Altstadt

GDAŃSK UND UMGEBUNG

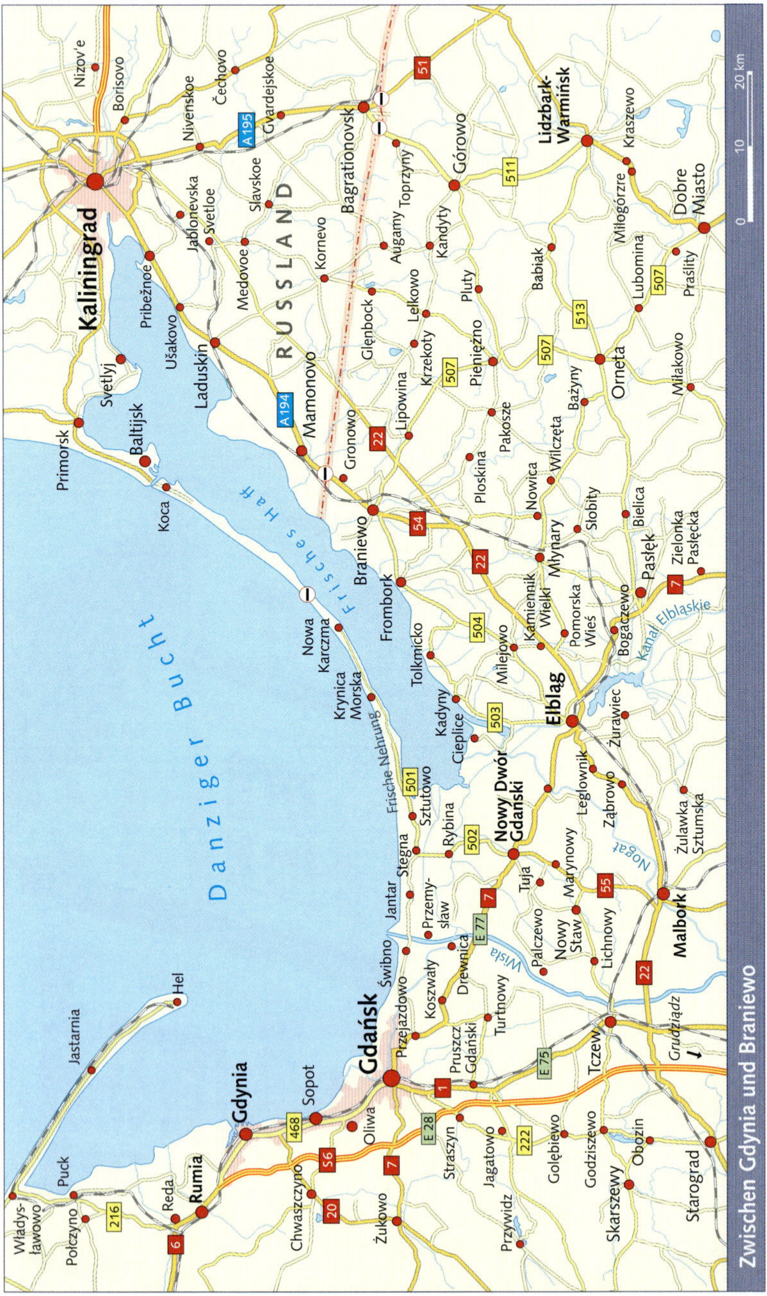
Kaliningrad
Nizov'e
Borisovo
Nivenskoe
Čechovo
A195
Gvardejskoe
Bagrationovsk
51
Jablonevska
Svetloe
Slavskoe
Medovoe
Kornevo
R U S S L A N D
Toprzyny
Augamy
Kandyty
Górowo
511
Lidzbark-Warmiński
Kraszewo
Miłogórze
Dobre Miasto
0
10
20 km
Pribežnoe
Ušakovo
Laduskin
Svetlyj
Baltijsk
Primorsk
Koca
A194
Mamonovo
Glębock
Lelkowo
Krzekoty
Lipowina
507
Pieniężno
Pluty
Babiak
513
Lubomina
Prośility
Gronowo
22
Pakosze
Ploskina
Bażyny
Orneta
Miłakowo
Frisches Haff
Braniewo
54
Nowica
Wilczęta
Słobity
Bielica
Młynary
Pasłęk
Zielonka Pasłęcka
Nowa Karczma
Frombork
Kamiennik Wielki
Pomorska Wieś
Bogaczewo
Kanał Elbląskie
7
Danziger Bucht
Krynica Morska
Tolkmicko
504
Milejowo
Kadyny
Cieplice
503
Elbląg
Żurawiec
Frische Nehrung
501
Sztutowo
Rybina
502
Nowy Dwór Gdański
Łęgłownik
Ząbrowo
Żuławka Sztumska
Nogat
Stegna
Jantar
Przemysław
Tuja
Marynowy
55
Malbork
Hel
Jastarnia
Świbno
Koszwały
Drewnica
E 77
Wisła
Palczewo
Nowy Staw
Lichnowy
Gdańsk
Przejazdowo
Pruszcz Gdański
Turtnowy
E 75
Tczew
Grudziądz
Gdynia
Sopot
468
Oliwa
1
E 28
Straszyn
Jagatowo
222
Gołębiewo
Godziszewo
Skarszewy
Obozin
Starogard
Władysławowo
Puck
Połczyno
216
Reda
Rumia
6
Chwaszczyno
S6
20
Żukowo
Przywidz

Gdynia

Gdynia (Gdingen) bildet zusammen mit Sopot und Gdańsk die sogenannte Dreistadt (Trójmiasto). Diese zieht sich etwa 35 Kilometer an der Küste der Danziger Bucht (Zatoka Gdańska) entlang. Die Stadtteile sind durch ein öffentliches Verkehrsnetz verknüpft.

Gdynia ist etwa 20 Kilometer von der Danziger Innenstadt entfernt und blickt auf eine stürmische Geschichte zurück: Das kaschubische Fischerdörfchen lag nach dem Ersten Weltkrieg im ›Polnischen Korridor‹ und wurde von den neuen Besitzern ab 1921 im Eiltempo zum bedeutenden Hafen ausgebaut.

Erst 1926 zur Stadt erklärt, zählte Gdynia ein Jahrzehnt später bereits 120 000 Einwohner! Manche Einwohner meinen, dass es in Polen keine zweite ebenso herrlich gelegene Stadt wie Gdynia gibt: Sie erstreckt sich auf sieben Moränenhügeln, ist von Mischwäldern umgeben und hat die Danziger Bucht zu ihren Füßen.

Sehenswürdigkeiten

Stadtzentrum und Südmole sind durch die ul. 10 Lutego verbunden. Diese Gegend heißt auch ›Weiße Stadt‹, weil hier keine für Pommern typischen roten Backsteinhäuser stehen. Interessant sind vor allem die vielen funktionalistischen Gebäude wie die **Polnische Bank** (ul. 10 Lutego 20/22) aus dem Jahr 1929. Zwischen 1935 und 1936 wuchs das **Bürohaus** der Sozialversicherungsanstalt ZUS (ul. 10 Lutego 24) – es gilt heute als das Markenzeichen der Zwischenkriegsarchitektur. Markant zeichnen sich hier mehrere Baukörper verschiedener Größen ab, die mit einem abgerundeten Bereich kontrastieren. Charakteristisch für die damalige Zeit

Das Museumsschiff ›Dar Pomorza‹ in Gdynia

Emigrations-
museum
Arkadiusza(400 m)
Hotton
Św. Piotra
Śledziowa
T. Wendy
Blues Rooms
Portowa
św. Wojciecha
Jana z Kolna
Markthalle
Strych
Arkadiusza Rybickiego
Władysława IV
Wójta Radtkego
Hryniewickiego
pl. Konstytucji
Stadt-
museum
Starowiejska
Sea Towers
Dworcowa
Zgoda
Polnische Post
Z. Augusta
K. Pułaskiego
Polnische Bank
Courtyard Gdynia Waterfront
Kriegsschiff Błyskawica
Segelschiff Dar Pomorza
Gdynia Główna
10 Lutego
Batory
Skwer Kościuszki
Podjazd
S. Batorego
Mariola Ice Cafe
Infobox
Jana Pawła II
Bar rybny Kuter Gdy-50
Zygmuntowska
Wejherowo
Armii Krajowej
Seeaquarium
(Akwarium)
468
Litewska
3 Maja
A. Abrahama
Świętojańska
Poleska
Podolska
Obrońców Wybrzeza
E. Sędzickiego
Del Mar
Pomorska
Kamienna Góra
H. Sienkiewicza
Freilichtmuseum der Kriegsmarine
Żwirki i Wigury
J. Kasprowicza
Danziger Bucht
Nowogrodzka
A. Mickiewicza
J. Słowackiego
Warszawska
Śląska
J. Kilińskiego
A. Asnyka
H. Siemiradzkiego
Bulwar Nadmorski
Władysława IV
J. Bema
Och! Hostel
P. Skargi
Polskiego
Armii Wojska Polskiego
W Ogrodach
gen.
Mariacka
Legionów
I. Krasickiego
A. Necla
W. Sieroszewskiego
J. Korzeniowskiego
468
A. Fredry
Bydgoska
Al. Marsz. Piłsudskiego
Kielecka
Partyzantów
Al. Marsz. Piłsudskiego
K. Tetmajera
S. Wyspiańskiego
Wieniawskiego
Prusa
M. Kopernika
E. Orzeszkowej
K. Ujejskiego
Partyzantów
I. Paderewskiego
Barracuda
C. Norwida
S. Moniuszki
F. Chopina
J. Matejki
Nadmorski
Wileńska
Śniadeckiego
Focha
Legionów
Górna
A. Grottgera
J. Ejsmonda
Mariola
J. Ejsmonda
bp. Dominka
Droga Gdyńska
Strefa Kuchnia Świata
468
W. Syrkomli
K. Tetmajera
Kępa
Redłowska
Harcerska
M. Kopernika
Wołyńska
G. Narutowicza
Willa Anna
Legionów
Hotel Villa Lubicz
Gdańsk
Baltic Oasis
Orłowo
Gdynia
0
75
150 m

des Modernismus sind die schlichte Formengebung, polierte Fassaden sowie die weiträumigen Verglasungen. Die Wände am Erdgeschoss sind mit schwarzem Granit verkleidet, die sich augenfällig von den hellen Fassaden in den oberen Etagen abheben.

Ein solch kompakter Komplex der modernistischen Architektur wie in Gdynia ist weltweit selten: Der Stil, der sich in Polen ab den 1920er Jahren entwickelte, erreichte in Gdynia seine höchste Blüte. Merkmale dieser Bauform sind abgerundete und scharfe Formen, die oft an Aufbauten, Kommandobrücken, Masten oder gar Schiffsrümpfe erinnern. Manche Gebäude besitzen Bullaugenfenster oder wellenförmige Balkone. Ein Stadtspaziergang ist somit eine kleine Reise durch die Entwicklung des Modernismus in Polen und Europa. Fündig wird man vor allem in den Straßen 10-Lutego, Świętojańska, Skwer Kościuszki, um den Steinberg (Kamienna Góra) sowie an der Südmole.

In Gdynia kauft es sich gut ein. In der Nähe des Hauptbahnhofs steht die **Markthalle** aus dem Jahr 1938 mit Bogen-, Flach- und Fischhalle. Das moderne **Kaufhaus Batory** in der ul. 10 Lutego ähnelt in seiner Architektur dem Namensgeber: Der Ozeandampfer ›Batory‹ verkehrte viele Jahre auf der Strecke Gdynia–Nordamerika. Viele kommen auch in den neuen Konsumtempel, um einfach nur das leckere Eis zu schlecken, das im ›Café Batory‹ serviert wird.

In den nächsten Jahren wird sich das ehemalige Hafen- und Werftviertel in ein hochmodernes neues Zentrum verwandeln.

Multimediale Ansichten der Pläne kann man in einer **Infobox** an der ul. Świętojańska 30 bestaunen. Diese Installation besteht aus 65 aufeinander getürmten Überseecontainern. Die Infobox wurde nach einem Projekt des Architekten Jacek Droszcz errichtet. Die Container sollen eine Hommage an den Hafencharakter von Gdynia darstellen und zudem die zeitliche Begrenztheit des Vorhabens symbolisieren. Von der 22 Meter hohen Aussichtsplattform haben die Besucher einen Überblick auf den Baufortschritt.

Direkt südlich der ul. Świętojańska entstand das neue **Kulturforum**. In dem lichten Gebäude, das von einer monumentalen Glasfassade dominiert wird, haben das Städtische Theater, eine Mediathek sowie die Städtische Galerie für zeitgenössische Kunst eine neue Heimstatt gefunden.

An der Südmole, dem Pomorskie-Kai, ankern zwei Museumsschiffe. Der **Blitz** (Błyskawica) wurde von 1935 bis 1937 auf einer englischen Werft erbaut, 1939 kehrte der Zerstörer mit polnischer Mannschaft nach England zurück. Im Zweiten Weltkrieg war das Kriegsschiff an der Evakuierung englischer und französischer Truppen aus Dünkirchen sowie an der Schlacht um Narvik beteiligt. Die Besichtigung beginnt im Mittelschiff. An Deck werden Artillerie und Unterseewaffen gezeigt. Zum Rundgang gehört auch der Blick auf die ehemaligen Dampfkessel im Maschinenraum.

Das imposante **Segelschiff Dar Pomorza** besitzt drei über 40 Meter hohe Masten, die Segelfläche beträgt etwa 2000 Quadratmeter. Der Dreimaster lief 1909 in der Hamburger Werft Blohm & Voss vom Stapel und ging 1919 als deutsche Reparationsleistung an Frankreich. 1929 erwarb Polen das schöne Schiff. Der Staat war damals nicht in der Lage, ein derartiges Schiff selbst zu bauen. Das für den Kauf erforderliche Geld wurde durch Spenden aufgebracht, weshalb das Schiff den neuen Namen ›Gabe Pommerns‹ (Dar Pomorza) erhielt. Während

Am Bulwar Nadmorski

des Zweiten Weltkrieges lag das Segelschiff in Stockholm sicher vor Anker. Das Segelschulschiff absolvierte in 50 Jahren unter polnischer Flagge etwa 100 Fahrten und lief in fast 400 Häfen ein. 14 000 junge Polen haben auf dem Dreimaster ihre erste Ausbildung erhalten. Auch wenn das Schiff nun dauerhaft vor Anker liegt, glorifiziert sein Anblick die Epoche der Segelschifffahrt. Die Nachfolge als Segelschulschiff übernahm die ›Dar Młodzieży‹.

An der Spitze der Südmole befindet sich das **Seeaquarium** (Akqarium). Hier tummeln sich Vertreter aus der heimischen Ostsee, aber auch viele bunte Fische aus den Tropen. Zwei Zitterale senden elektrische Impulse aus, hörbar über einen Lautsprecher. Im 3. Stock, in einem Rundpavillon mit schöner Aussicht auf Ostsee und Strand, steht ein großes plastisches Ostseemodell, wo sich Tief- und Flachwasserregionen besonders gut erkennen lassen.

Am kleinen Stadtstrand beginnt die etwa zwei Kilometer lange **Ostseepromenade Bulwar Nadmorski**; wo der Sand am östlichen Rand aufhört, steht eine hübsche Plastik zweier Fische. Von hier können Spaziergänger auf der breiten Promenade am Wellenbrecher entlang flanieren, etwa eineinhalb Kilometer weiter östlich auch wieder Strandgänger an der Kliffküste weiter bis Orłowo (Adlershorst) wandern.

Ruhige Spaziergänge verspricht der **Naturpark Kępa Redłowska** zwischen den Stadtteilen Redłowo und Orłowo an der Küste. Neben Buchen gedeihen hier schwedische Bergahorne.

▲ Karte S. 188

Die Tragödie der Wilhelm Gustloff

Gotenhafen, das heutige Gdynia, war im Zweiten Weltkrieg einer der wichtigsten Häfen der deutschen Kriegsmarine. Hier lagen auch viele Handels- und Passagierschiffe vor Anker, darunter die ›Wilhelm Gustloff‹. Der über 20 000 Bruttoregistertonnen große Kreuzfahrtdampfer war einst für die die Organisation ›Kraft durch Freude‹ auf Kiel gelegt worden und beförderte bis zum Kriegsausbruch verdiente ›Volksgenossen‹. Der Ozeanriese wurde nach dem Schweizer Landesgruppenleiter der NSDAP-Auslandsorganisation benannt, der 1936 von einem jüdischen Auswanderer ermordet worden war.

Bei Kriegsausbruch baute man den Urlaubsdampfer zum Lazarettschiff um, das ab Ende 1940 als Wohnschiff für die U-Boot-Lehrdivision ›Gotenhafen‹ diente. Ab Mitte Januar 1945 trafen sich in der Danziger Bucht die Flüchtlingsströme vor der anrückenden sowjetischen Front. Hunderttausende, in der Mehrzahl Frauen, Kinder und Betagte, setzten ihre letzte Hoffnung auf eine Mitfahrgelegenheit in einem der Schiffe. Großadmiral Dönitz, der Oberbefehlshaber der Kriegsmarine, gab am 21. Januar den Befehl, alle in Gotenhafen und im nahen Pillau ankernden Schiffe »umgehend in die Häfen der Lübecker Bucht zu verlegen ... und in Gotenhafen wartende Flüchtlinge aufzunehmen.«

Am Mittag des 30. Januar lief die ›Wilhelm Gustloff‹ mit schätzungsweise 9000 Passagieren ohne nennenswerten Begleitschutz aus. Neben den Flüchtlingen waren Wehrmachtsangehörige, verletzte Soldaten und Marinehelferinnen an Bord. Zwölf Seemeilen vor Stolpmünde, kurz nach 20 Uhr, zerfetzten drei Torpedos, die das sowjetische U-Boot S-13 abgefeuert hatte, die Schiffswand der Wilhelm Gustloff. Aktenkundlich 5384 Personen, wahrscheinlich aber weitaus mehr, ertranken in der eiskalten Ostsee bei einer Lufttemperatur von minus 18 Grad Celsius. Nur 1239 Passagiere überlebten.

Das Schiffswrack ruht in 60 Meter Tiefe und ist nach der politischen Wende zur Gedenkstätte erklärt worden. Regisseur Joseph Vilsmaier hat den Untergang der ›Gustloff‹ als ZDF-Zweiteiler neu in Szene gesetzt. Die Dreharbeiten fanden 2007 in Berlin, Stralsund, Peenemünde, Hamburg, Köln, Leipzig und Malta statt. Es war bereits die zweite deutsche Verfilmung der Tragödie: 1960 hatte der Film ›Nacht fiel über Gotenhafen‹ des Regisseurs Frank Wisbar Premiere.

Die ›Wilhelm Gustloff‹ nach ihrer Fertigstellung

Gdynia

Vorwahl: 058.
Touristeninformation, ul. 10 Lutego 24, Tel. 6223766, www.gdyniaturystyczana.pl.

Tgl. verkehrt ein Eurocity von Berlin-Hauptbahnhof direkt nach Gdynia (weiter nach Gdańsk-Glówny). Andere Verbindungen aus Deutschland nur mit Umsteigen in Szczecin oder Poznań; Fahrtzeit aus Berlin etwa 8 Stunden.
Die S-Bahn heißt SKM. Diese verkehrt ostwärts Richtung Sopot–Gdańsk/Glówny und über Malbork nach Elbląg. Nach Westen Richtung Wejherowo–Łębork–Słupsk.

Tgl. verkehren Stenaline-Fähren von Gdynia ins schwedische Karlskrona. Aus dem Zentrum Gdynia gelangt man mit der Buslinie Nr. 150 zum Hafen. Hafen-Haltestelle neben dem Terminal.
›Weiße Flotte‹ nach Hel (Mai–Sept.), www.zegluga.pl.

Nadmorski (€€€), ul. Ejsmonda 2, Tel. 6677777, www.nadmorski.pl. Das wohl am ruhigsten gelegene Hotel der Dreistadt mit Blick auf das Blau der Ostsee, nahe der Uferpromenade oberhalb des Restaurants Barracuda.
Courtyard Gdynia Waterfront (€€), ul. J. Waszyngtona 19, Tel. 7430700, www.marriott.com. Neues Hotel an den Sea Towers.
Sea Towers (€€–€€€), ul. Hryniewickiego 6, Tel. 608502333, www.seatowers24.pl. Apartments mit der besten Aussicht in Gdynia, in Hafennähe im Wolkenkratzer.
Villa Lubicz (€€–€€€), Orłowska 43, Tel. 6684740, www.willalubicz.pl. 1936 von einem Kapitän erbaut, Restaurant mit europäischer Küche.
Blues Rooms (€), ul. Portowa 9, Tel. 600928546, www.bluesrooms.pl. Neues Hostel am Hafen.
Willa Anna (€€), ul. Hetmańska 1, Tel. 6222600, www.willa-anna.eu. Kleines Boutique-Hotel mit schönem Garten hinter dem Haus.
Hotton (€€–€€€), ul. Św. Piotra 8, Tel. 7605800, www.hotton.pl. Design-Hotel, hellhörige Zimmer. 10 Min. Fußweg von Strand/Uferpromenade.
Och! Hostel (€), ul. Świętojańska 85, Tel. 500314737, www.ochhostel.pl. Der perfekte Platz für wenig Geld!

Barracuda, Bulwar Nadmorski 10 (etwa 1 km östlich vom Stadtstrand an der Promenade), Tel. 6208000, http://barracuda.net.pl. 19 Fischgerichte im Angebot, darunter ein günstiges Tagesgericht. Drinnen ermöglichen große Fenster einen freien Blick auf die Ostsee, draußen sitzt man angenehm auf einer Terrasse mit Glasdach; tgl. 12–24 Uhr.
Strefa Kuchnia Świata, ul. Ejsmonda 2, Tel. 6675177, www.restauracja-strefa.pl. Internationale Küche aus aller Welt in einem hellen modernen Rundbau am Hotel Nadmorski; tgl. 12–22 Uhr.
Del Mar, Bulwar Nadmorski im. F. Nowowiejskiego, Tel. 7111716, www.delmar.gdynia.pl. Direkt am Stadtstrand mit großem Kinderspielplatz in einem Holzpavillon. Fischgerichte, Pilsner Urqell vom Fass; tgl. ab 13 Uhr.
W Ogrodach, ul. Władysława IV 49, Tel. 7815377, www.wogrodach.pl. Gute polnische Küche, französische Weine; tgl. 11–22 Uhr.
Bar rybny Kuter Gdy-50, al. Pawła II 1, www.gdy50.optimumdom.pl. Gegenüber vom Meeresaquarium, Imbiss auf einem alten Fischkutter, sehr gute Fischsuppe.

Strych, pl. Kaszubski 7b, www.cafestrych.pl. Romantisch in einer alten Fischerhütte; tgl. 13–1 Uhr.
Mariola, ul. Bolesława Prusa 24. Mit dem leckersten Eis der Dreistadt.

▶ Karte S. 186

Mariola Ice Cafe, ul. 10 lutego 11. Café, Tee- und Weinstube, reichhaltiges Angebot.

Segelschiff Dar Pomorza, al. Pawła II. An der Südmole, wechselnde Öffnungszeiten; Infos: www.cmm.pl.
Schlachtschiff Błyskawica, al. Pawła II, tgl. 10–17, im Winter 10–16 Uhr.
Seeaquarium (Akwarium), al. Jana Pawła II 1, www.akwarium.gdynia.pl, Mai u. Sept. 9–19 Uhr, Juni 9–20 Uhr, Juli/Aug. 9–21 Uhr, Okt.–März 10–17 Uhr.
Museum der Kriegsflotte, Freilichtausstellung, ul. Sędzickiego 3, Di–So 10–17 Uhr.
Stadtmuseum, ul. Starowiejska 30, Di–Sa 10–16 Uhr.
Emigrationsmuseum, ul. Polska 1 (im Dworzec Morski), www.muzeumemigracji.pl; Di u. Fr 12–20, Mi/Do u. Sa/So 10–18 Uhr.

Baltic Oasis, ul. Kopernika 71, Schwimmhalle, Sauna, Wellness, Mo–Fr 7–22, Sa 9–20, So 9–14 Uhr.

Sopot

Das milde Klima und das kulturelle und sportliche Angebot bescheren Sopot (Zoppot) Jahr für Jahr etwa zwei Millionen Besucher. Viele Touristen verbinden ihren Aufenthalt in Gdańsk mit einem Abstecher in das nahegelegene Seebad Sopot, andere bleiben für Tage oder gleich den ganzen Urlaub. Im Jahr 1823 ließ Jean Georg Haffner, zuvor Arzt in der napoleonischen Armee, die erste Naturbadeanstalt errichten. Seither erlebte Zoppot ein stürmisches Wachstum. Die Schönen und Reichen aus ganz Europa vergnügten sich in der Vorkriegszeit tagsüber am breiten feinen Badestrand und verspielten abends viel Geld im Casino. In dieser Zeit sprach man auch von Zoppot als der ›Riviera des Nordens‹. Die Bäderarchitektur aus der Epoche um 1900 hat den Weltkrieg weitgehend unbeschadet überdauert, viel Modernes, so am Kurplatz (pl. Zdrojowy) kam später hinzu. Heute gilt Sopot als die polnische Sommerhauptstadt und befindet sich an erster Stelle, wenn hierzulande gefragt wird: »Wo lebt man in Polen am besten?« 1998 erhielt die Stadt die Anerkennung als Kurort. Am Kurhaus vor der Seebrücke kommt die Sankt-Adalbert-Quelle mit 4,4 Prozent Soleanteil aus 800 Meter Tiefe an Tageslicht.

Sehenswürdigkeiten

Wohlbetuchte junge Leute vergnügen sich abends in den Pubs längs der beliebten **Fußgängerpromenade**, der ul. Bohaterów Monte Cassino, und ab Mitternacht in den Stranddiskotheken. An der Promenade befinden sich auch einige Restaurants, Galerien und exquisite Geschäfte sowie viele Freiluftplätze. Eine Attraktion ist hier das **Schiefe Haus** (Krzywy domek), das dem Charakter der Straße entspricht: Wenn die Leute lustig und etwas betrunken sind, dann sehen sie alle Häuser so. 4000 Quadratmeter beachtlicher Kurven, die ein blaugrün emailliertes Schindeldach tragen. Das Ganze ähnelt einem Drachen. In dessen ›Bauch‹ findet man Cafés, kleine Läden und die Taverne ›Sopocko‹ mit einem Wintergarten. Die Älteren treffen sich zum gepflegten Dinner im traditionsreichen **Sofitel Grand Hotel Sopot** oder versuchen ihr Glück im Casino. Seit 1926 nahmen zahlreiche Prominente im damaligen ›Grand Hotel‹ Quartier: Fidel Castro, der Schah von Persien oder Omar Sharif waren einige der berühmten Gäste. Abends trennen sich die Wege, doch tagsüber haben alle das gleiche Ziel: der **Badestrand**. Mit den ersten Sonnenstrahlen bevölkert sich die 511 Meter

Gdynia, Kamienny Potok
Hotel Haffner, Freilichtmuseum (500 m), Aguapark (2 km)
Goyki
Helska
Helska
Jana Winieckiego
Jana Jerzego Haffnera
Bałtycka
F. Ceynowy
Powstańców Warszawy
Park Północny
Al. F. Mamuszki
Westerplatte
Artura Grottgera
Al. Niepodległości
M. Mokwy
M. Mokwy
1=Obrońców
Dr. A. Majkowskiego
Casino
Sheraton Sopot Hotel
Naleśnikarnia
1
Winiarnia Cyrano
Waldoper/ Skigebiet
Central Hostel
Patiseria
ul. Czyżewskiego
Dr. Kubacza
Morska
Król. Jadwigi
Coffee heaven
Staatliche-Kunstgalerie
Dampfer-anlegestelle
Gdańsk
pl. Konstytucji 3. Maja
Bohaterów Monte Cassino
pl. Zdrojowy
Dworcowa
Rezydent
Błękitny Pudel
SPATIF
K. Pułaskiego
Wł. Jagiełły
Villa Sedan
Park Południowy
Kinski Geburtshaus (darin das Rest. Chevi)
Piastów
Gen. St. Fiszera
K. Pułaskiego
Danziger Bucht
Fryderyka Chopina
A. Kordeckiego
Karczma Irena
Südbad
Tadeusza Kościuszki
Jana Sobieskiego
Parkowa
Bolesława Chrobrego
Bolesława Chrobrego
Grunwaldzka
M. Drzymały
Parkowa
R. Traugutta
Lipowa
Władysława IV
Książąt Pomorskich
Ks. Poniatowskiego
Stadtmuseum
Al. Wojska Polskiego
Dębowa
Philharmonie (100 m)
3. Maja
Karlikowska
Bitwy pod Płowcami
Grunwaldzka
Jana Kilińskiego
S. Okrzei
3. Maja
Władysława IV
Hotel Mera Spa, Camping Przy Plaży, U Rybaka
Na Wydmach
Selbstbedienungbar Przystań Rybacka
W. Syrokomli
Sopot
0
100
200 m

lange hölzerne **Seebrücke**; zuvor wird Eintritt kassiert. Schnell sind die besten Sonnenplätze auf dem längsten Seesteg Europas besetzt. Hier legen auch Schiffe der Weißen Flotte an, die nach Gdańsk, Gdynia und Hel fahren. Ein neuer Jachthafen schmiegt sich an die Spitze der Mole. Die Wasserqualität ist tadellos, die Halbinsel Hela schützt die Bucht vor nördlichen Strömungen mit kaltem Tiefenwasser, deshalb ist die Ostsee hier wärmer als anderswo. Eine stets leichte Brise kühlt die Bucht an heißen Tagen. Die Moränenlandschaft hält starke Winde von der Landseite her ab.

Das Südbad (Łazienki południowe), 1907 einige Schritte südlich der Mole aus Holz errichtet, erinnert an norwegische Kirchenbauten. Hier ist jetzt das chinesische Hotel ›Zhong Hua‹ zu finden. Eine Viertelstunde schlendert man von hier weiter auf der Strandpromenade zur Selbstbedienungsbar Przystań. Hier wird das ganze Jahr über fangfrischer Fisch aus der Ostsee zubereitet. Nebenan befinden sich Räuchereien. Von hier ist es ein kurzer Gang zum romantischen **Fischerplatz** (plac Rybaków), den der Architekt und damalige Zoppoter Stadtbaumeister Paul Puchmüller gestaltete.

Wer dem Trubel aus dem Weg gehen möchte, ist in den Seitengassen richtig: Jugendstilhäuser, Villen, Parks und schöne Gärten prägen diese Seite der Stadt. Hier haben sich reiche Danziger ihre prächtigen Sommersitze erbaut.

Junge Leute lockt das Unterhaltungsangebot nach Sopot. 1909 wurde die **Waldoper** (Opera Leśna) in einem Tal im Westen der Stadt erbaut. In den 1930er Jahren waren die Aufführungen beliebter als die in Bayreuth, ein Verdienst des damaligen Generalintendanten Hermann Merz. Nach Modernisierungen und mit heute 4500 Sitzplätzen zählt die Waldoper noch immer zu den fantasievollsten Bühnen Europas und auch Weltstars kommen gern hierher. Vor dem Eingang führt rechts ein Weg zur Anhöhe mit schönem Blick auf Sopot.

Nach Sopot kommen mitunter auch Wintersportler. An der Abfahrtspiste Promkenhöhe (Łysa góra), nahe der Waldoper, sind bei idealen Schneeverhältnissen drei Skilifte in Betrieb. Es ist Polens einzige Piste mit Meerblick.

Das Kurhaus in Sopot

Zoppot und Klaus Kinski

Der Schauspieler Klaus Kinski wurde am 18. Oktober 1926 in Zoppot in der Nähe des Bahnhofs geboren. Heute werden hier Pizzen gebacken und Steaks nach amerikanischer Art gebraten. Scheinwerfer, Fotografien, Plakate, historische Möbel und zahlreiche Musikinstrumente fügen sich zu einem illusionistischen Filmstudio zusammen. Hinter der Bar grinst Kinski die Gäste gleich mehrfach an: Als Francisco Manoel da Silva aus dem Film ›Cobra Verde‹, Dracula (›Nosferatu‹) und Gentleman. Abgedruckte Filmschnipsel zieren auch Chaiselongue, Stuhl lehnen und Vorhänge. An der Theke ist eine bronzene Kopie der Geburtsurkunde eingelassen. Sie dokumentiert den bürgerlichen Namen Klaus Günter Karl Nakszynki als Sohn polnischer Eltern.

Kinski spielte nach dem Zweiten Weltkrieg zunächst auf verschiedenen Theaterbühnen und provozierte zahlreiche Skandale, mit Edgar-Wallace-Streifen wie ›Die toten Augen von London‹ (1961) und Italo-Western wie ›Leichen pflastern seinen Weg‹ (1968) erwarb sich Kinski seinen Ruf als unnachahmliches deutsches Filmekel. In einigen Filmen des Regisseurs Werner Herzog, unter anderem mit seiner beeindruckenden Verkörperung des Dracula in ›Nosferatu – Phantom der Nacht‹, erwarb sich der Künstler seit Mitte der 1970er Jahre auch internationale Anerkennung als Charakterdarsteller.

Das Nachrichtenmagazin Spiegel schrieb 1975: »Der Ekstatiker unter den Mimen, der wechselweise sein Publikum oder sich selbst in Raserei brachte, um dann mit rüden Worten, Stühlen oder sogar Kronleuchtern um sich warf ... hat es auf 160 Filme gebracht. Er hat Millionen verdient und sie auch ebenso schnell wieder verpulvert. In einem Leben, das ein einziger Amoklauf war. Hierzulande hat man ihn immer als einen Fall für die Psychiatrie angesehen, denn als einen exzellenten Schauspieler, der er ist«.

Klaus Kinski verstarb 1991, nachdem es in den Jahren zuvor ruhiger um ihn geworden war. Drei Jahre später wurde am Geburtshaus eine Gedenktafel angebracht.

Im Geburtshaus von Klaus Kinski

Sopot

Vorwahl: 058.
Touristinfo im Kurhaus (Dom Zdrojowy), pl. Zdrojowy 2, Tel. 5503783, www.sts.sopot.pl und www.visit.sopot.pl. Nur mit dem Fahrstuhl in der 2. Etage zu erreichen. In der 3. Etage können Sie kostenlos vom Heilwasser trinken.

Direktverbindungen mit vielen Städten Polens. Tgl. verkehrt ein Eurocity von Berlin-Hauptbahnhof direkt nach Sopot (weiter nach Gdańsk-Glówny). Andere Verbindungen aus Deutschland nur mit Umsteigen in Szczecin oder Poznań; Fahrtzeit von Berlin etwa 8 Stunden.
Die S-Bahn heißt SKM. Diese verkehrt ostwärts Richtung Gdańsk/Glówny und über Malbork nach Elbląg. Nach Westen Richtung Gdynia–Wejherowo–Łębork–Słupsk.

Weiße Flotte: Mai/Juni Sa/So und Juli/Aug. 2x tgl. nach Hel, 3x tgl. nach Gdańsk; Fahrplan: www.zegluga.pl.

Sheraton Sopot Hotel (€€€), ul. Powstancow Warszawy 10, Tel. 587671000, www.sheraton.pl/sopot. Neubau nahe der Seebrücke am Strand. Kinderfreundliches Haus mit Betreuung, Restaurants ›Wave‹ und ›InAzia‹ mit fünf verschiedenen asiatischen Küchen, ›Bar 512‹ mit Leseecke (Name nach der Länge der Seebrücke), Spa mit Lounge, Vinothek mit 200 Weinen aus aller Welt.
Mera Spa (€€€), ul. Bitwy pod Płowcami 59, Tel. 7666000, www.meraspahotel.pl. Großes Neubauhotel an der Promenade mit 145 Zimmern, alle mit Meerblick.
Rezydent (€€€), pl. Konstytucji 3 Maja 3, Tel. 5555800, www.hotelrezydent.com.pl. Fünf-Sterne-Hotel im Stil der vorletzten Jahrhundertwende. Zentral gelegen nahe der Fußgängerzone, Pub und Cafeteria ›Resto‹.
Haffner (€€€), ul. J.J. Haffnera 59, Tel. 5509999, www.hotelhaffner.pl. Vier-Sterne-Haus mit Restaurant und Café sowie vielen Wellnessangeboten.
Hotel Villa Sedan Sopot (€€–€€€), Pułaskiego 18-20, Tel. 5550980, www.sedan.pl. Schicke Villa im Stil der Bäderarchitektur, innen Jugendstil, ruhige zentrale Lage, 400 m von der Seebrücke.
U Rybaka (€–€€), Plac Rybaków 16, Tel. 5512302, www.urybaka.republika.pl. Farbenfrohe 2-, 3- und 4-Bettzimmer mit Selbstversorgerküche am Fischerplatz, knapp 200 m vom Strand. Das idyllische Anwesen gehört einem Kunstfotografen.
Dom & House Apartamenty (€–€€€), ul. 3 Maja 42/2, Tel. 5504205, www.dhapartamenty.pl. Verschiedene Objekte in Sopot.
Central Hostel (€), ul. Bohaterów Monte Cassino 15, Tel. 530858717, www.hostelcentral.pl. Neues Hostel im Zentrum von Sopot. Mehrbettzimmer, aber auch ›DZ Deluxe‹.

Przy Plaży, ul. Bitwy pod Płowcami 73, Tel. 5516523, www.camping67.sopot.pl. Mitte Juni–Aug.
Metropolis Camping, Zamkowa Góra 25, Tel. 5500445, www.domkisopot.pl. In der Nähe von Bahnhof und Strand, auch Ferienhüttenvermietung. Mitte Juni–Sept.

Winiarnia Cyrano, ul. Boh. Monte Cassino 11, Tel. 660759594, www.cyrano-roxane.pl. Das erste Haus nach der Bahnunterführung auf der rechten Seite: Kleines gemütliches Lokal mit südfranzösischer Küche und Auswahl an 50 erlesenen Weinen; der Chef Marc Petit ist Franzose und spricht ausgezeichnet Deutsch; tgl. 13–22 Uhr.
Naleśnikarnia, ul. Boh. Monte Cassino 9, gleich hinter der Bahnunterführung. Große Auswahl an süßen und pikanten Pfannkuchen; tgl. 10-21 Uhr.
Karczma Irena, ul. Chopina 36, Tel. 5512073, www.pensjonat-irena.com. Lie-

bevoll sanierte Gaststube in einem kleinen Hotel von 1906. Altpolnische Küche auf großen Tellern; tgl. außer Mo 8–17 Uhr.
Chevi – American Steakhouse, ul. Kościuszki 10. Im Geburtshaus von Klaus Kinski; tgl. ab 12 Uhr.
Przystań Rybacka, ca. 1 Kilometer von der Seebrücke Richtung Gdańsk an der Seepromenade; tgl. 11–23 Uhr. Die Institution in Sachen Ostseefisch in Sopot, Selbstbedienung, meist gut besucht!

Błękitny Pudel in der Galerie Herman, ul. Boh. Monte Cassino 44. Café und Pub, tgl. 10–1 Uhr, im Stil eines plüschigen Wohnzimmers an der Hauptflaniermeile, mit Freiluftplätzen.
Coffee heaven, ul. Haffnera 6, im Krzywy dom; tgl. 8–22 Uhr.
Patiseria, ul. Boh. Monte Cassino 19 (gegenüber Hotel Rezydent). Konditorei mit ausgezeichneten Kuchen, Torten und Plätzchen; tgl. 8.30–20 Uhr.

SPATiF, ul. Boh. Monte Cassino 54. Der beste Club in Sopot! Kurios-lustige Einrichtung im 1. Stock über dem Gasthaus ›The Mexican‹; tgl. ab 21 Uhr.

Stadtmuseum, ul. Poniatowskiego 8, Di–Fr 10–16, Sa/So 11–16 Uhr.
Freilichtmuseum Große Burg in Sopot, Haffnera 63, tgl. 10–18 Uhr.
Staatliche Kunstgalerie, pl. Zdrojowy 2. Zeitgenössische Kunst aus Polen im Erdgeschoss des neuen Kurhauses; tgl. 11–19, Juli/Aug. 11–21 Uhr.

Polnische Kammerphilharmonie (Filharmonia Kameralna), ul. Kościuszki 61, Tel. 5517623.
Waldoper (Opera Leśna), ul. Moniuszki 12, Tel. 5518440, www.bart.sopot.pl. Besichtigung im Sommer tgl. 10–19 Uhr. Internationales Liederfestival in der Waldoper (Ende Aug.).

Aquapark, ul. Zamkowa Góra 3–5, www.aquaparksopot.pl; tgl. 8–22 Uhr.

An acht Stationen kann man Räder leihen, Nutzer müssen sich zunächst auf einer Website anmelden und das Rad per Handy freischalten lassen. Betreiber ist das Unternehmen Nextbike: www.nextbike.pl.

Oliwa

Zwischen Gdańsk und Sopot schmiegt sich die einst selbständige Stadt Oliwa (Oliva) an die bewaldeten Hügel des Dreistadt-Naturparks (Trójmiejski Park Krajobrazowy). Der Ort wurde von Zisterziensermönchen gegründet. Die **Kathedrale** geht auf sie zurück und stammt aus der ersten Hälfte des 13. Jahrhunderts. Sie besitzt ein schönes Sternengewölbe und 23 Seitenaltäre und ist vorwiegend barock ausgestattet. Das Chorgestühl ist reich verziert. Über dem Altar sind Köpfe zu sehen: Die Gläubigen schauen durch die Wolkendecke in das Himmelreich. Der Klang aus über 100 Registern und knapp 8000 Pfeifen machte die **Dalitz-Wulf-Rokokoorgel** (1763–1793) weltberühmt. Die Pfeifen bestehen aus Zinn mit Silberanteilen sowie aus Eichen-, Linden- und Tannenholz. Früher waren sieben Leute damit beschäftigt, Wind in die Blasebalge zu pumpen, seit 1935 übernimmt ein elektrisches Gebläse diese Arbeit. Ungewöhnliche Klangeffekte sind die Trompete blasenden Engel, Tierlaute, Wasserplätschern, Glockengeläut und ähnliches, ganz nach dem Können des Organisten. Der herrliche Klang beruht auch auf der außergewöhnlichen Akustik des Gotteshauses. Als der Erbauer Johann Wulf nach 20-jähriger Arbeit die Orgel testete, war er so überwältigt, dass er einen Herzanfall erlitt und verstarb. Von Mai bis August

▶ Karte S. 199

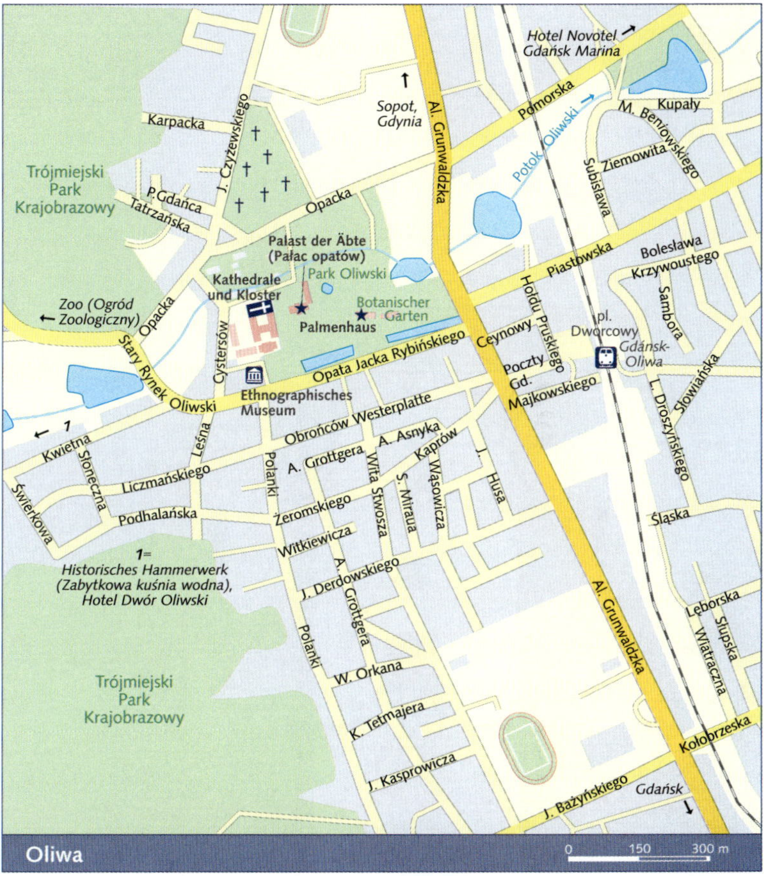

finden stündlich Orgel-Kurzvorführungen von etwa 20 Minuten statt. Während des alljährlichen internationalen Musikfestivals im Sommer entlocken Organisten dem Instrument seine Vielfalt. Die Festivalkonzerte sind jeweils am Dienstag und Freitag ab 20 Uhr zu erleben.

Zum **Rokoko-Abtspalast** gelangt man auf der Straße, die links der Kathedrale zum Park führt. Am Parkeingang links steht der ehemalige Abtsspeicher, heute **Ethnographisches Museum**. Im Park gleich rechts befindet sich der Eingang zum Abtspalast mit dem **Museum für**

Im weitläufigen Park von Oliwa

Die Kathedrale in Oliwa

zeitgenössische Kunst. Der weitläufige **Park** im englischen und französischen Stil ist sehr gepflegt. Ein Bach und mehrere künstliche Gewässer durchziehen die Anlage. Ein **Botanischer Garten** mit Palmenhaus und einem Alpinarium mit etwa 2000 Hochgebirgspflanzenarten sind weitere Anziehungspunkte.

Am Waldrand im Ernsttal, unterhalb vom Hotel ›Dwór Oliwski‹, blieb ein holzschindelgedecktes **Hammerwerk** aus dem 14. Jahrhundert erhalten. Es war bis 1947 in Betrieb und ist ein funktionstüchtiges technisches Denkmal; heute bearbeitet der Schmiedehammer Souvenirs. Um dorthin zu gelangen, folgt man von der Kathedrale dem Bächlein Oliva (potok Oliwski) auf der ul. Cystersów und dann der anfangs kopfsteingepflasterten Straße (ul. Kwietna).

Im Waldmühlental (dolina Leśnego Młyna) versteckt sich Polens schönster und mit etwa hundert Hektar auch größter **Zoologischer Garten**. Viele Tiere finden hier ideale Lebensbedingungen. Der Zoo ist für seine Kondorzucht berühmt. Den Zoo kann man auch mit der Kutsche oder einem Elektrozug durchqueren. Die Oliva hat sich durch die Hügellandschaft gegraben. Alexander von Humboldt schwärmte hier einst von einem der schönsten Bachtäler der Welt. Noch immer ist ein Spaziergang am Wasser ein Naturerlebnis.

Oliwa

Vorwahl: 058.

Die S-Bahn (SKM) verkehrt ostwärts Richtung Gdańsk-Glówny und über Malbork nach Elbląg. Nach Westen Richtung Sopot-Gdynia-Wejherowo-Łębork-Słupsk.

Dwór Oliwski (€€€), ul. Bytowska 4, Tel. 5547000, www.dworoliwski.pl. Fünf-Sterne-Hotel im Landhausstil im idyllischen Waldmühlental. Restaurant mit raffinerter Küche und Bar in einem Herrenhaus, umgeben von einem gepflegten Park. Teehaus mit Kamin, Gartenbar und Weinkeller aus dem 17. Jahrhundert. Gemütlicher Wellnessbereich, liebevoll ausgestattete und klimatisierte DZ und Suiten. Vom Bhf. Gdańsk-Oliwa 3 km zu Fuß.

Novotel Gdansk Marina (€€), ul. Jelitkowska 20, Tel. 5589100, www.novotel.com. Mit Tram Nr. 2 und 6 aus der Danziger Altstadt in einer Stunde zu erreichen, von Engländern exquisit erbaut, in Strandnähe.

Café und Restaurant im Abtspalast, nahe der Kathedrale und dem Abtsspeicher, ul. Cystersów 18, Tel. 5245689, www.restaurantpalace.gd.pl. Int. Küche mit polnischen Elementen in Barockatmosphäre.

Kathedrale Oliwa, tgl. 9–17, Sa 9–13.30, So 14–17 Uhr. Orgelvorführungen: Jan.–März Mo–Fr 12, So 14 Uhr, April Mo–Fr 11 u. 12, So 15 u. 16 Uhr, Mai u. Sept. Mo–Fr 10, 11, 12 u. 13, So 15 u. 16 Uhr, Juni Mo–Fr 10–16, Sa 10–15 und So 15–17 Uhr (zu jeder vollen Std.), Juli/Aug. Mo–Fr 10–17, Sa 10–15, So 15–17 Uhr, Okt. Mo–Fr 11 u. 12, So 15 Uhr, Nov./Dez. Mo–Fr 12, So 15 Uhr.

Museum für moderne Kunst im Abtspalast (Palac Opatów); Juni–Aug. Di, Mi u. Fr 10.15–16, Do 12.15–16, sonst Di–Fr 9.15–16 Uhr.

Ethnographisches Museum, ul. Cystersów 19, http://mng.gda.pl; tgl. Di–So 10–17 Uhr. Fr Eintritt frei.

Palmenhaus (Palmiarnia) im Park, tgl. 9–17 Uhr.

Hammerwerk in Oliwa (Zabytkowa kuźnia wodna), ul. Bytowska 1, www.kuzniawodna.eu, Di–Fr 9–16, Sa 11–17, So bis 18 Uhr, Nov.–Mai geschlossen.

Zoo Oliwa, ul. Kawieńska 3, Mai–Sept. tgl. 9–19, April–Okt. bis 17, Nov.–April 9–15 Uhr.

Gdańsk

Die polnische Ostseeküste kennenlernen zu wollen, ohne dabei Gdańsk (Danzig) einen Besuch abzustatten, ist so, als bereiste man Frankreich, ohne Paris zu sehen. Heute ist es kaum noch vorstellbar, dass im März 1945 rund 90 Prozent der Innenstadt in Trümmern lagen. In den Nachkriegsjahrzehnten wurde die Rechtstadt nach historischen Plänen mit viel Sachverstand und Liebe zum Detail wieder zum Leben erweckt. Das Preußische verschwand meist, man orientierte sich an den Vorbildern des 17. Jahrhunderts.

Das Flair einer großen Hafenstadt, die charakteristische Luft des Nordens, Lachmöwen an der still dahinfließenden Mottlau (Motława) und Backsteingotik neben wundervoll geschmückten Fassaden der Patrizierhäuser – all dies offenbart heute das quicklebendige Danzig. Die vielen architektonischen Juwelen im Zentrum verdienen zweifellos einen längeren Aufenthalt. Der Lange Markt mit seinen Giebelhäusern, Artushof und Neptunbrunnen gehört zu den schönsten Plätzen des Kontinents und lohnt allein die Anreise. Stilvolle Restaurants und Cafés, oft mit jahrhundertelanger Tradition, sowie einige erstklassige Museen und Ausstellungen laden zudem zum Besuch ein. In den Auslagen vieler Läden wird echter Ostseebernstein angeboten, der ›Schweißtropfen der Sonne‹.

Die Innenstadt besteht aus mehreren Teilen, die im Mittelalter noch selbständige Städte waren: Rechtstadt, Altstadt, Alte Vorstadt. Für Touristen wird hauptsächlich die Rechtstadt (Główne Miasto) mit den meisten Prachtbauten von Interesse sein. Die Rechtstadt kann man vom Hauptbahnhof (Gdańsk-Główny) bequem zu Fuß erreichen.

▲ Karte: S. 206

Geschichte

Schriftlich wurde Gyddanzyc (deutsch: Waldwasserstadt) bereits 997 in der Biografie des heiligen Adalbert – ›Vita sancti Adalbert‹ – erwähnt. Der Missionar pilgerte damals aus Prag an die Ostsee, um die Danziger Einwohner zu taufen. Zu jener Zeit war das Fischerdorf mit einem Hafen im Besitz des polnischen Herzogs Bołesław des Tapferen. Die Stadtrechte wurden Danzig 1227 zuerkannt. Zu jener Zeit waren hier die Herzöge von Pommerellen aus dem Weichselgebiet ansässig. 1308 hielt der Deutsche Orden Einzug. Die Begleitumstände des Machtwechsels sind noch immer umstritten. Einigen Chroniken zufolge soll der Orden dabei die gesamte Bevölkerung ermordet haben, andere wiederum sprechen von einer ordensfeindlichen Propaganda. An der Südgrenze der alten Stadt ließen die Rittermönche die sogenannte Rechtstadt errichten. Später gründeten sie die Neustadt und bauten die Innenstadt wieder auf.

Im Jahr 1361 trat Danzig der Hanse bei. Zur Mitte des 15. Jahrhunderts büßte der Deutsche Orden seine Vormacht ein. Die Danziger Bürger unterstellten sich freiwillig dem polnischen König, der im Gegenzug seinen Untertanen zahlreiche Privilegien zubilligte: Das Handelsmonopol für den Seehandel mit Holz und Getreide im Königreich, außerdem weitgehende Autonomie.

Im Zuge der sich über Europa ausbreitenden Reformation wurde Danzig protestantisch. Die polnische Krone tolerierte die protestantische Insel im katholischen Reich und sicherte der Stadt 1557 den Protestantismus brieflich zu. Die Toleranz wurde belohnt: In den Nordischen Kriegen versuchten die protestantischen Schweden immer wieder, Danzig mit

Schön verzierte Danziger Hauspforte

religiösen Argumenten auf ihre Seite zu ziehen. Doch die Danziger, darunter auch viele Deutsche, schworen, dem Polenkönig ›getreu und hold zu sein‹. Schnell wuchs Danzig zur größten und mächtigsten Metropole an der Ostsee. Im 16. und 17. Jahrhundert hatte sie etwa 90 000 Einwohner. In dieser Epoche entstanden viele Prachtbauten. Obwohl immer mehr Deutsche in Danzig lebten, stand die Stadt immer loyal zum polnischen König.

Nach der Zweiten Teilung Polens im Jahr 1793 wurde die Hansestadt preußisch. Ihre Blütezeit endete abrupt, da sie nun vom Weichsel-Hinterland abgeschnitten war. Napoleons Truppen besetzten die Stadt und zerstörten sie in Teilen. Die Franzosen gründeten zugleich die erste Freistadt Danzig, deren Status ihren Aufschwung förderte. 1815 kam Danzig wieder zu Preußen und ab 1871 zum Deutschen Reich. Der Hafenausbau und die profitablen Werften brachten eine erneute wirtschaftliche Blüte.

Gemäß den Bestimmungen des Versailler Vertrages wurde Danzig 1920 mitsamt seiner Umgebung, insgesamt etwa knapp 2000 Quadratkilometer, als ›Freie Stadt‹ der Kontrolle des Völkerbundes unterstellt. Viele polnische Waren für den Weltmarkt konnten nun günstig über den Danziger Hafen umgeschlagen werden: Polen wurde eine Zollunion mit der Freistadt eingeräumt. Das Experiment einer friedlichen Koexistenz zwischen Deutschen und Polen scheiterte an nationalistischen Umtrieben auf beiden Seiten.

Am 25. August 1939 legte im Danziger Hafen Neufahrwasser das deutsche Schulschiff Schleswig-Holstein an, scheinbar zum Besuch. Zuvor war heimlich auf der Ostsee eine Elitetruppe für Landungsunternehmen zugestiegen. Im Morgengrauen des 1. September 1939 wurde von hier der Überraschungsangriff auf die Befestigung der Westerplatte gestartet, unterstützt von Einheiten der ›SS-Heimwehr Danzig‹. Das war der Beginn des Zweiten Weltkrieges.

Bei zwei Angriffswellen der Roten Armee im Februar 1945 fiel die Rechtstadt in Trümmer. Die noch ältere Altstadt blieb dabei unversehrt, wurde aber bei deren Eroberung am 30. März durch Flächenbrandstiftung der Sowjets zu 90 Prozent zerstört.

Nach dem Zweiten Weltkrieg wurden drei Zukunftsvarianten diskutiert: Die Ausweisung des riesigen Ruinenfelds als Mahnmal, den Wiederaufbau der Stadt in modernem Gewand oder die Rekonstruktion. Glücklicherweise entschloss sich die polnische Regierung für die letzte Variante. Die Gelder flossen nach einem Spendenaufruf der UNO aus ganz Europa.

Bei den Wiederaufbauarbeiten beschränkten sich die Restauratoren nicht allein darauf, das historische Zentrum so wieder herzustellen, wie es im 17. Jahrhundert bestanden hatte. Unter Zuhilfenahme der Stadtarchive und unbehindert von Eigentumsansprüchen privater Spekulanten gelang es ihnen, das ursprüngliche Gesicht zu rekonstruieren. In wesentlichen Teilen war die Altstadt bis Anfang der 1960er Jahre auf einer Fläche von 40 Hektar wieder aufgebaut.

Ab den 1970er Jahren geriet Danzig oft in die Schlagzeilen der Weltpresse. Während des Streiks auf der Werft im Dezember 1970 wurden 45 Arbeiter erschossen. Nach neuen machtvollen Streiks erzwangen die Danziger Werftarbeiter im August 1980 die Geburt von Solidarność (Solidarität), der ersten freien Gewerkschaft im Ostblock. Die Streikenden der Lenin-Werft hatten damit den Untergang des Sozialismus eingeläutet.

▲ Karte: S. 206

Fast wie ein Brot: Riesenexemplar im Bernsteinmuseum

Im Jahr 1997 musste die Danziger Werft Konkurs anmelden und wurde ein Opfer des Systemwechsels, den sie selbst mit ausgelöst hatte.
Zwei neue Reparaturwerften arbeiten heute jedoch so profitabel, dass die Danziger Arbeitslosenquote nur 3 Prozent beträgt. In der Werfthalle B 90, wo einst Lech Wałęsa arbeitete, befindet sich heute der beste Musikclub der Stadt. Auf dem ehemaligen Gebiet der Werft wächst die luxuriöse Wasserstadt ›Young City‹ mit Eigentumswohnungen und schicker Einkaufsmeile.

Berühmte Danziger

Johann Hevelius (1611–1687) wurde als Brauer, Astronom und ›Vater der Mondbeschreibung‹ berühmt. Er konstruierte das größte Fernrohr des 17. Jahrhunderts. Mit dessen Hilfe beschrieb er die genaue Position von 938 Sternen, entdeckte neun Kometen und zeichnete die ersten detaillierten Mondkarten.
Der Goldschmied **Peter van der Rennen** fertigte die kunstvollen Sarkophage des heiligen Adalbert in Gnesen und des heiligen Stanislaus im Krakauer Wawel.
Der Physiker **Daniel Fahrenheit** (1686–1736) erfand ein Thermometer, das in Amerika noch heute verwendet wird.
Der Arzt und Anatomieprofessor **Joachim Oelhaf** (1570–1630) führte 1613 die erste öffentliche Obduktion in Mitteleuropa durch.
Der Philosoph **Arthur Schopenhauer** (1788–1860) genoss wegen seiner pessimistischen Lebenshaltung den Ruf des traurigsten Danziger Bürgers.
Günter Grass wurde 1927 im Danziger Stadtteil Langfuhr geboren, wo er auch aufwuchs. Seit 1999 ist der Schriftsteller und Nobelpreisträger Ehrenbürger Danzigs. Die Einheimischen nennen ihn gern ›unseren Danziger Kaschuben‹. Auch nachdem 2006 bekannt geworden war, dass Grass als Jugendlicher in den letzten Kriegswochen einer SS-Division angehörte, war die Mehrheit der Danziger für die Beibehaltung der Ehrenbürgerschaft.
Auch **Lech Wałęsa** (geb. 1943), Polens ehemaliger Präsident und Vorsitzender der Gewerkschaft Solidarność, und **Donald Tusk** (geb. 1957), der frühere Premierminister und heutige Präsident des Europäischen Rates, stammen aus Danzig.

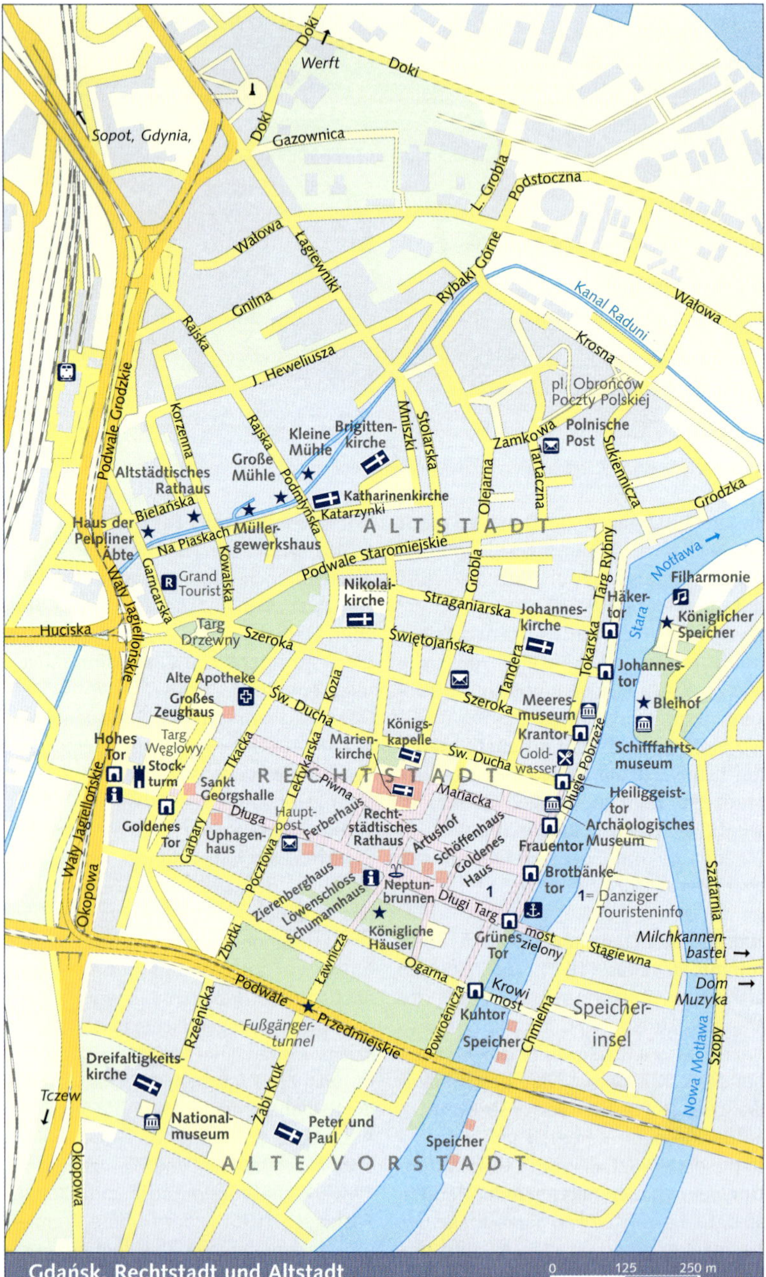

Gdańsk, Rechtstadt und Altstadt

Die Rechtstadt

Das **Hohe Tor** (Brama Wyżynna) ist mit bildhauerischen Elementen von Wilhelm van den Blocke geschmückt, so zum Beispiel rechts mit dem Wappen von Danzig, in der Mitte mit dem Wappen von Polen und links mit dem von Ostpreußen. An diesem prachtvollen Stadttor, das in den Jahren 1574 bis 1588 von Hans Kramer errichtet wurde, beginnt die touristische Hauptroute, der sogenannte **Königsweg**: Auf der Langgasse, der ul. Długa, ritten die polnischen Könige bei ihren Besuchen in die Rechtstadt ein. Eine Inschrift lautet: ›Justitia et pietas duo sunt regno - rum omnia fundamenta‹ - Gerechtigkeit und Glauben sind die Basis jeder Macht. Den zweiten Teil übersetzten die Danziger auch spaßeshalber: Rum ist die Hauptsache. Einst gab es hier einen Wassergraben mit Zugbrücke. Von letzterer zeugen noch die Rollen oberhalb des Einganges. Im Hohen Tor befindet sich jetzt die **Touristinformation** für die Region Pommern.

Stadteinwärts steht der spätgotische **Stockturm** (Przedbramie) als Rest der ehemaligen Verteidigungsanlage; er wurde später zum Gefängnis mit Folterkammern umgebaut. Auf vier Etagen des Turms werden die Sammlungen des **Bernsteinmuseums** ausgestellt. Im zweiten Stock sieht man Bernsteine mit Pflanzen- und Tiereinschlüssen. Meist sind diese kleiner als 1 bis 15 Millimeter, die hiesigen erreichen eine Größe von über einem Zentimeter. Mehrere der großen Exemplare ähneln einem Brot, der schwerste Bernstein wiegt über acht Kilogramm. Im dritten Stock sieht man verschiedene Schmuckstücke, darunter Ketten, Truhen und Medaillons, aber auch ein Kruzifix. Große Humpen, ein Schachspiel, exotische Früchte und ein Flügelaltar sind in den Vitrinen des vierten Stocks ausgestellt und in der fünften Etage gar eine Fender-E-Gitarre aus Bernstein.

Im ersten Stockwerk befindet sich auch eine kleine Militaria-Schau mit historischen Waffen und Uniformen. Anschließend kommt der Besucher in das ehemalige Gefängnis. In einer Zelle blieb ein Peinigerklotz erhalten. Der Verurteilte musste hier kurz vor der Enthauptung den Kopf auflegen. Es sind Nachbauten und Skizzen historischer Folterinstrumente zu sehen, im Hintergrund ist das Wehklagen der Gepeinigten zu hören.

Das **Goldene Tor** (Złota Brama) ist das jüngste der drei Stadttore und wurde zwischen 1612 und 1614 römischen Triumphbögen im Stil der Renaissance nachempfunden. Einst war das Tor mit echtem Gold dekoriert. Die Attika zieren beidseitig allegorische Statuen bürgerlicher Tugenden: Frieden, Freiheit, Reichtum und Ansehen. An der Stadtseite befindet sich eine lateinische Inschrift, die übersetzt lautet: ›Durch Eintracht wachsen kleine Staaten, durch Zwietracht vergehen auch große‹.

Die backsteinerne **Sankt Georgshalle** (Dwór Bractwa św. Jerzego) daneben war einst prunkvoller Sitz für die Schützengilde der Georgenbrüderschaft - im Ballsaal mit unglaublicher Akustik finden Konzerte statt (Juli/Aug. tgl. 20 Uhr). Eine Plastik des heiligen Georg mit einem Drachen zu seinen Füßen krönt die Turmspitze.

ul. Długa

Der Königsweg führt vom Goldenen Tor weiter durch das Goldene Tor in die ul. Długa. Nach dem Zweiten Weltkrieg wurde die Gasse zur Promenade verbreitert. Die Beischläge verschwanden, und eine Häuserfront wurde einige Meter in die Tiefe versetzt. Die Gasse ist als Ganzes ein architektonisches Schmuck-

Prächtige Häuser säumen die ul. Dluga

stück, einzelne Häuser sind besonders sehenswert.

Das **Uphagenhaus** (Dom Uphagena, Nr. 12) wurde 1776 bis 1779 für den Patrizier Johann Uphagen erbaut. Es ist zur Marktseite sehr schmal, seine Länge dafür erstaunlich. Ein überdachter Trakt verbindet zwei Gebäude. Die Inbesitznahme Danzigs durch Preußen löste 1793 eine Wirtschaftskrise aus. Viele Bürger verarmten, so auch die Uphagens. Sie schenkten ihr Anwesen der Stadt. Ihren Wunsch, dass alles unverändert erhalten bleiben solle, beherzigten die neuen Eigentümer bis heute. 1998 wurde hier das Museum bürgerlicher Wohnkultur des 18. Jahrhunderts wieder eröffnet. Die Ausstellung bietet die einmalige Gelegenheit, eine Danziger Wohnung aus jener Zeit zu bestaunen. Auch dieses Haus wurde im Krieg zerstört. Ein Teil des Inventars war zuvor ausgelagert worden, und so konnte vieles rekonstruiert werden. Eine Fotoausstellung zeigt die ursprüngliche Ausstattung.

Die **Hauptpost** (Poczta Główna) war Sitz der preußischen Post. Das Interieur zeigt ein getreues Bild vom Ende des 19. Jahrhunderts. Das Gebäude dient noch immer seinem ursprünglichen Zweck. Im schönen Lichthof mit einigen bunten Mosaikfenstern schweben Brieftauben an Fäden.

Das schmale **Ferberhaus** (Dom Ferberów) gleich daneben gefällt mit einer üppig verzierten Renaissancefassade. Das Gebäude war beinahe 300 Jahre Stammsitz der Familie Ferber. Keine andere Danziger Familie hatte ähnlich starken Einfluss auf die Stadtpolitik: Fünf Söhne bekleideten das Bürgermeisteramt, zwei wurden Stadtpfarrer, und ein Sohn brachte es sogar zum Bischof des Ermlandes.

Mit dem herrlichen **Zierenberghaus** (Nr. 29) gelang es der Familie Freder, Missgunst bei den Nachbarn zu schüren. An der Fassade aus dem 17. Jahrhundert steht in der Mitte geschrieben: ›Pro invidia‹ – ›Für den Neid‹. So ließen die Besitzer ihre Mitbürger glauben, sie wären die Reichsten. Das schöne Haus ist mit den Porträts römischer Persönlichkeiten verziert, darunter sind Tiberius und Nero.

Das **Löwenschloss** (Lwi Zamek, Nr. 35) mit grüner Fassade fällt mit üppigem Zierat und Pilasterschmuck auf. Vom Giebel grüßt die Glücksgöttin Fortuna. Zwei Löwen an der Brüstung und zwei kleine Löwenköpfe am Portal erklären den Namen des Gebäudes. Schloss nannten es die Danziger, weil sich hier die städtische Prominenz die Türklinke in die Hand gab. Zu den berühmten Gästen zählte auch König Władysław IV.

Das **Schumannhaus** (Dom Schumannów, Nr. 45) besitzt zwei repräsentative Fassaden. Am Giebel der Marktseite steht eine Figur Athenes, auf der Seite der Langgasse sind Diana, Apollo und Zeus zu sehen. Heute befindet sich hier die Touristinformation PTTK.

■ Rathaus

Der Baubeginn des Rechtstädtischen Rathauses (Ratusz Głównomiejski) liegt im Dunkeln. Nach einem Brand 1556 wurde das wichtigste weltliche Gebäude der Stadt im Renaissancegeschmack verändert. Aus jener Zeit stammt auch die vergoldete Statue des polnisch-litauischen Königs Sigismund II. August auf der Spitze des 85 Meter hohen Turms mit Aussichtsgalerie. Protestantische Bürger spendeten die Plastik zum Dank für die vom König garantierte Glaubensfreiheit. Kurioserweise trägt die Goldfigur keine Schuhe, der Meister hat sie angeblich vergessen. An der Sonnenuhr wird auf lateinisch verkündet: ›Unsere Tage sind nichts als Schatten‹. Zu jeder vollen Stunde erklingt das 37-teilige

Glockenspiel, an Feiertagen hört man besonders schöne Melodien.
Heute ist das Rathaus Sitz des **Historischen Museums** der Stadt Danzig. Das von einem großen Stadtwappen geschmückte Hauptportal ist eine spätbarocke Beigabe von 1768. Einst besaß es nur zwei Kreuze, die königliche Krone bekam Danzig im 15. Jahrhundert vom polnischen König zuerkannt. Eine noch spätere Zugabe sind die zwei Löwen, die ein Schild halten. Nur auf diesem Stadtwappen schauen beide Löwenköpfe nach rechts zum Goldenen Tor: Von dort kamen einst die Könige und hohe Gäste; von links roch es nach Fisch.
In der Vorhalle mit alter Danziger Diele gefallen besonders die Deckenmalerei sowie die herrlich geschnitzte Wendeltreppe. Rechts schaut man in den Weißen Saal, früher der Große Gerichtssaal, heute für Konzerte und wechselnde Ausstellungen genutzt. Links führt ein Portal zum einstigen Versammlungsraum der Ratsherren: Der **Rote Saal**, auch Sommerratsstube genannt, fließt über vor Farbe und Gold. 25 Gemälde sind in üppig verzierten und vergoldeten Rahmen über den Köpfen der Besucher an der Decke zu bestaunen. Izaak van den Blocke wählte Anfang des 17. Jahrhunderts Motive, die die Bürger und Stadträte beständig an ihre Pflichten erinnern sollten. Die kunstvollen Schnitzarbeiten fertigte Simon Herle. Die Gemälde an den Wänden, unter anderem das ›Jüngste Gericht‹, schuf Hans Vredemann de Vries. Bemerkenswert ist der schöne Renaissancekamin aus dem Jahr 1593. Fast alle Kunstschätze blieben original erhalten, weil sie ausgelagert wurden, nur zehn Prozent der Originaleinrichtung gelten als Kriegsverlust.
Vom Roten Saal gelangt man in die Winterratsstube. Hier amtierte der Bürgermeister im Winter. Von der früheren Herrlichkeit zeugen heute nur noch der reich verzierte Sims und ein Kamin aus rotem und schwarzem Marmor mit Stadtwappen und einem Salamander aus Bronze. Im Raum nach dem Kleinen Gerichtssaal dokumentieren Fotos den Wiederaufbau der Stadt. Vom gleichen Standort wurden Ruinen und Jahrzehnte später wieder aufgebaute Gebäude fotografiert.
In einem Raum im zweiten Stock wird eine private Sammlung als Leihgabe präsentiert: Alte und neue Kunstwerke aus Bernstein, so Bilder, Schiffe, Truhen, Schachspiele und vom Bernstein eingeschlossene Insekten. Vom Aufgang des zweiten Stocks gelangt man auch zum Rathausturm mit Aussichtsgalerie; hier wird ein gesondertes Eintrittsgeld erhoben.

▶ Karte S. 206

Langer Markt

Auf dem Langen Markt, dem Długi Targ, stehen herrliche Häuser in Reih und Glied, geradeso als solle eine Parade abgenommen werden. Früher bezahlte man wegen der teuren Grundstücke eine ›Fenstergebühr‹. Deshalb wurden die Häuser auf der Marktseite sehr schmal gebaut, strecken sich aber dahinter in die Länge. Selbst das größte Haus besitzt lediglich fünf Fenster nebeneinander. Jeder reiche Kaufmann, Bankier, Patrizier oder Ratsherr wollte seinen Nachbarn an Glanz übertrumpfen. Viele der Barock- und Renaissancefassaden sind reich geschmückt, so mit Skulpturen oder Malereien. Wer genauer hinschaut, erkennt allegorische Figuren, goldenen Zierat, exotische Früchte oder in Stein gemeißelte Handelsszenen längst vergangener Epochen.
Am Langen Markt schlägt seit über 700 Jahren das Herz der Stadt. Touristen bestaunen vor allem in dieser Straße das Wiederauferstehungswunder Danzig, denn keines der Gebäude ist älter

Der Rote Saal im Rechtstädtischen Rathaus

Der Neptunbrunnen vor dem Artushof

als sechs Jahrzehnte. Allerdings wurden nach 1945 nur die Fassaden möglichst originalgetreu rekonstruiert, die Gebäude selbst aber zumeist modernen Wohnansprüchen angepasst. An schönen Tagen wird es eng auf dem Langen Markt.

Fliegende Händler verleiten mit vielerlei Krimskrams zum Schauen und Kaufen.

Die **Königlichen Häuser** (Królewskie Kamienczki) am Langen Markt 1–7 waren bevorzugter Aufenthaltsort mehrerer Regenten bei ihren Danziger Besuchen. Besonders häufig kam König Sigismund III. Wasa in die Stadt.

Der **Neptunbrunnen** (Fontanna Neptuna) ist eines der Danziger Wahrzeichen und symbolisiert die Verbundenheit der Stadt mit der Ostsee. Die Entwürfe für den bronzenen Meeresgott und sein Gefolge lieferte der flämische Bildhauer Peter Husen bereits 1615. Da sich Danzig aber damals gerade im Kriegszustand befand und wenig Geld für Kunst erübrigen konnte, wurde der Brunnen erst 1633 vollendet. Aus jener Zeit stammt auch das verzierte Eisengitter rundherum. Die Bronzefigur Neptuns bringt 650 Kilogramm auf die Waage, das Becken ist aus schwarzem Marmor.

Der **Artushof** (Dwór Artusa) war Sitz von sechs kaufmännischen Brüderschaften. Jedes Mitglied besaß seinen Stammplatz und gab Geld für die prächtige Ausstattung. Der Name Artushof war als Reverenz an den Ritter Artur gedacht. Der mutige König der Kelten galt als Legende und der von ihm einst ins Leben gerufene ›Runde Tisch‹ für die Brüderschaften als ein Zeichen von Gleichheit und Recht. Das Patriziat fand sich zu Versammlungen, Festen, Konzerten und Bällen zusammen. Der Artushof spielte die Rolle eines offiziellen Kaufmannshauses, hier wurden die Preise von Holz und Getreide ausgehandelt. Manchmal trieb es die vornehme Gesellschaft aber allzu arg: Wilde Trinkgelage drangen nach außen und erbosten diejenigen, die keinen Zutritt hatten. Innen überrascht der Artushof mit einer gotischen Halle, die 25 Meter breit, 18 Meter lang und 12 Meter hoch ist. Das Sternengewölbe ruht auf vier schlanken Granitpfeilern. Erstaunen ruft noch immer der größte Kachelofen der Welt hervor, der in den Jahren 1545/46 erbaut wurde. Er ist fast elf Meter hoch und besteht aus 520 Kacheln, die farbigen Porträts zeigen u.a. Kaiser Karl IV. (Nr. 4) und Ferdinand, Erzherzog von Österreich und König von Böhmen und Ungarn (Nr. 6). Ein Abbild aus weißem Marmor auf der unteren Ofenumrandung zeigt Till Eulenspiegel: Er offenbart sein nacktes Hinterteil. Genau an dieser Stelle trieben die Danziger Schabernack mit ihren ahnungslosen Gästen. Bei der Ofenumarmungswette kniete der Auserwählte so, dass er zwangsläufig das Gesäß mit dem Mund verehrte.

▲ Karte S. 206

Typische Danziger Diele im Schöffenhaus

Originale Sitzbänke mit Schnitzereien, Ritterrüstungen, Bierschanktisch, Skulpturen wie zum Beispiel dem heiligen Georg auf einem Pferd, Gemälde und Schiffsmodelle schmücken den schönsten der drei erhaltenen Artushöfe in Europa. Die beiden anderen befinden sich in Riga und Tallinn.

Vom Artushof gelangt man in das benachbarte **Schöffenhaus** mit seiner herrlichen Danziger Diele. Einst fanden hier Gerichtsverhandlungen statt. Aus dem ovalen Giebelfenster schaut stündlich eine hübsche ›Bürgerstochter‹ auf den Langen Markt. Sie ist die Hauptheldin eines polnischen Liebesromans aus dem 19. Jahrhundert und wartet auf ihren Matrosen.

Das **Goldene Haus** (Złota Kamienica) ist das schönste Bürgerhaus der Rechtstadt und Beweis für den unermesslichen Reichtum seines Besitzers. Der Kaufmann und spätere Bürgermeister Hans Speimann brachte die Ideen für den Bau des Hauses von einer Italienreise mit nach Hause: An der Fassade im Stil der Spätrenaissance glitzern viele vergoldete Ornamente und Reliefs, über den Fensterreihen sind jeweils vier Herrschaftshäupter zu sehen. Auf der Balustrade stehen Statuen, die die Tugenden Klugheit, Gerechtigkeit, Mut und Mäßigkeit verkörpern. Über ihnen thront die Glücksgöttin Fortuna.

An der Mottlau

Das **Grüne Tor** (Zielona Brama) riegelt den Langen Markt vom Flussufer ab. Seinen Namen erhielt es von der einstigen Holzbrücke über die Motława (Mottlau), die mit grünen Algen bewachsen war. Die Fassade vereint Stilelemente der italienischen und niederländischen Renaissance.

Das imposante Torhaus sollte eigentlich die Könige beherbergen, doch die Regenten folgten während ihrer Besuche in der Stadt lieber den Einladungen gastfreundlicher Bürger. Zum Torbau wurden kleine niederländische Backsteine verwendet. Diese kamen als Schiffballast massenweise in die Stadt und wurden billig aufgekauft. Im Grünen Tor befand sich einst die Waage, die alle Händler passieren mussten. Heute ist das Grüne Tor eine Galerie für Fotografie. Der Königsweg durch die Rechtstadt endet hier.

Längs der Mottlau erstreckt sich der **alte Hafen**, der bis zum 19. Jahrhundert in Betrieb war. Von der **Grünen Brücke** (Most Zielony) lässt sich das Panorama der Rechtstadt am Ufer sehr schön überblicken. Links schaut der Besucher auf die wiederauferstandene Stadt, rechts sind noch Ruinen der Speicherinsel zu sehen. Besonders auffällig erscheinen mehrere stattliche Tore. Diese sogenannten Wassertore waren in der Lage, bei Gefahr alle Straßen der Rechtstadt zum Hafen hin abzuschließen. Vor dem Betreten der Stadt wurde an den Toren außerdem die Zollgebühr kassiert. Links vom Grünen Tor befindet sich das Kuhtor. Hier trieben die Leute früher das Vieh auf die nahegelegene Weide.

Die **Lange Brücke** (Długie Pobrzeże) ist eine Flaniermeile. Vorbei an **Brotbänkentor** (Brama Chlebnicka), **Frauentor** (Brama Mariacka) mit dem dahinter befindlichen **Archäologischen Museum** und **Heiliggeisttor** (Brama św. Ducha) schlendern viele Leute zum berühmten Danziger Wahrzeichen, dem **Krantor** (Żuraw). Es stammt aus den Jahren 1442 bis 1444 und war im Mittelalter der größte Hafenkran Europas. Die vier Meter mächtigen Rundmauern waren im Erdgeschoss mit Kanonen zur Stadtverteidigung bestückt. Die Hubkraft wurde durch zwei mächtige Treträder erzeugt, an denen Gefangene oder Hafenarbeiter schufteten. So konnten vier Tonnen auf 11 Meter Höhe oder zwei Tonnen auf 27 Meter angehoben werden. Neben dem Warenumschlag wurde der Kran auch zum Aufstellen von Masten der in Danzig gebauten Segelschiffe genutzt.

▲ Karte S. 206

Nebenan eröffnete jüngst das Zentrum für maritime Kultur mit dem neuen polnischen **Schifffahrtsmuseum**. Auszuprobieren gibt es hier 60 interaktive Attraktionen, teils in Wasserbassins. Die Schau ›Arbeitsboote‹ umfasst eine Sammlung unter anderem mit venezianischer Gondel, Eskimokajak und indianischem Kanu. Von hier setzt eine kleine Fähre zum Meeresmuseum auf das gegenüberliegende Ufer über: Im **Bleihof** (Ołowianka) werden Wrackfundstücke aus der Ostsee gezeigt, darunter auch Kanonen aus einem gesunkenen schwedischen Kriegsschiff. Im Museumsschiff ›S/S Sołdek‹ ist eine Ausstellung zu Schiffskatastrophen zu sehen. Dieses Schiff war das erste nach 1945 gebaute Schiff auf der Danziger Werft; es trägt seinen Namen nach dem Schiffskonstrukteur Sołdek. In der Meeresgalerie sind über 80 Gemälde mit maritimen Szenen zu sehen, von niederländischen Künstlern des 19. Jahrhunderts bis zu polnischen Malern. Nebenan wurde der **Königliche Speicher** (Spichrz Królewski) zum Hotel und die benachbarte Elektrozentrale zur **Danziger Philharmonie** mit einem Amphitheater umgebaut.

Auf der **Speicherinsel** (Wyspa Spichrzów) zwischen Mottlau (Motława) und Neuer Mottlau (Nowa Motława) standen zu Blütezeiten 320 Speicher. Es war die größte mittelalterliche Speicheranlage Europas – Danzig war auch der größte Getreideumschlagplatz der Hanse. Nur der Neue Packhof – heute das Hotel ›Gdańsk‹ – überstand den Zweiten Weltkrieg. Von April bis September steht auf der Speicherinsel ein Riesenrad, auf dem neuen Uferweg kann man sie umrunden. Von der Grünen Brücke führt die Milchkannengasse (Stągiewna), vorbei an jüngst wieder aufgebauten Häusern im Stil des 17. bis 19. Jahrhunderts, zur **Milchkannenbastei** (Stągwie Mleczne).

Durch das Frauentor in die Frauengasse

Der kleine Turm heißt im Volksmund Sahnekännchen, der große Milchkanne. Auf der anderen Seite führt die ul. Szafarnia zum Jachthafen, zu neuen Apartmenthäusern und dem Hotel ›Gdańsk‹. Das **Haus Zum Mohren** (Dom pod Murzynkiem), ul. Szafarnia 3, war im 18. Jahrhundert Wohnsitz eines Bildhauers und ähnelt einem kleinen Schlösschen. Ein Wappenschild mit Mohrenköpfchen gab dem Haus seinen Namen. Heute können hier wohlbetuchte Gäste im Hotel ›Podewils‹ residieren. Davor genießt man einen herrlichen Blick auf die Rechtstadt mit Langer Brücke, Krantor und Marienkirche.

Frauengasse

Von der Langen Brücke gelangt man durch das Frauentor in die stimmungsvolle Frauengasse (ul. Mariacka). Hier kommen die sogenannten Danziger Beischläge besonders schön zur Geltung. Auf diesen terrassenförmigen Vorbauten mit breiten Freitreppen speisten die Patrizierfamilien im Sommer, beobachteten das Treiben vor ihrer Haustür oder schwatzten mit Gästen. Der Beischlag war die Visitenkarte des Hauses und charakteristischer Schmuck für die Danziger Bürgerhäuser. Gleichzeitig schützte er das Erdgeschoss vor Hochwasser. Barocksteinkugeln oder Rokokopfeiler halten das oft kunstvoll geschwungene Treppengeländer, eingelassene Sandsteinplatten zeigen Motive mit verschiedenen Gleichnissen aus der Bibel. Aus fantasievollen Regenrinnenabschlüssen, zumeist Köpfe von Drachen oder Meeresungeheuern, plätschert das Regenwasser wie im Mittelalter aufs Pflaster. Die Frauengasse wird gern als Filmkulisse genutzt. So wurden hier die Außenaufnahmen für den deutschen Film über die Lübecker Kaufmannsfamilie ›Die Buddenbrooks‹ gedreht: Ihre Heimatstadt wirkte nicht mehr so authentisch. Die Beischläge haben sich zu Freiluftgalerien oder Bühnen für Straßenmusikanten verwandelt, in den Kellern findet man heute kleine Läden und einige Werkstätten. Vor allem Bernstein, Silberschmuck, Holzschnitzereien und Gemälde werden zum Kauf angeboten. Die angebotenen Waren sind hier allerdings sehr teuer, günstigere Angebote findet man auf der Langen Brücke.

Marienkirche

Die Frauengasse endet an der Marienkirche (Kościół Mariacki). Die größte Kirche im Ostseeraum ist gleichzeitig die größte mittelalterliche Backsteinkirche der Welt. 25 000 Gläubige finden hier Platz. Zu ihrer Vollendung benötigten mehrere Danziger Generationen anderthalb Jahrhunderte, die Bauzeit dauerte von 1342 bis 1502. Da früher jedes Gässchen seinen eigenen Eingang in die Kirche hatte, existieren sieben Tore. Der Haupteingang liegt unter dem Turm, wo der Kirchenbau vor etwa 600 Jahren begann. Durch 37 teils haushohe

Fenster strahlt Licht hinein. Die Marienkirche war das Gotteshaus der Danziger Patrizier. Hier stifteten sie Altäre und Epitaphe und besaßen Familiengrüfte. Einst bestand der gesamte Fußboden aus Grabplatten, sie blieben allerdings nur teilweise erhalten.

Heute erscheint das Innere viel heller als früher. Weil Umweltschadstoffe die Backsteinwände bedrohten, wurden Wände, Gewölbe und Pfeiler mit einer weißen Schutzschicht überzogen. Über der Haupthalle breitet sich ein wundervolles **Sternengewölbe** aus, das mächtige achteckige Pfeiler tragen. Früher besaß jeder Pfeiler einen eigenen Altar. Sie wurden während des Krieges ausgelagert, nur wenige blieben erhalten, so auch der gotische **Hauptaltar** mit Marienkrönung: Der Dreiflügelaltar wurde von 1510 bis 1517 von Meister Michael aus Augsburg gefertigt. Für diese Auftragsarbeit griffen die Danziger Bürger tief in ihre Taschen. Ein Bürgerhaus war damals 400 Grzywny wert, der Meister erhielt die sagenhafte Summe von 13 500 Grzywny! Früher waren alle Kirchenfenster bunt, heute sind nur die neuen Gläser hinter dem Hauptaltar farbig.

Das schmale hölzerne Turmmodell links vor dem Hauptaltar stellt den geplanten Turm der Marienkirche dar. Doch der Ritterorden wünschte nicht, dass der Kirchturm höher ragen sollte als der des Rathauses. Deshalb blieb der Turm unvollendet.

In der Kapelle der Elftausend Jungfrauen am Chor verdient die **Kreuzigungsgruppe** besondere Aufmerksamkeit. Die Gottesmutter und der heilige Johann stammen bereits von 1430. Der leidende Christus wurde erst um 1600 erschaffen: Um die Figur des Sterbenden zu studieren, soll der Künstler einer Legende zufolge seinen ungeliebten Schwiegersohn ans Kreuz genagelt haben. Nach der Fertigstellung verübten der Meister und seine Tochter nacheinander Selbstmord.

▲ Karte S. 206

In der ul. Piwna, im Hintergrund die Marienkirche

Die **astronomische Uhr** im Kirchenquerschiff zählt zu den größten und faszinierendsten Uhren der Erde. Wahrscheinlich baute sie der Thorner Uhrenmeister Hans Düringer von 1464 bis 1470. Das Wunderwerk besteht aus drei Teilen: Kalendarium, Himmelsscheibe und Figurenspiel. Auf dem Kalendarium werden unter anderem die Neumonddaten minutengenau angezeigt. Vier Figuren, vom Königssohn bis zum Greis, versinnbildlichen den Lauf des Lebens. Im mittleren Teil werden volle Stunden auf einem römischen Ziffernblatt angezeigt. Jeden Tag Punkt zwölf Uhr mittags zieht Leben in das Figurenspiel ein: Die vier Evangelisten und die zwölf Apostel kommen zum Vorschein. Man sieht Szenen aus Mariä Verkündigung und die Verbeugung der Heiligen Drei Könige. Ganz oben stehen Adam und Eva, die die vollen und Viertelstunden einläuten. Auch der Tod mit

der Sense lässt sich blicken und erinnert daran, dass unsere Zeit begrenzt ist.
Die Uhr hat eine lange Geschichte. Heute weiß man nicht, ob sie in allen Teilen der Wahrheit entspricht oder ob auch etwas hinzugedichtet wurde: Die Danziger Bürger waren überaus stolz auf ihre schöne Uhr. Als bekannt wurde, dass Meister Düringer für eine andere Stadt eine ähnliche Uhr bauen sollte, beschloss der Rat, den Uhrmeister zu blenden. Der unrechtmäßig Bestrafte zerschlug jedoch den Mechanismus und brachte sich anschließend um.
Über 400 Jahre stand die Uhr still. Ein Freundeskreis nahm sich Anfang der 1980er Jahre der Uhr an. Die Puzzlearbeit aus etwa 70 Prozent Originalteilen und zusätzlichen Neuanfertigungen wurde 1990 belohnt. Seither verrichtet das Uhrwerk wieder seinen Dienst.
In der **Annenkapelle** gefällt die Skulptur ›Schöne Madonna‹, die ein unbekannter Meister um 1420 schuf. Wenn es in Europa eine Ausstellung ›Schöne Madonnen‹ gibt, wandert auch das Danziger Kunstwerk jedes Mal dorthin.
In der **Sankt Reinholdskapelle** links vom Turmzugang befinden sich eine gotische Pietá aus dem Jahr 1410 sowie eine Kopie des Gemäldes ›Das jüngste Gericht‹. Das Original ist im Danziger Nationalmuseum zu sehen. Das Kunstwerk wurde von den Medici in Auftrag gegeben. Hans Memling malte das Bild von 1467 bis 1473 in Brügge.
Auf der Ostsee brachten Danziger Seeräuber das Schiff mit der kostbaren Ladung in ihre Gewalt, so landete der Altartriptychon in Danzig und nicht in Florenz! Die Freibeuter übergaben den Schatz als Votivgabe der Kirche. Er wurde vor Kriegsende von den Nazis in den Bergen der Rhön versteckt und 1945 von den Sowjets beschlagnahmt und in die Leningrader Ermitage gebracht. Erst 1956 kam das kostbare Gemälde zurück.
Die alte Orgel wurde beim Kirchenbrand im Frühjahr 1945 vernichtet. Der heutige Orgelprospekt stammt aus der Johanneskirche. Ein ehemaliger Danziger sammelte in Deutschland umgerechnet 250 000 Euro für die Instandsetzung der Orgel. Weiteres Geld kam von einer Stiftung früherer Hansestädte und ehemaligen Bürgern Ostpreußens. 1985 konnte die Orgel durch deutsch-polnische Zusammenarbeit erstmals in der Marienkirche erklingen. Der Aufstieg zur Turmgalerie kostet einen Obolus, über 400 Stufen führen bis in eine Höhe von 78 Meter.
Neben der Marienkirche nehmen sich die barocke Königskapelle und das spätgotische Pfarrhaus unscheinbar aus. Ein Danziger Primas und der polnische Regent Jan III. Sobieski stifteten die Königskapelle. Hier hielten die wenigen Katholiken ihre Gottesdienste ab, nachdem Danzig und somit auch die Marienkirche protestantisch geworden waren
.

In der Nähe der Marienkirche

Ganz in der Nähe, in der **Heiligengeistgasse** (Świętego Ducha, Nr. 111/113), wurde 1788 der Philosoph Arthur Schopenhauer geboren. Den Hausgiebel ziert eine Schildkröte. Diese Gasse mit hübschen Wasserspeiern wurde nur auf der Westseite wieder aufgebaut, auf der Ostseite befindet sich eine Grünanlage. Nur wenige Beischläge erinnern an die frühere Bebauung.
Die Jopengasse (ul. Piwna) verdankt ihren Namen der früheren Danziger Biersorte Jopen, die vom berühmten Johann Hevelius gebraut wurde. Hinter den Mauern der Hausnummer 19/21 versteckt sich das **Museum alter Spielzeuge** (Muzeum Polskich zabawek) mit einer in Polen einzigartigen Kollektion

durchweg einheimischer Produkte. Ein großer Teil stammt aus der Zeit der ehemaligen Volksrepublik, manche Unikate sind noch aus der Zwischenkriegszeit der 1920er und 1930er Jahre.

Durch die Jopengasse gelangt man weiter in Richtung Kohlenmarkt (Targ Węglowy) zum **Großen Zeughaus** (Wielka Zbrojownia). Mit vier Giebeln und einer außergewöhnlich reich verzierten Fassade zählt es zu den schönsten Beispielen des niederländischen Manierismus. Um 1600 galt sein Erbauer Anton van Obberghen als einer der Stararchitekten in Europa. Davor befindet sich ein vermeintlicher Brunnen. Hier wurden jedoch die Kanonenkugeln aus dem Keller gehoben. Die Geschütze standen in der heutigen Handelspassage, leichte Waffen bewahrte man im Obergeschoss auf, heute Sitz der Kunsthochschule.

An die Nordseite des Zeughauses lehnt sich die sogenannte **Alte Apotheke** (›Stara Apteka‹). Der Name für das Gebäude, das eine Gießerei beherbergte, war nur eine Gaudi, denn hier wurden ›Pillen‹ (Kanonenkugeln) produziert. Das Pulvermagazin befand sich im Strohturm (Baszta Słomiana). Diese Bastei neben dem Zeughaus besitzt drei bis vier Meter dicke Mauern.

In der ul. Szeroka 52 lädt das traditionsreiche **Restaurant Zum Lachs** (›Restauracja pod Łososiem‹) ein. Seit Anfang des 17. Jahrhunderts bis ins erste Viertel des 20. Jahrhunderts wurde hier ›Der Lachs – Original Danziger Goldwasser‹ gebrannt.

Die **Dominikanerkirche Sankt Nikolai** (Kościół św. Mikołaja) in der Johannisgasse (ul. Świętojańska) ist das einzige Gotteshaus der Altstadt, das den Zweiten Weltkrieg ohne Schaden überstand. Die Dominikaner kamen im 13. Jahrhundert aus Krakau an die Mottlau. Die katholische Kirche glänzt noch immer mit einer prächtigen Ausstattung, so den vielen barocken Altären an den Pfeilern. Zu den herausragenden Kunstwerken zählen auch das herrliche Chorgestühl aus dem Jahr 1550, die Kanzel von 1750 und eine schöne Orgel von 1755. Das benachbarte Kloster fiel einem Brand zum Opfer. Später blühte das Markttreiben mit über 100 Ständen. Um hier Ordnung zu schaffen, wurde 1896 die große **Markthalle** erbaut. Heute wähnt man sich im Sommer auf einem türkischen Basar, denn auch draußen werden Blumen, Obst und Gemüse verkauft.

▸ Karte S. 206

In der Mitte des 13. Jahrhunderts riefen die Ordensbrüder einen Dominikanermarkt ins Leben. In den ersten drei Augustwochen verwandeln sich der Fischmarkt (Targ Rybny) und viele Gassen im Zentrum heute wieder in einen riesigen Trödel- und Jahrmarkt, mit etwa 1000 Ständen und 6 Millionen Besuchern das größte Volksfest Polens! Die Markttradition wurde nur zwischen 1939 und 1972 unterbrochen.

Die gotische **Sankt Johanneskirche** (Kościół św. Jana) stammt aus dem 14. Jahrhundert und weist mit ihrem 69 Meter hohen Turm den Besuchern den Weg. Viele Kunstschätze sind im Krieg verschwunden, die Kirche selbst war stark zerstört. Die Wiederaufbauarbeiten währten bis Ende 2012. »Wenn man jetzt in die Sankt Johannes Kirche hineinkommt, hat man eine atemberaubende Ansicht. Man hat den Eindruck, dass man eine Märchenwelt betreten hat«, schreibt die Journalistin Anna Dąbrowska.

Besonders schön anzuschauen ist der Hochaltar, der Johannes dem Täufer geweiht ist. Das zwölf Meter emporragende Renaissance-Kunstwerk aus grauem Sandstein und Marmor wurde von Abraham van den Blocke ausgeführt. Die Kirche wird heute auch als Konzertsaal genutzt.

Das Restaurant ›Zum Lachs‹

Margaret Thatcher, George Bush senior und Papst Johannes Paul II. haben hier fürstlich gespeist. Ex-Bundeskanzler Schröder aber passte nicht hinein: Sein Gefolge von 200 Begleitpersonen konnte das Danziger Nobelrestaurant ›Zum Lachs‹ (›Pod Łososiem‹) nicht fassen. Die Prominenten kamen nicht zufällig hierher: Das Lokal gehört zu den renommiertesten im Land.

Der Türsteher trägt einen dunkelroten Frack. Sein schwarzes Haar ist mit Pomade gestylt. Und der gewellte Oberlippenbart erinnert an eine Robbe – vielleicht eine Reverenz an den maritimen Charakter von Danzig. Bereits die Vorhalle wirkt wie ein Museum: Barocke Möbel, Spiegel, Kronleuchter und Gemälde in Goldrahmen zaubern eine festliche Atmosphäre. Eine kunstvoll geschnitzte Treppe führt zur Garderobe, die sogenannte Danziger Diele war Ausdruck des Reichtums ihrer Besitzer. In der Breitgasse trafen sich einst Kaufleute und Abgesandte aus anderen Hansestädten. Die Reisenden verbreiteten den Ruf des Hauses in ganz Europa. Wer unangemeldet kommt, hat manchmal Pech, das Restaurant ist meist gut besucht. Nach der Wende tafelten Altdanziger Heimwehtouristen, heute ihre Kinder und Enkel gern im Schein der Kerzen. Mehrsprachiges Stimmengewirr erfüllt die Räume, Rosenbuketts duften. Auf lederbezogenen Stühlen und über dem Ofen prangt das Stadtwappen.

Im Jahr 1598 gründete der Exil-Holländer Ambrosius Vermeulen, einer der vielen Zuzügler in dieser Zeit, in Danzig eine Likörfabrik. Das Wichtigste brachte er im Kopf mit, obwohl er als Mennonit kein Alkohol trank: das Wissen um die besondere Kunst des Kornbrennens. Die Stadt an der Mottlau wurde für ihre Offenheit gegenüber Fremden belohnt. Danzig wuchs zu einem europäischen Produktionszentrum für erstklassige Spirituosen, ihr Flaggschiff aber blieb über Jahrhunderte der ›Lachs‹. Nach einiger Suche war es 1704 endlich gefunden: ein neues Haus, das dem wachsenden Ansehen und Umsatz gerecht wurde. Es handelte sich um einen spitzgiebligen Bürgerbau in der Breitgasse. Statt einer Hausnummer besaß auch dieses Gebäude nur ein Symbol über der Tür, einen in Stein gehauenen Lachs. Dieser edle Fisch wurde zum Namensgeber für die Brennerei und ihren Likör. Von hier schwärmte er auf alle Erdteile aus. Zar Peter der Große trank den ›Lachs – Original Danziger Goldwasser‹, und auch Zarin Katharina die Große bestellte Lachsliköre in Massen. Die Spirituose fand sogar literarische Ehren, so in Werken von Heinrich von Kleist, Theodor Fontane und Gerhart Hauptmann.

Ephraim Gotthold Lessing verschafft dem Likör in seiner ›Minna von Barnhelm‹ einen Auftritt: Wirt (seinem Gast Just ein Gläschen reichend): »Was ganz Vortreffliches, stark, lieblich, gesund«. Just (nach dem zweiten Gläschen): »Das muß ich sagen, gut, sehr gut. Selbst gemacht Herr Wirt?«. Wirt: »Behüte! Veritabler Danziger! Echter, doppelter Lachs.«

Seit Anfang der 1970er Jahre ist die Hardenbergsche Kornbrennerei, jetzt Hardenberg-Wilthen AG, im Besitz der Rechte. Nur in Südniedersachsen wird seitdem die älteste Likörspezialität der Welt nach dem Rezept von 1606 produziert. Schon im Jahre 1922 hatte die Danziger Likörfabrik einen Berliner Zweigbetrieb gegründet, der für die Versorgung des westlichen Deutschlands und für den Export produzierte. So konnten die Rezepte und der Firmenname nach dem Zweiten Weltkrieg rechtmäßig in Deutschland weiterverwendet werden.

Ambrosius Vermeulen riet seinen Gästen: »Zuerst koste unsere ausgezeichneten Gerichte, danach aber ein Schluck Goldwasser, es wird Deine Seele mit großer Freude und geheimer Macht der vergangenen Zeitalter erfüllen!« Im Goldwasser schwimmen 22-karätige hauchdünne Goldplättchen, denn von der Beigabe des edelsten und reinsten Elements versprachen sich die Alchimisten eine gesundheitsfördernde Wirkung. Dass es tatsächlich heilt, haben Wissenschaftler erst in der Gegenwart erforscht: In kleinsten Dosen hat das Aurum metallicum, das ›Metall des Lichts‹, einen regelnden Einfluss auf das Immunsystem. Goldsalze stoppen ein Protein, das sich aus dem Zellkern von Immunzellen löst und für Entzündungsreaktionen verantwortlich ist.

Eingeschnittener Lachs mit Steinpilzen und Spinatklößchen ist nur eine der Spezialitäten des Hauses. Der Ober kann den edlen Fisch aber auch in anderen Variationen empfehlen. Das Restaurant wurde mehrmals mit der ›Goldenen Bratpfanne‹ ausgezeichnet. Es ist die höchste gastronomische Ehre, die Polen kennt.

Die Danziger Diele im Restaurant ›Zum Lachs‹

Die Altstadt

In der nördlich der Rechtstadt gelegenen Altstadt (Stare Miasto) entstanden nach dem Zweiten Weltkrieg nur ausgewählte Bauwerke in alter Schönheit. Die Altstadt war im Mittelalter eine selbständige, mit der Rechtstadt im Wettbewerb befindliche Ansiedlung. Die hiesige Brigittenkirche ging als eine Zufluchtsstätte der Gewerkschaftsbewegung ›Solidarität‹ in die Geschichte ein.

■ Katharinenkirche

Die Sankt Katharinenkirche (Kośiól św. Katarzyny) ist wahrscheinlich die älteste Danziger Kirche, wie alte Grabplatten aus dem 10. Jahrhundert unter dem Chor vermuten lassen. Das heutige Erscheinungsbild stammt aus dem 14. und 15. Jahrhundert. Gemälde von Anton Müller und Isaak van den Blocke schmücken die Innenwände, eines der Werke am Hauptaltar zeigt das mittelalterliche Danzig. Im Chor findet man Epitaph und Grab des berühmten Danziger Astronomen Johann Hevelius. Die Grabplatte mit Namenszug und Wappen ließ der Astronom schon zu Lebzeiten anfertigen. Der Turmhelm ist eine barocke Zutat von 1634. Entworfen hat ihn der Bruder Isaaks, der Danziger Stadtbaumeister Jacob van den Blocke. Die Danziger bezeichnen den Helm als die Krone ihrer Stadt. Gut hundert Jahre später wurde ein 36-teiliges Glockenspiel eingesetzt. 1905 brannte der Turm nach einem Blitzschlag ab, und das erneuerte Glockenspiel von 1910 wurde im Zweiten Weltkrieg nach Lübeck gebracht. Spenden aus Polen und Deutschland ermöglichten den Kauf von 50 Glocken, die in den Niederlanden gegossen wurden. Seit 1989 erklingen zu jeder vollen Stunde wieder alte deutsche Volks- und Kinderlieder. Im Turm befindet sich heute auch ein Turmuhrenmuseum.

■ Brigittenkirche

Die Sankt Brigittenkirche (Kościół św. Brygidy) in der ul. Profesorska, nördlich der Katharinenkirche gelegen, war einst das Gotteshaus für Nonnen und Mönche, die nach den Regeln ihrer Heiligen lebten. Die Kirche wurde 1945 durch einen Brand stark beschädigt und erst in den 1970er Jahren wieder aufgebaut. Sie wurde in den 1980er Jahren als Andachts-, Versammlungs- und Zufluchtsstätte der Gewerkschaftsbewegung Solidarność bekannt und ist in ihrer Bedeutung für Polen etwa mit der Leipziger Nikolaikirche für Deutschland zu vergleichen: Auch hier nahmen Demonstrationen ihren Lauf. Im Jahr 1988 kam die britische Premierministerin Margaret Thatcher, begleitet von Lech Wałęsa, in das Gotteshaus.

Das Innere ist mit vielen modernen Kunstwerken ausgestattet. Der **Hauptaltar** mit dem Bildnis der berühmten Madonna von Tschenstochau ist noch unvollendet. Elf Meter hoch und sechs Meter breit, soll er aus etwa 6,5 Tonnen Bernstein nach und nach entstehen – mehr Bernstein, als das berühmte Bernsteinzimmer besitzt. Das Gewand der Gottesmutter wird aus milchweißem und die Krone aus hellgelbem Bernstein gefertigt. Im künftigen Altaraufsatz sollen Szenen an die 28 Arbeiter erinnern, die während der Proteste im Dezember 1970 zu Tode kamen.

In einer Glasvitrine ist die größte Bernstein-Monstranz der Welt ausgestellt. Ein Epitaph ist den Opfern von Katyń gewidmet: Nach dem sowjetischen Überfall auf Ostpolen im September 1939 wurden auf Stalins Befehl tausende polnische Offiziere in dem ostpolnischen Ort erschossen.

■ Weitere Sehenswürdigkeiten

Am Haus der Technik (Dom Technika) und schräg gegenüber vom Hotel ›Hevelius‹ standen einst die Brauerei und

Die Große Mühle in der Altstadt

das Observatorium von Johann Hevelius. Gegenüber der Großen Mühle und neben der Katharinenkirche steht die Kleine Mühle, die früher als Lagerraum genutzt wurde. Hier führte einst die berühmte Bernsteinstraße entlang.

Der 30 Kilometer lange Radaunekanal (Kanał Raduni) wurde von Kreuzrittern zum Mühlenantrieb und zur Danziger Wasserversorgung gegraben.

Dabei entstand auch eine Insel: Von 1350 bis 1945 war hier die Große Mühle (Wielki Młyn) mit 18 Wasserrädern in Betrieb. Die größte Wassermühle Europas galt gleichzeitig als der größte Industriebetrieb im Mittelalter. Die Anlage aus Backsteinen und einem riesigem Satteldach entstand im Auftrag des Deutschen Ordens. Bis zur Mitte des 15. Jahrhunderts kam das gesamte Brot für die Stadt Danzig aus der Bäckerei in der Mühle. Noch 1945 wurden täglich 200 Tonnen Mehl gemahlen, allerdings mit Elektroantrieb. Der Schornstein der ehemaligen Bäckerei am Nordgiebel ist erhalten, heute verbergen sich hinter den mittelalterlichen Mauern ein kleines Einkaufszentrum auf drei Etagen sowie ein Bistro.

Das benachbarte **Müllergewerkshaus** (Domek Młynarzy) im Fachwerkstil war einst Treffpunkt für die reiche Handwerksgilde. Hier wurden Geschäfte abgeschlossen, hier vergnügte man sich bei üppigen Festmahlen. Oft kam es zum Streit, und um Ärger von vornherein zu vermeiden, verbot die Hausordnung das Mitbringen von Messern und Hacken. Heute verführen in der 1. Danziger Schokoladenfabrik Pralinen, Trüffel, Desserts und Torten, auch auf Terrassenplätzen, zum Verkosten (tgl. ab 12 Uhr).

Das **Altstädtische Rathaus** (Ratusz Staromiejski) hat die sowjetische Flächenbrandstiftung wohlbehalten überstanden, denn das Gebäude war als Kommandositz der Roten Armee auserkoren. Stadtbaumeister Anton van Obberghen errichtete den Ziegelbau von 1587 bis 1595 im Renaissancegewand. Ein Denkmal in der Nähe und eine Gedenktafel in der Eingangshalle erinnern an das Ratsmitglied, den Astronomen und Braumeister Johann Hevelius. Das Treppenhaus

▶ Karte S. 206

im ersten Stock ist ein schönes Beispiel für eine typische Danziger Diele mit herrlicher Wendeltreppe, Schnitzereien und Delfter Kacheln. Auch das Bürgermeisterzimmer ist original erhalten und kann kostenlos besichtigt werden. Der Große Saal bildet eine geeignete Kulisse für Kammerkonzerte.

Das benachbarte **Haus der Pelpliner Äbte** (Dom Opatów Pelplinskich) wurde 1612 im Stil der niederländischen Renaissance erbaut, war bis 1823 im Besitz der Zisterzienser von Pelplin und zählt heute zu den wenigen original erhaltenen Bürgerhäusern.

Am einstigen Heveliusplatz (plac Obrońców Poczty Polskiej) steht die **Polnische Post**. Im Morgengrauen des 1. September 1939 nahmen Polizei und die SS-Gruppe Danzig das Gebäude unter Beschuss. Die 56 Verteidiger kämpften zwölf Stunden heldenhaft gegen eine gut ausgerüstete Übermacht. Schließlich steckten die Angreifer die Post in Brand und erzwangen so die Kapitulation. Ein Feldgericht verurteilte 38 überlebende Postangestellte zum Tode, das Urteil wurde im Oktober 1939 vollstreckt. Angehörige erreichten eine Revision des Verfahrens vor deutschen Gerichten, und 1998 wurden die Verteidiger postum rehabilitiert.

Günter Grass beschrieb den Kampf um die Polnische Post ausführlich in seinem Roman ›Die Blechtrommel‹ und machte das Ereignis international bekannt. Heute befindet sich im Gebäude ein Post- und Telekommunikationsmuseum.

Vor der Danziger Werft (Stocznia Gdańska) mit Zugang über die Werftgasse (ul. Doki) steht das **Denkmal für die gefallenen Werftarbeiter**: Drei riesige Stahlkreuze, 42 Meter hoch, sind durch Anker verbunden. Im Dezember 1970 gingen die Menschen wegen Preiserhöhungen für Lebensmittel auf die Straße. Die Demonstrationen wurden blutig niedergeschlagen. Zum 10. Jahrestag der Unruhen hatte die unabhängige Gewerkschaft Solidarność bereits soviel politische Macht gewonnen, dass die Staatsfunktionäre die Einweihung dieses Denkmals nicht mehr verhindern konnten. An der Gedenkmauer steht in polnischen Lettern geschrieben: ›Sie haben ihr Leben hingegeben, damit du würdig leben kannst!‹ Am Denkmal wurde 2014 das **Europäische Zentrum der Solidarität** (ECS) als Museum über die Gewerkschaft Solidarność sowie als Zentralarchiv und Bibliothek eröffnet. Die rostige Gebäudehülle erinnert an den Schiffbau, die EU gab 51 Millionen Euro Fördergelder.

Alte Vorstadt

Vom Rechtstädtischen Rathaus gelangt man zu Fuß schnell in die Alte Vorstadt (Stare Przedmieście): An der Touristeninformation vorbei, geht es geradeaus durch die ul. Ławnicza und die ul. Słodowników (rechts an der Schnellstraße steht das neue, aus schwarzem Backsteinen errichtete Shakespeare-Theater, ein reines Gastspieltheater, denn Danzig besitzt hierfür kein eigenes Ensemble), anschließend durch den Straßentunnel und bis zur Sankt Peter- und Paulkirche. Man biegt hier rechts ab und steht wenig später am einstigen Franziskanerkloster, heute Sitz des **Nationalmuseums**. Im Erdgeschoss sind Sonderausstellungen zu sehen, linker Hand befindet sich eine Kachelsammlung aus Danziger, Delfter sowie holländischer Produktion.

Im Obergeschoss ist rechts des Aufgangs in einem kleinen Saal das berühmte Original Das **jüngste Gericht** von Hans Memling in einer großen Vitrine zu bewundern. Die Danziger Marienkirche schmückt nur eine Kopie dieses Gemäldes. Christus sitzt als Richter auf dem Regenbogen, und der Erzengel Michael wiegt die guten und schlechten Seiten des Lebens ab. In den Gräbern wachen die Toten auf. Die guten Menschen werden von Petrus in Empfang genommen, die Sünder in der Hölle gepeinigt. Auf dem Gemälde sind drastische Szenen festgehalten. An einem Menschen zerrt ein Engel auf der einen, ein Teufel auf der anderen Seite, der Ausgang bleibt ungewiss. Das Gemälde stellt einen wichtigen Meilenstein zwischen Mittelalter und Renaissance dar und fasziniert mit seinen Details auch Kunstkenner und -historiker: Viele Künstler, unter ihnen auch Michelangelo, nahmen das ›Jüngste Gericht‹ als Vorbild für eigene Werke. Auf der Rückseite der beiden Flügel sind die Stifter des Altarbildes abgebildet: Angelo di Jacopo und seine Frau Katharine. Mehrere gekrönte Häupter wollten dieses Gemälde erwerben, darunter Kaiser Rudolf II. und Zar Peter der Große. Sie erhielten vom Stadtrat aber eine Absage. Kaiser Napoleon raubte das Bild und stellte es im Pariser Louvre aus. Auch die Nazis und die Sowjets waren zeitweise in seinem Besitz, doch das ›Jüngste Gericht‹ kehrte immer wieder nach Danzig zurück.

›Das jüngste Gericht‹ im Nationalmuseum, Ausschnitt

In der Galerie der flämisch-holländischen Malerei des 17. Jahrhunderts ist unter anderem das kleine Gemälde ›Der Dicke und der Dünne‹ von Pieter Bruegel II. zu sehen. Die Galerie Danziger Malerei glänzt mit Werken von Wilhelm August Styrowski (1843–1913), so ›Polnische Edelmänner in Danzig‹, ›Zigeuner am Meer‹ und ›Schloss Kronborg‹. Otto Brausewetter (1835–1904) malte den ›Garten des Franziskanerklosters‹, eine stimmungsvolle Winterszene im einstigen Danziger Kloster. Domenico Quaglio ist mit dem großformatigen Gemälde ›Der Palast des Großmeisters in der Marienburg‹ (1834) vertreten. Johann Carl Schultz verewigte den ›Artushof in Danzig‹ (1840–60) und Michael Carl Gregoravius den ›Langen Markt in Danzig‹ (1832). In der Galerie der Danziger Innenräume sind riesige Schränke mit viel geschnitztem Zierat, aber auch silberne Humpen und Pokale aus dem 18. Jahrhundert ausgestellt.

Nahe dem ehemaligen Franziskanerkloster steht die **Dreifaltigkeitskirche** (Kościół św. Trójcy). Mit ihrem filigranen Westgiebel ist sie ein Schmuckstück der Backsteingotik.

Ausflüge auf dem Wasser

Zwei neue Routen auf Danziger Gewässern wurden jetzt für den Publikumsverkehr freigegeben. Auf den insgesamt 45 Kilometer langen Strecken verkehren täglich Wassertaxis (Linien F5 und F6) mit Platz für bis zu 40 Personen und 5 Fahrrädern. So geht es beispielsweise von Żabi Kruk (Poggenpfuhl) in der histori-

▲ Karte: hintere Umschlagklappe

Am Jachthafen, rechts das Hotel Gdańsk

schen Danziger Vorstadt auf der Mottlau vorbei am mittelalterlichen Stadtzentrum und dem Danziger Hafen bis zur **Westerplatte**. Die andere Trasse führt vom Danziger Fischmarkt (Targ Rybny) über die Tote Weichsel (Martwa Wisła) zum Segelzentrum an der Mündung der Kühnen Weichsel (Śmiała Wisła) in die Ostsee. Die gemütliche Reise mit dem Wassertaxi dauert insgesamt rund zwei Stunden. Die Passagiere sitzen auf komfortablen Ledersofas (Fahrpläne: www.ztm.gda.pl).

Vom Kai am Mottlauufer, an der ul. Wartka, fahren Schiffe der Weißen Flotte zur Westerplatte. Auf dieser dem Hafen vorgelagerten Halbinsel kämpfte die etwa 200-köpfige polnische Wachmannschaft des Militärdepots ab dem 1. September 1939 sieben Tage gegen etwa 3000 Deutsche. Der heldenhafte Widerstand beeindruckte die Angreifer: Nach der Kapitulation gab der deutsche Befehlshaber dem polnischen Kommandeur vorerst seinen Offizierssäbel zurück. Seit 1966 befindet sich auf dem höchsten Punkt der Westerplatte ein monumentales **Denkmal**. 1994 fand die erste gemeinsame Gedenkfeier von polnischen und deutschen Soldaten statt. Vom Denkmalssockel hat man eine gute Aussicht auf die Danziger Bucht.

Im 15. Jahrhundert wurde die **Wasserfestung Weichselmünde** (Twierdza w Wisłoujściu) zum Schutz des Hafens errichtet, heute ein seltenes Denkmal mittelalterlicher Festungsbaukunst. Der Turm diente bis 1758 gleichzeitig als Leuchtturm. Mehrere Bastionen fassten zusammen etwa tausend Soldaten. 1893 wurde der Lotsenturm von Danzig-Neufahrwasser als Kopie eines Leuchtturms von Cleveland am Eriesee (Ohio) erbaut. Er diente als kombinierter Leucht-, Lotsen- und Zeitballturm – letzteres ermöglichte den Schiffskapitänen einen Zeitvergleich, bevor diese Aufgabe im Jahr 1929 Marconis Radio übernahm. Am 1. September 1939 schossen die deutschen Angreifer aus den Fenstern dieses Lotsenturms drei Minuten eher auf den polnischen Militärposten der Westerplatte als der Panzerkreuzer ›Schleswig-Holstein‹ – hier begann um 4.45 Uhr der Zweite Weltkrieg. Anfang 1945 blieb der 27 Meter hohe Turm wie durch ein Wunder fast unversehrt, obwohl Danzig von allen Seiten unter Feuer genommen wurde. Der schöne Leuchtturm ist seit 1984 außer Betrieb – ein moderner im Nordhafen ersetzte ihn. Um die letzte Jahrtausendwende kaufte ein ausgewanderter Danziger aus Kanada das Bauwerk und eröffnete ein kleines Museum. Man sieht altertümliche elektrische und optische Gerätschaften sowie eine Ausstellung der weltweit schönsten Leuchttürme. Inzwischen ist auf der Turmspitze auch der im Jahr 1929 entfernte Zeitball wieder zu sehen. Dieser zeigt täglich um 12, 14, 16 und 18 Uhr exakt die Zeit an, die Abweichung beträgt in 200 000 Jahren lediglich eine Sekunde. Von der Aussichtsgalerie genießen Besucher einen herrlichen Blick auf die Westerplatte, den Hafen und die Danziger Bucht bis zur Halbinsel Hela.

■ Auf den Spuren von Günter Grass

Das einstige Garnisons- und Arbeiterviertel Langfuhr (Wrzeszcz) liegt zwischen der Altstadt und dem Stadtteil Oliva und wurde 1945 nicht zerstört. Viele Straßenzüge sind liebevoll restauriert, neue Cafés und Kneipen tragen teils deutsche Namen. Der Günter-Grass-Weg führt zu den wichtigen Danziger Stationen. Am 16. Oktober 1927 wurde der Schriftsteller im Storchenhaus geboren. Es ist noch heute eine Frauenklinik, der namensgebende Storch über dem Eingang des Gebäudes von 1912 zu sehen (ul. Klinicznej 1a). Familie Grass bewohnte das Erdgeschoss im Labesweg (ul. Lelewela) Nr. 13. Am Haus ist eine Tafel mit einem kurzem Text aus ›Die Blechtrommel‹ zu lesen, bisher nur in Polnisch.

Auf dem benachbarten Neuen Markt (plac Józef Wybicki) sitzt Oskar Matzerath, die Hauptfigur aus der ›Blechtrommel‹, als Bronzefigur auf einer Parkbank. Hübsch ist auch das ›Tanzende Mädchen‹ – keine Grasssche Figur – als Brunnenfigur mit einem Schirmchen in der Hand. Getauft wurde Grass in der neugotischen Herz-Jesu-Kirche in der ul. Mireckiego nahe dem Bahndamm. In der ul. Pestalozziego 7/9 steht die Pestalozzischule, in die er eingeschult wurde. In der Rechtstadt, Ecke ul. Szeroka/ul. Grobla 1, sind in der Günter-Grass-Galerie vorwiegend Zeichnungen zu sehen. Vor dem Eingang steht die von Grass entworfene Plastik ›Der gefangene Butt‹. Am liebsten gingen Grass wie auch sein Romanheld Oskar am Brösener Ostseestrand (Stadtteil Brzeźno) baden. Noch immer kann man wie früher mit der Straßenbahn Nr. 13 ans Wasser fahren. Heute befindet sich hier auch eine 130 Meter lange Seebrücke.

■ Andere deutsche Spuren

Danzig ist bislang die einzige Stadt in Polen, in der alle Straßenbahnen nach einheimischen Persönlichkeiten benannt sind; 90 Prozent der so Geehrten sind Deutsche. Südlich des Hauptbahnhofs findet sich das Gründerzeitviertel Bischofsberg (Biskupia Górka). Die ehemalige Jugendherberge ›Paul Beneke‹ wurde von Hitler persönlich eingeweiht und war die größte Deutschlands, jetzt ist es eine Polizei-Dienststelle. Die herrliche Aussicht vom Turm war legendär, jetzt bemüht man sich, ihn für Touristen wieder zugänglich zu machen. Bis es soweit ist, kann man sich auch auf den Hagelsberg (Góra Gradowa) mit seinem großen Gipfelkreuz begeben.

▲ Karte: hintere Umschlagklappe

Gdańsk

Vorwahl: 058.

Tourismusinformation PTTK, ul. Długa 45 (im Schumannhaus gegenüber dem Rechtstädischen Rathaus), Tel. 3019151, www.pttk-gdansk.pl; tgl. 9–19 Uhr.

Danziger Touristeninformation, ul. Długi Targ 28/29 (links neben Grünem Tor), Tel. 3014355, www.gdansk4u.pl. Hier liegen auch Stadtführer-Audioguides bereit: www.audioguidegdansk.pl.

Infozentrum Podwale Grodzkie 8 (im Tunnel des Hauptbahnhofs), Tel. 7213277.

3City Tour, Tel. 663303002, www.3citytour.com. Stadtrundfahrt in Danzig, Zoppot und Gdingen mit dem deutschsprachigen Andreas Kasperski.

Touristinfo am Lech-Walęsa-Flughafen, Tel. 3481368.

Airport-Info, Tel. 801066808, www.airport.gdansk.pl.

Vielerorts liegen in der Dreistadt die etwa vierteljährlich aktualisierten und kostenlosen Stadtführer ›Gdańsk in your pocket‹ (auch auf Englisch) und ›The Bałtyk Visitor‹ (auch auf Deutsch) mit Adressen und Terminen aus.

Die ›Touristische Karte der Dreistadt‹ (**Karta turysty**) gilt für ein bis drei Tage mit Preisermäßigungen für viele Museen der Dreistadt sowie freie Fahrt im ÖPNV, www.gdansk4u.pl.

Polizei: ul. Piwna 32/35, die Beamten sprechen Deutsch und Englisch, Tel. 3010942.

Zahlreiche bewachte Parkplätze, unter anderem am Hotel ›Hevelius‹, am City Forum beim Hauptbahnhof, ul. Kocurki, ul. Za Murami und ul. Podwale Staromiejskie.

Direktverbindungen mit vielen Städten Polens. Tgl. verkehrt ein Eurocity von Berlin-Hauptbahnhof direkt nach Gdańsk (Fahrtdauer knapp 6 Stunden). Andere Verbindungen aus Deutschland nur mit Umsteigen in Szczecin oder Poznań; Fahrtzeit aus Berlin etwa 8–9 Stunden.

Die S-Bahn heißt SKM. Diese verkehrt westwärts Richtung Sopot–Gdynia–Wejherowo–Łębork–Słupsk und in östliche Richtung über Malbork nach Elbląg. Um die beiden Bahnsteige zu erreichen, am Hauptbahnhof (Gdańsk-Glówny) gleich beim Haupteingang rechts abbiegen und dem McDonalds-Logo folgen (keinerlei Hinweis auf die S-Bahn!). Fahrkarten sind nur am Automaten, nicht am Schalter, zu erwerben (Bar- und Kartenzahlung möglich, Menüführung auch auf Deutsch).

Von Berlin-Tegel (Air Berlin), von Dortmund, Lübeck und Köln/Bonn (Wizz Air), von Frankfurt/Main (Lufthansa und LOT) und von München (Lufthansa) nach Gdańsk. Aus Österreich von Salzburg (mit Eurolot) nach Gdańsk.

Der internationale Lech-Wałęsa-Flughafen in Rębiechowo ist etwa 8 km von Gdańsk und Sopot entfernt. Im Herbst 2015 wurde die neue Metropolenbahn eröffnet, die den Flughafen mit dem S-Bahnhof Wrzeszcz verbindet. Von hier fährt man noch drei Stationen zum Hauptbahnhof Gdańsk-Główny oder steigt in Richtung Sopot/Gdynia um.

Außerdem stehen ständig Taxen bereit. Die Taxifahrt ins Zentrum sollte werktags 40 Zł (ca. 10 Euro) nicht überschreiten, an Wochenenden und Feiertagen ist ein Aufschlag von 50 Prozent üblich.

Vom Kai am Mottlauufer (unmittelbar am Hotel ›Hilton‹) nach Sopot und Hela, Mai–Aug., Fahrplan: www.zegluga.gda.pl.

Vom Neuen Danziger Hafen verkehrt mehrmals wöchentlich um 18 Uhr eine Polferries-Fähre ins schwedische Nynäshamn (Ankunft am nächsten Tag um 13 Uhr). Busverbindungen vom Hbf. zum Terminal Westerplatte: www.polferries.pl/xbroszury/autobusy_westerplatte_35519.pdf.

Privatzimmer vermittelt: **Reisebüro Grand-Tourist,** ul. Garncarska 29, Tel. 3012634, www.gt.com.pl.

Podewils (€€–€€€), ul. Szafarnia 2, Tel. 3009560, www.podewils.pl. Barockschlösschen mit zehn luxuriösen Zimmern, ruhig in der Nähe des neuen Jachthafens gelegen, mit herrlichem Blick auf Mottlau, Krantor und Lange Brücke, Restaurant mit Freiluftplätzen am Wasser.

Hotel Gdańsk (€€€), ul. Szafarnia 9, Tel. 3001714, www.hotelgdansk.pl. Boutique-Hotel im einstigen Getreidespeicher verknüpft mit Neubau im modernen Seglerdesign am Jachthafen. Aus vielen Zimmern herrlicher Altstadtblick. Spa, Sauna, Schneesalzkammer. Im Erdgeschoss die Minibrauerei Brovarnia Gdańsk (Helles, Schwarzbier und Weizenbier) mit Biergarten, www.brovarnia.pl.

Krolewski (€€€), Wyspa Ołowianka, ul. Ołowianka 1, Tel. 3261111,www.hotelkrolewski.pl. Neues Hotel mit 30 Zimmern und vier Apartments an der Mottlau neben der Philharmonie.

Hilton Gdańsk Hotel (€€€), ul. Targ Rybny 1, Tel. 7787100, www.gdansk.hilton.com. An der Mottlau unweit vom Krantor.

Hanza (€€€), ul. Tokarska 6, Tel. 3053427, www.hotelhanza.pl. Schickes Hotel mit Restaurant, Davidoff-Café, Casino, am Kai nahe dem Krantor.

Hotel Artus (€€), Piwna 36/39, Tel. 3209600, www.artushotel.com.pl/de. Im Herzen der Rechtstadt nahe Marienkirche, im Erdgeschoss das Café ›Mon Balzac‹.

Admirał (€€), ul. Tobiasza 9, Tel. 3200320, www.admiralhotelgdansk.pl. Vier-Sterne-Haus nahe dem ›Hilton‹ und dem Mottlauufer. Zehn Minuten Fußweg auf den Langen Markt. Sehr ruhige Lage, hübsche klimatisierte Zimmer, gutes Preis-Leistungs-Verhältnis.

Grand Crue (€€–€€€), ul. Rycerska 11, Tel.7727300, www.hotelgrandcru.pl. Boutique-Hotel mit Kellerrestaurant in einem historischen Backsteinhaus. Einige Zimmerwände teils aus unverputzten originalen Ziegelsteinen. Der Name Grand Cru ist eine Anlehnung an das Zertifikat für Weine von höchster Qualität in Burgund und Elsass – auch hier in Danzig kommen nur edle Tropfen ins Glas. Die Herberge bekam den Titel ›HolidayCheck Quality Selection 2013‹ verliehen. In der Nähe von Mottlauufer und Hilton-Hotel, 10 Min. Fußweg zur Langgasse.

Renusz (€–€€), ul. Nadwiślańska 56, Tel. 3080786, www.renusz.com.pl. 15 Kilometer vom Zentrum entfernt, behindertengerecht.

Dom Muzyka (€€), ul. Łakowa 1–2, Tel. 3260600, www.dommuzyka.pl. In der Musikakademie in Altstadtnähe, in einem renovierten Altbau am Innenstadtring, man bekommt auch zur Hochsaison oft noch ein freies und sauberes Zimmer.

Dom Harcerza (€), ul. Za Murami 2–10, Tel. 3013621, www.domharcerza.pl. Gemütliche Zwei- und Mehrpersonenzimmer mit und ohne Bad, in der Rechtstadt.

Guesthouse Baltic (€), ul. Gałczyńskiego 22, mobil 536305555, www.ghbaltic.pl. Einfache nette Pension zum Superpreis. Kein Frühstück, aber Tee und Kaffee gratis. 400 Meter durch den Park zum Strand, auf dem Radweg in 30 Min. ins Zentrum. Vom Hbf. mit der Straßenbahn Nr. 15 in 20 Min. erreichbar.

Grand Hostel Gdańsk (€), ulica Kołodziejska 2, Tel. 666061350, www.grandhostel.pl. In einem schmalen Bürgerhaus unweit vom Zeughaus. Schnörkellos einfach.

Hostel Cycle on (€), ul. Spichrzowa 15, Tel. 531153700, www.hostelcycleon.com. In einem historischen Gebäude auf der Speicherinsel, DZ aber auch Mehrbettzimmer mit Doppelstockbetten, fünf Minuten Fußweg auf den Langen Markt.

In der Umgebung:

Bartan (€€–€€€), ul. Turystyczna 9a, Tel. 3080999, www.hotelbartan.pl. Elegantes Haus mit 70 Betten, Sauna, Fahrradverleih, 15 Kilometer vom Stadtzentrum an der Weichsel im Stadtteil Sobieszewo auf der Insel Bohnsack (Wyspa Sobies-

▲ Karte: hintere Umschlagklappe

zewska), an der Straße Nr. 501, 800 Meter vom Strand gelegen.

Gdańsk-Stogi, ul. Wydmy 9, Tel. 3073915, www.camping-gdansk.pl. In einem Kiefernwäldchen, Unterkunft auch in kleinen Holzhütten, nahe der Endhaltestelle Straßenbahnlinie Nr. 8 (Stogi Plaża), 20 Min. Fahrt aus dem Stadtzentrum. Ende April bis Anfang Oktober.

Pod Łososiem (Zum Lachs), ul. Szeroka 52/54, Tel. 3017652, www.podlososiem.com.pl. Im berühmtesten Restaurant der Stadt wird die Tischreservierung empfohlen; tgl. ab 12 Uhr bis zum letzten Gast.
Zappio, ul. Świętojańska 49, Tel. 3220174, www.zappio.pl. Derzeit eines der besten Danziger Restaurants; tgl. 12–22 Uhr.
Tawerna, ul. Powroźnicza 19/20, Tel. 3014114, www.tawerna.pl. Stilvolles Restaurant mit Sommergarten, nahe dem Grünen Tor, mit ausgestellten Schiffsmodellen, leckere Fischgerichte, schmackhafter Entenbraten; tgl. ab 11 Uhr bis zum letzten Gast.
Kubicki, Wartka 5, Tel. 3010050, www.restauracjakubicki.pl. Traditionsrestaurant an der Mottlau, berühmt seit 1918. Nach Wiedereröffnung gediegene Ausstattung und gehobene Küche. Nahe dem Hotel ›Hilton‹; tgl. 12–23 Uhr.
Velevetka, Długa 45, Tel. 3056106, www.velevetka.pl. Kleines modernes Kellerrestaurant im kaschubischen Stil neben dem Schuhmannhaus und gegenüber dem Rathaus am Langen Markt. Regionale pommersche Küche; tgl. 11–23 Uhr.
Cała Naprzd, Tel. 3298725. In der 4. Etage des neuen Meeresmuseums am Krantor, Balkonplätze mit Mottlaublick, günstige Preise; tgl. 10–22 Uhr.
Browar Piwna, ul. Piwna 50/51, Tel. 3013924, www.browarpiwna.pl. Minibrauerei (u.a. süffiges Weizenbier) nahe der Marienkirche; tgl. ab 12 Uhr.
Gdańska, ul. św. Ducha 16, Tel. 3057671. Im Altdanziger Stil eingerichtet, Spezialität: Gans auf Danziger Art, Wildbret und Lammfleisch aus masurischen Wäldern und kaschubischen Dörfern; tgl. ab 11 Uhr.
Goldwasser, Długie Podbrzeże 22, Tel. 3018878, www.goldwasser.pl. Stilvolles Restaurant neben dem Krantor, auch sieben einzigartige Apartments mit Mottlaublick.
Mariacka, Mariacka 21/22, Tel. 3019960. Prominententreff, gute polnische Küche; tgl. 10–23 Uhr.
Mon Balzac, ul. Piwna 36/39, Tel. 6822525, www.monbalzac.pl. Angesagte Location für das mittlere Alter, gemütliche Atmosphäre; tgl. ab 8 Uhr mit delikatem Frühstück, Do, Fr, Sa abends Live-Musik.
Green way, ul. Długa 11. Sehr schmackhafte und günstige Vegetarierküche in einer Selbstbedienungsbar mit nur drei Tischen, im Sommer auch Terrassenbetrieb auf der Langgasse, neben dem Uphagenhaus; tgl. 10–20 Uhr.
Milchbar (Bar mleczny Turystyczny), ul. Szeroka 8/10. Typisches Relikt aus dem Sozialismus, heute mit Kultstatus. Gute polnische Küche zum günstigen Preis, daher oft mit Anstehen verbunden. Der britische ›Guardian‹ kommentierte das kulinarische Erlebnis kurz und bündig: »The Best Of Poland!« Tgl. 7.30–18 Uhr.

Pellowski (Kawiarnia Pellowski), Podwale Staromiejskie 82. Große Auswahl an Leckereien; tgl. 8–19 Uhr.
Cukiernia Sowa, ul. Długa 13/17. Konditorei mit außergewöhnlichen Leckereien; tgl. 9–21 Uhr.
Fajne Baby, ul. Świętojańska 70. Handgemachte Muffins in vielen Geschmacksrichtungen; tgl. 10–20 Uhr.
Café Absinthe, ul. Św. Ducha 2, Tel.3203784, www.cafeabsinthe.pl. Populäres Szenecafé in der Altstadt; tgl. ab 10 Uhr bis open end.

Klub B90, ul. Elektryków (Gdańsk Stocznia), www.b90.pl. Der angesagteste Musikklub der Stadt. In der ehemaligen Werfthalle, in der Lech Wałęsa gearbeitet hat.
Miasto Aniołów, ul. Chmielna 26 (vor der Grünen Brücke links hinunter), www.miastoaniolow.com.pl. Populäre Danziger Disco.

Museum der Stadtgeschichte im Rechtstädtischen Rathaus (Muzeum Historii Miasta Gdańska), ul. Długa 47, Öffnungszeiten: → Artushof.
Europäisches Zentrum der Gewerkschaft Solidarność, pl. Solidarność 1, www.ecs.gda.pl; Mai–Sept. tgl 10–20 Uhr, sonst Mo–Fr 8–16 Uhr.
Artushof, Długi Targ 46, Di 10–13, Mi, Fr u. Sa 10–16, Do 10–18, So 11–16 Uhr.
Uphagenhaus, ul. Długa 12, Öffnungszeiten wie Artushof.
Nationalmuseum (Muzeum Narodowe), ul. Toruńska 1 (im ehemaligen Franziskanerkloster), Di–Fr 9–16, Sa/So 10–17 Uhr, Fr freier Eintritt.
Krantor (Żuraw), ul. Szeroka 67/68, Juni: Mo–Fr 10–16, Sa/So 10–16.30 Uhr, Juli tgl. 10–18 Uhr.
Meeresmuseum (Centralne muzeum Morskie Spichlerze), ul. Ołowianka 9–13, Di–So 10–6 Uhr, Juli tgl. 10–18 Uhr, www.cmm.pl. Dauerausstellung ›Die Polen auf den Weltmeeren‹, Maritime Galerie mit Gemälden, Unterwasserarchäologie.
Polnisches Schifffahrtsmuseum, ul. Tokarska 21–25. Das neue Zentrum für maritime Kultur auf fünf Stockwerken am Mottlauufer neben dem Krantor. Di–Fr 10–16, Sa/So bis 18 Uhr.
Archäologisches Museum (Muzeum Archeologiczne), ul. Mariacka 25/26, Di, Do u. Fr 9–16, Mi 10–17, Sa/So 10–16 Uhr.
Bernsteinmuseum im Stockturm, ul. Targ Węglowy 26, Di 10–13, Mi, Fr und Sa 10–16, Do 10–18, So 11–16 Uhr.
Turmuhrenmuseum in der Sankt Katharinenkirche (Muzeum Historii Miasta Gdańska Pracownia Zegarów), nur nach Voranmeldung, Tel. 3056492.
Museum für Post und Telekommunikation, pl. Obrońców Poczty Polskiej 1/2, Di 10–13, Mi u. Fr 10–16, Do 10–18, So 11–16 Uhr.
Museum alter Spielzeuge (Galerie Starych Zabawek), ul. Piwna 19/20, www.stare-zabawki.pl; Di–Fr 11–18, Sa/So 11–19 Uhr.
Museum Zweiter Weltkrieg, ul. Długa 81-83 (in Nähe der polnischen Post), www.muzeum1939.pl. Eröffnung für 2016 geplant.
Wachpostenhaus auf der Westerplatte, Juni–Okt. tgl. 9–16 Uhr.
Festung Weichselmünde (Twierdza Wisloujście), ul. Stara Twierdza 1, Juni–Sept. tgl. 10–17 Uhr.
Lotsenturm in Danzig-Neufahrwasser (Latarnia Morska Gdańsk Nowy Port), ul. Przemysłowa 6a, Mai–Sept. tgl. 10–19 Uhr.

Große Bühne (Teatr Wybrzeże), Kohlenmarkt (Targ Węglowy 1), Tel. 3017021, www.teatrwybrzeze.pl.
Baltische Philharmonie (Państwowa Filharmonia Bałtycka), ul. Ołowianka 1, Tel. 3206262, www.filharmonia.gda.pl.
Baltische Staatsoper (Państwowa opera Bałtycka), al. Zwycięstwa 15, Tel. 7634912, www.operabaltycka.pl.
Danziger Shakespeare-Theater, Ogarna 101, Tel. 3510101, www.shakespearetheatre.pl. Veranstaltungskalender: www.gdansk.pl.
Danziger Musiksommer (Ende Juni–Ende Aug.).
Dominikanermarkt/Flohmarkt/Volksfest und Kulturveranstaltungen (die ersten drei Wochen im Aug.).
Internationales Shakespeare-Theaterfestival (Anfang Aug).
Jazzfestival Jazzjantar, Programm: www.jazzjantar.pl.

Der Danziger Hausstrand heißt Jelitkowo und ist gut mit der Straßenbahn zu erreichen. Wer gerne am Meer spaziert, er-

▶ Karte: hintere Umschlagklappe

reicht nach gut 20 Minuten bereits den Strand von Sopot.

Gdańsk Golf & Country Club in Postołowo, http://postolowo.com. 18 plus 9 Löcher, Driving Range, Clubhaus mit Restaurant, ca. 25 Kilometer südwestlich vom Stadtzentrum an der Straße Nr. 222 bei Trąbki Wielki.

Club kajakowy, Zabikruk 15, Tel. 3037310, www.zabikruk.prv.pl. Kajak-Verleih in der Alten Vorstadt (Stare Przedmieście). Auf der Mottlau paddelt man etwa 15 Minuten bis zum Krantor; April–Okt. tgl. 10–18 Uhr.

Markthalle (hala Targowa), Plac Dominikański 1, Mo–Fr 9–18, Sa 9–15 Uhr.
Günstiger Einkauf von Silberschmuck, Bernstein und Kristallglas auf der Langen Brücke: ul. Długie Pobrzeże 2 und 27.
Alfa Centrum, ul. Kołobrzeska 41c, Mo–Sa 9–21, So 10–20 Uhr.
Madison, ul. Rajska 10, Einkaufsgalerie in der Altstadt mit 100 Geschäften sowie mehreren Restaurants und Cafés. Mo–Sa 9–21, So 10–20 Uhr.
Galeria Bałycka, al. Grunwaldzka 141 (im Stadtteil Gdańsk-Wrzeszcz, mit der S-Bahn drei Stationen Richtung Sopot, nahe Bahnhof), Shopping Mall mit 200 Geschäften, Mo–Sa 9–21, So 10–20 Uhr.

Wasserspeier in der Heiligengeistgasse

Die Bernsteinküste

Die Flussdelta von Weichsel (Wisła) und Nogat sowie die Frische Nehrung gehören zur sogenannten Bernsteinküste, die sich von Danzig bis zum östlichen Ende der Kurischen Nehrung im Kaliningrader Gebiet erstreckt. Das Weichseldelta und der polnische Teil der Frischen Nehrung liefern bis zum heutigen Tage einen scheinbar unerschöpflichen Reichtum an Bernstein. Nach einer Sturmnacht werden auch weniger erfahrene Sammler am Strand fündig.

Die Fachwerkkirche in Stegna

▲ Karte S. 186

Bernstein war schon in der ausgehenden Steinzeit ein beliebter Schmuckstein und ein begehrtes Handelsgut. Über die Jahrtausende kam Bernstein immer wieder in Mode. Es entwickelten sich Fernhandelsstraßen, auf denen der Bernstein bis nach Afrika gelangte. Bezahlt wurde der ›Schweißtropfen der Sonne‹ mit Kostbarkeiten des Südens. Grabungen belegen unter anderem einen regen Elfenbeinimport.

Das Weichsel-Nogat-Delta

Die Landschaft östlich von Danzig erscheint fast eben wie ein Tisch, nur lange Reihen von Kopfweiden versperren mitunter den weiten Blick zum Horizont. Im 16. Jahrhundert siedelten Niederländer, zumeist Mennoniten, im Weichsel-Nogat-Delta. Sie verabscheuten Taufe, Kriegsdienst und jegliche Rache. Die Kolonisten waren Meister des Wasserbaus und verwandelten die sumpfigen Wiesen des Großen Werder (Żuławy Wiślane) in ein Miniaturabbild ihrer Heimat mit vielen Kanälen und Deichen. Der Diplomat Charles Ogier reiste im 17. Jahrhundert durch das Große Werder und schrieb in sein Tagebuch: »Überall liegen zerstreut in kleinen Abständen voneinander die Häuser der Bauern, ordentlich und bequem aus Backstein aufgezogen.
Anmutige Gärten, die Felder schön bebaut, umschlossen und umzäunt mit einem Netz der kleinen Rinnsale. Unzähliges Rindvieh weidet auf den Wiesen, zahlreiche Dörfer – nirgendwo kannst du so viele Gänse, so fette Kühe mit vollen Eutern sehen.«
Stattliche **Windmühlen** überdauerten die Zeit in Palczewo (Palschau) und Lichnowy (Lichtenau). Die Bockwindmühle in Drewnica von 1718 besitzt ein Dach in Form eines umgedrehten Boo-

tes. Schöne Vorlaubenhäuser stehen in Drewnica-Żuławki (Schönbaum) und Marynowy (Marienau). Tiegenhof, das heutige Nowy Dwór Gdański, wählten die Holländer zur ›Hauptstadt‹ des Marschlandes. Im dortigen **Werdermuseum**, ul. Kopernika 17, werden Geschichtszeugnisse ausgestellt.

Der fruchtbare Boden lässt Weizen, Zuckerrüben, Raps und Gemüse prächtig gedeihen. Noch immer finden die Kühe sattes Weideland und danken es mit viel Milch. Auf Initiative der Gesellschaft für polnisch-holländische Freundschaft wird im Großen Werder derzeit ein Projekt ›Klein-Holland‹ verwirklicht, das das alte Kulturerbe bewahren soll.

Die Insel Bohnsack entstand durch menschlichen Eingriff: Wegen häufiger Überflutungen im Werder gab die preußische Regierung 1877 einen ersten Entwurf zur komplexen Regulierung der Weichsel im Mündungsbereich in Auftrag. 1888 verabschiedete das preußische Parlament das Gesetz über Weichseldurchstiche, Dämme und Schleusen. Die inzwischen insolvente Firma Philip Holzmann & Co aus Frankfurt/Main erhielt den Bauauftrag. Der Kanal, Weichseldurchstich genannt, entstand auf einer 7,1 Kilometer langen Strecke von Szewce zur Danziger Bucht. Eine Infotafel vermerkt: ›Der Oberpräsident Gustav von Gossler hat den Durchstich am 31. März 1895 um 15.45 Uhr freigegeben‹. Zwischen Świbno (Schwiewenhorst) und Mikoszewo (Nickelswalde) verkehrt heute eine Autofähre. An der Zufahrt liegt ein Gedenkstein zum 100-jährigen Jubiläum mit der Aufschrift ›1895–1995‹.

Jantar ist das Zentrum der polnischen Bernsteinförderung. Ende August finden hier alljährlich **Weltmeisterschaften im Bernsteinfischen** statt.

Stegna besitzt einen schönen **Strand** mit herrlichen Dünen und die große **Fachwerkkirche Des heiligsten Herzens Jesu** von 1783. Innen gefallen vor allem Leinengemälde an der Decke, die schöne barocke Kanzel von 1687 und die Orgel aus dem Jahr 1769 mit 33 Stimmen und romantischem Klang. Sommerkonzerte im Gotteshaus sind gut besucht.

An der Hauptstraße, in einem kleinen nachgestalteten Werderhaus mit typischer Vorlaube, befindet sich das **Bernsteinmuseum** mit Schmuckladen. Es ist das erste private seiner Art in Polen. Hier sind auch interessante Funde mit Tier- und Pflanzeneinschlüssen zu betrachten.

Am Ende der ul. Morska, in Strandnähe, gelangt man zu gleich mehreren Campingplätzen und einem neuen Pseudofischerstädtchen mit verschiedenen Imbissmöglichkeiten, Gasthäusern, Pensionen, Spielautomaten und Geschäften.

Weichsel-Nogat-Delta

Vorwahl: 055.

Touristeninformation Stegna, ul. Gdańska 60, Tel. 2478692, www.lotstegna.pl.

Touristinformation Nowy Dwór Gdański, ul. Wejhera (Mo–Fr 10–16 Uhr, nur Juni–Aug.), http://miastonowydwor.pl.

Keine Touristinfo, nur Website zu Pruszcz Gdański: www.pruszcz-gdanski.pl.

Schienenbus (Żuławska kolej Dojazdowa) von Prawy Brzeg Wisły, Mikoszewo und Jantar nach Stegna. Von hier wahlweise nach Sztutowo (Stutthof) an der Frischen Nehrung bzw. nach Lubieszewo über Nowy Dwór Gdański; derzeit aber nur Sonderfahrten. Fahrplan: http://ptmkz.pl.

Seilgarten (Park Linowy w Stegnie), ul. Gdańska 12 (an der Straße Richtung Krynica Morska nach dem zweiten Kreisverkehr auf der linken Seite); Mai–Sept. tgl. 11–20 Uhr. Vor allem für Kinder geeignet.

Tristan Hotel & SPA (€€–€€€), ul. Rybacka 17, Tel. 2672600, www.tristan.com.pl. Vier-Sterne-Hotel in Kąty Rybackie in Haffnähe, 2 km zum Strand. 7 km östlich von Stegna Richtung Krynica Morska.
Kazimierzówka (€), Stegna, ul. Morska 32, Tel. 2478227, www.kazimierzowka.eu. Erholungsheim mit markanter blau-weißer Fassade, 150 Meter zum Strand, einfache und freundliche Standardzimmer, Küche auf der Etage, 25-Meter-Außenpool am Haus, auch Ferienhüttenvermietung.
Hanka (€) in Stegna, ul. Grunwaldzka 27a, Tel. 2477192, www.mierzeja.pl/hanka. Neues Haus, 1 km vom Strand.

Lewiatan in Świbno, Fischgaststätte neben dem gleichnamigen Supermarkt, ca. 1 km vor der Autofähre aus Richtung Danzig kommend. Sehr gute Qualität zum günstigen Preis; tgl. ab 11 Uhr.

Bernsteinmuseum, ul. Gdańska 64, Stegna, www.bursztynowakomnata.com; Juni–Aug. tgl. 9–19 Uhr, Mai und Sept. 11–17 Uhr.

Sztutowo

Ab 1920 stand Danzig mit seiner Umgebung als Freie Stadt unter der Kontrolle des Völkerbundes. Das **Konzentrationslager** Stutthof lag auf deutschen Territorium, nahe der Weichsel, die die Grenze zur Freistadt Danzig bildete. Unmittelbar nach dem Überfall der Deutschen auf Polen wurden hier die ersten Insassen eingeliefert, vor allem Vertreter der polnischen Intelligenz und Juden; sie sollten ermordet werden. Der Standort war geschickt gewählt: Nördlich des Lagers befand sich der Küstenwald, südlich das dünnbesiedelte Werder. So war Stutthof neugierigen Blicken entzogen.
Noch heute führt das gleiche Kopfsteinpflaster zum ehemaligen Lagereingang. Die erhaltenen Klinkerbauten, so Kommandantur, Wache und Villa der SS-Sturmbannführer Pauly und Hoppe, wurden in ihrem Originalzustand belassen.
Von den ehemals zehn Baracken des ›Alten Lagers‹ stehen noch vier, von anderen sind die Fundamente sichtbar. Am 23. November 1941 inspizierte SS-Reichsführer Heinrich Himmler das Lager und befahl den Ausbau zur Aufnahme von 20000 sowjetischen Kriegsgefangenen. Das ›Neue Lager‹ umfasste insgesamt 30 Baracken, die mit einem Doppelzaun gesichert wurden, wobei der äußere an die 360-Volt-Stromspannung angeschlossen wurde. 1943 wurde eine Gaskammer in Betrieb genommen, anfangs zur Desinfektion der Häftlingskleidung, ab 1944 zur Menschenvernichtung mit Zyklon-B. Bis zum Kriegsende fanden etwa 65000 Häftlinge den Tod, darunter 28000 Juden. Heute befindet sich auf dem einstigen Todesareal das Museum des Martyriums, eine internationale Gedenkstätte für alle Opfer des Naziregimes.

Sztutowo

Vorwahl: 055.
Touristeninformation, ul. Gdańska 55, Tel. 2478088, www.sztutowo.pl.

Stadtlinienbusse aus Danzig benötigen für die Fahrt ca. 80 Minuten.

Museum des Martyriums im ehemaligen KZ Stutthof, ul. Muzealna 6, Tel. 2478353, www.stutthof.org. Kostenloser Eintritt, aber erst ab 14 Jahren. Eine Führung in dt. Sprache muss mindestens einen Tag vorher angemeldet werden; Mai–Sept. 8–18 Uhr, sonst 8–15 Uhr.

▶ Karte S. 186

Sternengewölbe in Vollendung: Der Große Remter in der Marienburg

Marienburg

Am rechten Ufer des Flusses Nogat thront die Marienburg neben dem gleichnamigen Städtchen (Malbork). Sie ist eine der berühmtesten mittelalterlichen Festungen, dazu die größte gotische Burg in Europa und das weltgrößte Architekturensemble aus Backstein. Seit Dezember 1997 ist die Marienburg in die Weltkulturerbeliste der UNESCO eingetragen.

Vom 13. bis 14. Jahrhundert ließ der Deutsche Orden in seinem Machtbereich etwa 150 Burgen errichten. Die Marienburg wurde zum vollendeten Meisterstück der Ordensarchitektur. Die Gründungstafel im Innenhof des Mittelschlosses verrät auf Latein: ›Mailand wurde aus Marmor, Ofen aus Stein und die Marienburg aus Schlamm erbaut‹, wobei mit Ofen das heutige Budapest gemeint ist.

Bevor die Ordensbrüder Ziegelsteine aufschichten konnten, mussten sie im Morast eine künstliche Insel anlegen. Im Jahr 1274 wuchs an der Nogat eine ers-

Campingplatz Nad Stawem
Gdańsk
Wałowa
Główna
55
U Flisaka
Nogat
Ferienhütten Parkowy, Campingplatz, Dino-Park, Sportcenter Osir
Vorburg
Piwniczka
Großer Remter
Küche
Kasse
Hochmeister-palast
Ehemaliges Spital
Mittelschloss
Brückentor
Gothic
Kapitelsaal
Hohe Burg
Danske Turm
Refektorium des Ordenskonvents
Marienkirche mit Goldener Pforte
Starościńska
Kanał Juranda
Parkowa
Warecka
Piastowska
Kirche des Heiligen Johannes
Solna
Altstädtisches Rathaus
Piłsudskiego
Kościuszki
Reiter-denkmal
Einfahrt zur Burg
Centrum
Witosa
Hotel Grot Bahnhof, Elbląg
Marientor
17-go Marca
Poczty Gdańskiej
Adama Mickiewicza
22
Chojnice, Berlin
Al. Rodła
Jazz Club (500 m)
Pl. Wolności
Kopernika
Grudziąc
Hotel Stary Malbork
Jugend-Herberge
Marienburg/Malbork
0 75 150 m

te Komtursburg; sie diente als Basis für die Eroberung von Pommerellen. Es war eine bescheidene Feste. Erst ab 1309, als sie zum Sitz des Hochmeisters und zur Machzentrale des Ordens auserkoren wurde, nahm die Marienburg ihre heutige Gestalt an: Mit ihrer Größe und Pracht konnte es fortan keine andere Ordensfeste aufnehmen. Die über 20 Hektar große Anlage besteht aus einer Vorburg mit Zeughaus und Laurentiuskirche, dem Mittelschloss mit dem Palast der Hochmeister und der späteren Residenz polnischer Könige sowie dem Hochschloss, in dem die Ordensbrüder lebten. Insgesamt betrug die Bauzeit mit Pausen etwa 150 Jahre. Pestepedemien führten dazu, dass alle am Bau Beteiligten hinweggerafft wurden und die Arbeiten daher längere Zeit ruhten. Erst die vernichtende Niederlage 1410 gegen polnisch-litauische Truppen bei Tannenberg, dem heutigen Grunwald, schränkte die Allmacht des Ordens ein. 1457 kam die Marienburg unverhofft in den Besitz der polnischen Krone. Die Burg musste nicht erobert werden: Nach aufreibenden Kriegen und Gebietsverlusten hatte der Orden kein Geld, seine Söldner zu bezahlen. Er gab die Burg deshalb als Pfand an das eigene Heer. Die neuen Eigentümer erwiesen sich aber als wenig loyal und warteten nicht, bis der Orden wieder über Geld verfügte, um die Burg auszulösen. Sie verkauften die Feste an den polnischen König. Hier regierten bis ins 18. Jahrhundert die Starosten, Statthalter des polnischen Regenten. Nach der Ersten Teilung Polens kam die Anlage in preußischen Besitz. Nun begann der Abriss, um Baumaterial für Häuser in der Stadt zu gewinnen; später nutzte man die Mauern als Kaserne. Die aufkommende Romantik setzte dem Treiben ein Ende. Ab 1817 wurde die Burg originalgetreu im spätgotischen Stil rekonstruiert. Der königliche Baumeister Karl Friedrich Schinkel rief eigens für die Burg eine Restaurierungsschule ins Leben. Etwa die Hälfte der Bausubstanz sank in Trümmer, als im Frühjahr 1945 deutsche und sowjetische Truppen erbittert um die Marienburg und die Nogatbrücke kämpften. Am 9. März kapitulierten die deutschen Verteidiger. Der originalgetreue Wiederaufbau im Stil der Ordenszeit ist weitgehend abgeschlossen. Derzeit wird noch die östliche Vorburg aufwendig rekonstruiert, das Schicksal der weitgehend ausgebrannten Hl.-Jungfrau-Maria-Kirche im Hochschloss ist noch ungewiss.

Heute bilden Hoch-, Mittel- und Niederschloss ein einziges monumentales Museum, in dem Besucher mittelalterliche Skulpturen, Waffen, Ritterrüstungen, Münzen, Porzellan und eine große Bernsteinkollektion zu Gesicht bekommen. Den schönsten Blick auf die Burg hat man von der Brücke über die Nogat und vom anderen Ufer aus. Von diesem Punkt entstehen am späten Nachmittag auch die schönsten Fotos. Am Ausgang der Burg befindet sich eine Fußgängerbrücke.

■ Ein Rundgang

Wer sich für eine Besichtigung mit dem Audioguide entschließt, braucht nur den Zahlentafeln zu folgen. Die Besichtigung beginnt demnach am Verteidigungssystem des Zwingers. Auf dem Hof des Mittelschlosses befindet sich linker Hand die **Ausstellung zur Geschichte des Bernsteins**, die größte ihrer Art in Polen.

Rechts besichtigt man die Infirmerie, das einstige Kreuzritterhospital. Hier kurierte man die Kranken und verbrachten Sterbende ihre letzten Tage. Interessant ist der angeschlossene Baderaum mit großen Kaminen, die das Wasser erwärmten.

Heute sieht man in dem früheren Hospital eine Fotoausstellung mit vielen ehemaligen Ordensburgen, auch auf heute russischem Territorium. Im Remter der Infirmerie blieb ein Säulenkapitel mit originaler Farbigkeit aus dem 14. Jahrhundert erhalten. Es zeigt eine Kampfszene zwischen Kreuzrittern und Heiden. Die höchsten Würdenträger des Deutschen Ordens und später die polnischen Könige hatten im **Hochmeisterpalast** ihre Gemächer, die Gewölbe sind mit Pflanzenornamenten, die Wände mit gemalten Vorhängen verziert.

Die Küche des Großen Remters beeindruckt mit ihrer riesigen Kaminhaube. Der **Große Remter**, ein repräsentativer Versammlungs- und Empfangssaal, macht seinem Namen alle Ehre: Es ist der größte je vom Orden erbaute Saal und weltweit einer der größten gotischen überhaupt: 30 Meter lang, 15 Meter breit und 9 Meter hoch. Drei Säulen tragen das herrliche Sternengewölbe. Hier wurden alle hohen Gäste und Gesandte des Ordens begrüßt. Auf dem Fußboden in der Mitte sieht man viele kleine Deckelchen. Das war die Fußbodenheizung des Mittelalters, unter dem Boden strahlten heiße Steine die gewünschte Wärme ab. Die Wandmalereien stammen vom Anfang des 20. Jahrhunderts und verherrlichen die deutsche Nation, weshalb sie im Jahr 1958 übermalt und erst 2006 wieder freigelegt wurden. Von der Pracht der Privatkapelle der Hochmeister blieb nichts erhalten.

Das feingefächerte Rippengewölbe des **Sommerremters** wird nur von einer Säule getragen, von der reichen Verzierung blieb die Pflanzenornamentik erhalten. Die Kanonenkugel über dem Kaminabzug erinnert an die polnisch-litauische Belagerung von 1410, als mit einem Schuss vom Westufer der Nogat der Sommerremter zum Einsturz gebracht werden sollte. Die Kugel verfehlte ihr Ziel. Jüngste Mörteluntersuchungen bestätigten, dass die originale Munition hier wahrhaftig im 15. Jahrhundert für die Nachwelt eingemauert wurde.

Die berühmte Waffenkammer der Marienburg ging in den Nachkriegswirren verloren, die jetzige Schlosssammlung wurde ab dem Jahr 1961 zusammengetragen, darunter auch eine vollständige Husarenrüstung mit charakteristischem Federschmuck aus dem 17. Jahrhundert. Im oberen Hof des Mittelschlosses stehen die lebensgroßen Plastiken von vier herausragenden Hochmeistern. Sie waren Teil eines größeren Denkmals, das sich bis 1945 vor dem Tor zum Mittelschloss befand.

Hat man das Tor zum Hochschloss passiert, führt der Weg nach links in die **St. Annakapelle**. Es ist die Begräbnisstelle von elf Hochmeistern, aber nur drei Grabplatten sind erhalten geblieben, die für Dietrich von Altenburg (gestorben 1341), Heinrich Dusemer (gestorben 1351) und Heinrich von Plauen (gestorben 1429). Außerhalb, an der östlichen Ringmauer, lag der Friedhof der Ordensbrüder. Hier fanden auch die Toten der Schlacht von Tannenberg ihre letzte Ruhe. Die heute vorhandenen sechs Grabsteine tragen nur schlichte Kreuze. Man fand sie 1948 auf dem Gelände der einstigen Danziger Ordensburg, auch die großen Grabplatten stammen von dort.

In der Mitte des Hochschlosshofes steht ein Brunnenhäuschen, der Wasserspiegel liegt 14 Meter tief. Auf dem Brunnendach thront ein steinerner Pelikan, der die Jungvögel mit seinem eigenen Blut füttert.

Die **Konventküche** zeigt sich so, als wären die Köche gerade mal nach draußen gegangen: Man ernährte sich damals vorwiegend von Obst, Gemüse, Pilzen und Grütze; der Hochmeister aß Weißbrot, die

▲ Karte S. 236

Ritter Schwarzbrot. Kartoffeln gab es zu jener Zeit in Europa noch nicht. Ein Kochmeister musste alle Speisen vorkosten – überlebte er, wurden die Speisen aufgetragen. Es wurde den Ordensbrüdern auch erlaubt, statt eines Kochmeisters eine über 60-jährige Frau einzustellen. Manchmal legten sie die Vorschriften weit aus und warben lieber zwei 30-jährige oder drei 20-jährige Frauen an.

Im ersten Stock des Hochschlosses verläuft der Kreuzgang mit einigen reich verzierten Kragsteinen. Hier befindet sich auch der Zugang zum **Turm**, von wo aus man die Burgszenerie aus einer neuen Perspektive erblickt. Vom Kreuzgang gelangt man zur **Goldenen Pforte**, die alle anderen Bildhauerkunstwerke auf der Marienburg überstrahlt. Das herrliche Portal zur Burgkirche St. Marien entstand im 13. Jahrhundert aus gebrannten Tonziegeln. Der noch in den Originalfarben erhaltene Reliefschmuck zeigt das Jüngste Gericht sowie die klugen und törichten Jungfrauen. Hier liefen die Ordensbrüder alle drei Stunden hindurch zu liturgischen Gesängen. Einst war St. Marien das wichtigste Gotteshaus des Ordens in Preußen und für die reichen Reliquiensammlungen berühmt.

St. Marien war einst das wichtigste Gotteshaus des Ordens in Preußen und für die reichen Reliquiensammlungen berühmt. Im Zweiten Weltkrieg litt die **Kirche der Heiligen Jungfrau Maria**, denn fast alle Kunstwerke gingen verloren, auch die acht Meter hohe Marienfigur – die Namensgeberin der Feste. Im Jahr 2007 wurde auf Initiative des Burgführervereins und des Burgmuseums die Stiftung ›Mater dei‹ gegründet, damit Maria, die Patronin der Feste, zurückkehren kann. Die Marienburger Maria entstand um 1340 im Zuge der Ausbauarbeiten an der Schlosskirche mit bunter Polychromie aus Kalkfarben und vielfarbiger Mosaikbeschichtung. Zum Glück für die Restauratoren blieben originale Reste der Mosaikbeschichtung, ein Gipsabdruck des Madonnenkopfes sowie zahlreiche

Im Hof des Mittelschlosses

Beschreibungen, Fotos und Filme erhalten. Anfang 2016 soll das Werk vollendet sein, dann schmückt eine **Replik der Maria** den angestammten Platz in einer Außennische des Chores. Innen können Besucher wieder das prächtige Sterngewölbe bestaunen und den schönen Keramikfußboden betreten, auch die Westempore mit einem Altaraufbau ist wieder zu sehen, der Hauptaltar hingegen bleibt verloren. Im Zuge der Arbeiten konnten auch die St. Annenkapelle mit den Gräbern von elf Hochmeistern des Ordens, der Pfaffenturm, das Glöcknerhaus und der Hauptturm erneuert werden.

Der **Kapitelsaal** des Hochschlosses war ein bedeutender Ort: Hier trafen sich die Mönchsritter zu wichtigen Beratungen, hier wurde über Krieg und Frieden entschieden. Der **Konventremter** im zweiten Stock des Südflügels im Hochschloss, der vertrauliche Sammlungs- und Ruheraum der Ordensbrüder, gefällt durch seine architektonische Harmonie: Sieben schlanke Pfeiler tragen ein herrliches Kreuzrippengewölbe. Das Wandgemälde ›Das letzte Abendmahl‹ stammt aus dem 19. Jahrhundert.

In Sommernächten verzaubert die Nachtshow ›Licht und Klang‹ (światło i dświęk) die alten Mauern. Scheinwerfer strahlen die schönsten Details der Burg an, auf dem Pflaster ertönt das Stimmengewirr der Ritter.

Der Ort

Das Städtchen Malbork erscheint im Schatten der Burg klein und unbedeutend – etwas zu Unrecht. Wer länger bleibt, besichtigt vielleicht das gotische **Rathaus**, die spätgotische **Stadtpfarrkirche** und die alten **Stadtwälle**. In der Einkaufsstraße (ul. T. Kościuszki) steht ein bronzenes **Reiterdenkmal** für König Kasimir den Jagiellonen, der im Juni 1457 triumphal in der Marienburg einzog. Hier plätschert auch ein Brunnen, um 12.05, 15, 17 und 19 Uhr untermalt von Musik. Freitag- und Samstagabend gibt es dazu auch eine Lichtshow.

In der Piłsudski-Straße findet man eine **Miniatur der Marienburg**, erbaut aus einer Million kleiner Ziegel im Maßstab 1:30 auf 55 Quadratmetern.

Bahnliebhaber dürfen sich am wunderschön herausgeputzten **Marienburger Bahnhof** erfreuen. Er ist ein wahres Schmuckstück und erscheint wie ein Museum. Seine Haupthalle erinnert an die Hochzeit des deutschen Eisenbahnwesens zu Beginn des 20. Jahrhunderts. Unter der farbig verzierten Holzkuppel sind unter anderem die Stadtwappen von Berlin, Memel und Insterburg zu sehen, die deutsche Beschriftung blieb erhalten. Auch im Wartesaal zeigt sich eine verzierte Holzdecke.

Der **Dinopark** mitsamt Klettergarten liegt etwas östlich der Burg.

Malbork/Marienburg

Vorwahl: 055.

Welcome Center, ul. Kościuszki 54, Tel. 6474747, www.visitmalbork.pl.

Bahnhof östlich der Altstadt, etwa 2 km von der Marienburg entfernt. Halbstündlich Verbindungen Richtung Gdańsk und Warschau, mehrmals täglich nach Elbląg. Nebenan Busbahnhof.

Schiffsausflüge ab der Anlegestelle an der Marienburg (neben Fußgängerbrücke).

Centrum (€€), Aleja Rodła 7, Tel. 605405555, www.hotelmalbork.pl. Modernes Boutique-Hotel in der Einkaufsstraße neben einem kleineren Shoppingcenter, 2012 eröffnet. Klimatisierte Zimmer, bewachter Parkplatz, ca. 15 Minuten Fußweg bis zum Eingang der Marienburg.

▶ Karte S. 236

Stary Malbork (€€), ul. 17-Marca 26–27, Tel. 6472400, www.hotelstarymalbork.com.pl. Kleines Hotel in einem Jugendstilgebäude im Stadtzentrum, mit Restaurant und Café.
Grot (€€), ul. Kościuszki 22 d, Tel. 6469660, www.grothotel.pl. Kleines Mittelklassehotel mit Restaurant, am Kreisverkehr unweit vom Bahnhof.
Parkowy (€), ul. Parkowa 3, Tel. 2722413, www.caw.malbork.pl. Einfache Unterkunft in Ferienhütten am Campingplatz. Ruhige Lage nördlich der Burg nahe der Nogat an einem Wäldchen.
Jugendherberge (€), ul. Żeromskiego 45, Tel. 2722408, www.schroniskomalbork.com. Ganzjährig geöffnet, 50 Betten, etwa 600 Meter von der Marienburg entfernt.

Centrum Aktywnego Wypoczynku w Malborku, ul. Parkowa 3, 2722413, www.caw.malbork.pl. Vier-Sterne-Platz im Stadtpark nahe dem Fluss Nogat, April–Okt.
Nad Stawem, ul. Solskiego 10, Tel. 501406740, www.malbork-kemping.eu. Neuer und gepflegter Caravanplatz an einem Teich, am Westufer der Nogat nahe der Bahnbrücke.

Gothic Café/Restaurant in der Marienburg, Tel. 783464828, www.gothic.com.pl. Zugang vom Hof des Mittelschlosses auf der linken Seite. Stimmungsvoller Säulensaal. Das schwarze Hähnchen mit gerösteter schwarzer Sesamkruste und Bierteigfladen sowie das grüne Hähnchen mit Petersilienpesto sind Speisen, die nach mittelalterlichen Rezepten zubereitet werden.
Restaurant Piwniczka, ul. Starościńska 1, Tel. 6470917. Eingang vom Graben oder dem Hof der Mittleren Burg, polnische Küche, 10–21 Uhr, Nov.–März Di–So 10–17 Uhr.
U Flisaka, ul. Wałowa, Tel. 509800645, www.uflisaka.pl. Restaurantschiff am Westufer der Nogat mit herrlichem Blick auf die Marienburg – besonders eindrucksvoll in der Abendsonne. Zugang über die Fußgängerbrücke. Polnische Küche und Pizza. Auch Freiluftplätze; tgl. ab 11 Uhr.

Spiżarnia Jazz Club, ul. Dworcowa 23. 40 verschiedene Biersorten von regionalen Brauereien, darunter ein Honigbier altpolnischer Rezeptur; tgl. ab 12 Uhr bis zum letzten Gast.

Burgmuseum, www.zamek.malbork.pl. 25. April–30. Sept. tgl. 9–19 Uhr, Okt.–24. April 10–15 Uhr. Burghof bis 20 Uhr, in der Nachsaison bis 16 Uhr. Ab 17.45 Uhr gilt ein Ermäßigungstarif (kleine Besichtigungsrunde), ab 18.45 Uhr ist nur noch das Burggelände frei zugänglich. Montags und feiertags können nur wenige Räumlichkeiten besichtigt werden. Deutschsprachige Führungen ständig im Angebot. Mit der Eintrittskarte erhält man vor dem Burgeingang ein Audiogerät (auch deutsche Version). Für eine Besichtigung sollten etwa drei Stunden eingeplant werden.
Burgturm im Hochschloss, Mitte April–Mitte Mai Mo 10–18.40, Di–So 11–18.40 Uhr.
Ausstellung der Belagerungsmaschinen (Wystawa Machin Oblężniczych), im Terrain der Vorburg (ul. Starościńska 1) befindet sich die weltgrößte Schau mittelalterlicher Belagerungstechnik: Wurf- und Schleudermaschinen, Mauerbrecher und ein rollbarer Holzturm. Allesamt originalgetreue Kopien im Maßstab 1:1. Sommerhalbjahr 9–18, Winterhalbjahr 10–15 Uhr.

Internationale Festspiele Alter Musik (Juni), Burgbelagerung (Mitte Juli, Termin: www.oblezenie.zamek.malbork.pl), Magic Malbork (Aug., Termin: www.magicmalbork.pl).

Sportcenter Osir, an der Nogat, Tel. 501227518. Kanuverleih (Spływy Kajakowe).

Der Deutsche Orden

ESSAY

Anfang des 12. Jahrhunderts waren die Zentren des Christentums im Nahen Osten vom Islam erobert worden. Mit Kreuzzügen wollte die Kirche verlorengegangenes Terrain zurückerobern. Während des Dritten Kreuzzugs 1190 belagerte ein christliches Heer die palästinensische Stadt Akkon. In blutigen Kämpfen gegen die Bewohner des Heiligen Landes wurden viele Kreuzritter schwer verwundet. Damals fand sich eine Handvoll Ritter aus Bremen und Lübeck zusammen. Diese Männer ›erfüllten reinen Herzens die Pflichten der Menschlichkeit‹, indem sie ein Spital für die Verwundeten einrichteten und eine Hospitalgenossenschaft gründeten. Sie konnten damals nicht ahnen, dass dies die Taufe einer der spektakulärsten Männerbünde der europäischen Geschichte war, die 1198 in den Stand eines geistlichen Ritterordens befördert wurde. Die ›Brüder vom Deutschen Haus St. Mariens in Jerusalem‹, so die amtliche Bezeichnung – kurz: Deutscher Ritterorden – kleideten sich mit einem weißen Mantel, der ein schwarzes Kreuz trug. Beim Kampf trugen sie Panzerhemd, Helmkappe, Schwert und Schild mit dem Kreuz des Deutschen Ritterordens.

Viele Ritter schenkten den barmherzigen Brüdern sowohl im eroberten Palästina als auch in ihrer Heimat nach ihrer Genesung Ländereien. Dadurch änderte sich der Aufgabenbereich des Ordens: Aus christlichen Krankenpflegern wurden Verwalter weltlicher Territorien. Durch seinen großen Besitz deutscher Ländereien verlagerte sich der Schwerpunkt des Ordens, der seinen Hauptsitz in Venedig hatte, nach Mitteleuropa. Zu dieser Zeit litt das im Osten Polens gelegene Masowien immer wieder unter den Überfällen seiner heidnisch gebliebenen östlichen Nachbarvölker. Herzog Konrad von Masowien hatte 1221/22 gemeinsam mit anderen Fürsten und mit deutscher Hilfe einen Kreuzzug gegen den Stamm der Pruzzen geführt. Es war ihm gelungen, den Heiden das rechts der Weichsel gelegene Kulmer Land abzutrotzen. Von einem dauerhaften Sieg war er weit entfernt. 1224 erreichten die Überfälle einen Höhepunkt. In dieser Notlage und auf der Suche nach Verbündeten traf Konrad einen folgenschweren Entschluss: 1226 bat er den Hochmeister des Deutschen Ordens um Hilfe im Kampf gegen die Pruzzen. Als Lohn versprach er dem Orden das Kulmer Land.

Die Ordensritter hatten inzwischen damit begonnen, einen eigenen Staat zu errichten. In Ungarn waren sie ihrem Ziel schon sehr nahe gekommen. Sie hatten die Ostgrenze des Landes gegen die Türken verteidigt und waren dabei, das eroberte Gebiet in ein Staatswesen umzuwandeln. Als der Orden jedoch zu mächtig wurde, wurde er vom ungarischen König und vom Adel vertrieben. Insofern kam Konrads Angebot dem Orden sehr entgegen. Dieser wiederum muss sich über die Expansionsabsichten des Ordens im klaren gewesen sein.

Das Erfolgsgeheimnis des Deutschen Ordens bestand in seiner inneren Struktur: Ritter und Priester gehörten ihm gleichberechtigt als Brüder an. Auf nationale Herkunft wurde kein Wert gelegt. Wichtig war allein das strenge Einhalten des von weltlichen wie geistlichen Brüdern gleichermaßen abgelegten Gelübdes, das Gehorsam, Armut und Keuschheit vorschrieb. An der Spitze des Ordens stand ein auf Lebenszeit gewählter Hochmeister. Nachdem sich der Orden seinen Rechtsanspruch auf das Kulmer Land und alle geplanten Eroberungen vom deutschen Kaiser

Berühmte Hochmeister des Deutschen Ordens in der Marienburg

und dem Papst hatte bestätigen lassen, schickte Hochmeister Hermann von Salza die ersten Ritter nach Masowien. Mit Feuer und Schwert gingen sie erbarmungslos zu Werke und errichteten im eroberten Land ihren eigenen Staat. Ab 1231 baute der Orden dort die ersten Burgen. Es gelang ihm nicht nur, das Kulmer Land und weite Teile des Pruzzenlandes zu okkupieren, sondern er stieß im Zuge seiner Ostexpansion auch immer tiefer in den baltischen Raum vor. Sogar die Einnahme der Stadt Nowgorod, der reichsten Stadt der damaligen Welt, stand auf dem Plan. Das tollkühne Unternehmen scheiterte 1242 jedoch kläglich.

Den Rittermönchen gelang es, ihren Machtbereich mit Pommerellen und Danzig (1308) auch nach Westen auszudehnen; 1309 verlegte der Hochmeister des Deutschen Ordens, Siegfried von Feuchtwangen, seinen Sitz von Venedig an die Nogat. Der Landesausbau und die militärische Sicherung der Gebiete gegen Polen und Litauen waren nun wichtige Aufgaben des Ordens. Mit der Einnahme des christlichen Pommerellen am westlichen Weichselufer verabschiedete sich der Orden von seiner vorgeblichen Aufgabe, dem Missionieren. Mit dem wachsenden Ordensstaat wurde Polen für viele Generationen ein erbitterter Gegner.

Der Deutsche Orden war nicht deutsch im heutigen Sinne. Gegründet in Palästina, lange ansässig in Venedig, bestand er aus einer Gruppe machtgieriger Abenteurer aus aller Herren Länder. Als sich Polen und Litauen zu einem Doppelreich vereinigten, brach ein offener Konflikt aus. 1386 heiratete der litauische Herrscher Władysław II. Jagiełło die elf Jahre alte polnische Thronfolgerin Hedwig. Taufe, Heirat und Krönung des Königs fanden in einem Akt statt. Das Doppelreich Polen-Litauen wurde in Personalunion regiert. Da Litauen jetzt christlich war, hätte es kein Angriffsziel für den Orden mehr sein dürfen. Doch der Orden unternahm weitere Feldzüge gegen Litauen. 1410 kam es zur Schlacht bei Tannenberg. Der Deutsche Orden trat gegen ein vereinigtes polnisch-litauisches Heer an. Das Gemetzel war grausam, wie Henryk Sienkiewicz in der Romantrilogie ›Die Kreuzritter‹ drastisch schrieb: »Helme barsten unter den Schlägen der Keulen und Streitäxte, und Schulterstücke brachen, Panzer trieften von Blut, aus den Sätteln stürzten die Reiter wie zersägte Baumstämme«. Die Schlacht endete mit einer verheerenden Niederlage für das gut ausgerüstete Ordensheer: Etwa 200 Ritter und ein Drittel der 15 000 Söldner fielen.

Lange Zeit verdrängten Geschichtsschreiber die Tatsache, dass es bei diesem Gemetzel ausschließlich um Machtinteressen gegangen war. Der Orden rekrutierte sein Heer größtenteils aus der polnischen Bevölkerung, im polnischen Heer kämpften viele deutsche Landsknechte, die für die Schlacht bei Tannenberg (heute Grunwald) angeworben wurden. Viele Polen ließen für deutsche Interessen ihr Leben und Deutsche für polnisch-litauische. Die Tannenberglegende, die der Schlacht im Ersten Weltkrieg ihren Namen gab, um die deutsche Schmach zu rächen, ist weniger ein Beispiel für die deutsch-polnische Erbfeindschaft als vielmehr für die Umdeutung und Fälschung geschichtlicher Ereignisse.

Heinrich von Plauen gelang es nach der Niederlage von Tannenberg, die Marienburg über zehn Wochen gegen die mächtige Armee des polnischen Königs Jagiello zu verteidigen und damit die gefährdete Ordensherrschaft vorerst zu stabilisieren. Für seine Verdienste wurde er zum Nachfolger des bei Tannenberg gefallenen Hochmeisters Ulrich von Jungingen an die Spitze des Ordens gewählt.

Hochmeister Heinrich von Plauen versuchte der ständigen Geldknappheit zu begegnen, indem er eine Landsteuer einführte sowie die erste und einzige Goldmünze des Ordensstaates prägen ließ. Die Münze zierte sein Abbild, Namen und Familienwappen – ein bemerkenswerter Versuch, die Ordenshierarchie aufzuweichen und sich in Richtung eines staatsmännischen Landesregiments zu entwickeln. Daneben gründete der Hochmeister einen Landesrat, dem Abgeordnete aus Adel und Bürgertum angehörten. Damit hatte er seine Kompetenzen überschritten, der Orden sah seinen Einfluss schwinden. Am 14. Oktober 1413 musste Heinrich von Plauen sein Amt niederlegen, so der Beschluss des Ordenskapitels. Als eines von wenigen Gräbern blieb seines in der hochmeisterlichen Gruft der Annenkapelle erhalten. Auf dem Grabstein steht geschrieben: »In der Jarczal xpi MCCCCXXIX do starp der erwirdige bruder heinrich von plawen«.

1457 gelangte auch die Marienburg, der Hochmeistersitz des Deutschen Ordens, durch Verkauf der eigenen Söldner in polnische Hände. Der damals von Königsberg aus geführte Orden war zwar noch nicht endgültig geschlagen, verlor aber seine Stellung als einflussreiche politische Macht nach einem weiteren erfolglosen Feldzug gegen Polen. Nach den Beschlüssen des Zweiten Thorner Friedens (1466) musste der Orden fast seinen halben Grundbesitz abtreten: Pommerellen, das Kulmer Land und das Ermland.

Im Jahr 1525 wurde der restliche Ordensstaat in das weltliche Herzogtum Preußen umgewandelt und legte vor dem polnischen König den Treueschwur ab. Im Laufe der folgenden Jahre verlor der Orden weiter an Einfluss und wurde schließlich von Kaiser Napoleon aufgelöst. Später wurde er als Hoch- und Deutschmeisterorden neu gegründet.

Der heutige Sitz befindet sich in Wien. Etwa tausend Brüder sind karitativ tätig, einige verwalten das zentrale Ordensarchiv und betreiben Geschichtsforschung.

Die Frische Nehrung

Die Frische Nehrung (Mierzeja Wiślana) dehnt sich sichelförmig rund 70 Kilometer von der Weichselmündung nach Nordosten aus und trennt das Frische Haff (Zalew Wiślany) vom offenen Meer. Die Halbinsel ist zwischen 300 und 800 Meter breit. Hinter dem herrlichen Strand türmen sich Dünen auf, darunter der Kamelbuckel (Wielbłądziego Garbu), der knapp 50 Meter hoch ist und eine herrliche Aussicht bietet.

Einst waren die Dünen mit Rot- und Weißbuchen, Eichen und Ulmen bedeckt. Im 17. Jahrhundert wurden die Mischwälder großflächig abgeholzt. Der freigelegte Sand begann nun zu wandern und begrub ganze Ortschaften unter sich, so beispielsweise das Dorf Schmergrube und die Kirche von Neukrug (Piaski). Erst im 19. Jahrhundert setzten intensive Wiederaufforstungen ein, vor allem Kiefern, Buchen und Eichen wurden neu gepflanzt. Nur bei Przebrno (Pröbbernau) blieb ein Rest des einstigen Nehrungsurwaldes erhalten.

Einer der größten europäischen Brutplätze für Kormorane befindet sich im Reservat bei Kąty Rybackie (Bodenwinkel). Seeschwalben, Möwen, Regenpfeifer und Breitschnäbel bevölkern beide Ufer der Weichselmündung. 1985 wurde die Frische Nehrung zum Landschaftspark erklärt.

Der Ort Kąty Rybackie markiert den westlichen Anfang der Frischen Nehrung. Gleich am Ortseingang steht das hübsche Gasthaus ›Janosikówka‹ mit gutem Restaurant, einer idyllischen Terrasse im Hinterhof sowie Zimmer- und Apartments (tgl. 9–22 Uhr, Tel. 055/ 2478775, www.janosikowka.com.pl).

Im Zentrum, in den alten Bootsschuppen am Hafen, hat das Haffmuseum (Muzeum Zalewu Wiślanego) seinen Platz gefunden. Vom Hafen starten im Sommer täglich Motorschiffe zu Überfahrten nach Frombork.

Krynica Morska

Seit mehr als hundert Jahren kommen Erholungssuchende nach Krynica Morska (Kahlberg-Liep). 1840 gründeten fünf Kaufleute ein Konsortium, um vom wachsenden Schiffsverkehr auf dem Frischen Haff zu profitieren. Dabei hatten sie insbesondere den Passagierverkehr zwischen Elbing und Königsberg im Visier. 1841 steuerte der Dampfer ›Schwalbe‹ erstmals auch Kahlberg an. Die Ausflüge dorthin erfreuten sich wachsender Beliebtheit, und dieser Zuspruch ermutigte das Konsortium zum Bau von ersten Villen, Badehäusern am Strand und im Ort mit angewärmten Ostseewasser

Der Leuchtturm in Krynica Morska

und einer Mole. Der Zweite Weltkrieg unterbrach den Aufschwung für Jahrzehnte. Erst seit den 1990er Jahren geht es wieder voran. Neuestes Projekt ist der Hafen am Haff, der in den kommenden Jahren zur modernen Jacht- und Passagieranlegestelle umgebaut wird. Vom Frühjahr bis Anfang Herbst verkehrt die Weiße Flotte zwischen Krynica Morska und Frombork. Im Hochsommer ist der kleine Kurort überlaufen.

Sehenswürdigkeiten

An der Hauptstraße gegenüber vom Hafen entstand ein neues geschäftiges Viertel. Das **Kurzentrum** versteckt sich von hier aus gesehen auf einer Anhöhe im Kiefernwald. Von dort ist der **Strand** in wenigen Minuten zu Fuß zu erreichen. An der Straße vom Hafen in den Kurort, in der ul. Portowa, kurz vor der Anhöhe, steht von Mai bis September der Bernsteinfischer Piotr Stawniak und verkauft hier an einem Stand sehr geschmackvollen echten Bernsteinschmuck. Er spricht sehr gut Deutsch und weiß manche Geschichte über seine Arbeit und den Bernstein im allgemeinen zu erzählen.

Ganz am Ende der ul. Sienkiewicza steht der knallrote **Leuchtturm**, für Touristen zugänglich. Er wurde 1895 als der einzige Leuchtturm an der Bernsteinküste in Betrieb genommen und 1951 umgebaut. Wo sich Polen und Russland auf der Mitte der Nehrung treffen, existiert kein Grenzübergang. Auf beiden Seiten bleibt die Straße eine Sackgasse. Der russische Teil der Frischen Nehrung ist als militärisches Sperrgebiet bisher unzugänglich. Auf polnischer Seite erstreckt sich rund 50 Kilometer Sandstrand mit vielfältiger Dünenlandschaft. Die höchste **Düne**, der sogenannte Kamelhöcker, bringt es auf 49 Meter über der Ostsee.

Krynica Morska

Vorwahl: 055.

Touristeninformation Krynica Morska, ul. Żeromskiego 6 (im Erdgeschoss des Hotels ›Cztery Pory Roku‹), Tel. 2476444, www.krynicamorska.pl und www.mierzeja.pl.

Infopunkt, ul. Gdańska 108, Tel. 785141121, it@krynicamorska.tv.

Mehrmals tgl. nach Elbląg. Nach Gdańsk mehrere Direktverbindungen, einige mit Umsteigen in Sztutowo.

Ende Juni–Sept. tgl. 5–6 Fahrten mit zwei Schiffen der Weißen Flotte zwischen Krynica Morska und Frombork. Fahrpläne: www.zegluga.pl/zalew-wislany.html.

Perla Mare (€€), ul. Żeglarzy 3, Tel. 2613347, mobil: 668812487, www.peramare.pl. Aparthotel mit romantischen Apartments. Großer Außenpool, zum Strand 650 Meter. Anlage Mai–Ende Sept. geöffnet.

Continental (€€), ul. Przyjaźni 30, Tel. 2476094, www.hotel-continental.pl. Modernisiertes Hotel, 100 Meter vom Strand auf einer Anhöhe mit Restaurant. Gegenüber befindet sich eine Reihenhausanlage in lichtem Kiefernwald.

Apartments Adler (€€–€€€), ul. Przyjaźni 7, Tel. 608270001.

Cztery Pory Roku (€–€€), ul. Żeromskiego 6, Tel. 2396056, www.apt.mierzeja.pl. Zimmer und Apartments mit Balkon, 200 Meter zum Strand und ins Zentrum, ruhig im Kiefernwald.

Nadmorskie (€–€€), ul. Żeromskiego 6, Tel. 2396057, www.krynicamorska.com.pl. Neue Apartmentanlage im Kurortzentrum.

Kahlberg (€€), ul. Bosmańska 1, Tel. 2476017, www.kahlberg.mierzeja.pl. Hotel auch mit Luxusappartements, mit Restaurant ›Morska‹, an der Hauptstraße in Hafennähe, ca. 800 Meter zum Strand auf einem schönen Waldweg.

▶ Karte S. 186

Albatros (€–€€), ul. Korczaka 2, Tel. 2476603, www.albatros.mierzeja.pl. Modernisiertes Erholungsheim mit geschmackvoll gestalteten Zimmern, auch neue Bungalows mit Küche, Bad und TV, im Kiefernwald, Kuranwendungen im Haus.

Resident (€–€€), ul. Teleexpressu 11, Tel. 2476189, www.resident.mierzeja.pl. Sympathisches Haus mit modernen Standardzimmern, viele mit Balkon, man spricht Deutsch, Kinderspielplatz hinterm Haus, am Hauptzugang zum Strand, etwa 250 Meter dorthin.

Gallus, ul. Marynarzy 2, Tel. 2476126, www.gallus.mierzeja.pl, Mai–Sept.

Piaski, ul. Słoneczna 4a, Tel. 2476113. 800 Meter vom Ostseestrand, 4 Kilometer von der russischen Grenze entfernt, Juni–Aug.

Galeria na Desce, Małgorzata Stawniak, ul. Gdańska 83, Tel. 0501/983839, ridanamber@interia.pl. Echter Ostseebernsteinschmuck.

Leuchtturm, ul. Sienkiewicza, Mai, Juni und Sept./Okt. tgl. 10–14 und 15–18 Uhr, Juli/Aug. 10–19 Uhr.

Akademia Ruchu Windsurfing, Tel. 503768627, http://e-windsurfing.pl.

Elbląg

Elbląg (Elbing) liegt etwa 65 Kilometer östlich von Danzig in der Nähe des Frischen Haffs. Lange nahm man an, dass die Ortsgründung auf den pruzzisch-wikingschen Handelsplatz Truso aus dem 8. bis 10. Jahrhundert zurückgeht. Die archäologischen Untersuchungen, die durch die ungeheuren Zerstörungen des Zweiten Weltkrieges bis in die ältesten Schichten möglich waren, ergaben jedoch, dass Elbing erst 1237 in Parzellen eingeteilt und auf der grünen Wiese gegründet wurde. Bald darauf errichtete der Orden am Ufer der Elbing eine gewaltige Burg. Viele der Kolonisten kamen aus Norddeutschland in Elbnähe; daher erhielten die Stadt und der Fluss den Namen Elbing. 1358 erfolgte der Beitritt zur Hanse, und Elbing wuchs mit der Zeit zu einem starken Konkurrenten von Danzig. Zugang zur Ostsee besteht über die Elbing (Elbląg) und das Frische Haff. In der Stadt endet der Oberländische Kanal aus Ostróda (Osterode).

Während der Kämpfe vom 23. Januar bis zum 10. Februar 1945 wurde Elbing zu 80 Prozent zerstört. Die Trümmersteine transportierte man ab, um mit ihnen die Warschauer Altstadt wieder aufzubauen. Für Elbing existierte ein Plan, das historische Terrain mit standardisierten vierstöckigen Plattenbauten zu bebauen. Glücklicherweise entschied man sich in den 1960er Jahren zugunsten historischer Vorlagen. Die ›neue‹ Altstadt entstand so als Kopie auf historischen Fundamenten und Grundrissen. Konkret begann die Arbeit ab den 1980er Jahren zaghaft, ist heute aber weitgehend vollendet. Nur hier und da stören noch unvollendete Rohbauten das Bild. Die kleinteilige Bebauung an der Elbing, am einstigen Hermann-Balk-Ufer, vor der Kulisse des Glockenturms von St. Nikolai, ist jedoch vollkommen verschwunden. Wer sehen möchte, wie es hier 1928 ausgesehen hat, der lenke seine Schritte ins Restaurant ›Pod Kogutem‹. Vom Eingang rechts fällt der Blick auf ein großes Gemälde aus jener Zeit. Einen Gesamteindruck vermittelt das Stadtmodell im Maßstab 1:300, das Elbing im Jahr 1635 mit doppelten Wassergräben zeigt. Es ist im Vorraum der Touristinformation

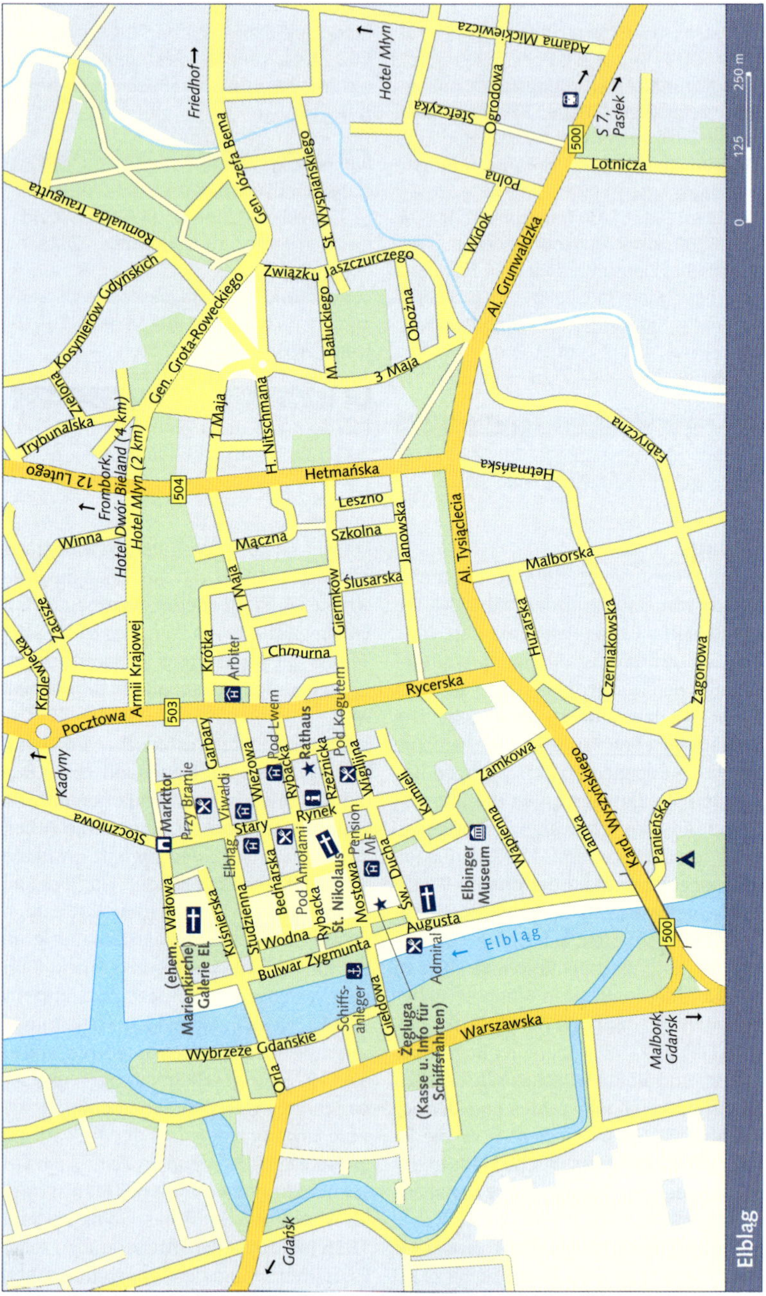
Elbląg
0
125
250 m
Friedhof
Hotel Młyn
Adama Mickiewicza
Stefczyka
Ogrodowa
S 7, Pasłek
500
Lotnicza
Polna
Widok
Al. Grunwaldzka
Gen. Józefa Bema
St. Wyspiańskiego
Romualda Traugutta
Związku Jaszczurczego
Kosynierów Gdyńskich
Gen. Grota-Roweckiego
M. Bałuckiego
Obożna
3 Maja
Zielona
Trybunalska
1 Maja
H. Nitschmana
Frombork, Hotel Dwór Bieland (4 km)
Hotel Młyn (2 km)
12 Lutego
504
Hetmańska
Fabryczna
Leszno
Szkolna
Mączna
Winna
Janowska
Al. Tysiąclecia
Malborska
Śluarska
Zacisze
Królewiecka
Armii Krajowej
Krótka
Arbiter
Chmurna
Giermków
Huzarska
Czerniakowska
Zagonowa
Rycerska
Pocztowa
503
Kadyny
Garbary
Pod Lwem
Rathaus
Pod Kogutem
Przy Bramie
Viwaldi
Wieżowa
Rybacka
Rzeźnicka
Wigilijna
Kumieli
Zamkowa
Stoczniowa
Markttor
Stary
Rynek
Pension
Elbląg
Pod Aniołami
MF
Tamka
Kard. Wyszyńskiego
Pankieńska
Wapienna
Elbinger Museum
Wałowa
Bednarska
St. Nikolaus
Mostowa
Św. Ducha
Kuśnierska
Studzienna
Rybacka
(ehem. Marienkirche) Galerie EL
Wodna
Augusta
Bulwar Zygmunta
Admirał
Schiffs-anleger
Giełdowa
Żegluga (Kasse u. Info für Schiffsfahrten)
Wybrzeże Gdańskie
Warszawska
Orla
Malbork, Gdańsk
Gdańsk

im ›neuen‹ gotischen Rathaus gegenüber der St. Nikolaikirche zu sehen.
Einige wenige Kirchen und Bürgerhäuser wurden nach historischem Vorbild rekonstruiert, die meisten Wohnhäuser aber modern gestaltet, wobei die Fassaden dem alten Stil angepasst wurden. Auch die alten Beischläge - typisch erhöhte terrassenförmige Vorbauten mit Freitreppe - wurden oft modern gestaltet.
Die Bedeutung von Elbląg als Hafenstadt ging durch die Grenzziehung nach dem Zweiten Weltkrieg verloren, denn 40 Jahre lang konnte der Hafen nicht genutzt werden. Der einzige Zugang vom Frischen Haff zur Ostsee liegt bei der russischen Stadt Baltijsk (Pillau). Diese wurde wegen der dort stationierten Ostseeflotte während der Sowjetzeit zur ›Verbotenen Stadt‹ erklärt. So konnte Elbląg über die Ostsee nicht erreicht werden.
Gegenwärtig existiert keine Schiffsverbindung für Touristen nach Kaliningrad. Neu ist aber, dass Kaliningrader Bürger visafrei 30 Kilometer nach Polen einreisen dürfen. Die kaufkräftige russische Klientel ist in Elbląg gern gesehen.

■ Sehenswürdigkeiten

Die Altstadt ist klein und übersichtlich. Vom **Markttor**, als inneres Tor der Stadtbefestigung im Jahr 1319 erbaut, blickt man auf den Alten Markt (Stary Rynek), wochentags 10 bis 18 Uhr auch aus der Vogelperspektive von der Aussichtsgalerie. Eine solch lange Straße war typisch für eine Hansestadt.
Neben dem Eingang steht die lebensgroße **Plastik des legendären Bäckergesellen** (Elbląski Piekarczyk), der am Morgen des 8. März 1521 die Stadt vor dem Überfall der Ordensritter rettete: Die Burgbesatzung schlummerte, ohne eine Gefahr zu ahnen. Der Bäckerlehrling handelte beherzt, indem er mit seiner Schaufel blitzartig die Stricke des eisernen Torgitters kappte. Somit bewahrte er die Elbinger vor erneuter Fremdherrschaft. Die Nase des Bäckerleins ist ganz blank gerieben - es soll Glück bringen, sie zu berühren.
Vom Markttor blickt man auf die Gebäude der einstigen Schichau-Werft. Hier wurde im Jahr 1855 der erste Schraubenseedampfer (›Borussia‹) und 1860 eine der ersten Lokomotiven Deutschlands gebaut, die ›Fulda‹. Der Begründer der Firma, Ferdinand Gottlob Schichau (1814–1896), war ein begnadeter Konstrukteur von Dampfmaschinen und Schiffen und galt als der bedeutendste Elbinger Unternehmer. 1945 verlegte die Werft ihren Sitz nach Bremerhaven.
Die benachbarte **St. Marienkirche** wurde im 13. Jahrhundert als Teil eines Dominikanerklosters erbaut. 1945 stürzte das gotische Gewölbe ein und das Gotteshaus dient seither als Galerie moderner Kunst. Historische Grabsteine sind an Wänden und am Fußboden zu betrachten. Neu ist eine zweistöckige gläserne Empore, auf der Wechselausstellungen gezeigt werden.
Das heutige **Hotel Elbląg** am Alten Markt (Stary Rynek Nr. 54) ist ein herrliches Renaissancegebäude mit rot getünchter Fassade, zwei dorische Säulen fassen das Portal ein. Es ist das klassische Elbinger Bürgerhaus. Der wohlhabende Besitzer, ein Herr Spiering, gab dem Haus anfangs seinen Namen. Als später hier mehrere Königshäupter übernachteten, hieß es nur noch ›Königshaus‹. Nachweislich waren König Wladislaw IV., Karl Gustav und Friedrich der Große zu Gast. In der gegenüber einmündenden Gasse (ul. Wieżowa) sieht man den ehemaligen Betsaal der Minoriten sowie die Hauptpost. Diese beiden Gebäude sind die einzigen originalen Überbleibsel dieser Gegend– alle anderen sind Kopien.

Die Nikolaikirche

Im Jahr 1777 gab es eine Brandkatastrophe, die ein Blitzschlag auslöste. St. Nikolai und das alte gotische Rathaus brannten ab. Gegenüber der Nikolaikirche steht jetzt eine sehr moderne Version eines ehemaligen gotischen **Rathauses** aus Klinkern, Glas und Stahl, nur die Formgebung erinnert an die Gotik. Im Erdgeschoss befindet sich die Touristinformation. Im dortigen Vorraum sieht man zwei Modelle. Elbing im Jahr 1635 und eine sogenannte ›Geneigte Ebene‹ des Oberländischen Kanals.

An der **St. Nikolaikirche** ragt der Turm 97 Meter hoch empor, die Sicht reicht bis zum Frischen Haff (Aussichtsgalerie Di–Fr 10–17, Sa 10–14, So 14–17 Uhr). Von 1948 bis 1958 wurde die Kirche wieder aufgebaut. Das ursprüngliche Stern- und Kreuzgewölbe konnte aus statischen Gründen nicht rekonstruiert werden. Glücklicherweise blieben aber mehrere schöne Flügelaltäre erhalten, die einst Elbinger Handwerkszünfte spendeten, beispielsweise Holzflößer, Mälzer, Schuhmacher. Darunter befindet sich auch der Hauptaltar (um 1520) – hier fehlt heute die einst so berühmte Schutzmantel-Schrein-Madonna. In der Predella sieht man das Gemälde ›Das letzte Abendmahl‹ (1681). Der jetzt hier befindliche Altar, einst der spätgotische Hauptaltar der Dreikönigskirche, stellt die ›Anbetung des Gotteskindes durch die Heiligen drei Könige‹ dar und wurde um 1520 vom Meister Schofstein geschnitzt. Kaiser Wilhelm II. höchstselbst bestellte den neugotischen Altar ›Kreuzigung‹, er wollte ihn ursprünglich für die Kirche von Cadinen (heute Kadyny) haben.

Das gotische Taufbecken ist ein Werk des Elbinger Meisters Bernhuser von 1387. Bedeutend ist ein Reliquienkreuz von 1242: Eingearbeitet wurde ein Splitter des Kreuzes, an dem Jesus verstarb. Die Nikolaikirche wurde daher in den Rang eines Sanktuariums der Reliquien des Heiligen Kreuzes erhoben. Man findet das Reliquiar in einer prächtigen gotischen Nische rechts des Hauptaltars.

Am Südausgang steht zur Erinnerung an den Besuch des Heiligen Vaters (1999) ein Bronzedenkmal für Papst Johannes Paul II. Gegenüber, zwischen drei Pfarrhäusern (ul. Mostowa 17), nimmt der **Kirchweg** (Ścieżka Kościelna) seinen Lauf. Er ist ein besonderes architektonisches Überbleibsel der Elbinger Altstadt. Er ist gerade so breit, dass man einen Sarg hindurchtragen konnte oder Platz für einen Prozessionsgang war. Malerisch sind die vielen Stützbögen. Heute verbindet der Kirchweg nur noch die Brückenstraße (ul. Mostowa) mit der Heiliggeiststraße (ul. Św. Ducha). Die enge Gasse war einst wesentlich länger und verband drei Kirchen.

Die Heiliggeiststraße (ul. Św. Ducha) ist weitgehend dem alten Vorbild nachempfunden. Das herrliche **Renaissancehaus** (Nr. 3) trägt auch den Namen ›Geldsacksches Haus‹. Vor der Tradition der königlichen Absteige im ›Königshaus‹ war hier das Hauptquartier des Regenten. Während des ersten Schwedisch-Polnischen Krieges bezog es König Gustav II. Adolf Wasa, nachdem er die Stadt am 16. Juli 1626 kampflos eingenommen hatte. Er bewohnte das Gebäude bis 1630.

Vom einstigen Heilig-Geist-Spital sieht man heute nur noch die Kirche und einen kleineren Anbau. Gemäß der Stiftungsurkunde von 1242 sollten die Elbinger Bürger auf Geheiß des Deutschen Ordens ein Spital für Reisende, Arme und Kranke errichten. Nach der Verlegung des Hochmeistersitzes von Venedig nach Marienburg (1309) war das Hospital zum Hauptspital ernannt worden. In den erhaltenen Mauern befindet sich heute die **Cyprian-Norwid-Bibliothek** mit wertvollen Sammlungen alter Drucke.

Das frühere Königshaus, heute das Hotel ›Elbląg‹

Südlich des Spitals befand sich das riesige Ordensschloss, von dem heute niemand mehr weiß, wie es ausgesehen hat. So gründlich haben es die aufgebrachten Elbinger nach 1454 abgetragen. Übrig blieben nur ein Gebäude des **Vorschlosses**, einige Kellergewölbe und die Mälzerei, heute das Elbinger Museum. Hier im Archäologischen Museum sind mittelalterliche Alltagsgegenstände ausgestellt, so auch Musikinstrumente, Pilgerzeichen, Wachstafeln und Kinderspielzeug. Möbel, Keramik und Zinngegenstände beweisen die einstige Kunstfertigkeit Elbinger Handwerker.

Auf dem **evangelischen Friedhof** in der ul. Sadowa stehen etwa 60 dunkelgraue Grabsteine. Bis zur Wahl von Angela Merkel als Bundeskanzlerin interessierte sich kaum jemand dafür. Aber seit 2005 ist bekannt, dass hier ihre Urgroßeltern bestattet wurden. Emma Drange (gest. 1935) und Emil Richard Drange (1866–1913), der seinerzeit als Oberstadtsekretär im Elbinger Magistrat arbeitete, freuten sich 1881 über die Geburt ihrer Tochter Gertrud, die später in Elbing als Lehrerin arbeitete. Gertrud Drange heiratete einen Herrn Jentsch, einen Polen. Auch dieser Ehe entsprang eine Tochter, Herlind Jentsch (geb. 1928), die Mutter von Angela Merkel. 1937 zog die Familie Jentsch nach Hamburg, wo 1954 auch Angela Merkel geboren wurde. 1887 wurde in der damaligen Tannenbergallee (heute ul. Grunwaldzka 63) ein vierstöckiges Haus erbaut, in dem Merkels Urgroßeltern wohnten, das bis heute erhalten blieb und jetzt gern von deutschen Reisegruppen angesteuert wird.

▲ Karte S. 248

Die Umgebung

Etwa sechs Kilometer südlich von Elbląg breitet sich der Jezioro Drużno (**Drausensee**) aus. Er ist 17 Quadratkilometer groß, von schilfreichen Ufern geschützt – und

Gut Kadyny

ein Paradies für Wasservögel. In der Nähe des Sees, in Raczki Elbląskie (Unterkerbswalde), befindet sich die tiefste Stelle Polens: 1,8 Meter unter dem Meeresspiegel. Die nordöstlich der Stadt gelegenen **Elbinger Höhen** (Wysoczyzna Elbląska) sind für ihre malerischen Schluchten, alte Buchen und Eichen, viele Orchideenstandorte sowie schöne Aussichten aufs Haff bekannt und wurden zum Naturpark erklärt. Schöne Spazierwege findet man im stadtangrenzenden Waldpark Vogelsang (Bażantarnia). Höchste Erhebung der Elbinger Höhen ist der Butterberg (Góra Maślanka) bei Milejewo (Trunz). Die steilsten Hänge befinden sich am Frischen Haff. Großer und Kleiner Wall bei Próchnik (Dörbeck) gelten als bedeutende Relikte pruzzischer Verteidigungsbauten. In der aufkommenden Romantik zum Ende des 18. Jahrhunderts rückte die bewaldete Höhe in den Blickpunkt der Elbinger Bürgervereine. Sie war malerisch, besaß naturbelassene Orte und war von der Mysthik der pruzzischen Vergangenheit sowie der Kreuzritterzüge umweht. Es wurden viele Wanderwege angelegt, Aussichtspunkte sowie -türme geschaffen und Naturdenkmäler ausgewählt; als Vorbild dienten englische Landschaftsparks. Jeder größere Fels erhielt einen Namen und eine wohlklingende Geschichte. Selbst Mozart wurde nicht ausgelassen: Angeblich hörte er im Park ›Heilige Hallen‹ bei Panklau (Pęklewo), als er im königlichen Gefolge dahinschritt, ein Echo, das ihn zur ›Zauberflöte‹ inspiriert haben soll.

Ein Ausflug lohnt der kleine Ort **Kadyny** (Cadinen). Die Landstraße ab der Elbinger Stadtgrenze wird von einer herrlichen Lindenallee gesäumt, auf Serpentinen führt das Asphaltband hoch und hinunter wie in einer Mittelgebirgslandschaft. Einen besonders schönen Blick über das Haff genießt man vom Ortsausgang Sudacz. Am Ortseingang Kadyny, aus Elbing kommend auf der rechten Straßenseite, steht eine 700-jährige Eiche. Seit 1900 war das Gut Cadinen Eigentum des deutschen Kaisers Wilhelm II. Er war von der Idylle nahe des Haffs dermaßen entzückt, dass er das Schloss derer von Schlieben aus dem 17. Jahrhundert kaufte und hier seine Sommerresidenz einrichten ließ. Neben dem ehemaligen kaiserlichen Palast befindet sich jetzt das luxuriöse Kadyny Folwark Hotel & Spa (€€€, Tel. 055/2316120, www.kadyny.com.pl), mit 40 Zimmern, in der Schnapsbrennerei das Restaurant ›Stara Gorzelnia‹ mit romantischen Plätzen im grünen Garten. Spezialität des Hauses sind mit Lachs und Rosinen gefüllte Backäpfel, serviert mit Meerettich-Sellerie-Dip sowie hausgemachte Pastete aus Geflügelleber mit süßen Preiselbeeren. Im Gestüt züchtet man Pferde der großpolnischen Rasse, die die Vorzüge eines arabischen Vollbluts sowie des Trakehners und Hannoveraners in sich vereint.

Wegkreuz auf den Elbinger Höhen

Elbląg

Vorwahl: 055.
Touristeninformation, ul. Stary Rynek 25, Tel. 2393377, www.elblag.eu.

Bahnhof und Busbahnhof liegen südöstlich der Altstadt. Dorthin 30 Minuten Fußweg oder die Stadtlinie T 4 benutzen. Regelmäßige Bahnverbindungen nach Gdańsk über Malbork, Busse fast stündlich Richtung Gdańsk und Frombork.

Żegluga Ostródzko-Elbląska, ul. Wodna 1 b, Tel. 2324307, Vorverkaufskasse und Informationen über Schiffsfahrten am Elbingufer, hier auch Fahrradverleih; tgl. 8–16 Uhr. Im Juni Sa/So, Juli/Aug. tgl. Schiffsfahrten auf dem Oberländischen Kanal nach Buczyniec, Anlegeplatz Elbląg, bul. Zygmunta Augusta 1, Fahrpläne: www.zegluga.com.pl. Ticketverkauf auch online.

Elbląg (€€–€€€), ul. Stary Rynek 54–59, Tel. 6116600, www.hotelelblag.eu. Die schönste Herberge in der Altstadt nahe der Nikolaikirche ist ein Komplex mehrerer Bauten. Kern ist das ehemalige Königshaus im Renaissancestil mit knallrot getünchter Fassade. Spektakulärer Mix aus Historie und moderner Architektur. Klimatisierte Zimmer, sehr gutes Frühstück, Spa mit Pool.
Pod Lwem (€€–€€€), ul. Kowalska 10, Tel. 6413100, http://hotelpodlwem.pl. In einem gotischen Bürgerhaus am östlichen Rand der Altstadt. Alle Zimmer klimatisiert, gute Parkmöglichkeiten.
Viwaldi (€€), ul. Stary Rynek 16, Tel. 2362542, www.viwaldi.com.pl. Hotel mit 15 DZ und fünf Suiten in der verkehrsberuhigten Altstadt.
Arbiter (€€), pl. Słowiański 2, Tel. 2306191, www.arbiterhotel.pl. Großes Drei-Sterne-Hotel mit klimatisierten Zim-

▶ Karte S. 248

mern im rekonstruierten alten Rathaus an der Hauptstraße gegenüber der St. Nikolauskirche.

MF (€€), Św. Ducha 26, Tel. 6412610, www.pensjonatmf.pl. Kleine Pension mit Kellerpub in der wiedererstandenen Altstadt nahe des Elbingufers, aus den Hinterhofzimmern Blick auf die St. Nikolauskirche.

Dwór Bieland (€€), ul. Haliny Poświatowskiej 1, Tel. 2321227, www.dworbieland.pl. Herrenhaus am nordöstlichen Stadtrand in einem gepflegten Park mit zwei Teichen. Elegante Zimmer mit Antikmöbeln, einige mit Balkon. Frühstücksbuffet im prächtigen Speisesaal, auch Restaurant mit polnischer Küche. Hotelgäste dürfen in den Teichen angeln. Vom Stadtzentrum knapp 10 Min. Autofahrt.

Młyn (€€), ul. Kościuszki 132, Tel. 2350470, www.hotelmlyn.com.pl. In der restaurierten Strauchmühle, einer Wassermühle aus dem 13. Jahrhundert am Rande der ›grünen Lunge‹ Elbings, dem Stadtpark Vogelsang (Park Bażantarnia). Stilvolles Restaurant (tgl. 12–22 Uhr), Weinkeller und Spa. Kostenloser bewachter Parkplatz.

Folwark Zuławski (€€€), Wladysławowo 4 A, Tel. 602635070, www.podaniolami.com.pl.

► **In Kadyny**: Hotel **Srebrny Dzwon** (€€), Kadyny 31, Tel. 2313434, www.srebrnydzwon.pl.

Camping Nr. 61, ul. Panieńska 14, Tel. 6418666, www.camping61.com.pl. Mai–Sept., Verleih von Paddelbooten, Angelmöglichkeit. Etwa 300 Meter vom Elbinger Museum entfernt.

Pod Kogutem, ul. Wigilijna 8–9, Tel. 6412882. Gerichte nach Elbinger Tradition, so Königsberger Klopse und vorzügliche Steinpilzsuppe, man spricht Deutsch; tgl. 12–22 Uhr. Schattige Freiluftplätze, innen viele historische Elbinger Ansichten.

Pod Aniołami (Unter den Engeln), ul. Rybacka 23, Tel. 600854007, www.podaniolami.com.pl.

Admirał, Restaurantschiff am Ufer der Elbląg nahe der St. Nikolaikirche und Anlegestelle der Weißen Flotte, vor allem Fisch; tgl. 10–22 Uhr. Besonders schöne Stimmung in der Abendsonne.

Przy Bramie, ul. Garbary 24/25, Tel. 6230039, www.przybramie.elblag.pl. Gute Küche, Gewölbe.

Wyspa Skarbów, Ecke Stary Rynek/Gabary, Mo–Sa ab 10, So ab 11 Uhr. Nahe Markttor, mit Freiluftplätzen.

Elbinger Museum der Archäologie und Geschichte, Bulwar Zygmunta Augusta 11, www.muzeum.elblag.pl, Juli/Aug. Di–So 11–19 Uhr, sonst 8–16 Uhr.

Galerie EL – Zentrum der moderen Kunst (in der ehemaligen Marienkirche), Kuśnierska 6, www.galeria-el.pl.

Markttor, Stary Rynek, Di–Sa 10–18, So 10–17 Uhr.

Der Oberländische Kanal

Der etwa 80 Kilometer lange Oberländische Kanal (Kanał Elbląski) verbindet Ostróda (Osterode) mit Elbląg (Elbing) und damit das westmasurische Seengebiet mit dem Frischen Haff und der Ostsee. Die Hauptattraktion sind die fünf **geneigten Ebenen** im unteren Abschnitt, auf denen die Schiffe über Schienen gezogen werden. Sie gleichen den größten Teil des Höhenunterschiedes von fast 100 Metern im Verlauf des Kanals aus. Im Jahr 2010 fand der Oberländische Kanal Eingang in die Unesco-Weltkulturerbeliste. Vielleicht ist der Wagemut der Erbauer sogar mit den Enthusiasten zu vergleichen, die ab Anfang des 20. Jahrhunderts die Vision verfolgten, das Weltall zu erobern. Die technische Meisterleistung hat den Oberländischen

Eine der schiefen Ebenen des Oberländischen Kanals

Kanal schnell berühmt werden lassen. Im Jahr 1848 gab der preußische König Friedrich Wilhelm I. die Order zum Kanalbau. Der Königsberger Ingenieur Georg Jakob Steenke hatte die Entwürfe dafür schon seit 1825 in der Schublade. Doch erst durch die königliche Fürsprache gab es das nötige Geld für das kühne Projekt. An der Umsetzung waren dann auch Baurat Severin und Carl Lentze beteiligt – letzterer war einer der Väter des Suezkanals. Die Kanalbauer stellten sich die Aufgabe, den auf tieferem Land befindlichen Orten im weitläufigen Weichseldelta einen Zugang zum Meer zu ermöglichen. Während des Baus standen die Ingenieure vor vielen Fragen, und so sahen sie sich weltweit um, was ihre Berufskollegen in Kanada, Belgien und den Niederlanden für Lösungen gefunden hatten. 1850 gelang der entscheidende Durchbruch während einer Dienstreise durch die USA: Steenke sah in New Jersey eine Rampenkonstruk-

▲ Karte S. 186

tion, die dort herkömmliche Schleusen ersetzte. Nach seiner Heimkehr konstruierte Steenke von Wasserrädern betriebene Schienenwagen.
Im Jahr 1860 war der Wasserweg mit den sogenannten Rollbergen, die die Schiffe auf gegenläufigen Waggons befahren, fertiggestellt. Die Schienenwagen sind durch ein Endlosseil miteinander verbunden, die Wasserkraft erzeugt einen Antrieb von etwa lediglich 60 PS – das reicht, um zwei Schiffe gleichzeitig gegenläufig zu transportieren. Zu Beginn des 20. Jahrhunderts war der Oberländische Kanal ein enormer Wirtschaftsfaktor. Bis zum Ersten Weltkrieg wurden ausschließlich Güter, vor allem Holz, Gerste und andere Lebensmittel, transportiert. Nach dem Jahr 1918 entdeckte man auch das große touristische Potential.
Der künstliche Wasserweg stellt auch ein harmonisches Beispiel für das Miteinander von Mensch und Natur dar. Alle technischen Anlagen werden von erneuerbarer Energie mittels eines genialen Wassersystems betrieben. Daneben haben sich im Laufe der Zeit kleinteilige Biotope für heute bedrohte Tiere und Pflanzen entwickelt.
Die Tour mit der ›Weißen Flotte‹ auf dem Oberländischen Kanal beginnt am Binnenhafen **Elbląg** gegenüber der St. Nikolaikirche (im Juni nur am Wochenende, täglich im Juli und August, eine Fahrkartenreservierung ist empfehlenswert). Die Fahrt zwischen Elbląg und **Buczyniec** (Buchwalde) dauert etwa fünf Stunden und führt über den Drausensee (Jezioro Drużno), ein Vogelschutzgebiet. Dort leben rund 210 verschiedene Arten, darunter seltene Moorenten und Seeadler. Im 9. Jahrhundert befand sich hier die legendäre Stadt Truso, eines der wichtigsten Handelszentren im Ostseeraum. Erst im Jahre 1982 waren die Überreste des Hafens entdeckt worden. Anschließend werden nacheinander fünf schiefe Ebenen auf Schienen, sogenannte Rollberge, passiert: Nowe Całuny (Neu Kußfeld), Oleśnica (Schönfeld), Kąty (Kanthen), Jelenie (Hirschen) und Buczyniec (Buchwald). Auf dieser Strecke von gut 9 Kilometern gleichen die Ausflugsschiffe einen Höhenunterschied von exakt 99,5 Meter aus. Auch während der Passage auf dem Trockenen muss man das Schiff nicht verlassen.
In Buczyniec (Buchwalde) eröffnete nahe der Schiefen Ebene ein neues **Museum** zur Geschichte des Oberländer Kanals, wobei auch die jüngste Rekonstruktion dokumentiert wurde.
Von Buczyniec verkehren Busse zurück zum Ausgangspunkt.

Pasłęk

Der alte deutsche Name dieses Ortes an der Fernstraße E 77 – Preußisch Holland – erinnert an die holländischen Siedler, die sich im 13. Jahrhundert ansiedelten. Sie wurden vom Deutschen Orden ins Land geholt und entwässerten das Mündungsgebiet der Weichsel und Nogat. Felder und Wiesen rund um die Stadt liegen teilweise fast zwei Meter unter dem Meeresspiegel, die Siedler errichteten sicherheitshalber ihren Ort auf der einzigen Anhöhe des Gebietes. So wären sie bei einem Dammbruch nicht in Gefahr gewesen.
Die wieder aufgebaute **Ordensburg** Paslok geht auf das 13. Jahrhundert zurück. Die gotische Pfarrkirche stammt aus dem 14. Jahrhundert, das gotische Rathaus aus dem 15. Jahrhundert. Zu besichtigen sind außerdem die Reste der Stadtmauer mit dem reizvollen Mühlentor.
Kanuten können von Pasłęk die Wąska (Wepske) hinunter paddeln und nach drei Kilometern zum Jezioro Drużno (Drausensee) gelangen.

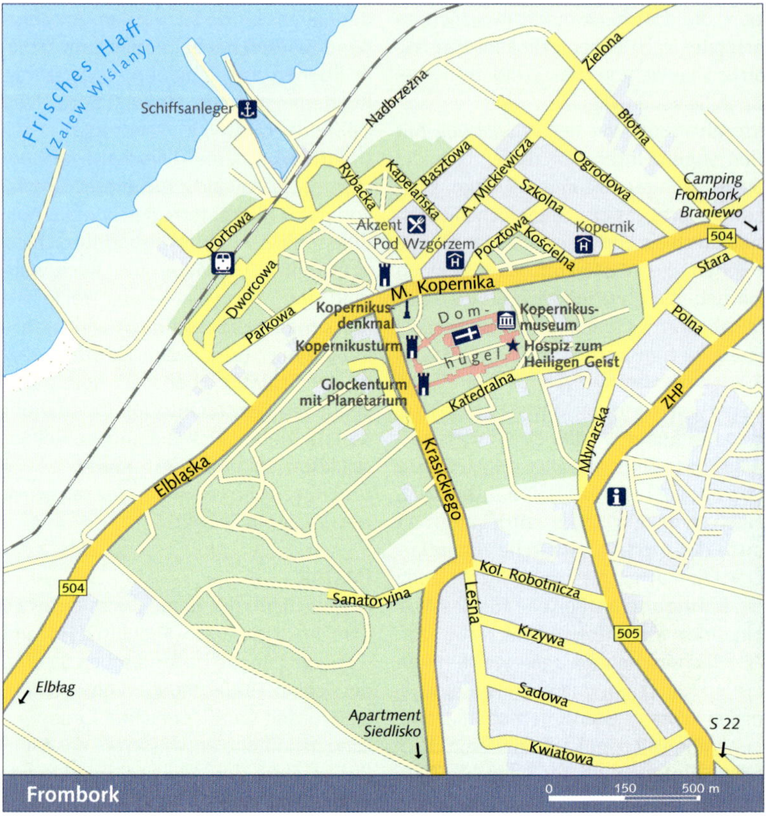

Frombork

Frombork (Frauenburg, 3000 Einwohner) liegt im historischen Gebiet des Ermlandes (Warmia). In dem kleinen Fischerort war der berühmte Astronom Nikolaus Kopernikus von 1512 bis zu seinem Tode 1543 zu Hause, verwaltete die Güter des Bistums Ermland und vertrat bis 1529 das Domkapitel im preußischen Landtag. Auf die Anwesenheit des damaligen Domherren Kopernikus weisen noch heute die Namen zahlreicher bedeutender Gebäude hin. Hier schrieb er sein Werk ›De revolutionibus orbium coelestium‹. In diesem vertrat er die revolutionäre Theorie, dass die Erde sich um die Sonne bewege. Zu seinem Glück wurde die Heilige Inquisition im streng katholischen Polen nie eingeführt. So konnte er seine ›ketzerischen Theorien‹ gar im Schutze der Klostermauern entwickeln. Seine letzte Ruhe fand Kopernikus im Frauenburger Dom, die genaue Grabstelle war lange unbekannt.

Ein großes **Kopernikusdenkmal** vor dem Domhügel an der Hauptstraße erinnert an den Astronomen und Domherren. Die imposante **Kathedrale** ist der Allerheiligsten Jungfrau Maria Himmelfahrt und dem heiligen Apostel Andreas geweiht. Erbaut in den Jahren von 1329 bis 1388, ist sie ein typisches Beispiel der norddeutschen Backsteinarchitektur. Um die Kathedrale scharen sich Anbauten, darunter die Kapelle des heiligen Georg (um 1500) und die barocke Kapelle des Heilands (um 1735).

Von der einst prächtigen Innenausstattung sind ein spätgotischer Flügelaltar von 1504 – gestiftet von Bischof Lucas Watzenrode, Onkel von Kopernikus –, mehrere Epitaphe – darunter auch eines für Nikolaus Kopernikus aus der Mitte des 18. Jahrhunderts auf dem ersten Pfeiler des Hauptschiffes –, Reste des gotischen Gestühls sowie die 1683 fertiggestellte Orgel erhalten. Das Instrument ist berühmt für seinen Klang, der Dom für seine gute Akustik. Seit vier Jahrzehnten werden im Sommer internationale Orgelfestspiele veranstaltet.

Nikolaus Kopernikus starb am 21. Mai 1543 in Frauenburg. 2005 fand man seine sterblichen Überreste im Dom, was durch eine DNS-Analyse bestätigt werden konnte. Am 22. Mai 2010 wurde er mit einem Festakt neu bestattet.

Der **Palast der Bischöfe von Ermland** auf dem Domhügel wurde im 16. Jahr-

Der Eingang zum Domkapitel in Frombork

hundert errichtet und bekam 1727 ein Barockgewand. 1945 größtenteils zerstört, wurde das Architekturdenkmal bis 1970 wiederaufgebaut. In der Kopernikussammlung im Palast sind astronomische Geräte zu sehen, mit denen der Astronom die Bewegung der Gestirne beobachtete. Seine Originalmanuskripte wurden 1626 ebenso wie die meisten Kulturschätze von schwedischen Söldnern geraubt und werden daher heute in skandinavischen Museen gezeigt.

In der Palastausstellung sind neben viel Keramik auch einige Mosaikfenster zu sehen, die einst die Kathedrale schmückten, jedoch 1945 weitgehend zerstört wurden. Die hier gezeigten zierten einst die südliche Kathedralenwand und wurden in drei Werkstätten gefertigt: Machhausen aus Koblenz (1888), Oidtmann aus Linnich (1907) und Redner aus Breslau (1877). Schön anzuschauen sind die sechs zweigeteilten Glasfenster aus dem Braunberger Kreishaus von 1907. Die Ansichten zeigen die ermländischen Städte Frauenburg, Wormditt (Orneta) und Mehlsack (Pieniężno).

Der Domhügel wurde seit Mitte des 14. Jahrhunderts mit einer Wehranlage umgeben. Von den Türmen ist der **Kopernikusturm** erhalten, in dem der Astrologe angeblich seinen Forschungen nachging. Heute befindet sich hier das Arbeitszimmer eines Gelehrten, wie es in der Epoche der Renaissance ausgesehen haben könnte. Imposanter ist aber der **Radziejowski-Turm**, eigentlich ein barocker Glockenturm, der über einer Bastei errichtet wurde. Seine Aussichtsplattform eröffnet einen schönen Rundblick weit über die Stadt und das Frische Haff. Hier befindet sich auch das einzige **Foucaultsche Pendel** in Polen, mit dem sich die Drehung der Erde um die Sonne nachweisen lässt. Im Erdgeschoss ist ein kleines **Planetarium** untergebracht.

Der unscheinbare **Wasserturm** (wieża ciśnień) an der Hauptstraße wurde 1571 erbaut und ist somit der zweitälteste Europas. Er versorgte den Domhügel über 200 Jahre, der Urgroßvater des Komponisten Händel ersann den Pumpmechanismus. Heute sind hier ein kleines **Museum** und ein süßes Café zu finden.

Auf einer Wiese vor dem Hafen erinnert ein drei Tonnen schwerer **Findling** an etwa 30 000 Deutsche, die Anfang 1945 bei der Flucht vor der Roten Armee über das zugefrorene Frische Haff den Tod fanden. Der amerikanische Historiker Alfred M. de Zayas vermerkt in seinen Aufzeichnungen: »Manchmal ließ sich die Strecke in sechs bis acht Stunden bewältigen, manchmal dauerte es länger. Erschöpfung und Erfrieren forderten viele Opfer, vor allem unter den kleinen Kindern und den sehr alten Leuten. Was die Szene aber völlig gespenstisch machte, waren die russischen Tiefflieger, die gnadenlos die Flüchtlinge niedermähten oder das Eis bombardierten, so dass mancher Wagen in den Wassern des Haffs versank.«

Frombork

Vorwahl: 055.

Touristeninformation, Młynarska 5a, Tel. 2440677 (Juni–Aug.), www.frombork.pl.

Busse nach Gdańsk etwa im Stundentakt. Ende Juni–Sept. tgl. 5–6 Fahrten mit zwei Schiffen der Weißen Flotte zwischen Krynica Morska und Frombork. Fahrpläne: www.zegluga.pl → rejsy krajowe → Zalew Wiślany.

Kopernik (€–€€), ul. Kościelna 2, Tel. 2437285, www.hotelkopernik.com.pl. An der Hauptstraße unterhalb des Domhügels, Hafennähe. Bewachter Parkplatz, Abstellraum für Fahrräder.

Apartment Siedlisko (€€), Ronin 15, mo-

▶ Karte S. 258

bil: 604437500, www.frombork-siedlisko.pl. Zwei großzügige und sehr geschmackvoll eingerichtete Apartments. Auf einer Lichtung, etwa 2 Kilometer südlich von Frombork.
Pod Wzgórzem (€), Pocztowa 15, Tel. 667710920, www.podwzgorzem.pl. Im Zentrum mit Restaurant und Pizzeria.

Camping Frombork, ul. Braniewska 14, mobil: 506803151, www.campingfrombork.pl. Mit Ferienhütten, Mai–Okt.

Akcent, ul. Rybacka 4, Tel. 2437275, www.restauracja-akcent.com. Fischgerichte und hausgemachte Piroggen, am Domhügel; tgl. ab 10 Uhr.

Kopernikusmuseum auf dem Domhügel, Di–So 9–17 Uhr, www.frombork.art.pl.
Kathedrale, Mo–Sa 9.30–17 Uhr, Glockenturm, tgl. 9. 30–17 Uhr, Planetarium im Erdgeschoss des Glockenturms, tgl. Vorführungen um 10.40, 12.20, 14.00, 15.40 Uhr, Palast: Di–So 9–16.30 Uhr, www.frombork.art.pl.
Hospiz zum Heiligen Geist, ul. Stara, Wandmalereien und Öfen eines Baderaumes aus dem 15. Jahrhundert, Sammlungen zur Medizingeschichte, Ermländische Malereien und sakrale Schnitzereien aus dem 17. bis 18. Jahrhundert, Di–Sa 10–18 Uhr.
Wasserturm, ul. Elbląska 2, April–Sept. tgl. 10–18 Uhr.

Braniewo

Einen Besuch in Frombork sollten Reisende gleich mit einem Ausflug in das zehn Kilometer nordöstlich gelegene Braniewo (Braunsberg) verbinden. Im 13. Jahrhundert ließ der Deutsche Orden hier eine Burg errichten. Bis zur Mitte des 14. Jahrhunderts war Braunsberg Sitz der ermländischen Bischöfe. Obgleich Mitglied der Hanse, konnte sich die Hafenstadt nicht gegen die Elbinger und Königsberger Konkurrenz behaupten. Wohl aber war sie das geistige und kulturelle Zentrum der Region, was die einst 100 000 Werke umfassende Bibliothek eindrucksvoll belegte.

Zu besichtigen lohnen sich der erhalten gebliebene gotische **Burgturm**, die Überreste des **Bischofsschlosses** und der **Stadtmauer**, der **Rossmühlenturm** und die spätgotische **Dreifaltigkeitskirche**. Die **Sankt Katharinenkirche** (Kościół święta Katarzyny) wurde im Zweiten Weltkrieg fast völlig zerstört. Das mächtige Gotteshaus beeindruckt seit dem erst 1990 vollendeten Wiederaufbau mit herrlicher Architektur.
Im einstigen Festungsgraben der Burg entstand in den 1950er Jahren auf einer Fläche von drei Hektar einer der kleinsten Zoos in Polen nebst Botanischem Garten.

Braniewo

Vorwahl: 055.
Touristeninformation, ul. Katedralna 7, Tel. 6443303, www.braniewo.pl.

Tgl. häufig nach Frombork.

Warmia Spa (€€), ul. Gdańska 18, Tel. 2439353, www.hotelwarmia.pl. Zwei Teile: ein familiäres Haus mit Gewölberestaurant ›Jakubowa‹ sowie ein modernes Spa Hotel in der ul. Kościuszki 100.
Osińscy (€), Nowa Pasłęka 25e, Tel. 509877993, http://nowapaslekanoclegi.pl. Hübsches kleines Apartmenthaus, etwa 7 km nordwestlich von Braniewo.

Zoo und **Botanischer Garten**, tgl. 10–18 Uhr (Mai–Sept.).

Sprachführer

Beim ersten Besuch in Polen stellt man erstaunt fest, dass viele Polen Deutsch sprechen. Aber nur sehr wenige Deutsche sprechen Polnisch. Dies ist nicht nur auf die schwierige Aussprache und die Betonung des Polnischen zurückzuführen: Da viele Polen ihre westlichen Gäste verstehen, fehlt für diese der Anreiz zum Erlernen. Früher waren es meist die Älteren, die Deutsch noch aus der Zeit vor 1945 beherrschten, heute ist Deutsch in Schulen und Universitäten die beliebteste Fremdsprache. Russisch, das ehemals Pflichtfach war, mögen nur wenige neu erlernen. Mit jungen Leuten kann man sich auch auf Englisch verständigen. Bei einem Gespräch erwarten die Polen nicht, in ihrer Muttersprache angesprochen zu werden: Die meisten möchten ihre Deutschkenntnisse erproben. Dennoch ist es ein Zeichen der Höflichkeit und des Interesses an der fremden Kultur, sich einige Worte und wichtige Redewendungen anzueignen. Wenn auch der praktische Nutzen dieser bruchstückhaften Kenntnisse nicht allzu groß ist, so wird der Gesprächspartner erfreut über diesen Ausdruck des guten Willens sein.

Die polnische Sprache gehört zur slawischen Sprachfamilie. Die Vokale werden kurz gesprochen, dabei sind die Verbindungen ›au‹ und ›eu‹ wie zwei einzelne Vokale auszusprechen. Alle zwei- oder mehrsilbigen Wörter betont man im Polnischen grundsätzlich auf der vorletzten Silbe

deutsch	polnisch	gesprochen
Allgemeines		
danke	dziękuję	(dschenkuje)
bitte	proszę	(prosche)
Guten Tag	dzień dobry	(dschen dobri)
Auf Wiedersehen	do widzenia	(do widzenia)
Hallo/Tschüß	cześć	(tscheschct)
ja/nein	tak/nie	(tak/nje)
Nein Danke	nie dziękuję	
Verzeihung	przepraszam	(pscheprascham)
Wieviel kostet ...?	ile kosztuje ...?	(ile koschtuje)
Herr Ober! (mein Herr ...)	proszę pana	
Frau Ober! (meine Dame ...)	proszę pani	
zahlen!	płacić!	(puatschitsch)
Prost	na zdrowie	(na sdrowje)

deutsch	polnisch	gesprochen
Zahlen		
null	zero	(sero)
eins	jeden, jedna, jedno	(jeden)
zwei	dwa	(dva)
drei	trzy	(tsche)
vier	cztery	(tschtere)
fünf	pięç	(pintsch)
sechs	szesc	(schechtsch)
sieben	siedem	(schjedem)
acht	osiem	(oschjem)
neun	dziewięç	(dschewintsch)
zehn	dziesięç	(dscheschentsch)
hundert	sto	(sto)
tausend	tysiąc	(tischonts)
Unterwegs an der Ostseeküste		
See	jezioro	(jesioro)
Fluß	rzeka	(scheka)
Boot	łódź	(wudch)
Fischerboot	łódź rybacka	(wudch ribatska)
Segeln	żeglarstwo	(scheglarstwo)
Segelboot	żaglówka	(schaglufka)
Segelrouten	szlaki żeglugi	(schlaki scheglugi)
Wandern	wędrowanie	(wendrowanje)
Wanderkarte	mapa turystyczna	(mapa turistitschna)
Wanderweg	slzak turystyczny	(schlak turistitschni)
Naturschutzgebiete	rezerwaty przyrody	(reserwati pschirodi)
Angelschein	zezwolenie wędkarskie	(seswolene wentkarskje)
Angel	wędka	(wentka)
Fahrplan	rozkład jazdy	

polnisch	deutsch
Hinweise	
uwaga	Vorsicht oder Achtung
Przejście wzbronione	Durchgang verboten
objazd	Umleitung
koniec	Ende
toalety/ustepy	Toiletten
damski	Damen
męski	Herren
grozi smiercia	Lebensgefahr
zamknięty	geschlossen
ciepla	warm
zimna	kalt
kantor	Wechselstube
zarezerwowany	reserviert
kawiarnia	Café
piekarnia	Bäckerei
sklep mięsny	Fleischerei
sklep spożywczy	Lebensmittelgeschäft
Die Speisekarte Ein typisch polnisches Mittagessen beginnt mit einer Suppe.	
barszcz czerwony (z pasztecikiem)	Rote-Rüben-Suppe (mit Pastetchen)
żur	Mehlsuppe
zupa pomidorowa	Tomatensuppe
flaki	Kuttelsuppe
Zu den populärsten Hauptgerichten gehören:	
bigos	Eintopf aus Sauerkraut und Weißkohl mit Fleischeinlage
bryzol schabowy	Schweinesteak
befsztyk	Beefsteak
pieczeń wołowa	Rinderbraten
pieczeń z dzika	Wildschweinbraten

polnisch	deutsch
jelen	Hirsch
kaczka pieczona	Entenbraten
kiełbasa	Wurst (gegrillt oder gekocht)
kurczak	Hähnchen
pierogi	Piroggen (gefüllte Teigtäschchen)
poledwica	Filet
rulada	Roulade
pieczeń z sarny	Rehbraten
zając	Hase
Fisch	
ryba	Fisch
dorsz	Dorsch, Kabeljau
gładzica	Scholle
karp	Karpfen
łosoś	Lachs
pstrąg	Forelle
śledź	Hering
turbot	Steinbutt
sandacz	Zander
ryba wędzona	Räucherfisch
ryba gotowana	Kochfisch
ryba smażona	Bratfisch
ryba pieczona	Backfisch
Beilagen	
dodatki	Beilagen
jarzyny	Gemüse
kluski	Nudeln, Klößchen
knedle	Kartoffelklöße
ryz	Reis
sałatka	Salat
ziemniaki	Kartoffeln

polnisch	deutsch
borowiki	Pilze
kurki	Pfifferlinge
Etwas Gebäck zum Nachtisch:	
napoleonka	mit Puddingkrem gefüllter Blätterteig
szarlotka	Apfelkuchen
babeczka	mit Obst und Krem gefüllte Mürbeteigtörtchen
sernik	Käsekuchen
Getränke	
napoje	Getränke
herbata	Tee
kawa	Kaffee
mleko	Milch
sok owocowy	Fruchtsaft
piwo	Bier
szampan	Sekt
wino	Wein
woda mineralna	Mineralwasser
Monatsnamen	
Styczeń	Januar
Luty	Februar
Marzec	März
Kwiecień	April
Maj	Mai
Czerwiec	Juni
Lipiec	Juli
Sierpień	August
Wrzesień	September
Październik	Oktober
Listopad	November
Grudzień	Dezember

Reisetipps von A bis Z

Angeln

Polens saubere Flüsse und Seen, so auch die Gewässer im Hinterland der polnischen Ostseeküste, sind sehr fischreich. Hinweise zu Angelrevieren erteilen Touristenbüros. Einige Büros verkaufen auch Angelgenehmigungen. Ansonsten sind Angelscheine bei regionalen Fischereibetrieben (państwowe gospodarstwo rybne) oder bei den Zweigniederlassungen des polnischen Anglerverbandes in den Woiwodschaftsstädten erhältlich. Wer seine Ausrüstung in Polen komplettieren möchte, nutzt die Gelegenheit in einem der vielen Fachgeschäfte.

In vielen pommerschen Flüsse leben Lachsforellen. Hier fängt man auch Äschen und Blauforellen, die künstlich ausgesetzt wurden. Ein sehr beliebtes Anglergewässer ist die Parsęta (Persante). Während der Sommersaison bieten Bootsunternehmer in den Küstenorten auch Hochseeangeltouren an. Plakate an den Promenaden machen auf Termine und Abfahrtsstellen aufmerksam.

Apotheken

Das Sortiment der Apotheken umfasst auch Drogerie- und Kosmetikartikel. Zu günstigen Preisen werden viele Bagatellarzneimittel angeboten, Acetylsalicylsäurepräparate (Aspirin) etwa sind in Deutschland deutlich teurer. Die meisten Markenpräparate gibt es hier wesentlich preiswerter. Noch günstiger sind gleichwertige No-Name-Arzneimittel (Generika) polnischer Produktion mit den gleichen Wirkstoffen und identischer Zusammensetzung. Viele Arzneimittel sind rezeptpflichtig oder müssen bestellt werden. Wer also auf ein bestimmtes Medikament angewiesen ist, sollte es mit auf die Reise nehmen.

Eine Empfehlung sind die sogenannten ›Medizinischen Kräuterläden‹ (Sklep Medyczno Zielarski), die hochwertige Naturkosmetik, Gewürze, Tees (darunter auch Früchtetees) und polnischen Imkerhonig verkaufen.

Auto- und Motorradfahren

Der motorisierte Verkehr hat in den vergangenen Jahren stark zugenommen. Viele Polen fahren rasant, einige riskant. Überholt wird oft auch vor unübersichtlichen Anhöhen oder Kurven. Der Straßenzustand ist gut, es fehlen aber häufig Straßenrandbegrenzungen. Das erschwert das Fahren bei Nacht und Nebel. Fußgänger sind oft auch außerhalb der Ortschaften auf der Fahrbahn unterwegs. Daher ist erhöhte Aufmerksamkeit geboten. Für alle Autoinsassen besteht Gurtpflicht.

Die Verkehrsregeln entsprechen weitgehend den deutschen. Die im Kreisverkehr befindlichen Fahrzeuge haben Vorfahrt. Die Geschwindigkeitsbegrenzung beträgt in geschlossenen Ortschaften 50 km/h (60 km/h in der Zeit zwischen 23 und 5 Uhr), außerhalb geschlossener Ortschaften 90 km/h und auf ausgewiesenen Schnellstraßen 110 km/h. In Polen muss ganzjährig auch am Tage mit Abblendlicht gefahren werden. Die Promillegrenze liegt bei nur 0,2. Sie wird bereits mit einem kleinen Bier überschritten! Auch in Polen ist das Telefonieren mit dem Handy während der Fahrt nur mit Freisprecheinrichtung gestattet.

Für Ausländer ist eine Grüne Versicherungskarte erforderlich. Sind Sie nicht selbst der Fahrzeugbesitzer, benötigen Sie eine schriftliche Bestätigung vom Eigentümer, dass er Ihnen das Fahrzeug ausgeliehen hat. Es ist empfehlenswert, das Fahrzeug immer auf bewachten Parkplätzen abzustellen, die sich meistens in der Nähe der größeren Hotels befinden (siehe Pannenhilfe, Tankstellen).

Für das Fahren mit dem Motorrad gelten die selben Hinweise wie für das Autofahren. Allerdings gilt auch auf Schnellstraßen und Autobahnen die Geschwindigkeitsbegrenzung von 90 km/h. Es besteht natürlich Helmpflicht.

Autoverleih

Die internationalen Autoverleiher haben in Polen zahlreiche Niederlassungen eröffnet. Einen Mietwagen kann man schon von Deutschland aus buchen, bekommt ihn meist aber auch vor Ort. Alle Hotelrezeptionen und viele Touristeninformationsbüros sind dabei behilflich. Technischer Standard und Preise entsprechen internationalen Maßstäben. Bis auf wenige lokale Autoverleiher akzeptieren die meisten auch Kreditkarten.

Infos im Internet:
Avis: www.avis.pl
Europcar: www.europcar.com.pl
Rental Cars: www.rentalcars.com
Hertz: www.hertz.com.pl
Sixt: www.sixt.pl

Baden

An fast allen Stränden der polnischen Ostseeküste hat sich die Wasserqualität in den vergangenen Jahren wesentlich verbessert. Neben der Ostsee verlocken auch die vielen Seen in Pommern zum Baden.

Ein großer FKK-Strand auf der Halbinsel Hela, am Strand von Chałupy, wurde leider geschlossen. An einigen anderen Ostseestränden, so westlich von Międzyzdroje, unweit des Jamunder Kanals in Unieście bei Mielno, bei Rowy und am Strand bei Dębki hat man Sonnenanbeterplätze für FKK geschaffen. Ansonsten ist Nacktbaden in Polen nicht erwünscht, selbst ›oben ohne‹ ist verpönt.

Bahnverkehr (national und international)

Die Bahnfahrten von Deutschland nach Polen sind verhältnismäßig preisgünstig. Inhaber eines Studentenausweises erhalten Ermäßigungen. Interrail- und Polrailpass lohnen sich kaum. Das DB-Sonderangebot ›Europa-Spezial Polen‹ gibt es zum Festpreis für 39 Euro pro Person zu ausgewählten Zielen. Ab Berlin wird auch das ›Berlin-Stettin-Ticket‹ für 10 Euro pro Person angeboten.

Das DB-Schönes-Wochenend-Ticket sowie die Ländertickets von Berlin-Brandenburg und Mecklenburg-Vorpommern gelten auch im grenznahen polnischen Bahnnetz, so z. B. von Berlin bis nach Szczecin und zurück sowie in der Usedomer Bäderbahn (UBB), werden hier auch vom Zugbegleiter verkauft, ebenso das ›Quer-durch-das-Land‹-Ticket.

Für Österreicher empfiehlt sich das ›Sparday/Sparnight-Ticket Polen-Österreich‹ mit Transit durch Tschechien für 29 Euro. Kauf spätestens drei Tage vor Abfahrt in Polen, nur an internationalen PKP-Schaltern erhältlich.

Die polnische Staatsbahn PKP hat mit einer Modernisierungskampagne den Komfort für Reisende und die Attraktivität von Bahnfahrten in Polen gesteigert. Neben einer Vereinfachung der Tarife sowie der Einführung von Rabatt- und Treuesystemen warten auf Fahrgäste in den Zügen der PKP Intercity auch Neuerungen wie Eltern-Kind-Abteile oder ein WLAN-Zugang mit Unterhaltungsangebot. Internetgestützter Fahrkartenverkauf und Fahrplanauskunft für mobile Endgeräte runden das Angebot ab.

Seit 2012 führt die PKP schrittweise Änderungen im Fahrgastverkehr ein. So herrscht jetzt in allen Zügen eine Reservierungspflicht für die günstigen TLK-Züge – so die offizielle Lesart: Aber das gilt bislang nur für den Ticketverkauf beispielsweise in Deutschland über die Deutsche Bahn. In Polen ist die Reservierung für TLK-Züge in der 2. Klasse kostenfrei.

Bereits jetzt gibt es einige wichtige Änderungen im Rabattsystem der PKP. 2013 führte das Bahnunternehmen die Option ›Wcześniej=Taniej‹ (früher=günstiger) ein. Dank dieses Rabatts können Reisende, die bis spätestens sieben Tage vor Reiseantritt eine Fahrkarte erwerben, zehn Prozent Ermäßigung erhalten. Die Einführung weiterer zeitgebundener Rabattstufen ist geplant. Das günstige Wochenendticket ›Bilet Weekendowy‹ gilt jetzt auch in den polnischen EC-Zügen. Es ist somit von Freitag 19 Uhr bis Montag früh um 6 Uhr in allen Zugsegmenten der PKP gültig.

Das ›Bilet Rodzinny‹, das Familienticket, gilt in den Zugklassen EC, EIC sowie Ex auch freitags von 12 bis 24 Uhr in der zweiten Klasse. Mit dem Familienticket fahren zwei bis fünf Personen, darunter mindestens ein Kind unter 16 Jahren, für 33 Prozent des Fahrpreises. Auf Familien mit Säuglingen und Kleinkindern wartet eine weitere Erleichterung. Die Stellgebühr für nicht zusammenklappbare Kinderwagen entfällt.

Ein Wermutstropfen erwartet allerdings Fahrradreisende. Zwar können künftig auch Reisende mit dem Wochenendticket ›Bilet Weekendowy‹ Fahrräder mitnehmen. Das Fahrrad darf man aber nur noch in den dafür vorgesehenen Abteilen transportieren und nicht mehr wie bisher auch am Ende des letzten Waggons oder direkt hinter dem Triebwagen. Es empfiehlt sich, Bahnreisen mit dem eigenen Fahrrad rechtzeitig zu buchen.

Die Auskunfts- und Buchungssysteme im Internet wurden bereits optimiert. Die Internetseite der PKP Intercity bietet Informationsmöglichkeiten in vier Sprachen sowie die Option, ein Ticket zu buchen und anschließend auszudrucken oder auf das eigene Smartphone übertragen zu lassen. Zusätzlich gibt es seit Kurzem die mobile Applikation ›Mobile Navigator‹ für i-Phones und Android-Geräte. Sie gibt Fahrplanauskünfte für die wichtigsten Verbindungen auch in deutscher Sprache.

Zahlen kann man in allen Zügen der PKP auch mit Master- oder VISA-Karte.

Das mehrsprachige Informations- und Buchungsangebot der PKP Intercity erreicht man unter www.intercity.pl.

Weitere Informationsseiten:

www.rozklad-pkp.pl
www.intercity.pl
www.przewozyregionalne.pl
www.bahn.de

Busse (national und international)

Eine Alternative zur Bahn sind die internationalen Linienbusse nach Polen. Mehrere private Unternehmer bieten zu unterschiedlichen Preisen Verbindungen zwischen deutschen und polnischen Städten sowie einigen Kurorten an. Diese Busfahrten sind in aller Regel preiswerter als vergleichbare Bahnverbindungen.

Die Ostseeküste ist mit einem dichten Netz von Autobuslinien überzogen. Zug- und Busfahrpläne sind aber nicht immer aufeinander abgestimmt. Ein zentraler Busbahnhof liegt meist in der Nähe eines Bahnhofs. Busfahrkarten werden fast immer beim Fahrer gelöst. Die Tarife sind günstig; 50 Kilometer kosten ca. 3 Euro.

Busfahrten von deutschen Städten nach Polen (Fahrpläne und Tarife): www.reisenachpolen.de.

Camping

Die Ostseeküste ist ein Paradies für Campingfreunde. Dutzende schöne Plätze ermöglichen Reisenden mit Zelt oder Wohnwagen einen naturnahen Urlaub. Die Campingplätze sind in drei Kategorien aufgeteilt und in der Regel von Anfang Mai bis Ende September geöffnet, manche größere Anlagen sind das ganze Jahr über in Betrieb. Auf vielen Campingplätzen kann man Ferienhütten mieten; manche sind sehr schlicht ausgestattet, manche nagelneu und komfortabel. Viele schöne Plätze sind im ADAC-Campingführer nicht aufgeführt, weil es beispielsweise nur einfache Waschgelegeneiten gibt.

Die Campinggebühren schwanken je nach Kategorie. Pro Tag ist mit etwa 2 Euro pro Person, 1 bis 3 Euro pro Zelt, 1 bis 2 Euro für das Auto und 1 bis 3 für das Wohnmobil zu rechnen. Inhabern einer internationalen FICC-Karte wird eine Ermäßigung von 10 Prozent eingeräumt.

Die meisten Plätze sind der **Föderation für Camping und Caravan (PFCC)** angeschlossen. Die Adresse lautet PL 03-823 Warszawa, ul. Puławska 102, Tel. 0048/(0)22/8106050, www.pfcc.eu.

Übersichtskarte Campingplätze in Polen: www.pfcc.eu/pol/img/polskacamp.png.

Schon seit den 1950er Jahren wurden vielerorts, zumeist an Seen, sogenannte Biwakplätze (pole biwakowe) angelegt, an denen Naturfreunde ihre Zelte aufschlagen können. Diese preiswerte Art der Erholung hat nicht nur die Jahre überdauert, sondern ist auch heute wieder sehr gefragt. Die unbewachten Biwakplätze sind aber nicht mit dem Komfort ausgestattet, den deutsche Camper von zu Hause gewöhnt sind. An einigen Plätzen werden geringe Entgelte kassiert, etwa für die Müllabfuhr.

Wildes Zelten ist verboten. Meist wird aber ein Auge zugedrückt. Manche Grundstückseigentümer erlauben gegen einen Obolus das Zelten.

Diplomatische Vertretungen

Botschaft der Bundesrepublik Deutschland, ul. Jazdów 12, PL 00-467 Warszawa, Tel. (0048) (0)22/5841700, www.polen.diplo.de.

Botschaft der Republik Österreich, ul. Gagarina 34, PL 00-748 Warszawa, Tel. (0048) (0)22/8410081, www.ambasadaaustrii.pl.

Botschaft der Schweizerischen Eidgenossenschaft, ul. Ujazdowskie 27, PL 00-540 Warszawa, Tel. (0048) (0)22/6280481, www.eda.admin.ch/warsaw.

Einkaufen

Ein Ladenschlussgesetz existiert nicht, und so bleiben selbst am Wochenende viele Geschäfte geöffnet, zumeist kleine Lebensmittelläden und Supermärkte. Letztere öffnen oft schon um 6 oder 7 Uhr und schließen um 18 oder 19 Uhr. Samstags ist meist zwischen 7 und 13 Uhr geöffnet. Manche Lebensmittelläden öffnen bis 22 Uhr oder sogar durchgängig.

Viele Straßenhändler bieten Waren an. Auf den Märkten kann man vor allem frisches Obst und Gemüse preiswert kaufen. Der Verkauf beginnt häufig bereits um 6 Uhr und endet gegen Mittag.

Elektrizität

Die Netzspannung beträgt 230 Volt. Die Steckdosen entsprechen der Euro-Norm.

Einreisebestimmungen

Seit dem Beitritt Polens zum Schengener Abkommen sind die Grenzkontrollen abgeschafft. Man sollte aber einen Personalausweis mitnehmen, so zur Vorlage in Hotels.

Feiertage

Die gesetzlichen Feiertage sind vor allem vom katholischen Glauben bestimmt.

1. Januar (Neujahrstag), Dreikönigstag, Ostersonntag und -montag, 1. Mai (Tag der Arbeit), 3. Mai (Tag der Verfassung von 1791), Pfingstsonntag, 15. August (Mariä Himmelfahrt), 1. November (Allerheiligen), 11. November (Tag der Unabhängigkeit – 11. November 1918) sowie die beiden Weihnachtsfeiertage. Karfreitag und Pfingstmontag sind keine Feiertage.

Flugverkehr

Der einzige internationale Flughafen an der polnischen Ostseeküste befindet sich in Danzig (s. Gdańsk, Verkehrsverbindungen, S. 225).

In der Saison von April bis Ende Oktober kann man von mehreren deutschen Städten (Dortmund, Düsseldorf, Frankfurt/M., Köln-Bonn und Stuttgart) sowie aus Österreich (Wien) und der Schweiz (Zürich) mit Germanwings, Eurowings, InterSky, Skywork und Air Baltic jeden Samstag direkt auf die Insel Usedom nach Heringsdorf fliegen. So erreicht man auch die benachbarten polnischen Seebäder Świnoujście und Międzyzdroje recht schnell. Das Reisebüro Travelnetto (www.travelnetto.de) kann den Transfer organisieren.

Destinationen, Flugpläne und Preise mit Buchungsmöglichkeit: http://flug.usedom.de/flugplan.html.

Flughafen Heringsdorf: www.flughafen-heringsdorf.de.

Geld

Der Złoty ist eine konvertierbare Währung und an den Wert des US-Dollar angebunden, der Wechselkurs schwankt täglich geringfügig. Anfang 2016 bekam man für 1

Euro ca. 4,20 Zł. Neben Banken betreiben auch zahlreiche Wechselstuben (kantor) das Devisengeschäft. An den Hotelrezeptionen ist der Kurs meist etwas ungünstiger. Mit EC-Karte, Postbank-Sparcard sowie Kreditkarten kann am Automaten Geld abgehoben werden; mit Kreditkarten kann man vielerorts bargeldlos bezahlen.

Fahrradverleih

In vielen Orten kann man Fahrräder für kurze Ausflüge leihen. Plant man anspruchsvolle Touren, so ist die Mitnahme des eigenen Fahrrads zu empfehlen.

Grenzübergänge

Mit dem Beitritt Polens zum Schengenabkommen (Ende 2007) sind die Pass- und Zollkontrollen an der Grenze entfallen. Für Autoreisende bestehen folgende **Anreisemöglichkeiten:**

Linken–Lubieszyn (nördlich von Szczecin) und Pomellen–Kołbaskowo nahe Szczecin. Der Übergang auf der Insel Usedom zwischen Ahlbeck und Świnoujśćie ist für Autofahrer freigegeben.

Weitere Grenzübergänge (von Norden nach Süden):

Rosow–Rosówek
Schwedt–Krajnik Dolny
Hohenwutzen–Osinów Dolny
Kietz–Kostrzyn
Frankfurt/Oder (Stadt)–Słubice
Frankfurt/Oder (Autobahn)–Świecko
Guben–Gubin
Forst–Zasieki
Forst–Olszyna (Autobahn)
Bad Muskau–Łęknica
Krauschwitz–Łęknica
Podrosche–Przewóz
Ludwigsdorf–Jędrzychowice (Autobahn)
Görlitz–Zgorzelec
Hagenwerder-Radomierzyce
Zittau–Sieniawka

Informationen

Die regionalen Touristeninformationsbüros sind mit dem Symbol ›it‹ (punkt informacji turystycznej) gekennzeichnet und im Reiseteil aufgeführt. Auch im Internet kann man sich vor der Reise gut informieren: Viele Urlaubsorte haben eine deutsche oder englische Version ihrer Website ins Netz gestellt. Das **Polnische Fremdenverkehrsamt** mit Sitz in Berlin verschickt auf Anfrage Informationsmaterial. Besucher sind im Büro gern gesehen: Hohenzollerndamm 151, 14199 Berlin, Tel. 030/2100920, www.polen.travel. In Österreich unterhält Polen ein Fremdenverkehrsamt in Wien: Fleschgasse 34/2a, Tel. (0043) (0)1/5247191, www.polen.travel/de-at.

Polnische Institute in Deutschland:
Burgstr. 27, 10178 Berlin, Tel. 030/2475810, www.polnischekultur.de. Wechselausstellungen und Kulturveranstaltungen.
Citadellstr. 7, 40213 Düsseldorf, Tel. 0211/866960, www.polnisches-institut.de. Mit umfangreicher Bibliothek.
Markt 10, 04109 Leipzig, Tel. 0341/702610, www.polnischekultur.de.

Internet

In den meisten Hotels ist WLAN (in Polen heißt es WiFi) oder aber eine LAN-Verbindung verfügbar. Kostenlose Hot Spots findet man auch auf Bahnhöfen. WLAN kann man auch während der Regionalbahnfahrt zwischen Szczecin und Kołobrzeg gratis nutzen.

Jugendherbergen

Neben den über 20 ganzjährig geöffneten Jugendherbergen werden an der Ostseeküste während der Sommermonate viele Saisonjugendherbergen, meist in Schulen, eröffnet. Letztere bieten nur ein Dach über dem Kopf und besitzen keine Verpflegungsmöglichkeit. Mit einem internationalen Jugendherbergsausweis erhält der Gast 25 Prozent Ermäßigung. Die Herbergen stehen allen Altersgruppen offen. Deutsches Jugendherbergswerk: www.jugendherberge.de.
In Polen: **Polnische Gesellschaft für Jugendherbergen (PTSM),** www.ptsm.org.pl.

Kuren

Die meisten Kurorte wurden in deutscher Vergangenheit gegründet, die Tradition nach 1945 fortgesetzt. Kolberg war bis 1945 das bedeutendste deutsche Seebad, und auch das heutige Kołobrzeg wird wegen seiner natürlichen, salzreichen Luft ganzjährig aufgesucht. Krynica Morska auf der Frischen Nehrung ist ein vorzüglicher Luftkurort. Neben der Tradition der Seebäder gibt es auch einige Mineralbäder, so etwa das am Rande der Pommerschen Seenplatte gelegene Połczyn Zdrój.
Der Preis für eine Kur beträgt je nach Standard des Sanatoriums etwa 50 Euro täglich. Deutsche Krankenkassen zahlen auf Antrag mitunter einen täglichen Zuschuss von 13 Euro.
Neben den klassischen Kurorten gibt es entlang der polnischen Ostseeküste viele moderne Spahotels, wo man sich mit speziellen Bädern, Massagen etc. verwöhnen lassen kann.

Medizinische Versorgung

Für Reisen nach Polen gelten die gleichen Regelungen wie für andere EU-Länder. Die Krankenkasse übernimmt die Kosten für ärztliche Leistungen in Polen. Grundsätzlich ist es auch möglich, einen Arzt oder Zahnarzt in Polen in Anspruch zu nehmen. Im Erkrankungsfall kann der versicherte Ausländer Sachleistungen kostenlos erhalten, wenn er die Europäische Krankenversicherungskarte vorlegt. Mit dieser kann er sich an einen Leistungserbringer wenden, der einen Vertrag mit dem Nationalen Gesundheitsfonds (NFZ) abgeschlossen hat. Wenn der Patient einen Privatarzt besucht, der keinen Vertrag mit dem NFZ hat, muss er alle Kosten selbst tragen.
Wer eigens zu einer Behandlung oder Kur nach Polen fährt, sollte sich bei der Krankenkasse vorher über die Bedingungen der Kostenübernahme informieren. Für einen eventuell notwendigen Rücktransport dürfen deutsche Krankenkassen nicht aufkommen, eine diesbezügliche private Auslandskrankenversicherung ist empfehlenswert.

Nahverkehr, öffentlicher

In polnischen Großstädten ist das ÖPNV-Netz sehr gut ausgebaut, so auch in Szczecin und der Dreistadt (Gdynia, Sopot, Gdańsk). Die meisten Sehenswürdigkeiten sind mit Nahverkehrsmitteln gut zu erreichen. Fahrscheine muss der Fahrgast bereits vorher an der Kasse, am Automaten oder Kiosk erwerben. Fahrscheinkontrollen sind sehr häufig.
Fahrscheine gelten meist für einen bestimmten Zeitraum, z. B. 10, 40 oder 120 Minuten, und berechtigen meistens auch zum Umsteigen. Nach dem Betreten des Verkehrsmittels muss der Fahrgast seinen Fahrschein selbst entwerten. Ausländische Schüler- und Studentenausweise werden für ermäßigte Fahrten anerkannt.

Nationalparks

Schon früh hat man in Polen begonnen, landschaftlich besonders reizvolle Gebiete zu Nationalparks zu erklären. Zwei Reservate befinden sich an der Ostseeküste: Der Woliński-Nationalpark auf der Insel Wollin und der Słowiński-Nationalpark bei Łeba. Man sollte markierte Wege nicht verlassen und Rücksicht auf die geschützte Tier- und Pflanzenarten nehmen. Beide Nationalparks haben Infozentren mit naturkundlichen Ausstellungen eröffnet. Mitte der 1990er Jahre wurde die Tucheler Heide (Bory Tucholskie) bei Danzig zum Nationalpark erklärt.

Notruf

Polizei: 997, Feuerwehr: 998, Rettungsdienst: 999. Diese Nummern gelten landesweit und sind gebührenfrei. Über Tel. 981 wird eine 24-Stunden-Pannenhilfe gewährleistet.
Wer auf einer Reise nach Polen seine Dokumente verliert, medizinische Hilfe benötigt, eine Panne oder andere Probleme hat, kann sich an die **deutschsprachige**

Touristen-Hotline mit kostenloser Beratung wenden. Der telefonische Notruf ist in der Hauptreisezeit vom 1. Juni bis 30. September täglich von 8 bis 22 Uhr erreichbar, in den übrigen Monaten täglich von 8 bis 18 Uhr (außer an gesetzlichen Feiertagen). Die Festnetznummer lautet (0048)/(0)22/2787777, per Handy ist die Hotline unter (0048)/608599999 erreichbar. Für den Service werden nur die Tarife des jeweiligen Telekommunikationsanbieters fällig. Auskünfte gibt es auch per Skype unter cc.poland.travel sowie per E-Mail unter cc@pot.gov.pl.

Pannenhilfe

Bei einer Panne steht auch dem ausländischen Fahrer der Pannenhilfsdienst des Polnischen Motorverbandes (PZM) zur Verfügung. Der Dienst ist rund um die Uhr unter Tel. 19637 zu erreichen.
ADAC-Mitglieder mit Schutzbrief erhalten auch in Polen den gewohnten Service der ›Gelben Engel‹. Die polnische ADAC-Vertretung ist unter Tel. 061/8319888 zu erreichen.

Polizei

Landeseinheitlich ist die Polizei unter Tel. 997 zu erreichen. Bei Diebstählen sollte man die örtlichen Polizeiwachen aufsuchen und sich ein Aufnahmeprotokoll der Anzeige ausstellen lassen. Bei Verstößen gegen die Straßenverkehrsordnung dürfen polnische Gesetzeshüter nicht mehr selbstherrlich über die Höhe des Strafgeldes entscheiden: Es existiert ein amtlicher Bußgeldkatalog. Lassen Sie sich in jedem Fall eine Quittung aushändigen.

Post- und Fernmeldewesen

Briefe und Karten von Polen nach Deutschland benötigen manchmal bis zu einer Woche. Die wenigen noch vorhandenen Telefonzellen sind mit Kartentelefonen ausgerüstet. Auch internationale Gespräche sind problemlos möglich. Briefkästen sind rot, grüne Kästen dienen dem lokalen Briefverkehr, und blaue sind für Luftpostsendungen bestimmt. Briefmarken werden in Postämtern, die in der Regel von 8 bis 20 Uhr geöffnet haben, aber auch in vielen ›it‹-Büros, Kiosken und Hotels verkauft. Wer Karten und Briefe von Polen nach Deutschland sendet, beschriftet sie mit ›Niemcy‹.

Radfahren

Die Küstenregion eignet sich gut zum Radfahren. Hauptverkehrsstraßen sollte man aber meiden. Ausgewiesene Radrouten führen durch die schönsten Landschaften, oft zusammen mit Wanderwegen. Asphaltierte Radwege sind außerhalb der Städte selten zu finden. Diese Funktion übernehmen in Polen noch die besonders verkehrsarmen Nebenstrecken: Auf dem soliden Asphaltbelag lässt es sich oft herrlich radeln. Neuerdings werden auch auf stillgelegten Bahndämmen Radwege angelegt.
Der fast durchweg markierte ›Ostseeküstenradweg R 10‹ führt von der deutschen Grenze bei Ahlbeck über Swinemünde bis nach Danzig. Fahrradtouristen werden überall freundlich aufgenommen. Seit dem EU-Beitritt Polens können Fahrräder nach Polen ein- und von dort ausgeführt werden. Innerhalb Polens dürfen Fahrräder in Zügen mit Gepäckwagen oder -abteil mitgenommen werden, die Fahrradkarte kostet etwa 50 Prozent des Bahnfahrscheins für Erwachsene. Für die Mitnahme in grenzüberschreitenden Zügen benötigt man eine internationale Fahrradkarte. Im Regionalverkehr, so von Berlin über Angermünde nach Szczecin, reicht in Verbindung mit einem Brandenburg-Ticket auch eine diesbezügliche VBB-Fahrradkarte.

Radio und Fernsehen

Empfangsanlagen für Satellitenprogramme sind Standard. Fast alle Hotels und Pensionen sind damit ausgestattet.

Reiseveranstalter

Es gibt eine größere Anzahl an Reiseveranstaltern. Besonders profiliert, nicht zuletzt durch eine lange Erfahrung, sind die folgend aufgeführten.

Go East Reisen GmbH, Bahrenfelder Chaussee 53, 22761 Hamburg, Tel: 040/896909-0, www.go-east.de. V.a. Gruppenreisen, dazu div. Angebote.

Travelnetto, ul. Dubois 23, 78-106 Kołobrzeg, Tel. 094/355490, www.travelnetto.de. Urlaub, Kur und Wellness an der polnischen Ostsee.

Touristik und Kontakt International GmbH, Danziger Straße 168, 10407 Berlin, Tel. 030/4233333, www.polen-reisen.de.

Thomas Cook Reisebüro Darpol GmbH, Wilmersdorfer Str. 20, 10585 Berlin, Tel. 030/3400074, www.darpol.com. Hotel angebote an der Küste.

Reiten

Vor allem Pommern zeichnet sich durch eine lange Pferdezuchttradition aus. Viele Gestüte bieten ›Ferien im Sattel‹ an. Meist kann man dabei auf dem Gut wohnen, Reitunterricht nehmen oder auf Reitausflügen die Landschaft kennenlernen. Kinder können oft auf einer in Pommern gezüchteten kleinen Pferderasse reiten, den Huzulenpferden. Viele Gestüte bieten auch Kutschfahrten für die ganze Familie an. Zu den attraktivsten Adressen zählen der Reiterhof Michalski im Ostseebad Kołobrzeg mit großer Reithalle sowie das Gestüt Kadyny am Frischen Haff mit benachbartem Palasthotel, der einstigen Sommerresidenz Kaiser Wilhelms II. Anschriften der Gestüte sind beim Polnischen Fremdenverkehrsamt erhältlich (s. Informationen).

Restaurants/Trinkgeld

Restaurants der noblen Hotels und ausgewählte Spitzenrestaurants in größeren Touristenzentren bieten hohen internationalen Standard zu westlichen Preisen. Aber auch viele Gaststätten lassen kaum Wünsche offen. In jüngster Zeit haben viele Restaurants mit ausländischen Spezialitäten eröffnet: Italienische, französische und asiatische, ja sogar syrische Gerichte stehen bei polnischen Feinschmeckern hoch im Kurs. Die Preise nähern sich auch hier langsam westlichem Niveau. In vielen Gaststätten kann man aber immer noch günstig und dazu gut essen. Den kleinen Hunger stillen Imbissstände, Pizzerias und Fast-Food-Ketten. Das Trinkgeld für netten Service sollte bei etwa zehn Prozent der Rechnungssumme liegen.

Sauna

Spa-Hotels, Kurhäuser, aber auch viele Mittelklassehotels besitzen eine Sauna, meist die finnische Variante, aber auch Dampfsaunen. Die Sauna darf in Polen nur in Badebekleidung aufgesucht werden – oft weisen Hinweisschilder auch in deutscher Sprache ausdrücklich darauf hin. Nackte Saunierer riskieren einen handfesten Skandal! Was für Männer noch erträglich ist, kann für Damen gefährlich sein, wenn sie einen Badeanzug tragen – hier kann sich mitunter ein Hitzestau bilden. Besser ist daher die Mitnahme des Bikinis.

Eine Saunakultur, wie man sie aus Deutschland kennt, ist in Polen nahezu unbekannt. Viele Gäste setzen sich mit nasser Badehose direkt aufs Holz, duschen nach dem Schwitzen nicht. Meist ist kein Abkühlbecken vorhanden, und es gibt auch keinen Zugang zu frischer Luft. Weil alle Gäste mit nassen Textilien saunieren und sich nachher damit auch auf den Schaumstoffauflagen der Liegen ausruhen, sind diese ebenfalls durchnässt.

Schiffsverkehr

Zwischen Szczecin und Świnoujście verkehrt das Tragflächenboot ›Bosman Express‹. Von Świnoujście laufen täglich Fähren nach Schweden (Ystad) und mehrmals wöchentlich nach Dänemark (Kopenhagen) aus. Ganzjährig verkehren Schiffe von der deutschen Seite der Insel Usedom nach Świnoujście, in der Saison besteht auch eine Direktverbindung auf die Insel Rügen. Fahrten zur Insel Bornholm werden auch von Ustka (Stolpmünde) angeboten. Mehrmals wöchentlich legt eine Fähre von Gdańsk nach Nynäshamn bei Stockholm ab.

Die Stena Line bedient sechsmal wöchentlich die Strecke Gdynia–Karlskrona. Infos: www.stenaline.se.

Infos zu Fährverbindungen:
www.polferries.com.pl.

Die Weiße Flotte verkehrt in der Sommersaison von Gdańsk, Sopot und Gdynia zur Halbinsel Hela (siehe unter Verkehrsverbindungen der jeweiligen Städte).

Schulferien

Die Sommerferien reichen jeweils vom vorletzten Freitag im Juni bis zum letzten Freitag im August. Weihnachtsferien sind vom 22. Dezember bis zum 2. Januar. Die Winterferien dauern zwei Wochen zwischen Ende Januar und Anfang Februar. Die Osterferien beginnen am Gründonnerstag und enden am Dienstag nach Ostern.

Segeln

Die polnische Ostseeküste ist unter Seglern noch ein Geheimtipp. Auch an vielen kleineren Küstenorten entstanden inzwischen moderne Marinas und Yachthäfen. Derzeit entsteht eine neue Segelroute Szczezin-Ostsee. Sie beginnt in Widuchowa (Fiddichow) und führt den Oderlauf entlang mit Station in Gryfino (Greifenhagen) in das Stadtgebiet von Szczecin (Stettin) – mit herrlicher Ansicht der prachtvollen Hakenterrasse – weiter nach Trzebież (Ziegenort), durch die Kaiserfahrt nach Świnoujście (Swinemünde) und von Kołobrzeg (Kolberg) nach Darłowo (Rügenwalde).

Sicherheit

Gewaltverbrechen sind in Polen sehr selten, das Land zählt zu den sicheren Reiseländern. Kleinkriminalität und Diebstähle lassen sich wie überall auf der Welt mit der nötigen Vorsicht oft vermeiden.

In den deutschen Medien wird das Thema Autodiebstahl manchmal übertrieben, ganz wegdiskutieren lässt sich das Problem aber nicht. Die meisten Hotels verfügen über gesicherte Parkplätze. Auch in den Städten und Ferienzentren werden Parkplätze rund um die Uhr bewacht. Grundsätzlich gilt die Kasko-Versicherung auch bei Diebstählen in Polen.

Souvenirs

Bernstein ist noch immer das beliebteste Mitbringsel von einem Ostseeurlaub. Beim Kauf lohnt es immer, Preise zu vergleichen und zu feilschen. Auch moderne Kunst, Erzeugnisse der traditionellen Volkskunst und Antiquitäten werden überall angeboten. Die Flohmärkte sind ein Paradies für Nostalgiker.

Surfen

Das Surfen hat auch in Polen in den letzen Jahren immer mehr Freunde gefunden. Selbstverständlich haben sich Geschäftsleute in den Badeorten auf surfende Kundschaft eingestellt.

Kite- und Windsurfer sammeln sich vor allem in Świnoujście auf dem Flachwasserrevier nahe der Mühlenbake, an der Küste vor Jastrzębia Gora sowie auf dem Haff zwischen der Halbinsel Hela und dem Städtchen Puck.

Tankstellen

In Polen gab es in den letzten Jahren einen regelrechten Tankstellenboom. Alle neu eröffneten Stationen gewährleisten den gewohnten westlichen Standard.

Bleifreies Benzin gibt es zu 95 und 98 Oktan, es ist mit einem durchgestrichenen ›pb‹ gekennzeichnet. Bleifreies Benzin U 95 eignet sich für Fahrzeuge ohne Katalysator. Dieselkraftstoff trägt das Symbol ON. Viele Tankstellen haben rund um die Uhr geöffnet. Die Benzinpreise liegen im Durchschnitt um 15 bis 20 Prozent unter dem deutschen Preisniveau.

Taxi

Taxifahrten sind nach deutschen Maßstäben günstig, die Preise der Unternehmen schwanken aber. Erkundigen Sie sich vor der Fahrt nach dem ungefähren Fahrpreis und achten Sie darauf, dass das Taxameter eingeschaltet wird. So mancher Taxifahrer ist behilflich, wenn es darum geht, eine private Unterkunft oder ein empfehlenswertes Restaurant oder eine gute Bar zu finden. Sollte man an einen deutschsprechenden Fahrer geraten, so kann man mit ihm eine kleine Stadtrundfahrt unternehmen, deren Preis man ebenfalls vorher aushandelt.

Toiletten, öffentliche

Die meisten Toiletten werden beaufsichtigt, wofür eine Gebühr von etwa 2 bis 4 Zł verlangt wird. Für Ausländer ist das Auffinden der ›richtigen‹ Tür oft ein Rätsel: Der Kreis bedeutet ›für Damen‹, das Dreieck ›für Herren‹. An einigen Türen steht aber auch damski und męski.

Unterkunft

Besuchern steht ein großes Bettenangebot unterschiedlichster Preisklassen zur Verfügung. Hotels der internationalen Ketten offerieren westlichen Standard zu ebensolchen Preisen. Die Übernachtungskosten sind sehr unterschiedlich und schwanken auch je nach Belegungsgrad und Saison.
Pensionen sind für preisbewusste Urlauber eine Alternative zum Hotel. Auch Privatzimmer werden überall angeboten (siehe Camping, Jugendherbergen).

Unterkünfte im Internet:
www.travelnetto.de (deutsch)
www.darpol.de
www.hotel.pl (deutsch)
www.hotelsinpoland.com.pl (englisch)
www.hotele.net (polnisch)

Wetter

Aktuelle Wetterprognosen für alle Badeorte an der polnischen Ostseeküste mit Fünf-Tage-Ausschau sind im Internet verfügbar: http://pogoda.onet.pl.

Zeitungen

Deutsche Zeitungen sind in den Feriengebieten meist ein Tag nach Erscheinen erhältlich.

Zollbestimmungen

Die Zollkontrollen an den Grenzen sind entfallen, für die Ein- und Ausfuhr von Waren gelten die EU-Bestimmungen. Personen über 18 Jahre dürfen wie bisher maximal 200 Zigaretten pro Tag nach Deutschland einführen, im sogenannten ›kleinen Grenzverkehr‹ nur 2 Schachteln täglich. Die Ausfuhr von Kunstwerken, Antiquitäten, wertvollen Büchern und Gegenständen, die vor dem 9. Mai 1945 hergestellt wurden, ist nur mit Genehmigung des Denkmalkonservators der jeweiligen Woiwodschaft möglich.

Literaturhinweise

Es lohnt nicht, sich bereits in Deutschland mit Detailkarten einzudecken. In Buchhandlungen, an Kiosken und in Touristeninformationen erhält man vor Ort meist für weniger Geld als daheim aktuelle Karten mit deutschsprachigen Hinweisen, manchmal sogar gratis.

Radek Knapp, Gebrauchsanweisung für Polen, Piper Verlag, 6. Aufl. München 2005. Für all diejenigen, die in ihrem Polenurlaub nicht in Fettnäppchen treten möchten, ist dieses unterhaltsame Büchlein eine Pflichtlektüre.

Steffen Möller, Viva Polonia, Scherz Verlag, 6. Aufl. Frankfurt a. M. 2009. Der einzige in Polen lebende Deutsche, der es dort zum TV-Star brachte, berichtet unterhaltsam und ironisch über seine neue Wahlheimat. Eine Rezensentin schrieb: »Ein solches Buch ... kann mehr bewegen als ein ganzer Haufen Politiker.«

Steffen Möller, Eine Expedition zu den Polen, Malik Verlag, 1. Aufl. 2012. »Polen, einst Land der Autodiebe und des billigen Wodkas, hat sich zum drittbeliebtesten Auswandererland der Deutschen gemausert. Steffen Möller beschreibt eine amüsante Bahnfahrt, bei der Deutsche auf Polen treffen und an jeder Station ein neuer Kulturschock lauert. « (amazon).

Landkarten, Stadtpläne

Der **Reiseatlas Ostseeküste** aus dem Höfer Verlag beinhaltet die gesamte Küste von Stralsund bis ins russische Kaliningrad. Reisekarten im Maßstab 1:200 000, zweisprachige Innenstadtpläne sowie ausführliche Land- und Städtebeschreibungen vervollständigen den aktuellen und handlichen Atlas. Im Angebot dieses Verlages sind auch zweisprachige Straßenkarten. Im Maßstab 1:200 000 wurden die Titel **›Polen-Westpommern, Stettin-Kolberg-Landsberg‹ (PL 001)** sowie **›Polen-Hinterpommern, Köslin-Stolp-Danzig‹ (PL 003)** herausgegeben.
Ostseeküstenradweg, Teil 3 Polen: Von Ahlbeck/Usedom nach Danzig, Bikeline-Radtourenbuch und Karten im Maßstab 1:75 000, 3. Auflage 2012.
Übersichtskarte Polnische Ostseeküste, Pobrzeże Bałtyku, Maßstab 1:200 000, Verlag DEMART (Warschau), Aufl. 2012. Für Radreisende und Motorisierte, unempfindlich gegen Wind, Wasser, Sonne und Sand.

Die Polnische Ostseeküste im Internet

www.polen-urlaub-ostsee.de. Online-Reiseführer und Reisebüro.
www.polnischeostseekueste.de. Stadtführer, Restaurantempfehlungen und Geschichte der polnischen Ostseeküste und Pommerns.
http://pomorskie.travel/de. Veranstaltungen, Reiseplanung, Sport und Erholung.

Die Autoren

Die Reisejournalisten **Kerstin Micklitza** und **André Micklitza** haben zahlreiche Reiseführer über Polen, Tschechien und die Slowakei verfasst. Im Trescher Verlag erschienen neben dem vorliegenden Buch die Titel ›Lausitz‹ (5. Auflage 2016), ›Spreewald‹ (3. Auflage 2016), ›Tschechien‹ (4. Auflage 2014) und ›Böhmisches Bäderdreieck‹ (1. Auflage 2015). Für Mitte 2016 ist ein Stadtführer ›Görlitz‹ geplant.

Danksagung

Vielen Dank an das Polnische Fremdenverkehrsamt in Berlin. Direktor Jan Wawrzyniak unterstützte die Recherche wohlwollend, ebenso Magdalena Beckmann-Korzeniowska und Katarzyna Zawadzka sowie Klaus Klöppel (Agentur team red) und der Danziger Andreas Kaspersky (der wahrscheinlich beste Reiseführer für die Dreistadt und Kaschubien). Danke auch an Herrn Britzen.
Er war ein freundlicher Gastgeber und gab uns mehrmals aktuelle Tipps rund um die Region Kolberg (Kołobrzeg).
Carsten Wolf (Berlin/Kołobrzeg) bereicherte den vorliegenden Reiseführer mit mehreren Insidertipps.
Bartosz Wójcik begleitete uns durch seine Heimatstadt Szczecin und ergänzte das Buch durch viele wertvolle Tipps und Hinweise. Danke an Frau Irena Turek und Paulina Hinz, die uns Danzig mit Liebe nahe gebracht haben, sowie an Frau Karolina Cetera aus Słupsk, die uns eine überaus freundliche Gastgeberin war.
Auch für die Hinweise von Bernd Vonthien aus Elmshorn und Joachim Perle aus Berlin bedanken wir uns.

Bildnachweis

Alle Fotos von Kerstin und André Micklitza, außer: Titel (mauritius images/age), S. 59 (Tadeusz Surma), S. 94 (Marcin Szymanowicz), S. 106 (Volkhard Britzen), S. 160 (Heidi Diehl), S. 256 (Zygmunt Gawron)

Titel: Am Strand bei Międzyzdroje (Misdroy)

Vordere Umschlagklappe: Gdańsk (Danzig), an der Mottlau

Hintere Umschlagklappe: Koszalin (Köslin), Freilichtmuseum

ANZEIGEN

Trescher Verlag
Grażyna und Wolfgang Kling
USEDOM WOLLIN
Mit Wolgast, Anklam und Ueckermünde

Trescher Verlag
Maren Rathke
MASUREN
Mit Königsberg, Danzig und Thorn

Trescher Verlag
Wolfgang Kling, Jörg Lüderitz
NEUMARK
Mit Sternberger und Lebuser Land

Trescher Verlag
Klaus Klöppel
BRESLAU
Niederschlesien und seine tausendjährige Hauptstadt

Trescher Verlag
Frank Schüttig
RIESENGEBIRGE
Mit Wandertipps, Wintersportwegweiser
und Ausflügen ins Isergebirge

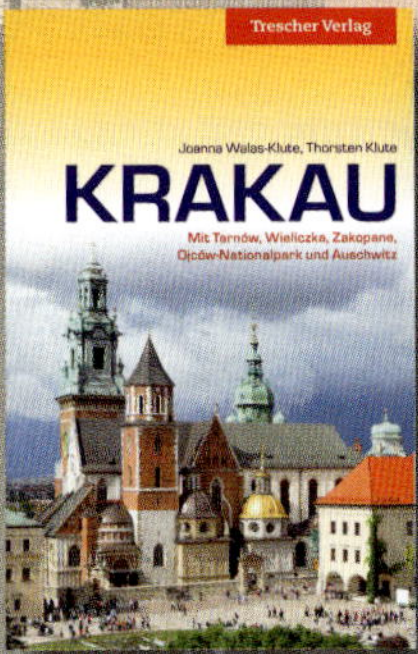
Trescher Verlag
Joanna Walas-Klute, Thorsten Klute
KRAKAU
Mit Tarnów, Wieliczka, Zakopane,
Ojców-Nationalpark und Auschwitz

Kartenlegende

- Autofähre
- Bahnhof
- Bar
- Brunnen
- Burg/Festung
- Burgruine
- Busbahnhof
- Café
- Campingplatz
- Denkmal
- Dorfkirche
- Fähre
- Flughafen
- Hafen
- Hotel
- Kirche
- Kloster
- Klosterruine
- Krankenhaus
- Leuchtturm
- Markt
- Museum
- Naturschutzgebiet
- Oper
- Parken
- Post
- Restaurant
- Ruine/Ausgrabungsstätte
- Sehenswürdigkeit
- Sehenswürdigkeit
- Strand
- Theater
- Tor
- Touristeninformation
- Turm
- Zoo
- Burg
- Kirche
- Friedhof
- Zeltplatz

- Autobahn
- Schnellstraße
- Hauptstraße
- sonstige Straßen
- E 65 Europastraße
- A 65 Autobahn
- 243 Bundesstraße
- Eisenbahn
- Grenzübergang
- Staatsgrenze
- Hauptstadt
- Stadt/Ortschaft

Kartenverzeichnis